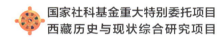

国家社科基金重大特别委托项目
西藏历史与现状综合研究项目

国家社科基金重大特别委托项目
西藏历史与现状综合研究项目

吐蕃统治河陇西域与汉藏文化交流研究

——以敦煌、新疆出土汉藏文献为中心

陆离 著

社会科学文献出版社
SOCIAL SCIENCES ACADEMIC PRESS (CHINA)

西藏历史与现状综合研究项目
编　委　会

总 序

郝时远

中国的西藏自治区，是青藏高原的主体部分，是一个自然地理、人文社会极具特色的地区。雪域高原、藏传佛教彰显了这种特色的基本格调。西藏地区平均海拔4000米，是人类生活距离太阳最近的地方；藏传佛教集中体现了西藏地域文化的历史特点，宗教典籍中所包含的历史、语言、天文、数理、哲学、医学、建筑、绘画、工艺等知识体系之丰富，超过了任何其他宗教的知识积累，对社会生活的渗透和影响十分广泛。因此，具有国际性的藏学研究离不开西藏地区的历史和现实，中国理所当然是藏学研究的故乡。

藏学研究的历史通常被推溯到17世纪西方传教士对西藏地区的记载，其实这是一种误解。事实上，从公元7世纪藏文的创制，并以藏文追溯世代口传的历史、翻译佛教典籍、记载社会生活的现实，就是藏学研究的开端。同一时代汉文典籍有关吐蕃的历史、政治、经济、文化、社会生活及其与中原王朝互动关系的记录，就是中国藏学研究的本土基础。现代学术研究体系中的藏学，如同汉学、东方学、蒙古学等国际性的学问一样，曾深受西学理论和方法的影响。但是，西学对中国的研究也只能建立在中国历史资料和学术资源基础之上，因为这些历史资料、学术资源中所蕴含的不仅是史实，而且包括了古代记录者、撰著者所依据的资料、分析、解读和观念。因此，中国现代藏学研究的发展，不仅需要参考、借鉴和吸收西学的成就，而且必须立足本土的传统，光大中国藏学研究的中国特色。

作为一门学问，藏学是一个综合性的学术研究领域，“西藏历史与现状综合研究项目”即是立足藏学研究综合性特点的国家社会科学基金重大特别委托项目。自2009年“西藏历史与现状综合研究项目”启动以来，中国社会科学院建立了项目领导小组，组成了专家委员会，制定了《“西藏历史与现状综合研究项目”管理办法》，采取发布年度课题指南和委托的方式，面向全国进行招标申报。几年来，根据年度发布的项目指南，通过专家初审、专家委员会评审的工作机制，逐年批准了一百多项课题，约占申报量的十分之一。这些项目的成果形式主要为学术专著、档案整理、文献翻译、研究报告、学术论文等类型。

承担这些课题的主持人，既包括长期从事藏学研究的知名学者，也包括致力于从事这方面研究的后生晚辈，他们的学科背景十分多样，包括历史学、政治学、经济学、民族学、人类学、宗教学、社会学、法学、语言学、生态学、心理学、医学、教育学、农学、地理学和国际关系研究等诸多学科，分布于全国23个省、自治区、直辖市的各类科学研究机构、高等院校。专家委员会在坚持以选题、论证等质量入选原则的基础上，对西藏自治区、青海、四川、甘肃、云南这些藏族聚居地区的学者和研究机构，给予了一定程度的支持。这些地区的科学研究机构、高等院校大都具有藏学研究的实体、团队，是研究西藏历史与现实的重要力量。

“西藏历史与现状综合研究项目”具有时空跨度大、内容覆盖广的特点。在历史研究方面，以断代、区域、专题为主，其中包括一些历史档案的整理，突出了古代西藏与中原地区的政治、经济和文化交流关系；在宗教研究方面，以藏传佛教的政教合一制度及其影响、寺规戒律与寺庙管理、僧人行止和社会责任为重点，突出了藏传佛教与构建和谐社会的关系；在现实研究方面，则涉及政治、经济、文化、社会和生态环境等诸多领域，突出了跨越式发展和长治久安的主题。

在平均海拔4000米的雪域高原，实现现代化的发展，是中国改革开放以来推进经济社会发展的重大难题之一，也是没有国际经验可资借鉴的中国实践，其开创性自不待言。同时，以西藏自治区现代化为主题的经济社会发展，不仅面对地理、气候、环境、经济基础、文化特点、社会结构等特殊性，而且面对境外达赖集团和西方一些所谓“援藏”势力制造的“西藏问题”。因此，这一项目的实施也必然包括针对这方面的研究选题。

所谓“西藏问题”是近代大英帝国侵略中国、图谋将西藏地区纳入其殖民统治而制造的一个历史伪案，流毒甚广。虽然在一个世纪之后，英国官方承认以往对中国西藏的政策是“时代错误”，但是西方国家纵容十四世达赖喇嘛四处游说这种“时代错误”的国际环境并未改变。作为“时代错误”的核心内容，即英国殖民势力图谋独占西藏地区，伪造了一个具有“现代国家”特征的“香格里拉”神话，使旧西藏的“人间天堂”印象在西方社会大行其道，并且作为历史参照物来指责1959年西藏地区的民主改革、诋毁新西藏日新月异的现实发展。以致从17世纪到20世纪上半叶，众多西方人（包括英国人）对旧西藏黑暗、愚昧、肮脏、落后、残酷的大量实地记录，在今天的西方社会舆论中变成讳莫如深的话题，进而造成广泛的“集体失忆”现象。

这种外部环境，始终是十四世达赖喇嘛及其集团势力炒作“西藏问题”和分裂中国的动力。自20世纪80年代末以来，随着苏联国家裂变的进程，达赖集团在西方势力的支持下展开了持续不断、无孔不入的分裂活动。达赖喇嘛以其政教合一的身份，一方面在国际社会中扮演“非暴力”的“和平使者”，另一方面则挑起中国西藏等地区的社会骚乱、街头暴力等分裂活动。2008年，达赖集团针对中国举办奥运会而组织的大规模破坏活动，在境外形成了抢夺奥运火炬、冲击中国大使馆的恶劣暴行，在境内制造了打、砸、烧、杀的严重罪行，其目的就是要使所谓“西藏问题”弄假成真。而一些西方国家对此视而不见，则大都出于“乐观其成”的“西化”“分化”中国的战略意图。其根本原因在于，中国的经济社会发展蒸蒸日上，西藏自治区的现代化进程不断加快，正在彰显中国特色社会主义制度的优越性，而西方世界不能接受中国特色社会主义取得成功，达赖喇嘛不能接受西藏地区彻底铲除政教合一封建农奴制度残存的历史影响。

在美国等西方国家的政治和社会舆论中，有关中国的议题不少，其中所谓“西藏问题”是重点之一。一些西方首脑和政要时不时以会见达赖喇嘛等方式，来表达他们对“西藏问题”的关注，显示其捍卫“人权”的高尚道义。其实，当“西藏问题”成为这些国家政党竞争、舆论炒作的工具性议题后，通过会见达赖喇嘛来向中国施加压力，已经成为西方政治作茧自缚的梦魇。实践证明，只要在事实上固守“时代错误”，所谓“西藏问题”的国际化只能导致搬石砸脚的后果。对中国而言，内因是变化的依据，外因是变化的条件这一哲学原理没有改变，推进“中国特色、西藏特点”现代化建设的时间表是由中国确定的，中国具备抵御任何外部势力破坏国家统一、民族团结、社会稳定的能力。从这个意义上说，本项目的实施不仅关注了国际事务中的涉藏斗争问题，而且尤其重视西藏经济社会跨越式发展和长治久安的议题。

在“西藏历史与现状综合研究项目”的实施进程中，贯彻中央第五次西藏工作座谈会的精神，落实国家和西藏自治区“十二五”规划的发展要求，是课题立项的重要指向。“中国特色、西藏特点”的发展战略，无论在理论上还是在实践中，都是一个现在进行时的过程。如何把西藏地区建设成为中国“重要的国家安全屏障、重要的生态安全屏障、重要的战略资源储备基地、重要的高原特色农产品基地、重要的中华民族特色文化保护地、重要的世界旅游目的地”，不仅需要脚踏实地地践行发展，而且需要科学研究的智力支持。在这方面，本项目设立了一系列相关的研究课题，诸如西藏跨越式发展目标评估，西藏民生改善的目标与政策，西藏基本公共服务及其管理能力，西藏特色经济发展与发展潜力，西藏交通运输业的发展与国内外贸易，西藏小城镇建设与发展，西藏人口较少民族及其跨越式发展等研究方向，分解出诸多的专题性研究课题。

注重和鼓励调查研究，是实施“西藏历史与现状综合研究项目”的基本原则。对西藏等地区经济社会发展的研究，涉面甚广，特别是涉及农村、牧区、城镇社区的研究，都需要开展深入的实地调查，课题指南强调实证、课题设计要求具体，也成为这类课题立项的基本条件。在这方面，我们设计了回访性的调查研究项目，即在20世纪五六十年代开展的藏区调查基础上，进行经济社会发展变迁的回访性调查，以展现半个多世纪以来这些微观社区的变化。这些现实性的课题，广泛地关注了经济社会的各个领域，其中包括人口、妇女、教育、就业、医疗、社会保障等民生改善问题，宗教信仰、语言文字、传统技艺、风俗习惯等文化传承问题，基础设施、资源开发、农牧业、旅游业、城镇化等经济发展问题，自然保护、退耕还林、退牧还草、生态移民等生态保护问题，等等。我们期望这些陆续付梓的成果，能够从不同侧面反映西藏等地区经济社会发展的面貌，反映藏族人民生活水平不断提高的现实，体现科学研究服务于实践需求的智力支持。

如前所述，藏学研究是中国学术领域的重要组成部分，也是中华民族伟大复兴在学术事业方面的重要支点之一。“西藏历史与现状综合研究项目”的实施涉及的学科众多，它虽然以西藏等藏族聚居地区为主要研究对象，但是从学科视野方面进一步扩展了藏学研究的空间，也扩大了从事藏学研究的学术力量。但是，这一项目的实施及其推出的学术成果，只是当代中国藏学研究发展的一个加油站，它在一定程度上反映了中国藏学研究综合发展的态势，进一步加强了藏学研究服务于“中国特色、西藏特点”

的发展要求。但是，我们也必须看到，在全面建成小康社会和全面深化改革的进程中，西藏实现跨越式发展和长治久安，无论是理论预期还是实际过程，都面对着诸多具有长期性、复杂性、艰巨性特点的现实问题，其中包括来自国际层面和境外达赖集团的干扰。继续深化这些问题的研究，可谓任重道远。

在“西藏历史与现状综合研究项目”进入结项和出版阶段之际，我代表“西藏历史与现状综合研究项目”专家委员会，对全国哲学社会科学规划办公室、中国社会科学院及其项目领导小组几年来给予的关心、支持和指导致以崇高的敬意！对“西藏历史与现状综合研究项目”办公室在组织实施、协调联络、监督检查、鉴定验收等方面付出的努力表示衷心的感谢！同时，承担“西藏历史与现状综合研究项目”成果出版事务的社会科学文献出版社，在课题鉴定环节即介入了这项工作，为这套研究成果的出版付出了令人感佩的努力，向他们表示诚挚的谢意！

2013 年 12 月北京

目录

绪　论　吐蕃统治敦煌、西域时期的文献与汉藏文化交流研究

吐蕃崛起于青藏高原，7世纪前期松赞干布统一高原各部族、小邦，建立起吐蕃王朝。吐蕃建国之后又不断向西域、河陇、云南等地扩张，与唐朝发生了频繁接触。唐朝文成、金城公主两次入藏联姻，双方使节也不断往来，唐、蕃间的政治、经济、文化交流也得以展开，而另一方面吐蕃又不断在这些地区与唐朝兵戎相见。

755年唐朝"安史之乱"爆发后，驻守西域、河陇的唐军被调离平叛，吐蕃统治者乘机入侵。自756年开始至9世纪初，秦州、渭州、成州、洮州、岷州、兰州、河州、鄯州、廓州、凉州、甘州、肃州、瓜州、沙州、伊州、西州、北庭、于阗、安西等地先后沦陷。此后，除了北庭、西州等地吐蕃曾与回鹘进行了反复争夺之外，其余地区一直都被吐蕃所控制。吐蕃王朝在这里设置官吏，驻防军队，推行已行之于本土的一系列军政制度，并汲取若干唐制来进行长期统治。

吐蕃在河陇西域设置了东道节度使和德伦会议（bde blon gyi vdun sa）来管理这一地区。东道节度使由大尚论（宰相）兼任。东道节度使下面又设有瓜州、凉州（姑臧）、河州、鄯州等节度使，在西域地区则设有萨毗、于阗节度使。河陇地区节度使辖下各州有乞利本、节儿监军、都督等军政官员，州以下设有部落，部落下设将，部落设部落使，将设将头，还有营田使、水官等，负责组织部落民户进行农牧业生产，征收赋税，征发各种劳役。在商业中实行实物交换和以金银为货币。另外，还要求当地汉族居民说吐蕃语、用吐蕃文，禁用唐年号，使用地支（十二生肖）纪年。汉族

等被征服民族的上层人士可以担任都督、副部落使、将头等职务，但乞利本、节儿监军、部落使等重要官职一般由吐蕃人担任；吐蕃统治下的于阗虽然仍然保留有于阗王及其大臣，情况与其他地区有所不同，但是他们只是吐蕃扶植的傀儡，实权都由派驻当地的吐蕃官员把持。在宗教方面，吐蕃政权大力扶植佛教，提高了僧人的政治地位和社会地位，使一些高级僧侣可以参与政事。这一时期佛教势力极度膨胀，寺院、僧尼数量大为增加，寺户制度勃兴。各节度使辖境、各州的僧官首领称为僧统，后又改称教授，各级僧官体系有效地管理着各地僧团。佛事兴盛，译经、写经、讲经活动频繁，昙旷、摩诃衍、法成等一批汉藏高僧纷纷来到敦煌等地传法译经，吐蕃太子、僧相钵阐布、王妃等权贵也经常来到敦煌等佛教圣地礼佛并处理政务。莫高窟、榆林窟等石窟得到进一步兴建，这一时期的石窟艺术也明显打上了吐蕃统治的烙印。汉地禅宗等宗教派别还通过敦煌等地向吐蕃本部传播，一些汉文儒学典籍和历史、文学、宗教、占卜等方面的著作也被译成吐蕃文，被吐蕃文化所吸收。

吐蕃赤松德赞（755～797 年在位）、牟尼（797～798 年在位）、赤德松赞（798～815 年在位）、赤祖德赞（815～836 年在位）四位赞普都大力弘扬佛教，给寺院和僧侣以大量特权，向其发放布施、配给供养民户，僧人还被任命为大相钵阐布，总理政务，结果引发社会矛盾激化，导致赤祖德赞被反佛大臣缢杀。836 年，吐蕃反佛势力扶立朗达玛即位，开始限制和打击佛教。842 年，赞普朗达玛因灭佛被僧人射杀，二子争立，吐蕃发生内乱。河陇地区的吐蕃洛门川讨击使论恐热反对朗达玛大妃所立之赞普乞离胡，与青海节度使会盟后发兵击杀吐蕃国相尚思罗，随后又和鄯州节度使尚婢婢展开混战，吐蕃在河陇西域的统治开始崩溃。848 年，世为吐蕃沙州汉人官员的敦煌大族张议潮乘机率领各族民众起义，收复瓜、沙二州，建立起归义军政权，随即派使者入唐取得唐朝支持。之后归义军政权逐步收复了伊、肃、甘等州，并于 861 年克复凉州。北庭、西州、安西等地也先后被西迁回鹘所占领，而秦、原、渭等州则由唐朝收复。

869 年爆发的吐蕃奴隶大起义导致了吐蕃王朝的最终灭亡，吐蕃王朝对河陇西域地区的统治也随之全部瓦解。但吐蕃的统治对这一地区的政治、经济、文化、宗教的发展演进都产生了重要影响。后世在这一地区建立的各地方政权都曾部分地承袭了吐蕃王朝的各项制度，并在官私文书中使用吐蕃文，藏语也成了当时该地区的通用语言。以往传世史籍对吐蕃统治河陇西域的有关情况记载甚少，故而这段历史一直湮没无闻，基本上不为世人所知晓。20 世纪敦煌莫高窟藏经洞文献以及新疆鄯善、和田等地古藏文简牍、文书的出土，为我们了解吐蕃统治河陇西域的历史提供了一个契机。敦煌藏经洞文献中有大量吐蕃统治时期的汉、藏文文书，这些文书和20 世纪在新疆出土的古藏文简牍、文书详细记录了吐蕃统治下河陇、西域社会的具体情况，涉及这一时期的政治、经济、文化、宗教和社会生活的各个方面；这一时期正是吐蕃王朝从唐朝努力汲取文化营养的时期，敦煌西域文献中也保留了大量汉藏文化交流的史料，涉及唐朝典章制度对吐蕃统治河陇西域地区相关制度的影响、儒家经籍在吐蕃的传播、汉地佛教的输入、景教等宗教派别向吐蕃统治地区的渗透、吐蕃本部的制度与文化、宗教在原唐朝统治的河陇西域地区的传播等内容。它们为学界研究这段历史及吐蕃王朝史、汉藏文化交流史提供了珍贵的材料。

自 20 世纪初在敦煌、新疆等地发现吐蕃统治河陇西域时期文献以来，国内外学者相继对之进行了卓有成效的研究，出版了一系列与吐蕃统治河陇西域历史有关的重要著作。巴考（J. Bacot）、托马斯（F. W. Thomas）、杜散（G. C. Toussaint）[①] 首次对敦煌文献中的吐蕃历史文书（包括《编年史》亦即《大事纪年》、《赞普传记》、《赞普、大论世系》、《小邦邦主邦臣序列》等）进行了译解和研究。国内王尧、陈践以及黄布凡、马德在国外学者研究的基础上对敦煌吐蕃历史文献进行了复译和研究[②]。近年，奥地利科学院出版社出版了英国学者 Brandon Dotson 所著《吐蕃编年史》的最新英译本[③]。

英国学者黎吉生（Hugh Richardson）对吐蕃传世碑铭进行了译解及探讨，并对军事、宗教方面的一些敦煌古藏文文书也进行了考索，但是他不

① 《敦煌吐蕃历史文书》（*Documents de Touen-Houang relatifs à l'histoire du Tibet*），巴黎：集美博物馆年刊，1940～1946。

② 《敦煌本吐蕃历史文书》，北京：民族出版社，1990；《敦煌藏文吐蕃史文献译注》，兰州：甘肃教育出版社，2000。

③ Brandon Dotson，*The Old Tibetan Annals. An Annotated Translation of Tibet's First History*，Wein，2009.

懂中文，并未直接利用丰富的汉文史料①。王尧在国外学者研究的基础上对传世吐蕃碑铭进行译释②，美籍华人学者李方桂及其学生柯蔚南（W. South Coblin）在黎吉生及中国学者王尧等人研究的基础上对西藏古代碑铭（吐蕃王朝时期）又进行了系统总结与考释③。

英国学者托马斯（F. W. Thomas）对英藏敦煌、西域出土的吐蕃文社会经济文书、简牍进行了初步译解和研究，其研究同样也没有直接使用汉文史料④。法国学者拉露（M. Lalou）女士则对法藏敦煌古藏文文书进行了系统编目⑤。法国埃·麦克唐纳夫人（A. Macdonald/ A. Spanion）和日本学者今枝由郎（Y. Imaeda）合作，对法藏敦煌吐蕃文书进行了精选编辑，并选入若干件英藏敦煌古藏文文书，加以影印出版⑥，成为学界研究敦煌古藏文文献的重要资料。

中国学者王忠利用英国学者托马斯所译敦煌、新疆出土古藏文文书、简牍和汉藏传世史籍、金石碑刻对吐蕃王朝的历史进行了初步探讨⑦。王尧、陈践则在托马斯研究的基础上对新疆出土的吐蕃简牍进行了译解考释⑧。另外王尧、陈践还在国外学者研究的基础上译解出一批重要的敦煌吐蕃文书，并对有关史事进行了研究⑨，但是他们对敦煌汉文文书中的相

① *A corpus of early Tibetan inscriptions*, *royal asiatic society*, London, 1985（此书最初出版于1952年，1978年出版修订本，1985年再次修订出版）；*High peaks*, *pure earth*, London: Serindia publications, 1998.

② 《吐蕃金石录》，北京：文物出版社，1982。

③ *A Study of the Old Tibetan Inscriptions*，台北：中研院历史语言研究所，1987。

④ 《有关西域的藏文文献和文书》（*Tibetan literary texts and documents concerning Chinese Turkestan*）第1~3卷，伦敦：吕查克公司，1935，1951，1955。

⑤ *Inventaire des manuscrits tibétains de Tun-huang conserves a la Bibliothéque Nationale*, 3tomes, Paris, 1939, 1950, 1961.

⑥ 《敦煌古藏文手卷选集》（*Choix de documents tibétains conservés à la Bibliothéque Nationale complété par guelques Manuscrits de l'India Office et du British Museum*）第一、二卷，巴黎，1978，1979。

⑦ 《新唐书吐蕃传笺证》，北京：科学出版社，1958。

⑧ 《吐蕃简牍综录》，北京：文物出版社，1986。

⑨ 《敦煌吐蕃文献选》，成都：四川民族出版社，1983；《敦煌古藏文文献选》，成都：四川民族出版社，1986；《敦煌吐蕃文书论文集》，成都：四川民族出版社，1988。《吐蕃兵制考略——军事部落联盟剖析》，《中国史研究》1986年第1期；《敦煌吐蕃官号"节儿"考》，《民族语文》1989年第4期；《藏族翻译家管·法成对民族文化交流的贡献》，《文物》1980年第7期。

关史料利用有限；王尧还组织学者编写解题目录，对法藏敦煌古藏文文书的内容和有关研究论著都作了简要介绍①。匈牙利学者乌瑞（G. Uray）在托马斯的基础上对英藏吐蕃文书 Ch. 73. xv. 10《敦煌阿骨萨部落编员表》进行进一步译解和考证②；他还考释了英藏敦煌吐蕃文书 Vol. 69, fol. 84《吐谷浑大事纪年》的有关内容③，并对吐蕃在河陇西域所设的军镇（khrom）进行了深入研究④，对吐蕃统治敦煌的千户部落及其下属组织进行了探讨⑤；另外他对研究吐蕃史有重要价值的藏文史籍《贤者喜宴》的内容及成书年代进行了探索⑥，其研究成果引人注目，但他同样存在不能直接使用汉文史料的问题。拉露（M. Lalou）最先对关于吐蕃职官制度的重要文书 P. T. 1089《吐蕃官吏呈请状》进行了译解与研究⑦，日本学者山口瑞凤先生则利用 P. T. 1089 等文书分别考察了敦煌阿骨萨、悉董萨、悉宁宗部落以及通颊部落成立的时间⑧，王尧、陈践等也对 P. T. 1089 号文书进行了汉译和考察⑨。法国学者石泰安（P. A. Stein）根据敦煌藏文文书和传世藏文文献资料，参考汉文史籍，对古代汉藏交界地区的部族状况作了探讨⑩。日本学者藤枝晃利用敦煌汉藏文书对吐蕃统治敦煌的历史作了初

---

① 《法藏敦煌藏文文书解题目录》，北京：民族出版社，1999。

② “Notes on a Tibetan Military Document from Tun-Huang ,” *Acta Orient* , *Hung*, vol. XII. nos. 1 - 3, 1961, pp. 227 - 228.

③ “The Annals of the'A-zha Principality,” 《纪念乔玛学术研讨会论文集》（*Proceeding of the Csoma de Koros Memorial Symposium*），布达佩斯，1978。

④ “KHROM: Administrative Units of the Tibetan Empire in the 7th - 9th Centuries”, *Tibetan Studies in Honour of Hugh Richardson.* ed. by Michael Aris and Aung San Sua Kyi, Aris and Pillips LTD. Warminster England, 1979, pp. 310 - 318.

⑤ “Notes on the Thousand-districts of the Tibetan Empire in the First Half of the Nineth Century ,” *Acta Orient. Hung.* Tomus XXXVI. Fasc. 1 - 3, 1982, pp. 545 - 548.

⑥ G. Uray:” The narrative of legislation and Organization of the Mkhas-pai-dga-ston,” *Acta Orient. Hung.* Tomus XXVI, 1972.

⑦ 《公元 8 世纪吐蕃官吏呈请状》（” Revendications des Fonctionnaires du Grend Tibet au VIIIe Siècle”），《亚洲学报》（*Journal Asiatique*）第 242 卷第 2 号，1955。

⑧ 《沙州汉人による吐蕃二军团の成立とmKhar-stan 军团の位置》，《东京大学文学部文化交流设施研究纪要》第 4 号，1980 年，13 ~ 47 页；《汉人及び通颊人による沙州吐蕃军团编成の时期》，《东京大学文学部文化交流设施研究纪要》第 5 号，1981。

⑨ 《吐蕃职官考信录》，《中国藏学》1989 年第 1 期。

⑩ 《汉藏边境的若干古代部族》（*Les tribus ancients des marches Sino-tibétaines*），巴黎：巴黎大学出版社，1961。

步研究[①]。

山口瑞凤先生还利用敦煌文书对吐蕃王朝的早期历史和有关军政制度进行了考述[②]。此外，山口瑞凤等人还撰写了有关吐蕃统治敦煌的历史的简述和一些重要敦煌吐蕃文文书的译介，面向学术界和普通读者介绍有关情况[③]。中国学者黄颢先生对研究吐蕃史有重要价值的藏族史籍《贤者喜宴》进行了较为完整的翻译注解，其中也利用了一些敦煌西域出土的吐蕃时期文献[④]。

日本武内绍人（T. Takeuchi）对吐蕃统治河陇西域时期的古藏文契约文书进行了解读和分析，考证了其中的历史背景[⑤]。武内还在托马斯的基础上对斯坦因收集品中的新疆出土古藏文文书、简牍进行了更为全面准确的转写和考释，还编制了详细的词汇索引[⑥]。此外，他还对吐蕃统治河陇西域时期历史的一些问题，如吐蕃敦煌部落中的“将”等进行了探讨[⑦]。

国内杨铭致力于钻研吐蕃统治河陇西域历史。他的论著主要在国外学者研究基础上利用汉藏史料对吐蕃统治敦煌乃至河陇、西域的历史和一些相关的文书做了考察研究，探讨了吐蕃在这一地区的军政机构设置，吐蕃与突厥、吐谷浑关系，当地民族构成及生存状况等问题，但是其多年来因受到研究条件的限制，一直不能充分检索使用全部敦煌汉文文书

---

① 《吐蕃支配时期の敦煌》，《东方学报》（京都）1961 年第 31 期。

② 《吐蕃王国成立史研究》，东京：岩波书店，1983。

③ 《讲座敦煌》之《敦煌の历史》，《敦煌胡语文书》，东京：大东出版社，1980，1985。

④ 黄颢先生译文连载于《西藏民族学院学报》1980～1987 年各期，后吐蕃史部分又由周润年先生校订增补，于 2010 年由中央民族大学出版社出版；此外佟锦华先生对《贤者喜宴》部分内容也进行了翻译，佟先生对该书中有关松赞干布时期社会制度部分的译文载于黄布凡、马德《敦煌藏文吐蕃史文献译注》（兰州：甘肃教育出版社，2000）一书。

⑤ 《中亚发现的古藏文契约文书》（*Old Tibetan Contracts from Central Asia*），东京：大藏出版社，1995。

⑥ *Old Tibetan Manuscripts from East Turkestan in the Stein Collection of the British Liberary*（《英国图书馆所藏斯坦因收集品中的新疆出土古藏文文书》），3 册，东京东洋文库与伦敦英国图书馆合刊，1997～1998。

⑦ Tsuguhio Tokeuchi《将：吐蕃帝国千户之下的行政组织》（“TSHAN：Subordinates Aderministertive Units of the Thousand-Districts in the Tibetan Empire”），*Tibetan Studies Proceedings of the* 6th *Seminar of the International Association for Tibetan Studies FAGERNES* 1992，Volume 2，edited by Per KVAERNE，Oslo，1994，pp. 848－862.

进行研究[①]。刘忠则在托马斯等人研究基础上对英藏古藏文文书阿骨萨部落一区编员表进行了重新译解和考证[②]。荣新江的《通颊考》在国外学者研究基础上利用藏汉文献对吐蕃敦煌通颊部落的来历、在吐蕃军政系统中的位置、最后消亡的情况进行了考察[③]。陈楠分别利用汉藏史料对吐蕃王朝中央、地方职官和吐蕃统治河西时期该地区的职官等进行了论述[④]。

张广达、陈庆英、端智嘉、王欣、陈践先后对吐蕃本部、河陇西域等地的驿传制度，敦煌行人部落以及笼、笼官等作了探讨，对敦煌县博物馆所藏吐蕃驿递文书进行了译解和考证[⑤]。日本学者岩尾一史近年也利用敦煌藏文文书，并结合汉文文书，陆续发表了有关吐蕃统治敦煌及河陇西域地区历史的论文多篇，涉及职官、部落、赋税等内容[⑥]。苏航对吐蕃统治敦煌时期的基层组织 tshar 也发表了自己的看法[⑦]。

杨际平和姜伯勤则主要利用汉文文书对吐蕃统治敦煌时期的土地制

---

① 《吐蕃统治敦煌研究》，台北：新文丰出版公司，1997。此书后来又增订为《唐代吐蕃与西域诸族关系研究》（哈尔滨：黑龙江教育出版社，2005）与《吐蕃统治敦煌与吐蕃文书研究》（北京：中国藏学出版社，2008）二书，在国内出版。另有《吐蕃经略西北的历史作用》，《民族研究》1997 年第 1 期；《论唐代西北诸族的“吐蕃化”及其历史影响》，《民族研究》2010 年第 4 期。新近又有《唐代吐蕃与西北民族关系史研究》（兰州：兰州大学出版社，2012）一书出版。

② 《敦煌阿骨萨部落一区编员表藏文文书译考》，《中国史研究》1999 年第 1 期。

③ 载《文史》第 33 辑，北京：中华书局，1990，第 119～144 页。

④ 《吐蕃职官制度考论》，《中国藏学》1988 年第 2 期，后又收入《藏史丛考》，北京：民族出版社，1998，第 19～55 页；《吐蕃对河西地区的占领与管辖》，《藏史丛考》，第 19～55、80～94 页。

⑤ 《吐蕃飞鸟使与吐蕃驿传制度——兼论敦煌行人部落》，北京大学中国古代史研究中心编《敦煌吐鲁番文献研究论集》，北京：中华书局，1982；《一份敦煌吐蕃驿递文书》，《社会科学》（甘肃）1981 年第 2 期；《吐蕃驿站制度在西域的实施》，《新疆社会科学》1989 年第 5 期；《笼与笼官初探》，《藏学研究》，北京：中央民族学院出版社，1993。

⑥ 主要有：《吐蕃支配下敦煌の汉人部落——行人部落中心に——》，《史林》2003 年第 4 期；《吐蕃の万户》，《日本西藏学会会报》第 50 号，2004；《Pelliot tibetan 1078bisよりみた吐蕃の土地区画》，《日本敦煌学论丛》，Vol. 1，2007 年。“*On To-dog in Tibetan-ruled Dunhuang*”，2006 年 10 月台北中国历代边臣疆吏国际学术讨论会论文。“An Analysis of the *rkya* in the Context of the Social System of the Old Tibetan Empire”，*The Memoirs of Toyo Bunko*，67，2009.

⑦ 苏航：《试析吐蕃统治敦煌时期的基层组织 tshar——以 Ch. 73. xv. frag. 12 和 P. T. 2218 为中心》，《中国藏学》2003 年第 2 期。

度、赋役制度、农牧业生产状况等进行了详细论述①。李正宇对吐蕃占领下的敦煌汉文户籍手实制度及基层组织加以探讨②。他还对分藏于俄、法两国的汉文吐蕃论董勃藏修伽蓝功德记文书残卷进行了拼接缀合，并对吐蕃官员论董勃藏的身世、事迹进行了初步考索③。郑炳林、王继光全面考察了吐蕃时期敦煌汉文文书，对吐蕃在河西地区设置的职官进行了探讨，发表了自己的看法④。刘安志考察了吐蕃占领敦煌前后当地大族的活动⑤。金滢坤则探讨了吐蕃统治瓜沙时期的职官、军政建制和户籍制度，但是其研究只是利用了汉文文书⑥。陆离运用敦煌汉藏文书和传世史籍综合研究，发表了关于吐蕃统治敦煌及河陇西域历史的论著，研究涉及吐蕃统治河陇西域时期的职官制度、军事制度、法律制度、仓廪制度、赋役制度以及经济、人物等方面的内容；此外，他还出版了关于吐蕃统治敦煌历史的专著，对相关问题进行了一些尝试性探讨⑦。最近，德国学者 Gertraud

① 《吐蕃时期沙州社会经济研究》，《敦煌吐鲁番出土经济文书研究》，厦门：厦门大学出版社，1986；《突地考》，《敦煌学辑刊》1986 年第 1 期。

② 《吐蕃子年（公元 808 年）沙州百姓氾履倩等户籍手实残卷研究》，《1983 年全国敦煌学术研讨会文集·文史、遗书编》，兰州：甘肃人民出版社，1987。

③ 《吐蕃论董勃藏修伽蓝功德记两残卷的发现、缀合及考证》，《敦煌吐鲁番研究》第 2 卷，北京：北京大学出版社，1997。

④ 《敦煌汉文吐蕃史料综述——兼论吐蕃控制河西时期的职官与统治政策》，《中国藏学》1994 年第 3 期。

⑤ 《唐朝吐蕃占领沙州时期的敦煌大族》，《中国史研究》1997 年第 3 期。

⑥ 《吐蕃统治敦煌的基层组织》，《中国边疆史地研究》1998 年第 4 期；《吐蕃统治敦煌的财政职官体系——兼论吐蕃对敦煌农业的经营》，《敦煌研究》1999 年第 2 期；《吐蕃沙州都督考》，《敦煌研究》1999 年第 3 期；《吐蕃统治敦煌时期的部落使考》，《民族研究》1999 年第 2 期；金滢坤、盛会莲：《吐蕃沙州节儿及其统治新探》，《中国边疆史地研究》2000 年第 3 期；《吐蕃节度使考述》，《厦门大学学报》2001 年第 1 期；《吐蕃瓜州节度使考》，《敦煌研究》2002 年第 2 期；《吐蕃统治敦煌的户籍制度初探》，《中国经济史研究》2003 年第 1 期。

⑦ 《俄、法所藏敦煌文献中一件归义军时期土地纠纷案卷残卷浅识——对 Дх. 02264、Дх. 08786 与 P. 4974 号文书的缀合研究》，《敦煌学辑刊》2000 年第 2 期；《吐蕃统治敦煌基层兵制新考》，《中国史研究》2003 年第 4 期；《唐五代敦煌的司仓参军、仓曹、仓司——兼论唐五代敦煌地区的仓廪制度》，《兰州大学学报》2003 年第 4 期；《有关吐蕃太子的文书研究》，《敦煌学辑刊》2003 年第 1 期；《大虫皮考——兼论吐蕃南诏虎崇拜及其影响》，《敦煌研究》2004 年第 1 期；《吐蕃统治时期敦煌酿酒业述论》，《青海民族学院学报》2004 年第 1 期；《吐蕃统治河陇时期司法制度初探》，《中国藏学》2005 年第 1 期；《吐蕃三法考——兼论〈贤愚经〉传入吐蕃的时间》，《西藏研究》2004 年第 3 期；《论吐蕃制度与突厥的关系》，《兰州大学学报》2005 年第 4 期；《敦煌新疆石窟中 （转下页注）

Taenzer 出版了 *The Dunhuang region during Tibetan rule*: *A study of the secular manuscripts discovered in Mogao caves*①一书，利用敦煌新疆藏汉文献对吐蕃统治敦煌及河陇、西域地区的历史也进行了系统研究。

敦煌文书中保存有大量藏文宗教文献，英国学者恩默瑞克（Ronald Eric Emmerick）收集藏文《大藏经》中保存的最为重要的于阗佛教史籍《于阗国授记》进行校勘、英译，并和敦煌古藏文写本《于阗教法史》（P. T. 960）进行对照、考释②。瓦雷·普散（Louis de la Vallee Poussin）对英藏敦煌吐蕃文佛经进行了编目③。山口瑞凤等则在瓦雷·普散编目基础上对英藏敦煌吐蕃文佛经进行了重新编目，较之瓦雷·普散所著目录内容更为充实全面④。最近日本学者岩尾一史（Kazushi IWAO）、武内绍人（Tsuguhito Takeuchi）和英国学者萨姆·范沙克（Sam van Schaik）出版有 *Old Tibetan Texts in The Stein Collection Or. 8210*（Tokyo: The Toyo Bunko, 2012）一书，对英藏编号 Or. 8210 序列的 88 件敦煌藏文文书（其中包括有佛经及一些世俗文书）进行了录文和说明。雅可布·代尔顿（Jacob Dalton）和萨姆·范沙克（Sam van Schaik）还出版有 *Tibetan tantric manuscripts from Dunhuang*: *A Descriptive Catalogue of the Stein Collection at the British Liberary*⑤

（接上页注⑦）吐蕃时期着虎皮衣饰武士图像、雕塑研究》，《敦煌学辑刊》2006 年第 3 期；《吐蕃统治河陇地区司法制度初探》，《中国藏学》2006 年第 1 期；《吐蕃统治敦煌的基层组织》，《西藏研究》2006 年第 1 期；《关于吐蕃告身制度的几个问题》，《民族研究》2006 年第 3 期；《也谈敦煌文书中的唐五代“地子、地税”》，《历史研究》2006 年第 4 期；《吐蕃统治河陇西域时期军事、畜牧业职官二题》，《敦煌研究》2006 年第 4 期；《吐蕃统治河陇西域时期职官四题》，《西北民族研究》2006 年第 2 期；《吐蕃统治河陇西域的市券研究》，《敦煌吐鲁番研究》第 9 卷，北京：中华书局，2006；《吐蕃统治敦煌的官府劳役》，《魏晋南北朝隋唐史资料》第 22 辑，武汉：武汉大学学报编辑部，2006；《吐蕃统治敦煌时期的官府牧人》，《西藏研究》2006 年第 4 期；《敦煌文书 P. T. 1089 号〈吐蕃官吏申请状〉中的“zar can、zar cung”词义考》，《兰州学刊》2006 年第 11 期；《Tsong ka（宗喀）、khri ka（赤卡）、临蕃城考》，《魏晋南北朝隋唐史资料》第 23 辑，武汉：武汉大学学报编辑部，2007；《吐蕃敦煌乞利本考》，《中国边疆史地研究》2007 年第 4 期。《吐蕃统治河陇、西域时期制度研究——以敦煌、新疆出土文献为中心》，北京：中华书局，2010；《敦煌的吐蕃时代》，兰州：甘肃教育出版社，2013。

① Harrassowitz Verlag. Wiesbaden. 2012.

② 《有关于阗的藏文文献》（*Tibetan Texts concerning khotan*），伦敦：牛津大学出版社，1967。

③ *Catalogue of the Tibetan Manuscripts from Tun-huang in the India Office Liberary* , London: Oxford University Press, 1962.

④ 东洋文库西藏研究委员会编《斯坦因蒐集藏语文献解题目录》第 1 ~ 12 册，1977 ~ 1988。

⑤ Brill Leidon. Boston, 2006.

一书，对英藏敦煌藏文密教文献进行了更为详细的编目，并指出其与法藏敦煌藏文密教文献之间的关系。

埃·麦克唐纳夫人考察了敦煌藏文文书记载的松赞干布时期的历史及宗教状况[①]，并转写、翻译和注释了敦煌藏文写本吐蕃民间故事《说不完的故事》[②]。今枝由郎根据英法所藏九种敦煌藏文写本，复原出一种藏文诗体佛教文献，主要内容是宣讲佛教的生死轮回思想[③]。

法国学者戴密微（Paul Demiéville）则利用敦煌汉藏文书和传世史籍的有关记载探讨了汉地禅宗入藏传播的历史[④]。日本学者竺沙雅章则较早利用汉文文书对吐蕃统治时期和归义军时期的敦煌僧官制度、寺户制度进行了深入探讨[⑤]。中国学者黄文焕考察研究了甘肃河西地区现存的大量古藏文文书（其中佛经占绝大多数），并发表相关论文数篇，对这批文书进行了介绍[⑥]。姜伯勤对在吐蕃统治时期兴起并一直延续到归义军时期的敦煌寺户制度进行了深入的研究[⑦]。谢重光、姜伯勤在竺沙雅章的基础上利用汉文史料论述考证了吐蕃和归义军时期的敦煌僧官制度和有关人物[⑧]；日本学者上山大峻则对蕃占时期在敦煌及河西其他地区活动的昙旷、法成等

---

① 《关于 P. T. 1286、1287、1035、1047 和 1290 号藏文写本的解释》，《纪念拉露藏学研究论集》（*ètudes tibétanes dédiées à la mémoire de Marcelle Lalou*），巴黎：阿德里安梅松纳夫书店，1971。

② 《吐蕃民间文学研究资料（*Matériaux pour l'étude de la littérature populaire tibétaine*）》第 1、2 册，巴黎：克林克谢西出版社，1967，1971。

③ 《敦煌藏文写本“生死轮回史”研究》（*Histoire du cycle de la naissance et de la mort, étude d'un texte tibétain de Tourn-houang*），日内瓦：德罗兹书店出版，1981。

④ 《吐蕃僧诤记》（*Le concile de Lhasa*），巴黎：法兰西学院高等中国研究所，1952。耿昇汉译本由甘肃人民出版社 1984 年出版。

⑤ 《敦煌の僧官制度》，《东方学报》（京都）1961 年第 31 期；《敦煌吐蕃期の僧官制度》，《东アジァの法と社会》，汲古书院，1990，该文又刊于《第二届敦煌学国际讨论会论文集》，台北汉学研究中心编印，1991；《论敦煌寺户》，《史林》1961 年第 5 期。

⑥ 《河西吐蕃文书简述》，《文物》1978 年第 12 期；《河西吐蕃经卷目录跋》，《世界宗教研究》1981 年第 2 期；《河西吐蕃卷式写经目录并后记》，《世界宗教研究》1982 年第 1 期；《河西吐蕃文书中的“钵阐布”》，《中国民族古文字研究》，北京：中国社会科学出版社，1984。

⑦ 《唐五代敦煌寺户制度》，北京：中华书局，1987。

⑧ 《吐蕃占领时期与归义军时期的敦煌僧官制度》，《敦煌研究》1991 年第 3 期；《敦煌本乘恩帖考证》，《敦煌艺术宗教与礼乐文明》，北京：中国社会科学出版社，1996，第 381 ~ 393 页。

高僧生平及著述进行了详细研究[①]。日本学者高田时雄对吐蕃统治敦煌时期的一些关于抄经、受戒、社邑等方面的古藏文文书进行了译释考证[②]。陆离利用汉藏史料对吐蕃敦煌寺户、僧官制度继续进行了探索[③]。黄维忠在前人研究基础上对敦煌古藏文佛教发愿文进行了详细译解研究[④]。杨富学、李吉和则对敦煌汉文吐蕃佛教史料进行了辑校[⑤]。石泰安、褚俊杰对敦煌古藏文写本记载的吐蕃苯教仪式进行了探讨[⑥]。张延清新近利用敦煌藏汉文书对吐蕃僧相钵阐布进行了探讨，并探讨了敦煌地区的藏文佛经抄写问题[⑦]。最近英国学者萨姆·范沙克和高弈瑞（Imre Galambos）在前人基础上出版专著对英藏 IOL Tib J 754 号文书中的汉藏文各部分进行了详细研究，对其中的藏文书信部分进行重新译解，对这组书信撰写年代和吐蕃与中原王朝、天竺的佛教交流等有关问题提出了自己的看法[⑧]。

在文学、医学方面，英国托马斯研究了敦煌古藏文文书中的吐蕃民间文学作品及所谓南（Nam）语文献[⑨]。澳大利亚戴琼（J. W. de Jong）在托马斯和法国巴尔比（Jagbans Kishore Balbir）研究基础上对六件敦煌古藏文本写本印度史诗《罗摩衍那》残卷重新进行了译解及研究[⑩]。高田时雄利

---

① 《敦煌佛教の研究》，东京：法藏馆，1990。

② 这些论文收入高田时雄著，钟羽书等译《敦煌·民族·语言》（北京：中华书局，2005）一书。

③ 《唐五代敦煌寺户制度源流辨析》，《敦煌吐鲁番研究》第 6 卷，北京：北京大学出版社，2002；《吐蕃僧官制度试探》，《华林》第 3 卷，北京：中华书局，2004；《吐蕃统治时期敦煌僧官制度的几个问题》，《敦煌研究》2005 年第 3 期。

④ 黄维忠：《8～9 世纪藏文发愿文研究——以敦煌藏文发愿文为中心》，北京：民族出版社，2007。

⑤ 《敦煌汉文吐蕃史料辑校》第一辑，兰州：甘肃人民出版社，1999。

⑥ 《敦煌藏文文书中有关苯教仪轨的故事》，《纪念拉露藏学研究论集》（*ètudes tibétanes dédiées à la mémoire de Marcelle Lalou*），巴黎：阿德里安梅松纳夫书店，1971；《敦煌写本中的吐蕃巫教和苯教》，《法兰西远东学院通报》1988 年第 74 卷。褚俊杰：《论苯教丧葬仪规的佛教化》，《吐蕃本教丧葬仪规研究》，《敦煌古藏文文献论文集》下册，上海：上海古籍出版社，2007。

⑦ 张延清：《吐蕃钵阐布考》，《历史研究》2011 年第 5 期。

⑧ Sam van Schaik，Imre Galambos. *Manuscripts and Travellers*：*The Sino-Tibetan Documents of a Tenth-Century Buddhist Pilgrim*. Walter de Gruyer GmbH& Co. KG，Berlin/Boston，2012.

⑨ 《东北藏区古代民间文学》（*Acient Folk-Literature from North - Eastern Tibet*），联邦德国科学院语言、文学与艺术部专刊，柏林：1957；《南语，汉藏边境地区的一种古代语言》（*Nam*，*an Ancien language of the Sino-Tibean Boderland*），伦敦：伦敦大学出版社，1948。

⑩ 《西藏的罗摩衍那故事：敦煌写本译注》（*The story of Rāma in Tibet. Text and Translation of the Tun-huang Manuscripts*），斯图加特：弗兰兹·施泰纳出版社，1989。

用敦煌写本中的藏汉对音资料研究了9、10世纪的河西方言①。周季文、谢后芳对敦煌吐蕃文献中汉藏语对音问题进行了详细探讨②。法国布隆多（Anne-Marie Blondeau）译解并探讨了敦煌古藏文相马和医马文书③。罗秉芬、洪武娌等人对敦煌藏文医学文献进行了深入研究④。从2006年开始，西北民族大学和上海古籍出版社合作，陆续出版法藏敦煌藏文文献大型图册，还着手出版英藏敦煌藏文文献大型图册，这也必将推动敦煌吐蕃文献的研究。目前，日本学者武内绍人等还建立了 old Tibetan documents online 网站，在网上公布吐蕃王朝时期的古藏文碑铭和敦煌西域古藏文文献录文，并出版有研究论文集⑤，汇集了英、日等国学者对敦煌吐蕃文书的最新研究成果，涉及古藏文语言学、俄藏敦煌吐蕃历史文书残片、吐蕃敦煌官府籍账文书和佛教文献等方面的内容。而英藏、法藏敦煌藏文文献照片也在国际敦煌项目（IDP）网站上陆续公布。

目前学界已有的研究成果对于澄清和恢复吐蕃统治敦煌及河陇西域历史的本来面目以及这一时期的汉藏文化交流情况做出了重要贡献，但是现在仍有相当数量的敦煌吐蕃文献尚未得到充分释读和研究，敦煌、新疆出土的藏汉吐蕃文献、传世汉藏史籍之间的比照考证也有待进一步加强（这一工作对于准确理解、挖掘古藏文文献所蕴涵的丰富内容非常重要）。笔者本书在学界已有研究的基础上利用敦煌、新疆、西藏等地出土的汉藏文献、金石碑铭、汉藏传世史籍等对唐前期吐蕃在河陇地区的进出与军政建制，吐蕃统治河陇西域时期的节度使、都督、部落、部落使、十将、将（tshan）、户籍、营田、官田等制度，吐蕃制度与唐朝、突厥制度的关系，中原汉地儒家经籍和吐蕃王朝汉译佛经在敦煌等地的传播，长庆会盟后唐朝与吐蕃、天竺的佛教交流，吐蕃统治下敦煌社会与唐朝中央政权的关系，龙家、lho bal、嗢末等部族的分布迁徙及族名含

---

① 《敦煌资料所见之中国语言学史研究》，东京：创文社，1988。

② 《敦煌吐蕃汉藏对音字汇》，北京：中央民族大学出版社，2006。

③ 《敦煌写本中的吐蕃马学和马医学研究资料》（*Matériaux pour l'étude de l'hippologie et de l'hippiatrie tibétaines , à partir des manuscrits de Touen-houang*），日内瓦：德罗兹书店，1972。

④ 罗秉芬主编《敦煌本吐蕃医学文献精要》（译注及研究文集），北京：民族出版社，2002。

⑤ *New Studies of the Old Tibetan Documents Philology*, *History and Religion* . Edited by Yoshiro Imaeda, Matthew T. Kapstein and Tsuguhito Takeuchi. Research Institute for Languages and Cultures of Asia and Africa, Tokyo: Tokyo University of Foreign Studies, 2011.

义，磨环、jag rong、者龙、se tong、大同、西同、tsong ka、宗喀、khri ka、溪哥、临蕃城等汉藏地名具体含义与方位等问题进行研究，并对其中反映的汉藏文化交流问题进行一些考察辨析，以说明自己的见解，以期能够抛砖引玉，将吐蕃统治河陇西域历史和这一时期的汉藏文化交流史研究进一步引向深入。

第一章　敦煌文书 P.3885 所记载的唐朝、吐蕃战事与汉藏文化交流

敦煌文书 P. 3885 号中保存有唐朝开元年间大斗军使康太和给吐蕃赞普的一封书信和北庭节度使、河西陇右节度使盖嘉运的两件制文，它们与唐人诗赋同抄于一纸之上，这三件遗文均未见于传世典籍记载。法籍华人学者陈祚龙先生最先对它们进行了录文，但未对其内容进行详细研究。他指出，虽然传世史籍对康太和和盖嘉运记载甚少或没有记载，“但我相信：它们对于吾人讲求认识与了解唐代中、‘外’文化交流的情形，特别是‘康’、‘盖’二位的‘才气’、‘学问’与‘干劲’……多少还有一点儿裨助”，“谨将它们分别校订于后，以供国内同好参考”①。这三件遗文对研究唐朝统治西域历史和唐朝与吐蕃关系史具有一定价值，尤其第一和第三件遗文中出现了吐蕃赞普，这在敦煌、新疆出土的关于唐代前期的汉文文献中很少见，弥足珍贵。姜伯勤先生曾对其中第二件北庭节度使盖嘉运的制文结合吐鲁番文书以及传世史籍中突骑施的有关记载作了考索②。邵文实女士也曾对这三件遗文进行过探讨，她认为三件文书内容分别是关于开元二十三年（735）及开元二十九年（741）唐朝与吐蕃战事的③，但对文书中出现的吐蕃赞普以及相关问题并没有加以考证，另外对文书有关内容的

① 陈祚龙：《敦煌学新记》，载《敦煌文物随笔》，台北：台湾商务印书馆，1978，第 261 页。

② 姜伯勤：《吐鲁番敦煌文书中所见的突骑施》，《文物》1989 年 11 期。后收入氏著《敦煌吐鲁番文书与丝绸之路》，北京：文物出版社，1994，第 125～128 页。

③ 邵文实：《开元后期唐蕃关系探谜》，《西北史地》1996 年第 3 期。

理解也与笔者有一些不同之处。本章在前人研究基础上试运用汉藏史料，重点对其中二件（第一和第三件）记载唐朝与吐蕃战事的遗文的年代和其中涉及的吐蕃赞普以及有关地点、事件等问题再加考索，提出自己的看法。

第一节 两件遗文的录文及其与《前北庭节度盖嘉运制副使符言事》的关系

保存在 P. 3885 号文书中的这两件唐代遗文，目前只见有陈祚龙先生的录文。笔者在陈先生的基础上根据文书图版照片录文如下，其中□为文字难以辨认；□/□为文字缺损，具体字数难以确定；文字外加方框表示文字有残损，但可以辨认；（）中的字表示该字原为别字，这是其正确写法；（?）表示对该字的辨识尚不能确定；［］中的字表示文中原有缺字，加以增补：

前大斗军使将军康太和书与□□赞普　家则论家，国则沦（论）国，如有分野，常自守隅。天子圣明，垂拱而理。不拘细物，海纳百川，四海宾朝，重易（译）来供。故待□已（以）礼，荣之以官。人事往来，自无忠（中）外。吐蕃国大，早为敌礼之恩，华夏清勲，号曰外甥之国。起（岂）为不终（忠）？□/□德，违背生心，边惜（隙）惶惶，常负弋（戈）戟。自兵马北侵，越□川岭，道路苕荛（迢峣），人畜疲劳。小军孤□，阙（厥）为主礼。河西、陇右两节度使盖大夫，昨往南军，逡巡未至。近令驰报，朝□即来，少留三五日，决定一两场。强弱得知，臧否便定。田苗不惜，人亦敢当。足马斯（嘶）有草，人食有苗。足得踪（纵）横，于此养省（生）。何期忽速，便拟告还。太和拱（恭）奉□阶，侍卫天子。但缘边隙，勒此镇□。客军自来，未申主礼。增已惭（?）颜，□多恋德。谨遣行官郑玄志，驰书重谘。可否垂报，不只□□之至。

前河西、陇右两节度使盖嘉运制［开元］二十九年燕支贼下事　吐蕃赞普，被挫相□。陇右丧亡，河西失律。还国无路，屯集磨瓌（環）。狂热赧乡，羞归还逻娑。扶伤举死，嚎哭梵天。遍野坟（焚）

尸，烧亡灰□/□拟复来。狗（苟）度河源，□/□，自取中浍。关东□/□张安等二将军□/□必按军法□/□廓州水南，□/□恻此贼徒。逗留可见□/□兵。河西军州，团炼（练）日□/□谢君违，唯敌是求，□/□升，举在目前。傥有□/□诸将之流，及良家六□/□使难逢。为国剪□/□功成名遂，岂不快哉。（下缺）①

这两件遗文标题分别为“前大斗军使将军康太和书与□□赞普”“前河西、陇右两节度使盖嘉运制［开元］二十九年燕支贼下事”。其中《前大斗军使将军康太和书与□□赞普》一文中提到了“河西、陇右两节度使盖大夫”，盖大夫即盖嘉运，说明《前大斗军使将军康太和书与□□赞普》和《前河西、陇右两节度使盖嘉运制［开元］二十九年燕支贼下事》这两件遗文年代相同，都是写于盖嘉运担任唐朝河西、陇右两节度使任上。

在这两件遗文之间还抄有《前北庭节度盖嘉运制副使符言事》一文，此文写于盖嘉运担任唐朝北庭节度使任上，从其内容来看，是关于北庭节度使盖嘉运派军救援西州，对救援不利军将施行处罚之事。

据唐人张九龄《曲江集》以及《新唐书》《资治通鉴》等传世史料记载，开元二十三年（735）冬季突骑施进攻西州，北庭节度使盖嘉运着手救援并反攻，在初战失利后又挫败敌军，并于次年正月再次大破突骑施，盖嘉运随即得到了唐朝的嘉奖。至迟于开元二十六年（738）突骑施可汗苏禄死后，唐朝升原北庭都护（兼任北庭节度使）盖嘉运为安西副大都护，兼统两道，加碛西节度使名号。盖嘉运对突骑施政权进行招抚、征讨，最后彻底平定了突骑施之乱，并于开元二十八年（740）三月亲自将苏禄之子咄火仙解送长安②。由于当时唐朝安西四镇早已恢复，建制完备，

① 《法藏敦煌西域文献》第29卷，上海：上海古籍出版社，2003，第89～90页；陈祚龙：《敦煌学新记》，《敦煌文物随笔》，第260～264页。

② 《新唐书》卷二一五《突厥传下》，北京：中华书局，1975，第6068～6069页；《旧唐书》卷一九四下《突厥传下》，北京：中华书局，1975，第5192页；《资治通鉴》，北京：中华书局，1956，第6841页。

对吐蕃形成强大威慑，吐蕃在西域的行动也因此受到很大限制。笔者也未曾见到史料中有 735～736 年吐蕃北上进攻西州的明确记载，所以《前北庭节度盖嘉运制副使符言事》正是当时突骑施进攻西州，盖嘉运派军救援，初战不利，随即对救援不力的军将进行惩处而下发的制文，与吐蕃没有关系。

《资治通鉴》卷二一四又记载，开元二十八年（740）“六月，……上嘉盖嘉运之功，以为河西、陇右节度使，使之经略吐蕃”①。可知盖嘉运担任河西、陇右节度使是在开元二十八年，在其任职安西副大都护之后。由于盖嘉运在西域战功卓著，平定了突骑施之乱，得到玄宗的重视，遂又被委以重任，赴河陇地区征讨唐朝的另一劲敌吐蕃。因此，《前大斗军使将军康太和书与□□赞普》和《前河西、陇右两节度使盖嘉运制［开元］二十九年燕支贼下事》正是作于开元二十八年六月到开元二十九年（741）之间，两件文书内容紧密关联，时间相距很近，都与当时河陇唐军与吐蕃军队作战有关。而抄于二者之间的《前北庭节度盖嘉运制副使符言事》的写作年代正在《前大斗军使将军康太和书与□□赞普》和《前河西、陇右两节度使盖嘉运制［开元］二十九年燕支贼下事》之前。由于这三件遗文都是在盖嘉运担任唐朝西域、河陇军政要员期间写成，时间接近，性质相似，内容也有相互联系之处，所以文书抄录者将它们抄写在一起。

第二节　关于《前大斗军使将军康太和书与□□赞普》涉及的唐与吐蕃战事

吐蕃崛起于青藏高原，在松赞干布、禄东赞等人的经略下，国家逐步走向强大，向周边地区扩张，与唐朝在西域、河陇、剑南、南诏等地进行全方位争夺、抗衡。在迎娶金城公主后，又向唐鄯州都督杨矩行贿，谋取唐朝河西九曲之地（今青海黄河以西共和一带，日本学者佐藤长认为该地是发源于青海南山的、经今共和县流入黄河的乌兰布拉克河流域②），《资

① 《资治通鉴》，第 6842 页。

② 参见〔日〕佐藤长《再论河西九曲之地》，张铁纲译，《国外藏学研究译文集》第 13 辑，拉萨：西藏人民出版社，1997，第 47～60 页。

治通鉴》卷二一〇记载睿宗景云元年（710）：“［十二月］安西都护张玄表侵略吐蕃北境，吐蕃虽怨而未绝和亲，乃赂鄯州都督杨矩，请河西九曲之地以为公主汤沐邑；矩奏与之。”①

吐蕃控有河西九曲之地后，将之与其原本控制的青海吐谷浑故地（吐蕃在此设立了为其附庸的吐谷浑王国，以之作为进攻唐朝河陇地区的基地）连成一片，对唐朝河西陇右之地的威胁随之进一步增大。唐朝对此坚决不予承认，杨矩畏罪自杀，唐蕃之间谈判无果，再启战端。战争持续十余年，战局多次反复，双方互有胜负。

开元十八年至开元二十四年（730～736）唐、蕃恢复了通使与和谈，最后发展为依赤岭划界与在赤岭互市。学界有意见认为，这固然同双方交战实力相互抵消有关，更重要的则是唐与突骑施反目之后无暇东顾的历史产物。在唐朝击败突骑施后，内部主战派势力抬头，不肯承认赤岭边界，建议武力夺取河西九曲作为吐蕃夺取小勃律的补偿②。实际上，开元二十五年至二十七年（737～739）唐朝河西节度使崔希逸、鄯州都督杜希望、陇右节度使萧炅、剑南节度使章仇兼琼已经分别于青海海西、河西、鄯州西北、鄯州西、安戎城等地击败吐蕃，赤岭会盟碑也于开元二十六年（738）五月被唐朝摧毁，局势变得对唐有利③，故而玄宗委派盖嘉运经略吐蕃，希望他能更进一步。盖嘉运在接到诏命后贪图安乐，并不按时赴任。《资治通鉴》记载开元二十八年（740）六月，玄宗任命盖嘉运为河西、陇右节度使：

> 嘉运恃恩流连，不时发。左丞相裴耀卿上疏，以为：“臣近与嘉运同班，观其举措，诚勇烈有余，然言气矜夸，恐难成事。昔莫敖忸于蒲骚之役，卒丧楚师；今嘉运有骄敌之色，臣窃忧之。况防秋非远，未言发日，若临事始去，则士卒尚未相识，何以制敌！且将军受命，凿凶门而出；乃酣饮朝夕，殆非忧国爱人之心。若不可改易，宜速遣进涂（途），仍乞圣恩严加训励。”上乃趣嘉运行。已而嘉运竟无功。④

---

① 《资治通鉴》，第6661页。

② 参见薛宗正《吐蕃王国的兴衰》，北京：民族出版社，1998，第95页。

③ 《资治通鉴》，第6826～6827、6832～6833、6838、6840～6841页。

④ 《资治通鉴》，第6842页。

盖嘉运恃功自傲，并不按时到任，在长安日夕酣宴，延迁时日，引起尚书左丞相裴耀卿的担忧，故上书玄宗，建议下诏让其尽快起程赴任，抵御吐蕃对边州的侵袭。在玄宗的督促下盖嘉运勉强赴河陇上任，到任后果然被吐蕃击败，随即被罢免了河西、陇右节度使之职。

《资治通鉴》卷二一四又记：开元二十九年（741）“六月，吐蕃四十万众入寇，至安仁军。（胡三省注：安仁军，当作安人军。）浑崖峰骑将臧希液帅众五千击破之。”“十二月，乙巳，吐蕃屠达化县，（胡三省注：达化，古浇河之地，后周置达化郡及县，隋废郡，以县属廓州，县西百二十里有浇河城。）陷石堡城；盖嘉运不能御。”① 可知此次盖嘉运指挥河西陇右节度使军队与吐蕃交战历时半年之久，先胜后败，导致廓州境内的达化县和河湟战略要地石堡城被吐蕃攻陷。

P.3885 号文书中的《前大斗军使将军康太和书与□□赞普》提到“河西、陇右两节度使盖[大]夫”，此人即已经上任的河西、陇右节度使盖嘉运，称他：“昨往南军，逡巡未至。近令驰报，朝□即来，少留三五日，决定一两场。强弱得[知]，臧否便定。”此时盖嘉运不在大斗军，而在南军巡视布防，但是马上就会来到此地与赞普大军对决。大斗军在唐河西地区，凉州以西。唐朝设有大斗军守捉，驻兵七千五百人，是唐朝防御吐蕃、突厥北上或南下的要地。《资治通鉴》卷二一五记载天宝元年（742）［正月］：

> 河西节度断隔吐蕃、突厥，统赤水、大斗、建康、宁寇、玉门、墨离、豆卢、新泉八军，张掖、交城、白亭三守捉，屯凉、肃、瓜、沙、会五州之境，治凉州，兵七万三千人。……陇右节度备御吐蕃，统临洮、河源、白水、安人、振威、威戎、漠门、宁塞、积石、镇西十军，绥和、合川、平夷、三守捉，屯鄯、廓、洮、河之境，治鄯州，兵七万五千人。②

陇右节度使辖境在河西走廊东南方向的河湟谷地，故而笔者以为《前

① 《资治通鉴》，第 6844、6846 页。

② 《资治通鉴》，第 6848～6849 页。

大斗军使将军康太和书与□□赞普》中盖嘉运驻节的“南军”应为陇右节度使所辖军队。此时唐蕃两军在河西大斗军附近相遇，尚未交兵，时间在开元二十八年（740）六月盖嘉运到任之后。吐蕃军队这次应是从祁连山以南穿越大斗拔谷进入河西地区的。大斗拔谷是吐蕃穿越祁连山进犯河西甘、凉二州的咽喉要道，开元十四年（726）吐蕃悉诺逻恭禄统兵大举进犯河西、陇右，即取道大斗拔谷，“入寇大斗谷，又移攻甘州，焚烧市里而去”①。大斗军的设置正与大斗拔谷有关：《元和郡县图志》卷四十记载大斗军在“凉州西二百里。本是赤水军守捉，开元十六年改为大斗军，因大斗拔谷为名也。管兵七千五百人，马二千四百匹”②，正是为镇守军事重地大斗拔谷而设。

大斗军使康太和的致书对象和《河西、陇右两节度使盖嘉运制［开元］二十九年燕支贼下事》中提到的吐蕃赞普为谁？笔者目前尚未见有学者论及，有关唐代前期的吐蕃赞普的文书在目前敦煌、新疆出土的汉文文书中发现很少，所以这两件遗文对唐、蕃关系史研究具有很高的价值，对这两件遗文中出现的吐蕃赞普值得进行深入研究。实际此人当为赤德祖赞（khri lde gtsug brtsan），其在位时间为704～754年，汉文史料称之为弃隶蹜赞。此王在712年亲政后采取了一系列改革措施，以巩固王权，加强统治。他与唐朝和亲，迎娶金城公主，获得河西九曲之战略要地，与唐赤岭划界，并与突骑施、小勃律联姻，同南诏结盟，联手对抗唐朝。在其统治时期，吐蕃国力进一步增强，为吐蕃在赞普赤松德赞时期（755～797）占领河陇西域、国力达到顶峰奠定了坚实基础，是继松赞干布之后又一位很有作为的吐蕃赞普。关于开元二十九年吐蕃赞普赤德祖赞与唐军作战之事，敦煌吐蕃历史文书《大事纪年》也有记载：

> 及至蛇年（玄宗开元二十九年，741）夏，赞普以政务出巡临边。陷唐之城堡达化县（dar hwa hyan）。晓顿尚氏园（zho don gyi zhang

① 《册府元龟》卷三五八《将帅部·立功十一》，南京：凤凰出版传媒集团、凤凰出版社，2006，第4308页；苏晋仁、萧炼子：《〈册府元龟〉吐蕃史料校证》，成都：四川民族出版社，1981，第119页。

② 《元和郡县图志》下册，北京：中华书局，1983，第1018页。

> tsal）中，于赞普驾前，征军镇（krom）之大料集（mkos chen po）。冬，赞普牙帐自边地回还至扎玛（bra dmar）。没卢·谐曲（bzo zhal cos）攻铁刃城（mkar lcags rtse），克之。①

正可与前引《资治通鉴》记载开元二十九年六月吐蕃40万人入寇安人军，被浑崖峰骑将臧希液击败，当年十二月吐蕃又攻陷达化县、石堡城的史实相互印证。

《新唐书》卷二一六《吐蕃传》则称：

> 是岁，金城公主薨；明年，为发哀。吐蕃使者朝，因请和，不许。虏乃悉众四十万攻承风堡，抵河源军，西入长宁桥，安仁军浑崖峰骑将臧希液以锐兵五千破之。吐蕃又袭廓州，败一县，屠吏人。攻振武军石堡城，盖嘉运不能守。②

由上述记载可知吐蕃赞普赤德祖赞是在开元二十九年夏出巡河西陇右边地，并率军进攻唐朝境内城池，则《前大斗军使将军康太和书与□□赞普》的写作时间也当在开元二十九年夏。当时吐蕃在河西、陇右、剑南几次与唐朝作战失利，想借金城公主去世之机向唐朝请和以保住河西九曲之地，但未得到唐朝同意。赞普遂决定亲自出巡，督军作战，以图挽回在这一地区战局的不利局面。敦煌吐蕃历史文书《大事纪年》记载此前在开元十七年（729），赤德祖赞曾经亲临青海吐谷浑故地，指挥吐蕃军队攻陷唐朝瓜州，取得重大战果，获得许多军资布帛③，此次再度亲征。为了这次出征作战，吐蕃还进行了军镇（khrom）大料集，即为出征军队征集粮草辎重，所以志在必得。军镇为吐蕃在边地设置的军政合一机构，在与唐朝作战中发挥了重要作用，后来吐蕃统治河陇西域时期曾经在这一地区设有多处军镇，在汉文史料中被称为节度使，如瓜州节度使、河州节度使等，晓顿尚氏园则应该是在吐蕃控制的青海湖以南或河西九曲等地。汉文史料

---

① 王尧、陈践：《敦煌本吐蕃历史文书》，北京：民族出版社，1992，第107、153页。

② 《新唐书》，第6086页。

③ 王尧、陈践：《敦煌本吐蕃历史文书》，第152、184页。

记载吐蕃出征军队有40万人，可见声势浩大，精锐尽出。传世史籍记载吐蕃先攻河源军，再攻安人军，这些都是吐蕃与唐朝屡次交战之地。《通典》卷一七二《州郡典》云："河源军，西平郡西百二十里，仪凤二年李乙夫置，管兵万四千人，马六百五十匹。"[①] 安人军则在鄯州河源军以西，《资治通鉴》记载开元二十七年（739）八月吐蕃曾进攻鄯州地区：

> 壬午，吐蕃寇白草、安人等军，（胡三省注：白草军在蔚茹水之西。又，鄯州星宿川之西有安人军。蔚茹水在原州萧关县，此时吐蕃兵不能至；疑"白草军"当作"白水军"。）陇右节度使萧炅击破之。[②]

胡三省认为白草军应为白水军，笔者同意此观点。白水军在河源军西北部，《元和郡县图志》卷三九"鄯州"条云："白水军，州西北二百二十三里，开元五年郭知运置。"[③] 开元二十七年八月吐蕃的进军路线是由青海湖以北地区先攻白水军，再南下攻安人军。而开元二十九年（741年）夏吐蕃的这次进军路线当是从大斗拔谷撤至祁连山以南后，从青海湖以东地区南下再沿青海湖以南路线由西向东越过积石军、承风堡先攻河源军，然后转头向西再攻安人军。

《前大斗军使将军康太和书与□□赞普》所记赞普率军进抵河西大斗军附近与驻守唐军对峙之事，为传世史籍所不载。从书信内容来看，此时吐蕃与唐朝河陇守军尚未交战，所以这封书信的写作时间在开元二十九年六月吐蕃进攻河源军、安人军之前，即吐蕃赞普赤德祖赞首先率军穿越祁连山大斗拔谷进入河西走廊地区，到达大斗军附近，因守军有所防备，无隙可乘而又回师，再经大斗拔谷从青海湖以南地区经过积石军、承风堡进犯鄯州地区的河源军、安人军。

《前大斗军使将军康太和书与□□赞普》中康太和称河西、陇右节度使盖嘉运在陇右地区巡视，即将返回。吐蕃赞普在此地"少留三五日"，即可"决定一两场。强弱得知，臧否便定"，而且唐朝守军"田苗不惜，

① 《通典》，北京：中华书局，1988，第4482页。

② 《资治通鉴》，第6838页。

③ 《元和郡县图志》下册，第991页。

人亦敢当”，即准备充分，战斗决心坚定，正欲与吐蕃军队大战一场。而吐蕃赞普“足马斯（嘶）有草，人食有苗。足得踪（纵）横，于此养省（生）。何期忽速，便拟告还”，可知吐蕃赞普见唐朝大斗军及其他河西地区驻军已有防备，无隙可乘，己军出师悬远，不大可能迅速克敌制胜，便再次穿越大斗拔谷，回师祁连山以南。“太和拱（恭）奉□阶，侍卫天子。但缘边隙，勒此镇□。客军自来，未申主礼。增已惭（?）颜，□多恋德。谨遣行官郑玄志，驰书重谘。可否垂报，不只□□之至。”这封书信是在吐蕃撤军后，大斗军使将军康太和派遣军中行官郑玄志前去投送的。康太和原系唐朝天子侍卫，后因赤岭会盟后吐蕃与唐朝在河陇地区战事又起，遂被派遣至大斗军担任军使戍边，但担任大斗军使时间不长。此人不见于两唐书记载，详细事迹无考。

由此封书信可知赞普赤德祖赞出征军队中有熟知汉文的官员随行，能够随时处理唐朝边将投递的汉文信件。《新唐书》卷二一六《吐蕃传》记载文成公主入藏后，吐蕃人大力学习引进中原汉地文化：“自褫毡罽，袭纨绡，为华风。遣诸豪酋子弟入国学，习诗书。又请儒者典书疏。”[①] 所以，吐蕃赞普身边配备熟悉汉文的官员由来已久，这些人可能是来自中原汉地的儒生，也可能是经过在长安等地学习后熟练掌握汉文的吐蕃人，无论唐、蕃友好时期还是处于战争时期，这些熟悉汉文的官员在唐、蕃交流中都担任重要角色。而唐朝边将也熟知这一情况，所以直接用汉文写成书信派军中行官前往投递。

第三节　《前河西、陇右两节度使盖嘉运制［开元］二十九年燕支贼下事》涉及的唐与吐蕃战事以及佛教在吐蕃的传播

吐蕃赞普赤德祖赞撤回祁连山以南后，并未回师罢兵，而是进入河湟地区继续向唐鄯州地区的河源军、安人军进攻，被浑崖峰骑将臧希液率众五千击败，遭受到了挫折。但是，吐蕃并未就此放弃，而是在这一地区继续寻找战机，在当年十二月终于找到唐军防御缺陷，攻陷廓州达化县和石

① 《新唐书》，第 6074 页。

堡城。

《新唐书》卷四〇《地理志》“鄯州”之“鄯城”下注云：“有河源军，西六十里有临蕃城，又西六十里有白水军、绥戎城，又西南六十里有定戎城，又南隔涧七里有天威军，军故石堡城，开元十七年置，初曰振武军，二十九年没吐蕃。”① 可知石堡城在河源军西南，属鄯州管辖，是唐蕃边境的战略要地，唐、蕃双方对该城曾进行过反复争夺。《资治通鉴》卷二一三记载开元十七年（729）唐朝朔方节度使信安王祎攻下吐蕃石堡城，此后石堡城一直为唐朝占据：

> （开元）十七年（己巳，729），……三月，……甲寅，朔方节度使信安王祎攻吐蕃石堡城，拔之。初，吐蕃陷石堡城，留兵居之，侵扰河右，上命祎与河西、陇右同议攻取。诸将咸以为石堡据险而道远，攻之不克，将无以自还，且宜按兵观衅。祎不听，引兵深入，急攻拔之，乃分兵据守要害，令虏不得前。自是河陇诸军游弈，拓境千余里。上闻，大悦，更名石堡城曰振武军。（胡三省注：……又南隔涧七里有石堡城，本吐蕃铁仞城也。宋白曰：石堡城在龙支县西，四面悬崖数千仞，石路盘曲，长三四里，西至赤岭三十里。）②

前引敦煌吐蕃历史文书记载开元二十九年（蛇年）冬吐蕃军队攻陷铁刃城（mkar lcags rtse），由上引《资治通鉴》卷二一三开元十七年甲寅唐军攻克吐蕃石堡城条下胡三省注可知：石堡城当时被吐蕃方面称作铁仞城，即敦煌吐蕃历史文书中的 mkar lcags rtse。这一事实在唐宋元时期一直为人所知晓。

将 P. 3885 号文书中的《前河西、陇右两节度使盖嘉运制［开元］二十九年燕支贼下事》内容与以上所引史籍记载对照，即可知《前河西、陇右两节度使盖嘉运制［开元］二十九年燕支贼下事》正是写于吐蕃赞普赤德祖赞开元二十九年（741）六月在鄯州安人军被唐军击败后，又南下渡黄河在廓州附近集结，准备伺机再战之时。燕支即焉支山，在河西走廊地

---

① 《新唐书》，第 1041 页。

② 《资治通鉴》，第 6784 页。

区甘、凉二州境内，大斗军即在焉支山附近。该制文标题也表明了开元二十九年夏吐蕃赞普首先进犯焉支山下大斗军，见无可乘之机后，又回军南下绕道进犯河湟谷地这一事实。

P.3885 号《前河西、陇右两节度使盖嘉运制［开元］二十九年燕支贼下事》称："吐蕃赞普，被挫相□。陇右丧亡，河西失律。还国无路，屯集磨瓌（環）。狂热赧乡，羞归还逻娑。"所谓"陇右丧亡，河西失律"即指吐蕃军队先在河西大斗军附近见无隙可乘，被迫退军，转向鄯州河源军、安人军进攻，又被唐军击败之事。此后赞普并未回归吐蕃国都逻些（逻娑），又屯集在磨瓌（環）。邵文实认为吐蕃军队屯集在焉支山中的屯兵基地，不久又出其不意南下，攻唐不备，实际上文书已明确指出吐蕃军队屯集于磨瓌（環），河西走廊地区的焉支山中并无吐蕃的屯兵基地，该地也不具备这一条件。关于"磨瓌"的具体含义，邵文实认为是"莫还"的误写，窃以为"磨瓌"实际是地名"磨環"，"瓌"字实为"環"（其简化字为"环"）字的异写，在洮州（今甘肃临潭）西面有磨环川，磨瓌亦即磨环川。《新唐书》卷五〇《兵志》记载："初，哥舒翰破吐蕃临洮西之磨环川，即其地置神策军。"① 磨环川又作磨禅川，《新唐书》卷四〇《地理志》云："洮州临洮郡，下。……西八十里磨禅川有神策军，天宝十三载置。"② 二者实为同名异写，"环"与"禅"古音相通。

关于哥舒翰击破吐蕃置神策军事，《资治通鉴》卷二一六记载：天宝十二载（癸巳，753）"（五月）陇右节度使哥舒翰击吐蕃，拔洪济、大漠门等城，悉收九曲部落"。《资治通鉴》卷二一七记载天宝十三载（甲午，754）"秋，七月，癸丑，哥舒翰奏：于所开九曲之地置洮阳、浇河二郡及神策军，以临洮太守成如璆兼洮阳太守，充神策军使"③。

由上述记载可知，位于九曲之地（即黄河九曲之地，九曲意为该地区黄河河道弯曲多变，从史料记载来看包括今青海东南部、甘肃南部、四川西北部黄河上游地区）、临洮西面的磨环川在天宝十二载（753）才被唐朝收复，置神策军以镇守，此前一直为吐蕃占据，为吐蕃进攻唐朝河西、陇

① 《新唐书》，第 1332 页。

② 《新唐书》，第 1043 页。

③ 《资治通鉴》，第 6918、6927 页。

右地区的一个基地，所以磨环川得名或源自吐蕃。总章三年（670），唐将薛仁贵征讨吐蕃，败于青海大非川，吐谷浑全境几乎尽入吐蕃。仪凤元年（676）闰三月，吐蕃寇鄯、廓、河、芳等州，八月，寇叠州，唐朝在黄河九曲之地所设羁縻州遭到破坏[①]，吐蕃占领了这一地区，随后多次经该地入寇唐境，该地成为吐蕃进攻唐朝陇右地区的基地。《大事纪年》记载695年、700年、701年，吐蕃大论钦陵（blon che khri vbring）、赞普赤都松（khri vdus srong）分别领兵进攻唐朝洮州（thevu cu）、河州（ga chu）等地[②]，开元二年（714）吐蕃军队曾经进攻唐之临洮、渭源、兰州等地，迫使唐朝调集陇右、西域等地驻军应战[③]，他们应该都是从黄河九曲地区的磨环川等地进入唐境。

郭声波先生认为这一地区属于710年金城公主出嫁吐蕃时，吐蕃贿赂鄯州都督杨矩得到的河西九曲之地范围[④]。实际上在此之前吐蕃已经控制该地，并数次由此入侵唐朝洮、叠、河、兰等州，而河西九曲之地应该是在今青海黄河流域一带，所以笔者不能赞同这一观点。《旧唐书》卷一〇三《郭知运传》记载，开元六年（718）陇右节度使郭知运曾经率兵入讨吐蕃，“贼徒无备，遂掩至九曲，获锁甲及马犛牛等数万计”[⑤]。他应该是率兵自洮州等地攻入吐蕃占领的黄河九曲地区，吐蕃未曾预料唐军能深入进攻这一荒僻险远之地，所以措手不及，唐军虏获军资牛马数量甚巨，可见当时吐蕃在该地区的建制经营已经颇具规模。

在开元二十七年（739）、开元二十九年（741）吐蕃赞普等又曾进攻鄯州地区的白水、安人、河源等军，甚至穿越大斗拔谷袭击甘、凉等州，他们应是从黄河九曲地区的磨环川等地或青海湖以西、以南吐蕃控制地区出发北上进入唐境的。吐蕃这一屯兵基地对唐朝河西陇右地区威胁甚大，开元二十九年虽然陇右地区战略要地石堡城为唐朝所有，但是吐蕃仍能以

---

① 《资治通鉴》，第6379～6380页；参见郭声波《唐代河西九曲羁縻州府及相关问题研究》，《历史地理》第21辑，上海：上海人民出版社，2006，第61页。

② 《敦煌本吐蕃历史文书》，第148～149，181页；黄布凡、马德：《敦煌藏文吐蕃史文献译注》，兰州：甘肃教育出版社，2000，第12～13、44～45、96～97页。

③ 参见朱雷《唐开元二年西州府兵——“西州营”赴陇西御吐蕃始末》，《敦煌吐鲁番文书论丛》，兰州：甘肃人民出版社，2000，第256～257页。

④ 郭声波：《唐代河西九曲羁縻州府及相关问题研究》，《历史地理》第21辑，第58页。

⑤ 《旧唐书》，第3190页。

磨环川等地为基地进攻唐朝陇右河西，取得一定战果，从唐朝手中夺取石堡城。直到 753 年哥舒翰击破吐蕃，收黄河九曲之地，于此地建立神策军，吐蕃对陇右地区的威胁才得以解除。到 755 年安史之乱爆发，神策军千人在将领卫伯玉带领下前往内地赴难平叛，后来发展为唐朝皇帝禁军，再未回到驻防地，磨环川随即再次为吐蕃占据①。

《前河西、陇右两节度使盖嘉运制［开元］二十九年燕支贼下事》又称吐蕃赞普“扶伤举死，嚎哭梵天。遍野坟（焚）尸，烧亡灰□/□”，文中出现的“梵天”一词目前也未见有人对之作出解释。窃以为梵天应为佛教护法神大梵天王②，“嚎哭梵天”即吐蕃赞普及其部下因被唐军击败死伤惨重而向护法神大梵天王痛哭。这段内容表明吐蕃赞普赤德祖赞及其臣下已经信奉佛教，在磨环川一带处理军中阵亡者遗体，对之实行火葬。这一情况也为唐朝河西、陇右节度使盖嘉运所知悉。根据考古发掘情况来看，虽然在西藏高原早期墓葬中发现有火葬习俗遗迹，但并不普遍。吐蕃时期西藏高原墓葬考古遗存是以土葬葬俗为主，其中夹杂有火葬焚尸的丧葬形式③。火葬原系羌人葬俗，但火葬也是佛教最为推崇的葬俗，在佛教僧侣和信徒中盛行。赤德祖赞及其部下对军中阵亡者遗体实行大规模火葬，应与当时磨环川一带林木繁茂、具备火葬条件以及吐蕃军队中有不少党项等羌族成员有关，另外也与此时佛教在吐蕃已经有很大影响有一定关系。这一情况也从未见于其他史料记载，值得予以重视。

佛教在松赞干布建吐蕃国后就开始进入青藏高原。松赞干布曾为其妃唐朝文成公主和泥婆罗尺尊公主建大昭寺和小昭寺，但是佛教并未在当地传播开来，未被吐蕃人普遍接受。到了赤德祖赞时期，佛教在吐蕃已经有所发展。金城公主入藏曾将唐人笃信佛教的传统带入吐蕃，而且据藏史记载，金城公主还将唐朝内地受佛教影响对死者进行“七期”（bdun tshigs）之祭的习俗传入吐蕃，为死者做超荐法事④。此外，她和赞普还曾接纳过来自于阗地区的僧人，并从唐朝京都翻译佛经《金光明经》

① 《资治通鉴》，第 7096 页。

② 丁福保：《佛学大辞典》，上海：上海书店，1991，第 1864 页。

③ 霍巍：《西藏古代墓葬制度史》，成都：四川人民出版社，1995，第 305、357 页。

④ 巴卧·祖拉陈哇：《〈贤者喜宴〉摘译（四）》，黄颢译，《西藏民族学院学报》1981 年第 3 期。

《毗奈耶分品疏》[①]。立于赞普赤德松赞在位时期（798～815）的吐蕃《噶迥寺建寺碑》则记载赤德祖赞曾在本部建立佛寺，“于扎玛（bra dmar）建瓜州（kwa cu）寺，于琛浦（mching phur）建神殿等，立三宝之所依处”[②]。这些记载均正可与该件遗文内容相互印证。赤德祖赞执政时期，来自天竺、汉地和于阗的佛教在吐蕃得到很大发展，对赞普及其臣下产生了深刻影响。虽然在其死后佛教一度受到压制排挤，但是佛教已经在吐蕃扎下根基，所以在赤德祖赞之子赤松德赞（755～797 年在位）成年亲政后，佛教最终被立为吐蕃国教。

该文又云：“拟[复]来。狗（苟）度河源，□/□，自取中飡。关东□/□张安等二将军□/□必按军法□/□廓州水[南]，□/□恻此贼徒。逗留可[见]□/□兵。”赞普赤德祖赞在磨环川休整并对军中阵亡者后事处理之后，又进军廓州。所谓“狗（苟）度河源”，是指吐蕃军队在鄯州地区安人军失利后，又南下穿过拉脊山口（隋代承风岭戍附近），于积石军（今青海贵德）西南吐蕃大漠门城一带渡过黄河，在磨环川休整，伺机进犯唐朝廓州地区，此时驻防廓州地区的是张、安二将军。

隋朝所置河源郡包括了星宿川和黄河九曲地区，唐代仍以河源称呼黄河九曲地区的黄河河段。吐蕃在睿宗景云年间取得河西九曲地区（青海黄河流域一带）后，随即在这一地区的河段架桥，连接两岸，并设置独山、九曲两军。《资治通鉴》卷二一一玄宗开元二年（甲寅，714）记载：

> 冬，十月……戊辰，姚崇、卢怀慎等奏：“顷者吐蕃以河为境，神龙中尚公主，遂逾河筑城，置独山、九曲两军，去积石三百里，又于河上造桥。今吐蕃既叛，宜毁桥拔城。”从之。[③]

吐蕃的九曲军应该是在河西九曲地区，独山军则与之相距也不会太远。

开元二十九年（741）吐蕃渡黄河进犯唐朝廓州地区，经行路线亦为其所谙熟：先经拉脊山口进入河西地区，然后渡过黄河进入黄河九曲地

---

① 五世达赖喇嘛著，刘立千译注《西藏王臣记》，北京：民族出版社，2000，第 34 页。

② 王尧：《吐蕃金石录》，北京：文物出版社，1982，第 154、160 页。

③ 《资治通鉴》，第 6705～6706 页。

区，前往磨环川休整后，再度向西北进军，进攻唐朝廓州境内城郭。前引《大事纪年》记载 741 年赞普军镇大料集之事，吐蕃的独山、九曲军应当为《大事纪年》中提到的吐蕃边地军镇的下级军事机构。

《大事纪年》又记载 755 年“安史之乱”爆发后，吐蕃将领论绮力卜藏、尚东赞二人攻陷洮州城堡（mkhar tevu cu），收复黄河军衙（rma grom），吐蕃重新任命黄河军衙元帅（dmag dpon）[①]。此职官在后来吐蕃统治河陇西域时期的汉文文献中也被称为节度使，为吐蕃军镇专任长官。学界还有意见认为 rma grom 为吐蕃本部澎域（vphan yul）的一个城堡，此城堡长官为千户长（stong dpon）[②]，但是从其长官为元帅来看，一个城堡不可能设置这一高级职官，rma grom 应该译为“黄河军衙”。军衙（grom）亦即军镇（khrom），grom 为 khrom 之变体异写。一个军镇下辖有若干千户，吐蕃王朝的军镇是在吐蕃本部以外地区设置的军政机构，负责镇守边疆地区；本部则设茹（ru），共有五茹。二者规模相近，级别相等。吐蕃的这个黄河军衙与唐朝洮州接境，应该是以黄河九曲地区的磨环川等地为其中心地带。黄河军衙应当管辖着黄河上游九曲地区，磨环（禅）与 rma grom（发音为“玛冲”）发音相近，很可能就是 rma grom 的音译。

《大事纪年》还记载黄河军衙最早出现于 704 年，吐蕃赞普赤都松（khri vdus srong）曾于该年亲临此地[③]。当时，这一军镇就应当管辖着黄河上游地区今青海果洛、甘肃甘南（包括磨环川）、四川西北部一带，而这些地区为吐蕃所控制。后来，吐蕃又获得与之相邻（在其下游）的河西九曲（今青海黄河流域一带）等地，黄河军衙应当对这一地区也进行了管辖。753 年唐军收复黄河九曲之地，吐蕃黄河军衙随之消亡。755 年安史之乱爆发，吐蕃再度攻陷黄河九曲地区以及唐之洮州，黄河军衙得以恢复设置。吐蕃统治河陇西域时期此军镇仍然存在，P. T. 1089 号《大蕃官吏呈请状》在记述 830 年（狗年）吐蕃管理河陇地区军政事务的德论盟会（bde blon gyi vdun sa）召开情况时，就曾经提到黄河军衙[④]。而在吐蕃王国崩溃

① 《敦煌本吐蕃历史文书》，第 109、155 页。

② 《敦煌藏文吐蕃史文献译注》，第 46、55、101～102 页。

③ 《敦煌本吐蕃历史文书》，第 20、149、182 页。

④ 王尧、陈践：《吐蕃职官考信录》，王尧：《西藏文史探微集》，北京：中国藏学出版社，2006，第 77、88 页。

后，黄河军衙又出现在年代为10世纪的法藏敦煌文书P. T. 1082号甘州回鹘可汗诏书中[1]，表明当时吐蕃这一军镇机构并未完全消亡。

日本学者石川巌则认为，吐蕃黄河军衙在755年首次设立，辖境为洮州西南方向的黄河及其支流流经地域，是安史之乱爆发后吐蕃进攻甘肃及内地的最初据点，它与《大事纪年》记载704年出现的rma grom不能画等号[2]。窃以为二者应为同一军政机构，只是随着时间推移，此军镇的管辖领域有所扩大，但是二者的辖区都位于青海、甘肃、四川等黄河上游地区。

《前河西、陇右两节度使盖嘉运制［开元］二十九年燕支贼下事》一文中指出，吐蕃赞普赤德祖赞率军正向“廓州水南”进犯，号召“河西军州”将士奋勇杀敌、报效国家、建功立业。“水南”即黄河以南的廓州辖区，此地正是达化县境内，而“河西军州”是指唐朝陇右节度使辖区黄河河段以西的鄯州、廓州各处驻军。该制文正写于传世史籍记载的开元二十九年（741）十二月吐蕃攻陷达化县之前，是河西、陇右节度使盖嘉运在与吐蕃大军决战之前下达的动员令。可惜盖嘉运恃功自傲，轻敌懈怠，仓促赴任，对河陇地区的地理、驻防兵将以及吐蕃军队的情况都不熟悉，而吐蕃军队在赞普赤德祖赞亲征情况下士气高昂，并且为了这次与唐军作战，吐蕃特地在边地军镇进行了粮草辎重征发，军队精锐尽出、兵强马壮、粮秣充足，所以在西域屡建功勋的盖嘉运没有抵挡住吐蕃的进攻，致使廓州达化县失陷。随后，吐蕃又向西渡过黄河，再度攻陷鄯州境内的战略要地石堡城。据前引敦煌吐蕃历史文书《大事纪年》记载，此时赞普赤德祖赞已经回到吐蕃本部扎玛行宫，由将领没卢·谐曲（bzo zhal cos）率军攻陷此城。这一切都被唐朝尚书左丞相裴耀卿不幸言中，盖嘉运在玄宗朝的政治生命随之也告完结。

当然，此次战役唐朝虽然失利，但是并未对其在河西陇右地区的局势造成根本影响。唐朝正处于开元天宝盛世，国力强盛，随后玄宗又调兵遣

① 石川巌：《吐蕃帝国のマトム（rma grom）について》，《日本西蔵学会会報》，2003，第42頁。

② 《吐蕃帝国のマトム（rma grom）について》，《日本西蔵学会会報》，2003，第37～46頁。

将，在河陇地区对吐蕃进行反击。尽管天宝四载（745）陇右节度使皇甫惟明在石堡城被吐蕃击败①，但不久之后，在王忠嗣、哥舒翰等人的努力下，唐军先在 749 年收复石堡城，又在 753 年收复黄河九曲之地，并在青海湖一带地区屡败吐蕃②，使得唐朝在河陇地区与吐蕃的争斗中完全占据了上风。而唐将高仙芝则连续攻破投附吐蕃的小勃律、朅师等国，使吐蕃在西域进一步陷入被动。③ 此时，赞普赤德祖赞则利用唐朝边将昏庸狂妄、对南诏处置失当的时机，与南诏结盟，全力支持南诏对抗唐朝，二者联手于 751 年和 754 年在云南地区两次大败唐军④，使吐蕃在总体上仍然保持着与唐朝抗衡的局面。惜乎“渔阳鼙鼓动地来”，755 年安史之乱爆发，驻守河陇西域的唐军东调平叛，吐蕃乘机入侵，最终占领了这一区域。此后，唐朝也由盛世走向衰落，对于这一地区基本上再也无力经营恢复了。

P. 3885 号文书中的《前大斗军使将军康太和书与□□赞普》和《前河西、陇右两节度使盖嘉运制［开元］二十九年燕支贼下事》两件遗文对传世史籍所记开元二十九年（741）吐蕃进攻河西陇右地区的情况作了较为详细的记载，提供了关于此次吐蕃军队的统军主帅、进军路线，吐蕃在黄河九曲地区的军事占领情况，汉地语言文化在吐蕃的传播，唐朝、天竺等地佛教对吐蕃的影响，唐、蕃交战地点以及唐朝河西陇右节度使辖区的军事布防，盖嘉运上任后面对吐蕃进攻采取的军事行动等方面的丰富史料。它们和 P. 3885 号文书中的《前北庭节度盖嘉运制副使符言事》一样，都是历经千年而幸存下来的唐代遗珍，弥补了传世典籍对相关史事记载的缺失和不足。

---

① 《资治通鉴》，第 6868 页。

② 《资治通鉴》，第 6871、6892、6896、6901 页。

③ 《资治通鉴》，第 6884 ~ 6886、6898 页。

④ 《资治通鉴》，第 6906 ~ 6907 页；《新唐书》卷二二二上《南诏上》，第 6271 页。

第二章　新出钟铭、墓志所记载的唐前期吐蕃在河西走廊地区的进出与汉藏文化交流

除敦煌文书以外，近年新发现的铜钟铭文及墓志也记载了唐前期吐蕃在河陇地区的活动以及相关的汉藏文化交流情况，本章对此再进行一些论述。

第一节　关于新发现的吐蕃赤德祖赞时期者龙噶丹兴庆寺发愿钟的几个问题

西北民族大学兰却加教授近期公布了由其本人发现的吐蕃王朝时代的铜钟照片及钟上所铸古藏文铭文，并对有关问题进行了考证①，引起了学界的极大关注，其价值得到不少学者的肯定②，笔者同样认为该钟及其铭

---

① 兰却加：《关于吐蕃赞普赤德祖赞时期者龙噶丹兴庆寺发愿钟及有关情况》，2011 年 8 月敦煌吐鲁番学会理事会暨民族文献学术讨论会（兰州）论文，该文曾用藏文发表在《西藏研究》（藏文版）2011 年第 1 期（lHa mchog rgyal，“bTsan po khri lde gtsug brtsan skabs kyi jag rong dgav ldan byin chen gtsug lag khang gi dril buvi kha byang gi yi ger dpyad pa”，*Bod ljongs zhib vjug*，2011/1，pp. 1 – 9 + inside front cover），2011 年 4 月甘肃省天祝藏族自治县广播电视台采访了兰却加教授和西北民族大学藏语言文化学院多识教授，对该铜钟进行了相关报道，并被青海湖网（www. amdotibet. com/html/2011 – 4/13043. html/2011 – 4 – 29）、藏人文化网（news. tibetcul. com/wh/201104/26405. html2011 – 4 – 29）等网站转载，并配发有该钟照片。兰却加先生称此钟发现于古玩市场，应该在宋元时期已经从原来所在的寺院流出。

② 2011 年 8 月在兰州举行的 2011 年敦煌吐鲁番学会理事会暨民族文献学术讨论会上，兰却加先生展示了该钟的照片并提交了相关论文，来自拉萨、北京、兰州、南京等地的与会藏学、敦煌学学者对之展开了热烈讨论，一致肯定了该钟的珍贵价值。

文对吐蕃史研究具有重要意义。现在根据兰却加先生的录文，对该钟铭文涉及的地理方位、唐前期吐蕃与唐朝在河西走廊地区的争夺和铜钟所属寺院的僧侣来源等问题再做一些探讨。

一　铜钟的铭文与者龙（jag rong）的位置

据兰却加先生介绍，该钟为铜合金铸造，厚3.2厘米，高约54厘米，钟口直径为52厘米，钟座直径为40厘米，重168公斤，钟底座上铸有梵文咒语，整个铜钟呈六瓣莲花状，花瓣尖端绘有虎头纹，铭文上面则绘有六朵云纹。现将兰却加先生所录铜钟铭文及译文转录如下，汉文译文个别地方笔者在兰却加先生的译文基础上有所改动：

> //bod kyi lha btsan po khri lde gtsug brtsan mced kyi sku yon du bsngo ste: zhang lha sgra rgyal slebs spad kyis jag rong dgav ldan byin cen gtsug lag khang gi rkyen du dril chen cig pul bavi yon kyis yon bdag dang sems ca thams cad bla na myed de byang cub kyi rgyub par smon to /dril vdi lcags kong □□ gis yi ge bri ste dge slong chos prin gyis blug so
>
> 为吐蕃神圣赞普赤德祖赞及王兄之无量功德特发此愿，尚拉扎加来父子特为者龙噶丹兴庆寺供奉大钟一座，祈愿获得无上妙果为施主及一切众生之菩提善根。本钟由吉贡□□书写铭文，比丘僧人曲真铸造。①

铭文中出现的吐蕃赞普赤德祖赞在位时间为公元704～754年，所以该钟的铸造年代应该就在这一时段。此王在位时吐蕃国力处于上升阶段。赤德祖赞很有作为，曾经迎娶唐朝金城公主，与唐朝争夺河陇西域等地，并同南诏结盟数次击败唐军。当时佛教也在吐蕃得到一定程度的发展，赤德祖赞在国内建有若干寺院。对于铭文中的捐资造钟人尚拉扎加来

① 兰却加：《关于吐蕃赞普赤德祖赞时期者龙噶丹兴庆寺发愿钟及有关情况》，2011年8月敦煌吐鲁番学会理事会暨民族文献学术讨论会（兰州）论文，第1～2页；参见 lHa mchog rgyal, "bTsan po khri lde gtsug brtsan skabs kyi jag rong dgav ldan byin chen gtsug lag khang gi dril buvi kha byang gi yi ger dpyad pa",《西藏研究》（藏文版）2011年第1期，第1～2页。

(zhang lha sgra rgyal slebs)，兰却加译为“尚伦臣拉扎加来”，认为应是当时一位戍边的吐蕃官员①。但是铭文中并无 blon 一词，只有 zhang，该词为“吐蕃外戚”之意。尚拉扎加来应该是位吐蕃外戚，当时正停留在唐蕃边境地区，由于其结衔中并无论（blon，为“吐蕃语官员”之意），故该人也有可能并未担任吐蕃官职。20 世纪 90 年代发现的西藏阿里地区普兰县吐蕃时期观音造像碑铭文记载，立碑造像人为桑格大尚没卢……赤赞扎贡布杰（seng ge zhang chen po vbro [—] brtsan sgra mgon po rgyal）②。此人为出身吐蕃外戚家族没卢氏（vbro）的大贵族，所以称为大尚（zhang chen po），与者龙噶丹兴庆寺捐资造钟人尚拉扎加来身份相同，也是只有“尚”的称号而无“论”的称号，但是称为“大尚”，地位应该更高一些。

关于铭文中的者龙噶丹兴庆寺（jag rong dgav ldan byin cen gtsug lag khang），兰却加先生作了较为详细的考证，“噶丹兴庆”（dgav ldan byin cen）系佛教术语，为喜足灵验之意。值得关注的是“者龙”（jag rong）一词的含义，他认为原来为贯穿今甘肃天祝、永登两县之一大川的古地名，后演变为部落名，曰“者龙族”。一般人都将者龙族视作凉州吐蕃或六谷部族。“者龙族”这个称谓后来又扩大到“华锐六谷”的范围（藏语“华锐”含义为英雄部落或军旅）。六谷指阳妃谷、洪源谷、浩门河谷、庄浪河谷、东大河谷和西大河谷，也有六谷为湟水（宗曲）河谷、大通河（吉浪曲）河谷、庄浪河谷和古浪河谷及黄羊川、张义堡、哈溪河谷、武威九条岭河谷或永昌南山河谷等说法。现分布在青海省天峻、门源、互助、大通、乐都和甘肃省武威、天祝、肃南、永登等地③。

至于“噶丹兴庆寺”的具体所指，兰却加先生认为该寺就是现位于甘肃天祝县城西 11 公里的石门河峡谷内侧的“华锐雅隆寺”（或汉语称为“石门寺”）的前身。《安多政教史》等后期史料记载该寺曾名为“者龙雅

① 兰却加：《关于吐蕃赞普赤德祖赞时期者龙噶丹兴庆寺发愿钟及有关情况》，2011 年 8 月敦煌吐鲁番学会理事会暨民族文献学术讨论会（兰州）论文，第 4 页。

② 录文转引自日本神户外国语大学、英国国家图书馆等主办：古藏文在线（the Old Tibetan document oline）网站，网址：http：//otdo. aa. tufs. ac. jp/。

③ 兰却加：《关于吐蕃赞普赤德祖赞时期者龙噶丹兴庆寺发愿钟及有关情况》，2011 年 8 月敦煌吐鲁番学会理事会暨民族文献学术讨论会（兰州）论文，第 4 页。

隆噶丹贤巴林”“噶丹曲荡”“噶丹勒措贡”[①]，其中保留有者龙噶丹的旧名。所以尽管这些后期史料记载该寺始建于清代，年代比较靠后，还是应该认为“噶丹兴庆寺”就是现在的“华锐雅隆寺”（或汉语称为“石门寺”）的前身[②]。

藏文 jag rong 与汉语“者龙”二者发音相近，可以勘同。jag rong 意为强盗山谷，jag pa 含义为强盗，rong 含义为山谷。者龙族在宋代史籍中多次出现，为凉州一带吐蕃部族。

《续资治通鉴长编》卷五六载景德元年（1004）正月，党项李继迁进攻凉州吐蕃潘罗支部：“潘罗支伪降……未几，罗支遽集六谷蕃部及者龙族合击之，继迁大败。”[③] 由该则史料可知，六谷部吐蕃与者龙族应该是分开的，但是者龙族归附吐蕃六谷部首领潘罗支，应该也是活动在凉州地区一带。

《续资治通鉴长编》卷五六载，景德元年（1004）六月李德明攻打者龙族，并收买者龙十三族内先自继迁种落“去归者龙族”的党项养迷般嘱和日逋吉罗丹。潘啰支闻讯，“率百余骑急赴，将议合击，遂为二族戕于帐下”。“西凉府既闻啰支遇害，乃率兔谷、兰州、宗哥、觅诺族攻者龙六族，六族悉窜山谷。”[④] 者龙六族投附党项，没有参与叛乱的其余者龙七族仍然与六谷部一同接受北宋的封赐，与西夏作战。

汤开建先生对者龙族的活动区域提出不同观点。他指出，《宋会要辑稿·方域二一·凉州府》中有“心山王家、者龙”[⑤] 的记载，但王家族居地应在水洛城。《长编纪事本末》卷四六《筑水洛城》记载：“德顺军生户大王家族亢宁等以水洛城来献。”所以“心山”很可能就在水洛城一带，即在德顺军与秦州交界地[⑥]。

---

① 《安多政教史》，兰州：甘肃民族出版社，1982，第 131 页。转引自兰却加《关于吐蕃赞普赤德祖赞时期者龙噶丹兴庆寺发愿钟及有关情况》，2011 年 8 月敦煌吐鲁番学会理事会暨民族文献学术讨论会（兰州）论文，第 7 页。

② 兰却加：《关于吐蕃赞普赤德祖赞时期者龙噶丹兴庆寺发愿钟及有关情况》，2011 年 8 月敦煌吐鲁番学会理事会暨民族文献学术讨论会（兰州）论文，第 6 页。

③ 《续资治通鉴长编》，北京：中华书局，2004，第 1228 页。

④ 《续资治通鉴长编》，第 1240 ~ 1241 页。

⑤ 《宋会要辑稿》，北京：中华书局，2004，第 7672 页。

⑥ 汤开建：《公元 861 ~ 1015 年凉州地方政权历史考察》，《宋金时期安多吐蕃部落史研究》，上海：上海古籍出版社，2007，第 147 页。

另外《续资治通鉴长编》卷八六“大中祥符九年（1016）四月丙戌”记载：“今规度自永宁寨西掘壕堑至拶啰咙，凡五十一里。”① 永宁寨在秦州，“拶啰咙”就在秦州一带。而《宋史》卷四九一《党项传》则记载：“泾原部署言：者龙移卑陵山首领厮敦琶遣使称已集本族骑兵，愿随军讨贼。”② 移卑陵山也在泾原一带，者龙族活动于该山。

汤先生认为根据这些材料大约可判断“者龙”之名可能是源于“拶啰咙”，其族有13个部落，大致都活动在秦、渭、泾、原之间，而不在凉州城附近。文献中之所以称其为“西凉府者龙族”，主要是由于者龙属于凉州——六谷部政权指挥③。

窃以为正如兰却加先生所指出的，jag rong 在《安多政教史》等后期史料记载中一直是天祝石门寺的名称的一部分，jag rong 是今甘肃天祝及其毗邻的永登地区一条山谷的古称。在民国时期天祝扎西秀龙地区（属于天堂寺管辖）仍然居住有嘉戎莫科族（jag rong sngo kho tsho ba，又称前山思鹅科族）④。“拶啰咙”也有可能是“jag rong”的音译。唐五代至宋的者龙族最初当是在凉州及其附近地区活动，与吐蕃六谷部毗邻而居，后来由于西夏入侵等原因，该部族部分成员逐渐向东迁居，活动于秦、渭、泾、原之间。至于汤先生所举《宋会要辑稿·凉州府》中“心山王家、者龙”的记载也值得重新审视，这个王家族与《长编纪事本末》卷四六记载居住在德顺军与秦州交界地的大王家族有一定区别，可能并非同一族，或者二者原为同一族，后来分开各自居住于不同地域，宋代王家、者龙族居住的心山也可能在凉州一带。

另外，宋代凉州、兰州一带吐蕃还有溻龙、暨龙族。《宋会要辑稿·方域二一·西凉府》称：“马咸山溻龙”⑤。马咸山即马衔山，在兰州附近榆中、陇西县一带。

《宋史》卷七《真宗纪》记载：“是岁（1003），西凉府暨龙、野马

① 《续资治通鉴长编》，第1982页。

② 《宋史》，北京：中华书局，1985，第14144页。

③ 汤开建：《公元861～1015年凉州地方政权历史考察》，《宋金时期安多吐蕃部落史研究》，第147页。

④ 洲塔、乔高才让：《甘肃藏族通史》，西宁：青海人民出版社，2004，第463～464页。

⑤ 《宋会要辑稿》，第7672页。

族、三佛齐、大食国来贡。”[①] 渴龙、暨龙与者龙音近，当系同音异译，他们可能也是者龙族。

尤其值得注意的是，jag rong 一词在敦煌吐蕃文文书中也曾出现，年代在10世纪的法藏敦煌文书 P. T. 1082《甘州回鹘可汗诏书》中提到了当时河西及陇右等地吐蕃部族的活动情况，记载道：“bod gi pho jag rong du yang mchis.（吐蕃使者去了者龙。）”。

对于 P. T. 1082 中的藏文地名 jag rong 具体所指，学界曾有论及，日本学者石川巌认为 jag rong 是张掖河支流或弱水的溪谷，即在甘州附近地区。而中国学者王尧、陈践先生在对 P. T. 1082《甘州回鹘可汗诏书》进行汉文译解时并没有注明 jag rong 是在何地[②]。本人认为 P. T. 1082 号文书中出现的这个 jag rong 就在者龙噶丹兴庆寺所在地区，jag rong 应当是贯穿今甘肃天祝、永登两县之一大川的古地名。10世纪当地活动着一支重要的吐蕃部族，他们应该就是后来汉文史籍记载的五代北宋时期的者龙族，这也能够证明宋代的者龙族最初就应该活动在凉州一带，后来才有部分成员向东迁徙至秦、泾一带。由于清代石门寺仍然保存有“者龙噶丹（jag rung dgav ldan，rung 应当为 rong 之误——笔者注）”的旧称[③]，所以吐蕃时期的者龙噶丹兴庆寺也有可能就是今甘肃天祝石门寺的前身，但是这一观点还需要更多史料来佐证。

二　唐前期吐蕃与唐朝在凉州及河西走廊其他地区的争夺与铸钟时间

河西走廊地区在唐前期一直是唐、蕃争夺的前沿地区，横贯甘肃、青海两省交界地区的祁连山脉中的一些山谷是吐蕃进出河西走廊的孔道。在吐蕃赞普赤德祖赞统治时期，赞普曾经两次亲征河西，一次攻入瓜州，一次攻入廓州。敦煌吐蕃历史文书《编年史》记载：“及至兔年（727）夏，

---

① 《宋史》，第123页。

② 〔日〕石川巌：《归义军期チベット语外交文书 P. T. 1082について》，《内陆アジア史研究》第18號，2003，第24、26、33頁；参见王尧、陈践《敦煌古藏文文献探索集》，第292页。

③ 智观巴·贡却乎丹巴饶吉：《安多政教史》，吴均等译，兰州：甘肃民族出版社，1989，第128~129页。

赞普以政务巡临吐谷浑，途次，韦·松波支被控。攻陷唐之瓜州晋昌。”此次吐蕃军队是从瓜州地区以南的祁连山谷进入河西。“及至蛇年（741）夏，赞普以政务出巡临边。陷唐之城堡达化县。”① 达化县属于唐之廓州，敦煌文书 P. 3885 号中的《前大斗军使将军康太和书与□□赞普》和《前河西、陇右两节度使盖嘉运制［开元］二十九年燕支贼下事》则记载了开元二十九年（741）吐蕃赞普赤德祖赞率军进攻唐朝河西陇右地区的进军路线：他首先穿越位于甘州附近的祁连山大斗拔谷进犯甘凉地区，见唐朝负责驻防大斗拔谷的大斗军守军有所防备后又从原路撤回青海，最后转移至黄河上游廓州地区进攻唐军，并最终攻克廓州达化县②。

凉州附近地区也是吐蕃军队频繁活动之地。武周圣历二年（699），吐蕃内乱，已经成年的赞普赤都松（khri vdus srong）诛杀长期专权的噶尔家族，大相论钦陵弟论赞婆率所部吐谷浑七千帐内附，武后对赞婆赏赐甚厚，“以为右卫大将军，使将其众守洪源谷”③，让其率领部众防备入侵河西地区的吐蕃，这个洪源谷就在凉州附近。

久视元年（700），吐蕃进攻凉州，“吐蕃大将麹莽布支率骑数万寇凉州，入洪源谷，将围昌松”。“陇右诸军大使唐休璟与战于洪源谷”④。吐蕃再次由洪源谷入寇，今人李并成等认为洪源谷为乌鞘岭北部的古浪峡。吐蕃经洪源谷进攻凉州的行进路线应该是：自今青海省东境，跨越大通河进入今天祝藏族自治县，到达河西走廊地区，再经唐时驻守洪源谷的洪池府到达昌松，再由昌松至凉州⑤。

武周长安元年（701），凉州都督郭元振有鉴于“凉州南北境不过四百余里，突厥、吐蕃频岁奄至城下”，“始于南境峡口置和戎城”⑥。谭其骧主编的《中国历史地图集》“隋唐五代十国”部分将和戎城置于甘肃古浪县

① 王尧、陈践：《敦煌古藏文文献探索集》，第 96～97 页。参见《资治通鉴》卷二一三、二一四，第 6778～6779、6844、6846 页。

② 参见本书第一章“敦煌文书 P. 3885 所记载的唐朝、吐蕃战事与汉藏文化交流”。

③ 《资治通鉴》卷二〇六，第 6542 页。

④ 《册府元龟》卷四二八《将帅部·料敌》，第 4855 页。《资治通鉴》卷二〇六，第 6549 页。

⑤ 李宗俊：《唐代河西走廊南通吐蕃道考》，《敦煌研究》2007 年第 3 期，第 48 页。

⑥ 《资治通鉴》，第 6557～6558 页。

境内，在凉州以南[①]，可知该地也是吐蕃入侵凉州的重要孔道。

除了和戎城，唐朝河西节度使还在凉州附近设有张掖守捉和乌城守捉，同样与防备吐蕃有关，关于二者具体地理位置史料记载有分歧。《旧唐书》卷三八《地理志》记载："张掖守捉，在凉州南二百里，管兵五百人。"[②]《新唐书》卷四〇《地理志》则记载："凉州武威郡，中都督府。……东南二百里有乌城守捉。南二百里有张掖守捉。"[③]

而杜佑《通典》卷一七二《州郡二》记载："河西节度使，理武威郡，……张掖郡守捉，东去理所五百里，管兵六千三百人，马千匹。乌城守捉，武威郡南二百里，管兵五百人。"[④] 这里只提到有张掖郡守捉，设在甘州地区，并无张掖守捉。而且该书记载乌城守捉的位置与《旧唐书·地理志》记载的张掖守捉重合。

明代顾祖禹《读史方舆纪要》卷六三"凉州卫"则称："又卫南二百里有乌城守捉；俱唐开元中置，属河西节度使。或谓之张掖守捉城。"[⑤] 直接将乌城守捉与张掖守捉归为一地。

今人谭其骧主编的《中国历史地图集》"隋唐五代十国"部分将乌城守捉标注在张掖守捉东南，二者都在今甘肃天祝藏族自治县境内[⑥]。史念海先生认为乌城守捉当设于乌逆水畔，在乌鞘岭上。张掖守捉当设于西汉武威郡张掖县的故址，其地应在乌鞘岭西侧。张掖守捉的故地当在昌松县西南、乌逆水之北，为当时凉州和鄯州之间的大道所经过的地方，在姑臧南山之北[⑦]。总之，谭、史二位认为二者都是位于凉州南部，为防御吐蕃进攻凉州而设，笔者赞同他们的观点。

《新唐书》卷四〇《地理志》还记载凉州昌松县"东北百五十里有白山戍"[⑧]，李并成先生认为是在今古浪县城东北方向70公里许的大靖镇北1公里处故城址，今名故城头。由故城头向南穿越大靖峡谷，可直抵松山牧

① 谭其骧主编《中国历史地图集》第5册，北京：中国地图出版社，1982，第61~62页。
② 《旧唐书》，第1386页；该则记载又见于通鉴胡三省注，《资治通鉴》，第6848页。
③ 《新唐书》，第1044页。
④ 《通典》，第4479~4480页。
⑤ 《读史方舆纪要》，北京：中华书局，2004，第2994页。
⑥ 谭其骧主编《中国历史地图集》第5册，第61~62页。
⑦ 史念海：《唐代历史地理研究》，北京：中国社会科学出版社，1998，第190页。
⑧ 《新唐书》，第1044页。

场，进而连通庄浪河谷地，从此亦可进入青海地区，历史上该道每每成为羌、蕃北来的孔道[①]。

由上可知，凉州南部和东部山区（今属天祝、古浪）在唐代都存有吐蕃等部族进犯凉州的通道，吐蕃在此活动频繁，唐军也曾数次出兵该地进讨，乃至驻兵防御。

开元二十五年（737），唐朝官员孙海、赵惠琮矫诏令河西节度使崔希逸击吐蕃，“希逸不得已，发兵自凉州南入吐蕃两千余里，至青海西，与吐蕃战，大破之，斩首二千余级，乞力徐脱身走”[②]。崔希逸率军自凉州南进入吐蕃境，可能就是经过乌鞘岭北部的古浪峡（洪源谷）或和戎城由今天祝地区进入青海。

随后，唐军继续与吐蕃在河西和青海交兵。开元二十六年（738），“三月，吐蕃寇河西，节度使崔希逸击破之”。陇右节度使留后杜希望率众拔吐蕃新城，以其城为威戎军，置兵一千戍之，该军在浩亹水（大通河）之北、祁连山以南[③]。至此，唐朝凉州与鄯州完全接壤。唐朝此次占领了凉州以南和青海湖以北地区，乌城守捉和张掖守捉应该是在此时设置，此后直到755年安史之乱爆发前，唐朝一直控制该地。而吐蕃者龙噶丹兴庆寺应该建于738年之前，者龙噶丹兴庆寺发愿钟的铸造时间同样如此。从赤德祖赞即位（704）到738年之前，吐蕃应该一直占领着今天祝一带，并在此设置了相应的军政机构。崇信佛教的吐蕃贵族还在当地建立寺庙供奉佛祖，并铸钟纪念。吐蕃对这一地区的占领应该是在高宗龙朔三年（662），吐蕃击败吐谷浑尽夺其故地之后开始的。史载，总章二年（669）九月，“诏徙吐谷浑部落就凉州南山，议者恐吐蕃侵暴，使不能自存，欲先发兵击吐蕃。右相阎立本以为去岁饥歉，未可兴师。议久不决，竟不果徙”[④]。此时吐蕃应该已经占领了凉州南山地区，即今天祝、古浪一带，所以在没有唐军支持的情况下，吐谷浑部族无法进驻该地，唐朝最后只能将其北迁，安置在灵州地区。故而吐蕃者龙噶丹兴庆寺大致应该建于704～738年，本文讨论的者龙噶丹兴庆寺钟同样也铸造在这一时段。

---

① 李宗俊：《唐代河西走廊南通吐蕃道考》，《敦煌研究》2007年第3期，第48页。

② 《资治通鉴》卷二一四，第6827页。

③ 《旧唐书》卷一九六《吐蕃传》，第5234页；《资治通鉴》卷二一四，第6832页。

④ 《资治通鉴》，第6359页。

者龙噶丹兴庆寺钟铭文中还出现了“赞普王兄”（mced）。敦煌吐蕃历史文书《编年史》记载当时赞普之兄名拔布（bal po），704～705年曾短暂担任过吐蕃赞普，在赤德祖赞即位后被迫引退。另外学界还有观点认为这个bal po是指泥婆罗，此处应译为705年赞普兄自泥婆罗王位引退①，但是此人何时去世，目前尚未见有明确记载，所以并不能以此人出现的时间作为确定铜钟铸造时间的依据。

此后，唐、蕃仍然在河西和青海湖北部地区频繁交兵。《资治通鉴》卷二一五记载，天宝元年（742）十二月“庚子，河西节度使王倕奏破吐蕃渔海及游弈等军”②。

《全唐文》卷三五二《河西破蕃贼露布》云：

> 朝议大夫守左散骑侍郎河西节度经略使……臣某破蕃贼露布事……以今月初六日戒严，引高牙而出，十二月会于大斗之南……乃遣都知兵马使左羽林大将军安波主帅之……臣自以马步三千，于大斗、建康、三水、张掖等五大贼路为应接，……波主等将辞，臣戒之曰……尔须自大斗南山来入，取建康西路而归……十二日至新城南，吐蕃已烧尽野草……十五日至青海北界……十六日，进至鱼海军……斩鱼海军大使。③

此文为樊衡替时任河西节度使的王倕所作。此次行军路线为：由河西地区出兵，穿越祁连山各山口（即所谓五大贼路），十二月会于大斗拔谷，是月十二日军至新城，十五日至青海湖北岸，十六日进至吐蕃鱼海军，大破敌军。“张掖”指张掖守捉，位于凉州以南，地处吐蕃进出凉州的孔道，由文中所记张掖贼路可知，当时吐蕃在天祝一带仍然进行着军事活动，并未在唐军的打击与压迫下销声匿迹。

《资治通鉴》卷二一六记载，天宝七载（748）哥舒翰大破吐蕃于青海湖一带，在湖中龙驹岛上筑城，将青海湖北部地区加以控制。“哥舒翰筑

---

① 王尧、陈践：《敦煌古藏文文献探索集》，第9、92页；黄布凡、马德：《敦煌藏文吐蕃史文献译注》，第103～104页。

② 《资治通鉴》，第6856页。

③ 《全唐文》，北京：中华书局，1982，第3571～3572页。

神威军于青海上，吐蕃至，翰击破之。又筑城于青海龙驹岛，吐蕃屏迹不敢近青海”[①]。

次年（749）六月，吐蕃又进行反击，攻陷龙驹岛：“（哥舒）翰遣兵于赤岭西开屯田，以谪卒二千戍龙驹岛。冬，冰合，吐蕃大集，戍者尽没。”[②]此时吐蕃总体上已经被唐军压制，所以当时凉州南部祁连山脉一带的天祝、古浪地区应该已为唐军所控制，吐蕃无力进击。

安史之乱爆发后，唐朝守军东调平叛，河西防务空虚，吐蕃再次进攻凉州。乾元元年（758），吐蕃将领论·墀桑（blon khri bzang）与思结卜藏悉挪囊（skyes bzang stag snang）等领兵又向凉州（khar tsan）发动了进攻[③]，此时天祝、古浪一带应该再次落入吐蕃手中。

三　关于者龙噶丹兴庆寺发愿钟铭文中出现的僧人

兰却加先生认为，铜钟铭文中的比丘僧人“曲真”（chos prin）是“曲吉真”（chos kyi sprin）或者“曲吉成力”（chos kyi sprin las，法业）的缩写，铭文没有标明是其他民族，说明当时吐蕃边疆地区也有深谙冶炼金属技术的本族工匠。关于造钟者是一个出家比丘僧人这一说明，更加有力地挑战了桑耶寺修建和“七试人”出家以前吐蕃没有供奉佛、法、僧三宝的寺院和剃度僧人的论断[④]。

佛教在松赞干布之时开始进入吐蕃，赤德祖赞执政时期佛教已经在吐蕃得到一定的传播与发展。刻石于赤德松赞时期（798～815年）的《噶迥寺建寺碑》记载佛教在吐蕃传播情况，赤德祖赞曾经在本土建瓜州寺等神殿数座：

圣神赞普先祖赤松赞（khri srong brtsan）之世，始行圆觉正法，建逻些大昭寺（ra savi gtsug lag khang）及诸神殿，立三宝之所依处（dkon mchog gsum gyi rten btsugs pa dang）。祖赤都松（khri vdus srong）

① 《资治通鉴》，第6892页。

② 《资治通鉴》，第6896页。

③ 王尧、陈践：《敦煌古藏文文献探索集》，第19、99页。

④ 兰却加：《关于吐蕃赞普赤德祖赞时期者龙噶丹兴庆寺发愿钟及有关情况》，2011年8月敦煌吐鲁番学会理事会暨民族文献学术讨论会（兰州）论文，第6页。

之世，于林之赤孜（gling gi khri rtse）诸处建神殿（gtsug lag khang），立三宝之所依处。祖赤德祖赞（khri lde gtsug brtsan）之世，于札玛（brag dmar）建瓜州寺（kwa cu gtsug lag khang），于琛浦（mching phur）建神殿（gtsug lag khang）等，立三宝之所依处。[①]

传世藏文史籍对赤德祖赞时期佛教在吐蕃传播情况也有所记载，成书于元代的《汉藏史集》则记载："在赭面吐蕃的七代国王之时，奉行佛法。"吐蕃一位来自汉地的公主王妃（即金城公主）曾将一批来自于阗等地的僧人安置在寺庙中供养了三四年[②]。赤德祖赞则"派人去请桑杰桑哇（佛密）、桑杰希哇（佛寂），又派人请来许多大乘显密经典，并为放置这些经典兴建了札玛郑桑、札玛噶曲、青浦、南热、玛萨贡等五座佛寺。又由汉人格谢哇翻译了《金光明经》、《业缘智慧经》"[③]。

敦煌藏文写卷 P. T. 960《于阗教法史》同样记载了一位原本来自汉地的公主（rgya kong jo）王妃曾将一批来自于阗等地的僧人安置在吐蕃寺庙中供养了 12 年。据考证，这位公主应该就是金城公主[④]，与《汉藏史集》的记载可以相互印证。

五世达赖喇嘛所著《西藏王臣记》明确记载，在赤德祖赞之时迎请于阗僧人在吐蕃传法，但吐蕃还没有自己本族的出家人[⑤]。《青史》也有相同记载[⑥]。《贤者喜宴》还记载金城公主入藏后将佛教七期荐亡之俗传入吐蕃[⑦]。从这些史料可知赤德祖赞时期来自唐朝、天竺、于阗等地的佛教在吐蕃进一步传播，赞普等人也开始信奉佛教[⑧]，吐蕃境内建有若干寺院，

① 王尧：《吐蕃金石录》，第 153 ~ 154、160 页。

② 达仓宗巴·班觉桑布：《汉藏史集》，陈庆英译，拉萨：西藏人民出版社，1986，第 59 ~ 60 页。

③ 达仓宗巴·班觉桑布：《汉藏史集》，陈庆英译，第 107 页。

④ 王尧、陈践：《敦煌吐蕃文献选》，成都：四川民族出版社，1983，152 ~ 153 页；石硕：《吐蕃政教关系史》，成都：四川人民出版社，2000，第 220 ~ 224 页。

⑤ 五世达赖喇嘛：《西藏王臣记》，刘立千译注，第 34 页。

⑥ 廓诺·熏奴贝：《青史》，郭和卿译，拉萨：西藏人民出版社，1985，第 27 页。

⑦ 巴卧·祖拉陈瓦：《贤者喜宴》，黄颢、周润年译注，北京：中央民族大学出版社，2010，第 112 ~ 113 页。

⑧ 这一情况也可以与敦煌文书 P. 3885 号的有关记载相印证，参见本书第一章"敦煌文书 P. 3885 所记载的唐朝、吐蕃战事与汉藏文化交流"。

但是并无吐蕃人出家为僧，在吐蕃境内活动的都是来自唐朝、天竺、于阗的僧人。

笔者同意噶丹兴庆寺发愿钟铭文中出现的僧人“曲真”（chos prin）是“曲吉真”（chos kyi sprin）或者“曲吉成力”（chos kyi sprin las，法业）的缩写的观点，但是由于铭文没有标明该僧人属于哪个民族，故而笔者认为僧人曲真也有可能是来自唐朝统治下河西等地的汉族僧人。前面提到藏文史籍记载赤德祖赞时期唐朝僧人已经进入吐蕃传法译经，当时天祝等地紧靠凉州，彼此关系密切，来自凉州等地的汉族僧人进入相邻的吐蕃辖区弘法完全可能。汉文史料记载了727年吐蕃进攻唐朝瓜州等地，曾经俘获瓜州僧人，并将他们放归凉州传信，对之有所优待：

> 九月，丙子，吐蕃大将悉诺罗恭禄及烛龙莽布支攻陷瓜州，执刺史田元献及河西节度使王君㚟之父，进攻玉门军，纵所虏僧使归凉州，谓君㚟曰：“将军常以忠勇许国，何不一战！”君㚟登城望而泣，竟不敢出兵。[①]

所以，僧人曲真完全有可能是来自唐朝的汉族僧人，在吐蕃控制区传播佛法，负责铸造噶丹兴庆寺发愿铜钟。但汉族僧人不识古藏文，古藏文铭文由吐蕃人吉贡（lcags kong）□□书写，情况与赤松德赞时期铸造的桑耶寺钟和昌珠寺钟相同（根据这两座铜钟的铭文及形制，学界认为它们都是由汉僧负责铸造，古藏文铭文则由吐蕃人书写，两钟形状也与噶丹兴庆寺发愿钟相似，都呈六瓣莲花状）[②]。而噶丹兴庆寺发愿钟六瓣莲花状钟体和钟身的云纹都是唐代铜钟流行的式样，也表明唐朝统治地区的铸钟技术此时已经开始传入吐蕃。噶丹兴庆寺则是当时吐蕃在天祝地区建立的一所寺院（gtsug lag khang，神殿），由汉族等非吐蕃族僧人住持，信众中有停驻于当地的吐蕃外戚，其性质与当时吐蕃境内其他寺院一样，并无吐蕃本族僧人在内停居。吐蕃第一座真正意义上供奉佛、法、僧三宝和剃度吐蕃本族僧人的寺院仍然应该是赤松德赞时期修建的桑耶寺。

---

① 《资治通鉴》卷二一三，第6778～6779页。

② 王尧：《吐蕃金石录》，图版第15、16页，正文第186、192页。

噶丹兴庆寺发愿钟及铭文反映了8世纪前期佛教在吐蕃占领的凉州以南天祝等地传播的情况，以及来自中原等地的工艺技术和宗教文化对吐蕃的影响。而且该钟铭文年代在8世纪前期，应该是目前已知年代最早的吐蕃王朝金石碑铭[①]，所以对吐蕃佛教史和唐、蕃关系史研究无疑具有重要价值。

第二节 《大周沙州刺史李无亏墓志》与唐蕃关系

陕西杨陵文管所收集的《大周沙州刺史李无亏墓志》披露了武周时期的沙州刺史李无亏的家世和仕宦经历，记载了唐代前期突厥、吐蕃与唐朝的战事，沙州豆卢军的建制年代，弥补了正史之缺，故一经发表便有数篇论文对之加以探讨。[②] 笔者在前人研究的基础上，试对有关问题再作一些辨析。

一 《大周沙州刺史李无亏墓志》所记唐与后突厥战事

碑文记载，墓主李无亏中进士后，于永淳元年（682）任位于并州北部地区的阳曲县令，组织人员与当时进犯并州北境的突厥军队作战：

> 永淳元年，除并州阳曲县令。……于时猃狁蚩张，戎旗屡警，龙山晋水，烽燧相望，月满风秋，烟尘不息。公下琴堂而赴军幕，罢磬学而议兵韬，奇正兼施，应变多绪，荡搴鞮之孽，若火燎原；斩庶蠡之妖，如风卷萚。冰消云彻，谷静山空。

---

① 目前其他已知且可以确定年代的吐蕃时期金石碑铭都是在8世纪中期以后，参见陈践、王尧《吐蕃文献选读》，第4页；李方桂、柯蔚南：《古代西藏碑文研究》，王启龙译，北京：清华大学出版社，2007，第15页。

② 王团战：《大周沙州刺史李无亏墓及征集到的三方唐代墓志》，《考古与文物》2004年第1期，第22~24页；李慧、曹发展：《陕西杨陵区文管所四方唐墓志初探》，《考古与文物》2004年第1期，第80~82页；王惠民：《〈沙州刺史李无亏墓志〉跋》，《敦煌研究》2004年第5期，第67~68页；李宗俊：《读李无亏墓志》，《西域研究》2006年第2期，第95~98页；李宗俊：《敦煌寿昌县的废置与唐前期对西域石城、播仙二镇地区的经营》，《中国边疆史地研究》2008年第2期，第22~29页。李宗俊以上二文又收入氏著《唐前期西北军事地理问题研究》，北京：中国社会科学出版社，2015，第201~212页。

李氏因为立功而被唐廷授予“上柱国，又就加朝散大夫，并降玺书慰劳”。①

《旧唐书》卷五《高宗纪下》则记载：“（永淳元年）十二月，南天竺、于阗各献方物，突厥余党阿史那骨笃禄等招合残众，据黑沙城，入寇并州北境。”②

李慧、曹发展先生指出，墓志所载李无亏与突厥作战正是《旧唐书》卷五《高宗纪下》所记永淳元年十二月突厥阿史那骨笃禄等进犯并州北境之事，但对阿史那骨笃禄及其部众的具体情况则未予探讨。

这里实际上记载的是后突厥复国后对唐朝北部边疆大举侵扰的史事。对于此事，《资治通鉴》卷二〇三永淳元年也有较为详细的记载：

> 是岁，突厥余党阿史那骨笃禄、阿史德元珍等招集亡散，居黑沙城反，入寇并州及单于府之北境，杀岚州刺史王德茂。右领军卫将军、检校代州都督薛仁贵将兵击元珍于云州……仁贵因奋击，大破之，斩首万余级，捕虏二万余人。③

630年颉利可汗被俘，东突厥汗国亡国。此后近半个世纪，唐朝统治下的东突厥各部基本上稳定，但唐朝不时征调东突厥部族东征西讨，引发东突厥各部不满，部族一些上层人士遂萌发复国思想。而唐军将主要兵力投入西北与吐蕃争夺西域、河陇地区，为后突厥的复兴提供了机会。在东突厥酋长阿史德奉职、阿史德温傅、阿史那伏念反叛时，唐朝尚有力量派遣大军北上进剿，所以这两起叛乱很快平息，突厥部族未能建成汗国。随着唐朝与吐蕃作战不利，守势局面形成，唐朝无力北征。④ 后突厥汗国从而得以建立并发展壮大。阿史那骨笃禄为颉利可汗族人，其祖父本是唐朝单于都护府云中都督舍利元英属部酋长，世袭吐屯之职，颉利可汗族侄伏念死后，他率17人出走，后增至700人，占领黑沙城（今内蒙古自治区呼和浩特东北），招集伏念亡散残部，抄掠九姓铁勒牛马，任命其弟默啜为

① 王团战：《大周沙州刺史李无亏墓及征集到的三方唐代墓志》，第22～23页。

② 《旧唐书》，第110页。

③ 《资治通鉴》，第6412页。

④ 李方：《后突厥汗国复兴》，《中国边疆史地研究》2004年第3期，第73～74页。

杀（即设，官名）、咄悉匐为叶护，建立了后突厥汗国，时间为永淳元年。随后，后突厥开始进犯唐境。阿史德元珍则原为单于都护府检校降事（职官名称），也于此时投降阿史那骨笃禄，被任命为阿波达干，统率全部兵马[①]。

东突厥永淳元年复国，随即于该年十二月进攻并州，又攻单于都督府之北境，杀岚州刺史王德茂。弘道元年（683）二月，突厥寇定州，又寇妫州。三月，围攻单于大都督府，杀都督府司马张行师。五月，寇蔚州，杀刺史李思俭，又擒前来迎战的唐朝丰州都督崔智辨。六月，略岚州。光宅元年（684）七月转寇朔州。垂拱元年（685）二月，寇代州，败来援的右玉钤卫中郎将淳于处平，唐军死5000余人。垂拱二年（686）九月和垂拱三年（687）二月，两次侵袭昌平等地，垂拱三年七月，又攻朔州。[②] 总之，在682～687年，建国后的后突厥汗国不断进犯唐朝河东、关内、河北等地，兵锋数次进抵阳曲及其附近地区（阳曲与岚州、定州、代州相邻）。这一时期李无亏在阳曲县令任上保境安民，措施得力，有效抵御了后突厥军队对阳曲境内的侵扰，表现出军事方面的才能，故而得到朝廷嘉奖，还获得提拔。

二　长寿二年（693）、延载元年（694）吐蕃对敦煌的进犯

以芮州折冲府果毅都尉身份宿卫京师洛阳，担任羽林军军官，护卫大周皇帝武则天二年后，李无亏于载初元年（689）再次获得升迁，“四郡遐蕃，三危极裔。北邻白虏，南接青羌，式遏疆垂，允归人杰。载初元年，授公沙州刺史，兼豆庐（卢）军经略使”。[③]

敦煌地区南部与吐蕃接境，北部则与突厥部族活动区域相邻，亦即墓志铭文最后所形容的“胡尘夕暗，羌笛朝喧”之地，为军事要地，丝绸之路重镇。由于李无亏在阳曲县令及以芮州折冲府果毅都尉、检校羽林禁军任上得到了历练，文武兼备，显示了较为突出的军事才能，尤其在与后突厥这样的北方游牧民族军队作战方面积累了一定经验，为朝廷所重视，所

---

① 《新唐书》卷二一五《突厥传》上，第6044页。

② 李方：《后突厥汗国复兴》，《中国边疆史地研究》2004年第3期，第68页。

③ 王团战：《大周沙州刺史李无亏墓及征集到的三方唐代墓志》，第23页。

以唐朝特地将其任命为西陲咽喉要地沙州的刺史兼豆卢军经略使，总领当地军政要务，以抵御同属游牧民族的吐蕃、突厥军队侵袭，保证西域与河陇内地之间的联系畅通无阻。

墓志接下来记载了李无亏在沙州的政绩：

> 公才兼文武，任光内外。仁明之政，共春露同沾；金鼓之威，同秋霜比肃。匈奴遁迹，魏尚之在云中；先零殄丧，段颎之征陇外。长寿二年（693），加太中大夫，又进爵长城县开国公，并赏懋功也。[①]

敦煌文书 P. 2005《沙州都督府图经》记载了李无亏在沙州刺史任上修筑堰渠、迁建驿站，并于天授二年（691）四次向朝廷奏报境内出现五色鸟、白狼等瑞应，还附有一篇歌颂武则天的长篇歌谣，据称为“风俗使于百姓间采得”，但文辞雅驯，明显出自地方官员手笔，[②] 当为李无亏与唐朝风俗使等官员炮制而成。由于李无亏原系扈从皇帝的羽林禁军军官，由武则天亲自提拔为沙州刺史兼豆卢军经略使，所以他在到任后才会为武周天后歌功颂德，奏报祥瑞，进献赞歌。正因如此，再加上他确实在当地取得了一些经济（筑渠修堰、迁建驿站）与军事（抵御吐蕃）等方面的业绩，才于长寿二年（693）被朝廷加授太中大夫，又晋爵为长城县开国公（《沙州都督府图经》则记李无亏晋爵为长城县开国子，与墓志有异）。

墓志中提到吐蕃进攻敦煌被李无亏击退，即所谓“先零殄丧，段颎之征陇外”，以东汉段颎征讨先零羌之典故来指代此事。吐蕃与羌人关系密切，史籍也经常用西羌来称呼吐蕃。随后李无亏本人也在长寿二年被朝廷加官晋爵。已有研究者引用了汉文史料《资治通鉴》记载的长寿元年（692）唐朝在西域与吐蕃的战事，指出李无亏墓志所记吐蕃于长寿二年左右进攻敦煌必与之有关。《资治通鉴》卷二〇五云：长寿元年，“冬十月，丙戌，大破吐蕃，复取四镇。置安西都护府于龟兹，发兵戍之”。[③]《新唐书》卷二一六《吐蕃传》记载是唐武威道行军大总管王孝杰率军击败吐

① 王团战：《大周沙州刺史李无亏墓及征集到的三方唐代墓志》，第 23 页。

② 郑炳林：《敦煌地理文书汇辑校注》，兰州：甘肃教育出版社，1989，第 8 ~ 20 页。

③ 《资治通鉴》，第 6487 ~ 6488 页。

蕃，“一举而取四镇”。[1]

长寿元年唐朝与吐蕃在西域的战事与吐蕃长寿二年左右进攻敦煌的战事应该是相互关联的。实际上敦煌吐蕃历史文书《大事纪年》对长寿二年吐蕃在河陇用兵也有所记载，而且与李无亏墓志所记史事关系也很密切，而以前论者尚未注意到这一点。

《大事纪年》称：“蛇年（武后长寿二年）赞普驻于年噶尔。夏会于吉之虎园召开，任命‘大五百部（长）’。冬，于桑松木园集会，任命大藏之牧官。大论钦陵（blon Khri vbring）赴吐谷浑地方（va zha yul）。一年。”[2]长寿二年，吐蕃大相论钦陵赴吐谷浑地方，实际是指去吐蕃统治下的吐谷浑汗国指挥对唐作战，该吐谷浑汗国位于青海柴达木盆地一带，在祁连山以南，与敦煌相接，属于立国于十六国时期的吐谷浑汗国故地。吐蕃占领这一地区后扶立归降的吐谷浑人为可汗，建立吐蕃统治下的吐谷浑汗国，并派军队、大臣驻扎于此，这里是吐蕃进攻唐朝河西陇右地区的基地。《资治通鉴》《新唐书》记载692年唐朝军队已经在西域大破吐蕃，收复安西四镇，大相论钦陵随即赴青海着手组织军队进击敦煌等地，以扭转不利局面。墓志记载，在693年李无亏在沙州刺史任上率领军民击败了入境的吐蕃军队，随后获得朝廷封赏。至于墓志中“先零殄丧，段颎之征陇外”上一句“匈奴遁迹，魏尚之在云中”，则应是指李无亏先前在阳曲县令任上对入侵的后突厥军队进行了有效防御，在敦煌同样取得了对吐蕃作战的胜利。突厥本为匈奴别部，故这里以“匈奴”来指代突厥，汉代的云中郡则与并州北部阳曲等地地域相近。学界有观点认为693~694年前后吐蕃与突厥联兵进攻敦煌[3]，笔者对此不能同意。

关于突厥部族在敦煌地区的活动情况，目前所见史料记载很少。铁勒、突厥等部族在唐前期曾多次进入河西走廊。《资治通鉴》卷一九四记载，贞观六年（632）十一月九姓铁勒契苾部酋长何力率一千余家赴沙州请降，诏安置甘、凉间。铁勒与突厥族源相近，受突厥文化影响较深[4]。《旧唐书》卷五七《公孙武达传》记载贞观初年肃州刺史公孙武达击败入

① 《新唐书》，第6079页。

② 黄布凡、马德：《敦煌藏文吐蕃史文献译注》，第12、44页。

③ 李宗俊：《读李无亏墓志》，《西域研究》2006年第2期，第95~98页。

④ 《资治通鉴》，第6099页。

侵肃州的突厥部众，在张掖河（流经今酒泉、张掖一带的黑河）上将之"斩溺略尽"①。漠北后突厥汗国成立后，曾经南下进犯与河西走廊东部相距较近的唐朝灵州地区。《资治通鉴》卷二〇五记载延载元年（694），"突厥可汗骨笃禄卒，其子幼，弟默啜自立为可汗，腊月，甲戌，默啜寇灵州"；"庚午，以僧怀义为代北道行军大总管，以讨默啜。三月，甲申，……更以僧怀义为朔方道行军大总管，以李昭德为长史，帅契苾明等十八将军以讨默啜，未行，虏退而止。"② 后突厥汗国默啜进犯灵州可能与692~694年唐朝与吐蕃、西突厥部众分别在西域、敦煌作战有某种联系。

后突厥汗国同时还向与漠北地域相邻的西域地区（西突厥汗国故地）进行扩张，攻击西突厥十姓及突骑施等部族。《资治通鉴》卷二〇四云："西突厥十姓，自垂拱以来，为东突厥所侵略，丧亡略尽。濛池都护继往绝可汗斛瑟罗收其余众六七万人入居内地，拜右卫大将军，改号竭忠事主可汗。"③ 这里的东突厥实际就是指后突厥汗国。

《太平寰宇记》则明确记载天授年间（690~692），"（阿史德）元珍等率兵讨突骑施，临阵战死"。④ 前面已提到阿史德元珍为后突厥汗国重要大臣，他死于与突骑施部族作战。突骑施当时正活动于西域，占据着西突厥汗国故地。

此后万岁通天元年（696）后突厥还曾经与吐蕃联合进犯过位于河西走廊东部、与灵州相邻的凉州，随后再次进犯灵州。⑤ 但是目前笔者并未见有史料（包括汉藏文献）记载后突厥汗国军队曾经南下进犯瓜、沙地区，当时瓜沙一带可能只是曾经有零星小股突厥部众进入。这当与瓜、沙地处河西走廊西端，与漠北后突厥汗国控制地域相距较远有关。前面提到的P.2005《沙州都督府图经》中所录歌颂武则天的歌谣也记载唐前期敦煌地区"地邻蕃服，家接浑乡"⑥，即与吐蕃、吐谷浑活动地区相接，并未提到与突厥部族活动地区相邻。

---

① 《旧唐书》，第2300~2301页。

② 《资治通鉴》，第6493~6494页。

③ 《资治通鉴》，第6469页。

④ 乐史：《太平寰宇记》卷一九六《突厥》，北京：中华书局，2007，第3749页。

⑤ 《新唐书》卷九〇《许绍传附钦明传》，第3772页；任乃强、曾文琼：《〈吐蕃传〉地名考释（六）》，《西藏研究》1984年第1期，第87页。

⑥ 郑炳林：《敦煌地理文书汇辑校注》，第20页。

《李无亏墓志》接着又记载吐蕃军队数万人于延载元年（694）再次进攻敦煌，李无亏率众抗击，以身殉职："虽频剪逆徒，而余氛尚梗，狡虏数万，来犯城池。公操列松�，志凌铁石，奋不顾命，甘赴国忧，虽则斩将搴旗，雄心克振，然通中刮骨，其伤遂深。遂复之祸忽臻，马革之悲俄及。以元（延）载元年八月七日终于官舍"，"乃为文曰：……邈矣可右，悠哉塞垣，胡尘夕暗，羌笛朝喧，秘略泉涌，英威电奔，狼居已禅，桃李无言"。[①]

敦煌吐蕃历史文书《大事纪年》则称："马年（武后延载元年）……噶尔达古（mgar sta gu）为粟特人（sog dgis）所擒。冬，赞普驻于热乌园，敦叶护可汗（ton ya bgo kha gan）前来致礼。"[②] 此处的"粟特人"，学界一般认为是指敦煌以西鄯善地区的石城镇（今新疆若羌、罗布泊附近）的粟特人聚落。该地区在隋末唐初就有粟特人定居，当地粟特首领归附唐朝，率众镇守此城。

敦煌文书《寿昌县地镜》云：石城，"自贞观中康国大首领康艳典东居此城，胡人随之，因成聚落，名其城曰兴谷城。四面并是沙卤。上元二年（762）改为石城镇，属沙州。"[③]

P. 2005《沙州都督府图经》则记载："大周天授二年（691）腊月，得石城镇将康拂耽延弟舍拔扶状称，其蒲昌海水旧来浊黑混杂，……其水五色……"[④]

唐朝以石城镇隶属沙州，694 年，吐蕃在进攻石城镇的同时又进攻沙州城。《李无亏墓志》记载进攻沙州的吐蕃军队有数万之众，沙州刺史李无亏应当是率领豆卢军和沙州居民竭尽全力进行抵抗。虽然吐蕃军将噶尔达古为镇守石城镇的粟特人部众擒获，但是沙州刺史李无亏却在抵御吐蕃军队之时负伤，于当年八月七日牺牲。噶尔达古为吐蕃噶尔（mgar）家族成员，噶尔家族因吐蕃赞普松赞干布大相噶尔东赞（stong rtsan）而著名。吐蕃大论钦陵为禄东赞之子，噶尔达古与钦陵同族，应当是兄弟。《旧唐书》卷一九六《吐蕃传》记载噶尔东赞第四子为噶尔悉多于，其姓名藏文

① 王团战：《大周沙州刺史李无亏墓及征集到的三方唐代墓志》，第 23 ~ 24 页。

② 黄布凡、马德：《敦煌藏文吐蕃史文献译注》，第 12、44 页。

③ 郑炳林：《敦煌地理文书汇辑校注》，第 61 页。

④ 郑炳林：《敦煌地理文书汇辑校注》，第 19 页。

写作 mgar sta gu ri zung，有学者认为此人应即为《大事纪年》中出现的噶尔达古。[①] 此次吐蕃进攻石城镇和沙州城的战事应当是由大论钦陵（他已于693年亲赴青海地区吐蕃控制的吐谷浑汗国境内主持对唐作战）亲自部署指挥，但是不为汉文史料所载，敦煌古藏文文书则提供了宝贵资料。

三 吐蕃在青海等地的军事建制

敦煌西南方向有西同（亦写作“西桐”）之地，系今甘肃阿克塞哈萨克族自治县苏干湖地区，藏文写作 se tong，唐前期为吐蕃统治下吐谷浑汗国可汗的夏宫所在地[②]，也是吐蕃历次进攻沙州及瓜州的前线基地。吐蕃8世纪前期在此设有大同军，《资治通鉴》记载开元十七年（729）三月，唐朝瓜州都督张守珪、沙州刺史贾师顺曾率军击败吐蕃大同军。[③] 大同与西同（se tong）古音相通，按照古代声母喻三归匣、喻四归定、喉牙声转的演变规律，声母 y、x、d、s 可以互换，“大”与“西”的声母 d 和 x 可以互换，二字实为同音异译。吐蕃西部象雄（zhang zhung）也称羊同[④]，“象”与“羊”相通，声母 x 与 y 相通，“雄”与“同”相通，声母 x 与 t 相通，同样也是这一缘故。

关于吐蕃王朝在青海等地军的建制，除了大同军外，传世史籍还有一些记载。《全唐文》卷三五二《河西破蕃贼露布》云：

> 朝议大夫守左散骑侍郎河西节度经略使……臣某破蕃贼露布事……以今月初六日戒严，引高牙而出，十二月会于大斗之南，……乃遣都知兵马使左羽林大将军安波主帅之……臣自以马步三千，于大斗、建康、三水、张掖等五大贼路为应接，……波主等将辞，臣戒之曰……尔须自大斗南山来入，取建康西路而归……十二日至新城南，吐蕃已烧尽野草，……十五日至青海北界……十六日，进至鱼海

---

① 原文为“悉多干”，“干”为“于”之误，《旧唐书》，第5223页；参见才让《吐蕃史稿》，兰州：甘肃人民出版社，2010，第94页；黄布凡、马德：《敦煌藏文吐蕃史文献译注》，第10、43页。

② 参见陆离《敦煌吐蕃文书中的色通（se tong）考》，《敦煌研究》2012年第2期，第66～72页。

③ 《资治通鉴》卷二一三，第6784页。

④ 张云：《上古波斯与西藏文明》，北京：中国藏学出版社，2005，第85～86页。

> 军……斩鱼海军大使剑具一人，生擒鱼海军副使金字告身论悉诺匝，生擒弃军大使节度悉诺谷，生擒游弈副使诺匝，生擒副使金字告身拱赉，生擒鱼海军副使银字告身统牙胡，其余偏裨，难以尽载。……所以擒金银告身副使三人，斩首千余。①

《通鉴》卷二一五记载天宝元年（742）十二月，“河西节度王倕奏破吐蕃渔海及游弈等军”。② 渔海即鱼海。

吐蕃鱼海军副使有金字告身和银字告身者，鱼海军大使告身必在金字告身以上，为玉字告身或金字告身，级别很高。金、玉告身为吐蕃告身制度级别最高两级，各自分为大小两级，大同军大使告身必在银字告身以上。弃军大使悉诺谷为节度，即节度使，鱼海军大使剑具则无此职衔，弃军大使级别应该较高。可能被擒获的弃军大使节度悉诺谷随身未携带告身，唐军对其身份还不是很清楚，所以在发出的露布中将其列在鱼海军大使剑具和鱼海军副使金字告身论悉诺匝之后。参加此次战役的吐蕃弃军和游弈军位置不详，鱼海军当在青海湖东或东北地区。③ 敦煌吐蕃历史文书《大事纪年》676 年条称，该年吐蕃进攻突厥，并建立赤雪军镇（khri bshos khrom），王尧、陈践译为青海行军衙，匈牙利学者乌瑞（G. U ray）同样持此观点④，吴均也认为 khri bshos khrom 具体位置在青海湖区甚至在海西北。青海湖在 13～14 世纪藏文史籍《柱下（间）史》中被称为赤雪嘉摩湖（mtsho khyi bshos rgya mo），khri bshos 即 khyi bshos rgya mo。⑤ 青海行军衙即后来《资治通鉴》记载的于 842 年出现的、与落门川讨击使共同举兵叛乱的吐蕃青海节度使⑥。青海节度使的辖区应该在青海湖周边地区，

---

① 《全唐文》，第 3571～3573 页。

② 《资治通鉴》，第 6856 页。

③ 赵心愚：《唐樊衡露布所记吐蕃告身有关问题的探讨》，《中央民族大学学报》2008 年第 3 期，第 75 页。

④ 王尧、陈践：《敦煌古藏文文献探索集》，第 89、130 页。G. U ray, *Khrom: Administrative units of the Tibetan empire in the 7th－9th century*, Tibetan studies in honor of Hugh Richardson ed. by Michael Aris and Ang San Sue Kyi , Aris and Pillips LTD. Warminster England , 1979, p. 313.

⑤ 吴均：《吐蕃的冲木与赤雪冲、青海海北霍尔与土族的传说》，《吴均藏学文集》上，北京：中国藏学出版社，2007，第 52 页。

⑥ 《资治通鉴》卷二四六，第 7969 页。

赤雪军镇有可能就是吐蕃的弃军，“弃”为 khri 的音译。游弈军也当在青海湖一带。

敦煌吐蕃历史文书《赞普传记十》记载，695 年吐蕃论布噶尔·钦陵赞婆在甘南一带击败王孝杰所率唐军后，

> 并立起一具唐兵尸体，谓此乃杀死十万人的标记。达拉（素罗汉山）唐人坟（stag la rgya dur）与黄河唐人坟（rma rgya dus）即由此得名。阿若布（rnga rab）以下，娘（myang）及多尔布（dor po）等地连同其君主（rgyal po）、庶民（vbangsu）均被征服，遂置五道防务相（so blon sde lnga）。[①]

吐蕃五道防务相负责吐蕃与唐朝河陇、西川等地边境地区的防务，从目前所见史料看五道防务相设置在前，吐蕃、大同等军设置在后。史料所见吐蕃军出现于 8 世纪前期，大同军出现于 729 年，前面提到的鱼海军、弃军和游弈军出现于 742 年。《资治通鉴》还记载，吐蕃“神龙中尚公主，遂逾河筑城，置独山、九曲两军，去积石三百里”[②]，独山、九曲二军距离廓州积石军三百里，时间在 706 年。另外还有个大岭军，出现时间也在 742 年。但赤雪军镇出现时间在 675 年，时间在五道防务相设置之前，而赤雪军镇可能是弃军，所以汉文史料所见吐蕃的军开始设置时间实际上可能在 695 年或之前。so blon 意为边臣，吐蕃 695 年设置的五道防务相可能就是 8 世纪前期陆续出现的吐蕃在青海等地唐、蕃边境设置的军使。由于吐蕃所设诸军级别有高低之分，五道防务相应该是级别较高、权力较大的军使，军镇（khrom）就属于级别较高的军。除了赤雪军镇，吐蕃还有一个黄河军镇（rma khrom），在甘、青一带黄河上游地区，设置于 704 年，其长官是将军（dmag dpon），后称节度使。[③]

《资治通鉴》记载天宝元年（742）十二月，“陇右节度使皇甫惟明奏

① 马德、黄布凡：《敦煌藏文吐蕃史文献译注》，第 271、273 页；王尧、陈践：《敦煌古藏文文献探索集》，第 43、123 页。

② 《资治通鉴》，第 6706 页。

③ 陆离：《敦煌文书 P. 3885 号中记载的有关唐朝与吐蕃战事研究》，《中国藏学》2012 年第 2 期，第 97～98 页。

破吐蕃大岭军；戊戌，又奏破青海道莽布支营三万余众，斩获五千余级”。[①] 吐蕃大岭军应设在大岭，大岭军当属于吐蕃青海道，位置在鄯州、廓州附近。青海道还见于敦煌吐蕃历史文书《赞普传记十》，文书记载吐蕃论布噶尔·钦陵赞婆（blon po mgar khri vbring btsan brod，即大论钦陵）担任青海道将军（mtsho sngon po phyog gyi dmag dpon）进攻临洮，在甘南地区的素罗汗山与唐朝统帅王孝杰作战，时间在证圣元年（695）。[②] 吐蕃历史文书《大事纪年》则记载："羊年（武后天册万岁元年，公元695年），……大论钦陵（blon che khri vbring）赴吐谷浑地（va zha yul），于达拉甲都尔（stag la rgya dur，素罗汗山唐人坟）与唐将王尚书（vwang zhang sho，王孝杰）作战，杀死许多唐人。"[③] 论布噶尔·钦陵赞婆是吐蕃大相，担任青海道将军。青海道应该是指当时吐蕃占领的原十六国至唐前期的吐谷浑汗国故地和黄河上游地区，从青海湖地区向东一直到青海同德、泽库及甘肃甘南地区都包括在内，吐蕃大岭军和敦煌西南西同一带地区的大同军以及弃、游弈、独山、九曲、鱼海等军都属于青海道。

吐蕃青海道应该是在唐龙朔三年（663）吐蕃占领吐谷浑故地[④]后设置，青海道将军应该一直都由吐蕃宰相大论担任，负责与唐朝在青海、甘肃等地区的作战。首任青海道将军为大论东赞（blon che stong rtsan），即噶尔·钦陵赞婆之父噶尔（mgar）东赞（stong rtsan）。吐蕃历史文书《大事纪年》记载，659~661年他驻扎在吐谷浑地与唐军作战并收服吐谷浑部众，663~665年他一直驻扎在吐谷浑地，此时青海道已经成立，吐谷浑地即青海道。[⑤] 青海道下面设有不同级别的军，赤雪军镇和黄河军镇都在其中。这两个吐蕃军镇级别较高，吐蕃统治下的吐谷浑汗国也属于青海道管辖，噶尔东赞之子大论钦陵应该在693年就来到青海吐谷浑故地担任青海道将军。天宝元年（742）吐蕃青海道将军应该是莽布支，当时他同唐陇右节度使皇甫惟明作战。此人还见于前引《河西破蕃贼露布》，文中记载

① 《资治通鉴》，第6856页。

② 王尧、陈践：《敦煌古藏文文献探索集》，第42、122页；马德、黄布凡：《敦煌藏文吐蕃史文献译注》，第268、272、275页。

③ 马德、黄布凡：《敦煌藏文吐蕃史文献译注》，第13、44页。

④ 《资治通鉴》，第6335~6336页。

⑤ 马德、黄布凡：《敦煌藏文吐蕃史文献译注》，第4~5、40页。

他742年还负责指挥吐蕃军队与唐河西节度使军队作战，“而莽布支更益其重兵，追截我归路”。[①] 莽布支应该也是吐蕃的宰相大论（此时吐蕃已经实行众相制[②]，莽布支只是宰相之一，并不是吐蕃首席宰相）。“安史之乱”爆发后，吐蕃逐步占领河陇西域之地，委任宰相大尚论担任东道节度使总管河陇及西域萨毗地区，原青海道地区也归东道节度使管辖，所以东道节度使的前身就是青海道将军。

《资治通鉴》卷二〇五还记载延载元年（694）唐将王孝杰击败吐蕃军队：“二月，武威道总管王孝杰破吐蕃勃论赞刃、突厥可汗佞子等于冷泉及大岭，各三万余人。”[③] 学界研究者曾指出，《资治通鉴》记载武威道总管王孝杰破吐蕃勃论赞刃[④]、突厥可汗佞子等于冷泉及大岭之事，与《李无亏墓志》所记载吐蕃军队于元（延）载元年再次进攻敦煌史事有关。清代顾祖禹所著《读史方舆纪要》卷六四、六五认为冷泉在今焉耆东南，大岭在今西宁西境[⑤]，即延载元年（694）唐将王孝杰指挥军队分别是在新疆、青海一带击败了吐蕃勃论赞刃、突厥可汗佞子等所率军队。但是《大事纪年》记载长寿二年（693）、延载元年在敦煌、新疆东部地区与唐朝交战的吐蕃将领是论钦陵、噶尔达古（mgar sta gu），而非吐蕃勃论赞刃、突厥可汗佞子。

对于此事《新唐书》也有记载。《新唐书》卷二一六《吐蕃传》称：“于是首领勃论赞与突厥伪可汗阿史那佞子南侵，与王孝杰战冷泉，败走，碎叶镇守使韩思忠破泥孰没斯城。”而《新唐书》卷二一六下《突厥传》下的记载则是：

> 其明年（延载元年），西突厥部立阿史那佞子为可汗，与吐蕃寇。武威道大总管王孝杰与战冷泉、大领谷，破之。碎叶镇守使韩思忠又

① 《全唐文》，第3573页。

② 参见林冠群《重读四件河西吐蕃文书——重读吐蕃文献之商榷》，《中央民族大学学报》2015年第2期，第66页。

③ 《资治通鉴》，第6493页。

④ 《旧唐书》卷一九六《吐蕃传》记载此人为吐蕃大相禄东赞第五子，也是噶尔家族成员，与其兄钦陵等人共同主持国政，“钦陵每居中用事，诸弟分据方面”。（《旧唐书》，第5223、5225页。）

⑤ 顾祖禹：《读史方舆纪要》，第3016、3065页。

破泥熟俟斤及突厥施质汗、胡禄等，因拔吐蕃泥熟没斯城。[1]

王小甫先生认为《新唐书·吐蕃传》记载延载元年勃论赞和阿史那俀子“南侵”，这就意味着他们可能来自北部草原的某个地方，（阿悉结）泥熟俟斤的牧地以千泉为中心，吐蕃人应是越葱岭北上到达西突厥十姓之地与王孝杰交战的。[2] 即《资治通鉴》《新唐书》所记冷泉与大岭应该是在西突厥十姓之地，这一地区当时仍然为西突厥部众所占据。《资治通鉴》记载的延载元年二月武威道总管王孝杰破吐蕃勃论赞刃、突厥可汗俀子等于冷泉及大岭（这个大岭与青海的大岭应是异地同名），应该是在西域一带，勃论赞刃、阿史那俀子可能在西域与唐军作战，勃论赞刃与其兄钦陵共同主兵，当是专门负责西域方面军政要务。唐朝武威道是当时为征讨吐蕃而临时组建的，调集了西域、河陇地区军队，总管王孝杰指挥其辖下的军队迎击来犯之敌。而次年（695）王孝杰又以肃边道行军大总管身份与吐蕃青海道将军大论钦陵在甘南一带作战[3]。西突厥首领阿史那俀子可能就是前引敦煌吐蕃历史文书《大事纪年》记载的敦叶护可汗（ton ya bgo kha gan），他因战事不利，于当年（694）赴吐蕃晋见赞普求援。

以上列举汉文文献记载的延载元年（694）吐蕃在西域的军事活动与《李无亏墓志》所记载的吐蕃军队于元（延）载元年七、八月间再次进攻敦煌史事当然也有一定关系，但是这些战事分别发生在不同地区，交战双方具体人物也不同，是两起战事。应该是延载元年二月吐蕃大臣勃论赞刃与吐蕃所扶植的突厥可汗阿史那俀子等人率领的军队在西域之地同武威道总管王孝杰指挥的唐军交战，在作战不利受挫之后，正在青海吐蕃统治下吐谷浑汗国地区驻扎的吐蕃青海道将军大论钦陵指挥军队又于当年七、八月间再次进攻唐朝沙州和石城镇地区，作为报复，企图从这里打开缺口，扭转吐蕃在西域的不利战局。大论钦陵之弟噶尔达古为石城地区粟特人擒获，唐朝沙州刺史李无亏则在沙州保卫战中以身殉职。随后695年，青海道将军大论钦陵又在甘南地区与王孝杰所率唐军再次对阵，并最终将其击败。

① 《新唐书》，第6065页。

② 王小甫：《唐、吐蕃、大食政治关系史》，北京：北京大学出版社，1995，第118、154页。

③ 《资治通鉴》，第6503页。

第三章　吐蕃的东道节度使与河西北道节度使

755 年“安史之乱”爆发后，吐蕃军队乘唐军东调平叛之机逐步占领了河陇西域地区。为适应当地的具体情况，吐蕃王朝在这一地区推行吐蕃本部的制度，并吸取相关唐制来进行有效统治，这些制度是汉藏文化交流的产物。本章就吐蕃王朝在这一地区设置的军政机构东道节度使和河西北道节度使的相关问题进行一些探讨。

第一节　榆林窟第 25 窟壁画藏文题记与吐蕃东道节度使

《文物》2007 年第 4 期发表的谢继胜、黄维忠先生《榆林窟第 25 窟壁画藏文题记释读》一文，对榆林窟第 25 窟壁画藏文题记进行了详细解读和深入研究，进而对榆林窟第 25 窟的建造年代进行了判定，认为该窟建造于 9 世纪上半叶。笔者对二位先生关于榆林窟第 25 窟的建造年代的看法并无异议，但是对其论文（下面简称为谢文）中某些观点尚有不同意见，现加以讨论辨析，以说明笔者的观点。

一　关于榆林窟第 25 窟题记中的 shang shevi

谢文对榆林窟第 25 窟北壁弥勒经变图左下角藏文题记的转写及翻译为：“//dzevu/ devi cung gyis/ phags pav khor cig/bgyis pav vdi shang shevi/ sku yon du/bsngas pav/lags so//曹氏幼弟施画此铺圣图，此乃回向‘尚希’

之功德，甚佳！”[①]

题记中的 shang shevi，谢文译为“尚希”，并认为题记中的该人名可能是《拔协》提到的“桑喜”（vbav/sang-shi），为赞普赤松德赞（755～797 年在位）的大臣，曾被遣往汉地求法，参与建造和管理吐蕃本土第一座寺院桑耶寺，并且有可能参加了后来的桑耶僧诤，为赞普赤松德赞在位时期弘扬佛教的重要大臣。并且榆林窟 25 窟为曹氏承建，若施主为汉人，题记应当记为汉文，但此窟壁画题记为藏文，并绘制吐蕃风格的大日如来与八大菩萨造像[②]以及表现吐蕃风俗的《嫁娶图》（为北壁弥勒经变图中内容），所以施主一定是藏人，判定为“桑喜”或有所本。[③] 但是笔者认为，shang shevi 与 vbav/sang-shi 写法并不相同，所以二者应该不能等同。

另外学界还有意见认为，shang shevi 有可能为汉文“上师”之吐蕃文拼音写法，但是在吐蕃文中“上师”有专有名词“bla ma（喇嘛）”或“gu ru”与之对应，汉文“上师”不应再采用吐蕃文拼写。而且“上师”是藏文“bla ma（喇嘛）”或“gu ru”的汉文意译，此词源自藏文，汉文中原本没有，笔者在敦煌唐宋时期汉文文书和莫高窟、榆林窟唐宋时期汉文题记中尚没有见到有“上师”的称谓，所以这一观点笔者也不能赞同。

谢文还认为 shang-she 的另一种可能是汉字“尚书”的译音，敦煌吐蕃历史文书中出现有与吐蕃大将论钦陵大战的唐将王尚书（vwang-shang-shu），shang-shu 即为尚书。但归义军节度使曹氏崛起于瓜、沙在公元 10 世纪，当时且无“尚书”官衔。此外，藏文无后加字元音为 -u 者，后面的属格不可能是 -vi 而为 -yi。[④]

实际上 shang shevi 在法藏敦煌藏文文书 P. T. 2204《没收叛乱者粮食支

---

① 谢继胜、黄维忠：《榆林窟第 25 窟壁画藏文题记释读》，《文物》2007 年第 4 期。

② 美术史研究者认为该造像体现了吐蕃统治敦煌时期汉、藏族在佛教信仰、图像上的交融，它与敦煌藏经洞所出吐蕃时期同类题材绢画以及玉树、昌都等地发现的吐蕃时期同类题材摩崖造像在构图、风格上基本是接近的，此类题材的作品时间在 8 世纪末至 9 世纪中期。参见陈粟裕《榆林窟 25 窟一佛八菩萨图研究》，《故宫博物院院刊》2009 年第 5 期。另外还有观点认为榆林窟第 25 窟具体营建于 776～786 年，参见沙武田《关于榆林窟第 25 窟营建年代的几个问题》，《藏学学刊》第 5 辑，成都：四川大学出版社，2009，第 79～104 页。

③《榆林窟第 25 窟壁画藏文题记释读》，《文物》2007 年第 4 期。

④《榆林窟第 25 窟壁画藏文题记释读》，《文物》2007 年第 4 期。

出账》中也曾经出现，文书记载：

> 尚书（Zhang shevi）诏令：……余粮给马夫张达子（chibs rdzi cang stag tshe）作为鼠年冬十二月至牛年春二月三十日，三个月之口粮，每月以八升计，共一克四升。驴夫卦索（bong rdzi gwag sog）三个月之口粮，每月以五升计，共十五升。

此外文书中还出现有使者前往目的地沙州（sha cur）的内容。[①] 笔者以为，该文书应该是驻节河州总制河陇的吐蕃东道节度使衙府文书。吐蕃东道节度使是总管河陇西域的军政机构，下辖瓜州、凉州、河州、鄯州等节度使，藏文称为军镇（khrom）。这些节度使同样也是军政合一机构，吐蕃节度使的称号则来自唐朝，吐蕃军镇与唐朝的节度使性质职能非常相近，故采用了唐朝的称号。吐蕃东道节度使在文书中被称为 zhang shevi，即汉文文书中的"尚书"，这是吐蕃东道节度使的又一称号。该职由吐蕃大尚论（即宰相）兼任，唐人将宰相称为尚书令，吐蕃也采用了这一称呼。在 P. 2765《大蕃敕尚书令赐大瑟瑟告身尚起律心儿圣光寺功德颂》中，曾以宰相身份担任吐蕃东道节度使的尚乞心儿（尚起律心儿）即被称为尚书令[②]，而尚书令又可以简称为尚书。

P. T. 1081 号《关于吐谷浑莫贺延部落奴隶李央贝事诉状》是一件某官府大理法司（gchod-dbyong-gi-ring-lugs）审理吐谷浑莫贺延部落奴隶李央贝身份归属案件的文书，其开头部分有如下记载："尚书大节度衙会议，子年秋八月初，由河州城发出之盖印文书。/Zhang shes/ khrom chen po vi（vdun nas）/ga cu kun gi kun nas/byi ba lo vi ston sla vbring po vi ngo la bkav rtags kyi phyag rgya phog ste/"。该件文书山口瑞凤、乌瑞先生都定为沙州归义军尚书发布的官府文书。[③] 其中"尚书大节度衙会议（zhang shes

---

① 《敦煌吐蕃文书论文集》，汉文第 191 页，藏文第 388～389 页。Spanien（斯巴宁），A. et Yoshiro Imaeda（今枝由郎）. *Choix de documents tibétains conservés à la Bibliothéque Nationale complété par guelques Manuscrits de l'India Office et du British Museum*（《敦煌古藏文手卷选集》），Tome，Ⅱ，paris，1979，pl. 632.

② 《法藏敦煌西域文献》18 卷，上海：上海古籍出版社，2001，第 132 页。

③ 乌瑞：《吐蕃统治结束后甘州和于阗官府中使用藏语的情况》，耿昇译，《敦煌译丛》，兰州：甘肃人民出版社，1985，第 213 页；山口瑞凤：《讲座敦煌》之六《敦煌胡语文献》，东京：大东出版社，1985，第 513～514 页。

khrom po vi)”，王尧、陈践译为“尚摄思大将军驾前”[①]，山口瑞凤则译为“尚书大节度衙会议”。窃以为译成“尚书大节度衙会议”较妥。zhang shes即为“尚书”的吐蕃文音译，而khrom chen po则学界公认译为“大节度衙”，是指吐蕃在河陇地区设置的节度使机构，后来归义军节度使在吐蕃文文书中也被称为khrom chen po。但是，笔者以为，该件文书应该是驻节河州（ga cu）的吐蕃东道节度使发出的公文牒状。对此笔者已有另文探讨，此处不赘。

这里的“zhang shes（尚书）”与榆林窟25窟题记中的“shang shevi”写法也极为相近。所以shang shevi即为尚书的吐蕃文拼写，殆无疑义。榆林窟25窟题记表明，该窟是曹姓人士为尚书（吐蕃东道节度使）开凿的功德窟。

另外，在曹氏归义军诸位节度使中，并非像谢文所称的无人使用尚书官衔，曹议金（亦即曹仁贵）在914～919年就曾使用尚书官衔。[②] 如P. 3239《甲戌年（914）十月十八日敕归义军节度兵马留后使牒》，后署“使检校吏部尚书兼御史大夫曹仁贵”。[③]

张广达、荣新江先生《关于唐末宋初于阗国的国号、年号及其王家世系问题》一文谈道：“金玉国一名，见于榆林窟第25窟洞口甬道北壁第一身题名：‘大朝大于阗金玉国皇帝的子天公［主］……’，其相对的南壁第一身题名：‘敕推诚奉化功臣归义军节度瓜沙等州观察处置管内营田押番落等使特进检校太师兼中书令敦煌王谯郡开国公食邑一千七百户曹延禄一心供养。’”他们根据此题名并结合敦煌文书有关记载，认为榆林窟第25窟的修建时间应该在984年前后，即归义军节度使曹延禄执政时期[④]，但是曹延禄却没有使用过尚书官衔。谢文已指出题记首句的曹假如是归义军政权末期节度使汉人曹延禄，那么壁画的年代在984年前后，与其吐蕃风格（在壁画的显著位置，《弥勒变》画面右下方《嫁娶图》描绘典型吐蕃人）冲突，况且第25窟前室后壁甬道南侧已有光化三年（900）的汉文墨

---

① 王尧、陈践：《敦煌吐蕃文献选》，第49页；王尧、陈践：《敦煌藏文文献选》，成都：四川民族出版社，1986，第76～77页，译文个别用词笔者与之意见不同，做了改动。

② 参见荣新江《归义军史研究》，上海：上海古籍出版社，1996，第95～99、131页。

③ 《法藏敦煌西域文献》第22卷，上海：上海古籍出版社，2002，第269页。

④ 张广达、荣新江：《于阗史丛考》，上海：上海书店，1993，第38～39页。

书题记“光化三年十二月悬泉长史……”，证明壁画在此之前早已存在①。而曹延禄的先祖曹议金开始担任归义军节度使是在公元 914 年，在公元 900 年之后，为其开凿洞窟绘制的壁画同样不可能带有明显的吐蕃风格。所以，榆林窟第 25 窟题记中的尚书不可能是曹延禄，也不可能是曹议金。

尚书（shang shevi）应该是总管河陇地区军政事务的吐蕃东道节度使。东道节度使也曾经来河陇地区的佛教圣地敦煌莫高窟和瓜州榆林窟等地礼佛及处理一些军政事务，由他出资布施，当地僧俗人士为其修建功德窟也是顺理成章之事。在 P. T. 16、IOL TIB J 751 I 号三国会盟祈愿文中数次出现吐蕃大相（blon chen po）尚乞心儿（zhang khri sum rje）和尚腊藏（zhang lha bzang）的名字，称赞他们率领河陇地区的吐蕃军队战胜唐、回鹘军队，最后与之缔结和约的功绩②。当时尚乞心儿应为吐蕃东道节度使，尚腊藏应即尚塔藏，古藏文“lha”与汉文“塔（ta）”中古发音相通。吐蕃大相尚腊藏与尚乞心儿一起处理河陇地区军政大事，前者为后者的副手。P. 2974 号文书为《为宰相尚腊藏嘘律钵病患开道场文》，其中还提到东军□（宰）相令公尚乞心儿，东军宰相令公即吐蕃东道节度使③。此件《开道场文》的写作时间与 P. T. 16、IOL TIB J 751 I 号三国会盟祈愿文的写作时间接近。尚腊藏嘘律钵即尚腊藏，他应是在长庆会盟前不久接替尚乞心儿担任东道节度使一职，尚腊藏嘘律钵亦即赴逻些参加长庆会盟的唐使刘元鼎《使吐蕃经见记略》一文所记的吐蕃驻扎于河州的元帅尚塔藏④。

至于榆林窟第 25 窟壁画的最终完成时间，笔者认为由于现在尚缺乏明确的文字史料记载，仅单纯根据壁画画风来加以判断则难以进行精确判定（如仅根据壁画画风来判定其完成时间，则可能存在几十年的误差），所以目前只能确定其最终完成时间是在吐蕃统治河陇时期。有可能是在 822 年唐、蕃长庆会盟之后（其开始开凿时间则有可能是在长庆会盟之前），将其用来纪念及赞颂吐蕃大相兼东道节度使尚乞心儿或尚腊藏使唐、蕃和好

---

① 谢继胜、黄维忠：《榆林窟第 25 窟壁画藏文题记释读》，《文物》2007 年第 4 期。

② 黄维忠：《关于 P. T. 16、IOL TIB J 751 I 的初步研究》，《贤者新宴》5，上海：上海古籍出版社，2007，第 76、84 页。

③ 杨富学、李吉和：《敦煌汉文吐蕃史料辑校》，兰州：甘肃人民出版社，1999，第 269 ~ 270 页。

④ 《全唐文》卷七一六，第 7360 ~ 7361 页。

的功德。当然，此窟壁画的最终完成时间也有可能是在 822 年之前，藏文题记中的尚书则为当时的某位吐蕃东道节度使，绘制此窟壁画的目的在于纪念并赞颂该人治理河陇地区的功绩。

二 关于曹姓开窟人的身份

谢文指出，法藏 P. 4660 卷子录有邈真赞《勾当三窟僧政曹公邈真赞》与《都僧政曹僧政邈真赞》，此位曹僧政题衔“敦煌管内僧政兼勾当三窟”，“位高心下，惟谨惟恭”，“检校三窟，百计绍隆”。邈真赞记载中和三年（883）曹僧政圆寂，“年期八十”[①]，故曹公约生活在 803 ~ 883 年。谢文认为假若如此，第 25 窟之“曹”与此僧的事迹最为接近。谢文还指出，P. 5579 号文书背面提到的“□泉赤岸窟”，在“乙亥年十二月三十日”已经存在，与“□泉赤岸窟”并列的还有“天王堂寺”，或许指榆林窟第 15 窟。而浙江省博物馆藏浙敦 116 号卷子云：“子年六月二十一日，供曹僧政等修赤岸窟圈堂。”[②] 可见这位“曹”确实是负责修建石窟的，应该确定第 25 窟的“曹”就是曹僧政。僧政在当时非常著名，榆林窟 25 窟藏文题记中的“曹”不会引起任何误解，可能是榆林窟略远，修建此窟则由曹僧政的弟弟负责。此后，年长的曹和尚似乎专注于讲经。所以，可以大致判定榆林窟第 25 窟的“曹”当在僧政壮年时。

另外，谢文又举出国家图书馆 BD03355《佛说遗教经一卷》卷尾题记“大蕃国沙州永康寺律师神希记”，认为这位律师“神希”与榆林窟题记出现的 shang she 读音似乎更接近。但是律师位阶低于僧政，身为都僧政曹和尚之弟如何为律师神希绘画，神希有无能力委托绘制第 25 窟那么大的石窟壁画，值得考虑。[③]

从谢文的这些论述可以知道，其认为吐蕃统治河西陇右时期敦煌有“僧政”这一僧官存在，在吐蕃统治时期，当时的敦煌僧官曹僧政（时当壮年）之弟负责修建了榆林窟第 25 窟，绘制壁画。实际上在吐蕃占领前期，敦煌僧官系统是：都僧统（僧统）—寺院僧统—都判官—判官—寺三

① 郑炳林：《敦煌碑铭赞辑释》，兰州：甘肃教育出版社，1992，第 110 ~ 113 页。
② 《浙藏敦煌文献》，杭州：浙江教育出版社，2000，彩版第 12 页第 22 幅，单色版第 108 页。
③ 《榆林窟第 25 窟壁画藏文题记释读》，《文物》2007 年第 4 期。

刚。9世纪初年都教授、教授、副教授、寺院教授逐渐取代了都僧统、僧统、副僧统、寺院僧统作为僧官的称号。848年归义军政权建立，驱逐吐蕃统治，其最高僧官为河西都僧统，河西都僧统以下僧官在保留吐蕃时期原有职官的基础上增设了都僧录、僧录、都僧政、僧政①。故此对法藏P.4660卷子所录《勾当三窟僧政曹公邈真赞》与《都僧政曹僧政邈真赞》中曹氏僧官名号的年代需要认真考虑，曹僧政担任的只能是归义军时期敦煌僧团的都僧政（简称僧政），不可能是吐蕃时期的都僧政。他当时担任敦煌僧团的都僧政，负责维修瓜、沙境内的莫高窟、榆林窟、西千佛洞等石窟。前引浙江省博物馆藏浙敦116号卷子所云“子年六月二十一日，供曹僧政等修赤岸圈堂”，这里的“子年”也只能是在848年以后的归义军时期。

那么，为吐蕃东道节度使开窟绘画的曹姓人士是谁呢？从其为吐蕃东道节度使开窟绘画来看，此人必当有一定身份地位。在英藏Or8210/S7133号文书中有如下记载：

> 在僧人曹英子（Dz'u ing-dzeb）掌握的榆林寺僧众（yu lem lha ris）的仓库（stsang）中，悉宁宗部落（snying tshom gyi sde）的曹玛赞（Dz'u rma-brtsan）首先借了……汉石（rgya sheg）的大麦。②

悉宁宗部落是吐蕃统治时期的敦煌汉人军事部落，成立在公元824年以后。僧人曹英子负责管理当时瓜州榆林寺僧众的仓库，应该是一名中下级僧官，他自然有可能在榆林窟负责为吐蕃东道节度使开窟绘画，所以榆林窟25窟藏文题记中的曹姓人士也有可能与僧人曹英子有某种关系。另外，由于法藏P.4660卷子记载曹僧政担任归义军时期敦煌僧团的都僧政，负责维修瓜、沙境内的莫高窟、榆林窟、西千佛洞等石窟，他的生活年代有可能在803~883年，而张议潮建立的归义军政权中的骨干成员大部分曾经在

① 参见竺沙雅章《敦煌の僧官制度》，《中国佛教社会史研究》，同朋舍（京都），1982，第379~380页；谢重光《吐蕃占领时期与归义军时期的敦煌僧官制度》，《敦煌研究》1991年第3期。

② Tsuguhito Takeuchi：*Old Tibetan Contracts from Central Asia*，Daizo Shuppan，Tokyo，1995，pp.218－219. 该段译文，笔者与武内绍人（Tsuguhito Takeuchi）先生有个别地方不同。

吐蕃统治时期担任过僧俗官职，如僧人吴洪辨、翟法荣等都是如此。他们在吐蕃时期担任沙州都教授、法律等僧官，在归义军时期继续担任都僧统、僧政等僧官。所以，法藏 P. 4660 卷子所录《勾当三窟僧政曹公邈真赞》与《都僧政曹僧政邈真赞》中的曹僧政，也有可能于吐蕃统治时期在榆林窟负责为吐蕃东道节度使绘制佛窟壁画。但是，此时他的职官名号绝非僧政。

第二节　吐蕃河西北道节度使

一　关于吐蕃统治时期的“河西节度使”

“安史之乱”爆发后，吐蕃逐步占领了河陇西域的广大地区，开始了对这一地区的长期统治。吐蕃在河陇地区设置了东道节度使，下辖姑臧（凉州）、瓜州、河州、鄯州等节度使，作为统治这一地区的军政机构。值得注意的是在《白居易集》卷五六中有一件《代王佖〈答吐蕃北道节度使论赞勃藏书〉》，其中有“大蕃河西北道节度使”之称，与吐蕃在河陇地区的统治也密切相关，现将该文节录如下：

> 大唐朔方灵盐丰等州节度使检校户部尚书宁塞郡王王佖致书大蕃河西北道节度使论公麾下：远辱来书，兼掌厚贶，慰悚之至，难述所怀。……况麾下以公忠之节，雄勇之才，翊佐大邦，经略北道。……且如党项，久居汉界，曾无征税，既感恩德，未尝动摇。然虽怀此抚循，亦闻窥彼财货，亡命而去，获利而归。但恐彼蕃不知，大为党项所卖。其中亦闻诱致，事甚分明，不能缕陈。计已深悉，今请去而勿诱，来而勿容。不失两境之欢，不伤二国之好……承去年出师讨逐回纥，其间胜负，此亦备知，不劳来书，远相示及。所蒙寄赠，并已检到。佖为边须守常规，马及胡瓶，依命已受，其回纥生口，缘比无此例。未奉进止，不敢便留。①

这封信是白居易执笔为唐朝朔方、灵、盐、丰等州节度使王佖所作的给

① 白居易：《代王佖〈答吐蕃北道节度使论赞勃藏书〉》，《全唐文》卷六七四，第 6879 页。

相邻地界吐蕃河西北道节度使论赞勃藏的回信，言及双方一些事务的交涉。对于这封书信中的“大蕃河西北道节度使”，学界研究者已有所注意。杨铭先生认为：“《白居易集》卷五六《代王佖〈答吐蕃北道节度使论赞勃藏书〉》有‘大蕃河西北道节度使’之称。此‘北道节度使’在河西之内，又与唐朝灵、盐等州节度使相恃，似即指吐蕃凉州节度使。”①

金滢坤先生也对此发表看法，他认为，由《代王佖〈答吐蕃北道节度使论赞勃藏书〉》可知论赞勃藏在元和五年至八年间（810～813）曾担任河西北道节度使，但实际只是“经略北道”，其管辖范围当在与大唐灵、盐、丰等州的邻近地带。从文中所言“河西北道节度使”来看，“河西道节度使”下设“北道节度使”。吐蕃河西道节度使很可能是吐蕃在贞元二年（786）完全占领河西后设置的，并统领包括凉州吐蕃节度使、瓜州吐蕃节度使在内的河西军政事务②。

林冠群先生则认为吐蕃河西北道节度使就是吐蕃经略河西道的机构，又称北道节度使，下辖凉州节度使和瓜州节度使，河西北道的长官德论（bde blon）可能驻跸于凉州③。

笔者对以上三位先生的看法尚存疑问，认为对吐蕃河西北道节度使的建制时间、统辖区域、从属关系等问题还值得继续讨论，本文拟围绕这些问题谈一下自己的观点。

河西节度使由唐朝首先设置，该建制于景云二年（711）始设于凉州④，辖区为河西地区的凉、甘、肃、瓜、沙等州。“安史之乱”爆发后，由于吐蕃逐步入侵，河陇地区相继沦陷，永泰二年（大历元年，766）五月，河西节度使杨休明被迫徙治沙州。⑤ 后来杨休明被杀，节度副使周鼎接任节度使兼沙州刺史，继续抗蕃，并曾遣人求救兵于四镇，未有结果。吐蕃尚乞心儿率军攻城，周鼎拟焚城郭引众东奔，被兵马使阎朝缢杀。阎朝自领州事，率众抗蕃，以河西节度使自称，后弹尽粮绝，以“苟毋徙佗

① 杨铭：《吐蕃时期河陇军政机构的设置》，《吐蕃统治敦煌研究》，第18页。

② 金滢坤：《吐蕃节度使考述》，《厦门大学学报》2001年第1期。

③ 林冠群：《唐代吐蕃军事占领区建制之研究》，《中国藏学》2007年第4期。

④ 《唐会要》卷七八《节度使》，上海：上海古籍出版社，2006，第1689页。

⑤ 《资治通鉴》卷二二四，第7191页。

境，请以城降”的条件被迫投降。[①] 在敦煌降蕃的最初几年中[②]，阎朝担任了吐蕃部落使，但仍然保留着河西节度使的称号。P. 3481 号《愿文》云：

> 粤有千寻石祥，侧万龛灵塔安排，四□□一心，孰舆？则我大檀越大蕃部落使，河西节度、太原阎公，惟公操列寒松，心横劲草，在官国慎，清异人知，令参远向于天朝，政化大□于道路。[③]

此“太原阎公”就是自称河西节度使、带领敦煌军民抗击吐蕃达十一年之久的阎朝。他在被迫降蕃后担任吐蕃部落使，统领当地汉族民众，并被赞普召见，亲赴吐蕃国都逻些朝觐。由于当时吐蕃刚刚占领敦煌，所以还保留着一些唐朝的建制，阎朝仍然称河西节度使，而蕃占初期的文书如上海博物馆藏《唐定兴等户残卷》、P. 2763V《巳年（789）沙州仓曹杨恒谦等牒》上都钤有“河西支度营田使印”[④]。河西支度营田使正是河西节度使属下的主管赋税征收和营田事务的官员，原设于凉州，后随河西节度使一起迁治沙州，在蕃占初期这一建制和河西节度使一样仍然存在。但是到了790 年，吐蕃在敦煌重新设置划分部落后，河西节度使同河西支度营田使便不再出现于敦煌文书之中，所以吐蕃河西道节度使亦并未见于史料记载。

敦煌本吐蕃文书 P. T. 1129 号《库珠公致僧录禀帖》记载：“三界之救主导师，世间明灯，神人之希望，河西道僧录司赍驾下”，禀帖的落款为：“肃州库珠公请求于沙州赵僧录司赍驾前”。金滢坤先生认为此件文书为蕃占时期的文书，文中“河西道”即指吐蕃河西道节度使，“肃州库珠公请求于沙州赵僧录司赍驾前”正说明肃州僧侣事务亦由沙州都僧统司管理，表明吐蕃河西道节度使下辖沙州、肃州等河西地区，也即吐蕃瓜州节度使

① 《新唐书》卷二一六下《吐蕃传》，第 6101 页。

② 关于敦煌陷蕃时间，有 781 年、785 年、786 年、787 年等多种说法。陈国灿先生主张 786 年，这一说法已为很多研究者所接受，笔者亦同意敦煌于 786 年陷落吐蕃。参见陈国灿《唐朝吐蕃陷落沙州城的时间问题》，《敦煌学辑刊》1985 年第 1 期。

③ 杨富学、李吉和：《敦煌吐蕃汉文史料辑校》，第 190 页。

④ 姜伯勤：《上海所藏敦煌所出河西支度营田使文书研究》，《敦煌吐鲁番学研究论集》第 2 辑，北京：北京大学出版社，1983，第 337 页；唐耕耦、陆宏基：《敦煌社会经济文书真迹释录》第 1 辑，北京：书目文献出版社，1982，第 487 页。

的辖区。这正好说明吐蕃河西道节度使下辖瓜州节度使，并包括在灵朔地区设置的北道节度使。[①] 此件文书实系一件肃州库公珠（sug cuvi khug gong vbug）致沙州河西道僧录司赉（sha chu ha se to sing lyog zhi legs）的禀帖，内容为库公珠向僧录致以问候，叙述自身情况，请求赐予项链、纸张等事，反映吐蕃统治结束后河西沙州、肃州使用藏文联系的情况。[②] 文书中出现了“僧录”（sing lyog）一职，僧录系晚唐五代河西归义军节度使时期设立的河西都僧统之下属僧官，在吐蕃统治时期当地并无此职[③]，所以此文书为归义军时期文书无疑。“河西道”（ha se to）是指归义军僧官自称河西都僧统，管辖河西地区，但是实际上仅管辖瓜、沙二州之地，与归义军节度使辖区一致。该文书并不能证明吐蕃统治河陇时期设有河西道节度使的职衔。

由上可知，在吐蕃统治河陇时期出现的河西节度使、河西支度营田使只是在敦煌降蕃最初几年出现，不久即消失，是当地阎朝等唐朝降蕃官员原来在唐朝担任的职官名号，并未有传世史籍或出土文献明确记载吐蕃设有总管瓜、沙、肃、甘、凉等地区的河西道节度使。所以，窃以为这一建制应当不存在。

二 吐蕃河西北道节度使与东北道元帅

由白居易《代王佖〈答吐蕃北道节度使论赞勃藏书〉》内容可知，吐蕃河西北道节度使地域与唐朝朔方、灵、盐、丰等州节度使地域相邻，其位置当在朔方灵武以西、河西北部地区。

据传世史籍记载，吐蕃在此地区还设有东北道元帅一职，《册府元龟》卷九八〇“外臣部通好”记载：

> （开成）二年（837）十一月，天德奏，吐蕃东北道元帅论夷加羌

① 金滢坤：《吐蕃节度使考述》，《厦门大学学报》2001年第1期。

② 季羡林：《敦煌学大辞典》，上海：上海辞书出版社，1998，第470页；王尧、陈践：《敦煌吐蕃文书论文集》，成都：四川民族出版社，1987，汉文第198页、藏文第403～405页。

③ 参见谢重光《吐蕃占领时期与归义军时期的敦煌僧官制度》，《敦煌研究》1991年第3期。

使信物，乃木夹，到本道，以其书信上闻。[①]

关于这条史料中记载的“吐蕃东北道元帅”，有学者认为系指吐蕃东道节度使[②]。笔者认为其与吐蕃东道节度使并非一职，吐蕃东道节度使总管河陇地区的瓜州、凉州、河州等节度使，通常驻节在河州一带，总体辖区与唐朝的朔方、灵、盐、丰等州节度使、邠宁节度使、泾原等州节度使接境，一般通过这几个节度使与唐朝进行信使往还，其相互通使路线在今宁夏、甘肃、陕西境内。如《白居易集》卷五七还有一封《代忠亮〈答吐蕃东道节度使论结都离等书〉》，系白居易执笔的唐四镇北庭行军泾原等州节度使朱忠亮给吐蕃东道节度使论结都离的回信，该封书信应该是由唐泾原等州送至秦州一带的吐蕃辖区，然后再送到吐蕃东道节度使手中。[③] 而吐蕃东北道元帅信使通过天德军投书唐廷，天德军在灵州东北一千余里，为唐朝北疆军事重地，其西与丰州、西受降城连成一线，控扼阴山及河套地区，北御突厥、回纥，南蔽朔方和关中，其治所在今河套平原内蒙古自治区乌梁素海东南岸水下[④]，所以东北道元帅不可能是吐蕃东道节度使。吐蕃东北道元帅信使由天德军入朝，则吐蕃东北道所处方位必与天德军、朔方节度使相邻，即与吐蕃河西北道节度使所在地域重合。吐蕃在河陇西域所设之职官，在汉文文书中称为节度使，在吐蕃文中则写作 dmag dpon，直译为将军、元帅。[⑤] 故此，笔者认为吐蕃东北道元帅即为吐蕃河西北道节度使的另一名称，其地域在与唐朝丰、灵等州相邻的河西北部地区。

关于吐蕃河西北道节度使（东北道元帅），虽然其名称在传世史籍中仅出现以上所列举的两次，但是我们还可以从相关史料中发现该建制的一些情况。《资治通鉴》卷二三八记载，元和四年（809）九月吐蕃进攻丰州以西地区：

---

① 《册府元龟》，第 11349 ~ 11350 页。

② 《吐蕃统治敦煌研究》，第 12 页。

③ 《全唐文》卷六七四，第 6789 ~ 6790 页。

④ 王北辰：《唐代长安—夏州—天德军道路考》，《王北辰西北历史地理论文集》，北京：学苑出版社，2000，第 86 页。

⑤ 《吐蕃统治敦煌研究》，第 8 页。

> 丙辰，振武奏吐蕃五万余骑至拂梯泉。胡三省注云：（拂梯泉）本又作‘鹛鹈泉’，在丰州西受降城北三百里。辛未，丰州奏吐蕃万余骑至大石谷，掠回鹘入贡还国者。[①]

这一支五万余骑的吐蕃军队必是吐蕃河西北道节度使（东北道元帅）所率军队，其任务是征讨回鹘，巡视北界。俄藏敦煌Дх. 1462 + P. 3829号文书《吐蕃论董勃藏修伽蓝功德记》记载吐蕃官员沙州大监军使论董勃藏祖父的任职情况为："皇祖论悉悉诺悉獦，先征朔方军兵马使，后改任北同城使，授大鍮石告身。"该功德记写于824年之后，北同城即同城，属唐删丹县。[②] 唐朝先在此置同城守捉，后升为军。《新唐书》卷四〇《地理志》甘州删丹县注云：

> 北渡张掖河，西北行，出合黎山峡，傍河东壖屈曲东北行千里，有宁寇军，故同城守捉也，天宝二载为军。军东北有居延海，又北三百里有花门山堡，又东北千里至回鹘衙帐。[③]

《通典》卷一七二《州郡二·序目下》则记载："宁寇军，张掖郡东北千余里。天宝二年置。管兵千七百人，马百匹。"[④] 唐前期还曾在此设有安北都护府，用来防御突厥，后来移往甘州删丹县南之西安城，景龙二年（708），又移往丰州地区的西受降城。[⑤] 在"安史之乱"爆发后，吐蕃逐步占领河陇，此城亦由吐蕃军队据守。论董勃藏之祖论悉悉诺悉獦担任北同城使，表明吐蕃王朝在该地区建立了军政机构，此北同城使当为吐蕃河西北道节度使（东北道元帅）或其前身机构所管辖。北同城使授大鍮石告身，即大黄铜告身，与吐蕃沙州最高军政长官节儿（rtse rje）同一等级，

---

① 《资治通鉴》，第7666页。

② 《俄藏敦煌文献》第8卷，上海：上海古籍出版社，1997，第192页；《法藏敦煌西域文献》第28卷，上海：上海古籍出版社，2004，第258页；参见李正宇《吐蕃论董勃藏修伽蓝功德记两残卷的发现、缀合及考证》，《敦煌吐鲁番研究》第2卷，第250、255～256页。

③ 《新唐书》，第1045页。

④ 《通典》，第4480页。

⑤ 《元和郡县图志》卷四，第113页。

北同城使就是北同城的节儿。河西北道节度使辖境当是以同城为中心的河西北部地区，其驻节地有可能就是在同城。此地水草丰茂，宜于农牧，可以为驻守该地的军队和居民提供较充分的给养；地理位置重要，是连接河西走廊、陇右关中、华北和蒙古高原的交通枢纽，汉唐以来历来是边地重镇。在书写于唐、蕃长庆会盟（821～823）之后吐蕃赞普赤祖德赞（热巴巾）执政时期的英藏斯坦因编号 35～41 号敦煌藏文文书中，有吐蕃姑臧节度使祈愿文，其中记载：

> 祈愿大相尚绮心儿［赤松杰］和大尚拉桑［塔藏］通过给反抗的唐人和突厥人以沉重打击，或以其他或大或小的多种方式，使敌人受到重创。姑臧节度使的部分人员曾经与顽强而英勇的吐蕃军队一起作战，在仅仅一年内就赢得两次大的胜利，他们也是冲锋陷阵的英雄。①

这一记载同样表明，在与吐蕃姑臧（mkhar tsan，凉州）节度使的北部、西部相邻地域有河西北道节度使、瓜州节度使存在，这三个节度使（khrom，即军镇）所属军队一起承担了对北方回鹘和西北方向唐朝灵朔地区驻军的作战任务，而不是由姑臧（凉州）节度使单独承担。由于凉州节度使与河西北道节度使名称不同，而且吐蕃凉州节度使本身管辖凉州与甘州，如果再管辖原为唐朝安北都护府领地的河西北部地区（包括今内蒙古额济纳旗和阿拉善左旗），比起与之同级别的瓜州节度使（管辖瓜、沙、肃三州）规模显得太大，所以凉州节度使与河西北道节度使不应归为同一建制。

另外，法藏敦煌藏文文书 P. T. 113《大论沙州安抚论告牒》记载僧人康计甘返回沙州（sha cur）后，被派往北方小军镇（khrom bu chung du byang）②，这个北方小军镇应该就是汉文史料记载的吐蕃河西北道节度使。可能由于河西北部地区人烟稀少，多为沙漠戈壁，其规模要小于吐蕃瓜州、凉州节度使，故被称为北方小军镇。

---

① 刘忠：《英藏藏文文书祈愿文译考——斯坦因编号 35—41 号》，《英国收藏敦煌汉藏文献研究》，北京：中国社会科学出版社，2000，第 400 页。

② 王尧、陈践：《敦煌古藏文文献探索集》，第 233、311 页。

三 吐蕃对河西北部地区的占领

吐蕃对河西的占领是从东向西逐步推进的，凉、甘、肃、瓜、沙等州依次陷落。《新唐书》卷二二四上《仆固怀恩传》记载："广德初（763）……怀恩走，乃与部曲三百北渡河，走灵武，稍稍引亡命，军复振。……遂诱吐蕃十万入塞，丰州守将战死。进掠泾、邠……"① 此时吐蕃已在河西北部地区展开大规模军事行动。《元和郡县图志》记载甘州于"永泰二年（766）陷于西蕃"，同书"甘州删丹县下"条又记："宁寇军，在居延水两汉中，天宝二年置。"② 而凉州陷于蕃时间在广德二年（764）③，吐蕃广德初年的这次进攻当是由兰、会等州出发向北经由灵武进抵丰州。河西北部地区重镇——宁寇军驻地同城为吐蕃所占据当在永泰二年（766）甘州陷蕃之后。

从大历二年（767）起，吐蕃开始连续进攻朔方节度使辖境。《资治通鉴》卷二二四记载大历二年九月吐蕃众数万围灵州，"京师戒严"。大历三年（768）八月，吐蕃十万众寇灵武。大历四年（769）九月，吐蕃寇灵州；十月，吐蕃寇鸣沙。大历七年（772）四月，吐蕃五千骑至灵州。大历八年（773）八月，"吐蕃六万骑寇灵武"；十月，"灵州破吐蕃万余众"④。

《资治通鉴》卷二二五记载：大历十二年（777）十月，吐蕃进攻盐、夏二州。大历十三年（778）二月，"吐蕃遣其将马重英帅众四万寇灵州，夺填汉、御史、尚书三渠水口以弊屯田"。四月，吐蕃进攻灵州，七、八月吐蕃连续进攻盐、庆、银、麟州⑤。

《资治通鉴》卷二三二记载贞元二年（786）十一月吐蕃攻破盐州，十二月吐蕃又攻陷夏、银、麟州。"丙寅，诏骆元光及陈许兵马使韩全义将步骑万二千人会邠宁军，趣盐州，又命马燧以河东军击吐蕃。燧至石州，

① 《新唐书》，第 6369、6371 页。

② 《元和郡县图志》卷四〇，第 1021～1022 页。

③ 《资治通鉴》卷二二三，第 7169 页。

④ 《资治通鉴》，第 7197、7202、7209、7219、7221～7222 页。

⑤ 《资治通鉴》，第 7248、7251～7252 页。

河曲六胡州皆降，迁于云、朔之间。”①

贞元三年（787）吐蕃开始从盐、夏地区撤退，“三月……初，尚结赞得盐、夏二州，各留千余人戍之，退屯鸣沙；自冬入春，羊马多死，粮运不继”。“辛亥……尚结赞遽自鸣沙引归，其众乏马，多徒行者。”②

由上述史料可知，吐蕃在大历二年到贞元二年（767～786）间对盐、夏、灵、银、六胡等州进行了大规模进攻，先后占领了盐、夏、灵、六胡等州，并对唐都长安造成严重威胁，后来由于“羊马多死，粮运不继”，被迫相继放弃所占城池，从鸣沙撤回吐蕃占领的陇东地区。吐蕃主要进攻线路系从鸣沙向灵、盐推进，进而深入银、夏、六胡等州，撤退时路线也与此相同。但是值得注意的是：大历三年（768）八月，“吐蕃十万众寇灵武”；大历八年（773）八月，“吐蕃六万骑寇灵武，践秋稼而去”；以及大历十三年（778）二月，吐蕃将领马重英率众四万进攻灵州，“夺填汉、御史、尚书三渠水口以弊屯田”。史书明确记载吐蕃大军数万骑对地处黄河西岸的灵武发动进攻，破坏黄河西岸的屯田。这三次进攻，当是从河西北部同城以及凉州等地出发的，此时吐蕃早已占领凉、甘二州，吐蕃军队也应该控制了河西北部地区。《太平广记》卷一〇五《丰州烽子》记载：“唐永泰初，丰州烽子暮出，为党项缚入西蕃养马。蕃王令穴肩骨，贯以皮索，以马数百蹄配之。”③ 丰州与河西北部地区相邻，该则记载如果属实，则表明永泰二年（766）甘州陷落前后，吐蕃也控制了河西北部地区，由一名蕃王来管理该地，这个蕃王应当是吐蕃镇守该地区的将领。

《资治通鉴》卷二二七记载建中二年（781）唐蕃关系开始缓和：“［十二月］崔汉衡至吐蕃，赞普以敕书称贡献及赐，全以臣礼见处；又，云州之西，当以贺兰山为境，邀汉衡更请之。丁未，汉衡遣判官与吐蕃使者入奏。上为之改敕书、境土，皆如其请。”④ 胡三省注中指出，云州实系灵州，吐蕃明确要求唐、蕃在灵州之西以贺兰山为界，表明其时已占领河西北部地区。唐朝同意了这一要求，在783年唐、蕃进行了清水会盟，划定了两国边界。《旧唐书》卷一九六下《吐蕃传》对此记载道：“其黄河以

① 《资治通鉴》，第7474～7475、7477页。
② 《资治通鉴》，第7482～7483页。
③ 《太平广记》，北京：中华书局，1961，第712页。
④ 《资治通鉴》，第7312页。

北，从故新泉军，直北至大碛，直南至贺兰山骆驼岭为界，中间悉为闲田。”① 黄河北部以大漠、新泉军、贺兰山骆驼岭为界，西边即为吐蕃疆域，包括同城在内的河西北部地区归吐蕃占领。《资治通鉴》记载吐蕃从大历三年（768）开始利用河西北部地区对唐朝灵州等地展开大规模军事行动，在当地应已建立军政机构，所以到783年唐、蕃清水会盟时唐朝不得不接受吐蕃要求承认这一事实。

在河西北部以同城为中心的居延地区，唐前期就是从漠北南下河西走廊回纥、突厥等部落的交通要道。《新唐书》卷二一七记载：

> 武后时，突厥墨啜方强，取铁勒故地，故回纥与契苾、思结、浑三部度碛，徙甘、凉间，然唐常取其壮骑佐赤水军云。②

所以，在这一时期也有回鹘等部众在此游牧。“安史之乱”后，包括居延地区在内的河西诸胡发生动乱，唐朝对其开始失去控制。《资治通鉴》卷二一八至德元年（756）六月丙午条记载：

> 王思礼至平凉，闻河西诸胡乱，还，诣行在。初，河西诸胡部落闻其都护皆从哥舒翰没于潼关，故争自立，相攻击。③

随着吐蕃进占河西，唐朝势力衰退，在吐蕃未在河西北部地区建立有效统治之前，以同城为中心的河西北部地区当由回鹘等部族占领。史籍记载大历三年吐蕃军队向灵武进攻，河西北部地区应当是其出发地点之一，那么768年以前吐蕃已完全控制了这一地区。

四　河西北道节度使（东北道元帅）的建立及其作用

此后吐蕃继续从河西北部地区出发向灵、朔进攻，而与唐朝结盟的漠北回鹘汗国也开始与吐蕃争夺河西北部地区。《资治通鉴》卷二三三记载

① 《旧唐书》，第5248页。
② 《新唐书》，第6114页。
③ 《资治通鉴》，第6979页。

贞元七年（791）八月：“吐蕃攻灵州，为回鹘所败，夜遁。九月，回鹘遣使来献俘；冬，十二月，甲午，又遣使献所获吐蕃酋长尚结心。”①

《资治通鉴》卷二三四又载贞元八年（792）四月：“吐蕃寇灵州，陷水口支渠，败营田。诏河东、振武救之，遣神策六军二千戍定远、怀远城；吐蕃乃退。”②

吐蕃在791年和792年两次进攻灵州，都是从黄河以西发动的。第一次为回鹘所败。回鹘当是自漠北南下而来，吐蕃军队应是从同城和凉州进发至黄河西岸，尚结心应为吐蕃河西北道节度使或凉州节度使的军将。第二次吐蕃对灵州附近的唐军营田进行了破坏，最后迫使唐朝在黄河西岸的定远、怀远城驻军防范。此次吐蕃军队还是从河西北部及凉州出发，进击灵州。同城地区已成为吐蕃向朔方地区进攻和征讨、防御回鹘的重要据点，此时吐蕃河西北道节度使可能已经设置。贞元七年，发生了唐丰州刺史郭钢投奔吐蕃，吐蕃“疑之不纳，置于河筏，沿流以归”③之事。郭钢投奔的，应该就是与丰州隔黄河为界的吐蕃河西北道节度使。

贞元年间河西地区还发生了沙陀东归事件，《新唐书》卷二一八《沙陀传》云：

> 贞元中，沙陀部七千帐附吐蕃……吐蕃徙其部甘州，以尽忠为军大论。吐蕃寇边，常以沙陀为前锋。久之，回鹘取凉州，吐蕃疑尽忠持两端，议徙沙陀于河外，举部愁恐。尽忠与朱邪执宜谋，曰：‘我世为唐臣，不幸陷污，今若走萧关自归，不逾于绝种乎?’尽忠曰：‘善。’元和三年，悉众三万落循乌德鞬山而东，吐蕃追之，行且战，旁洮水，奏石门。④

《资治通鉴》卷二三七将沙陀东归系于元和三年（808）。《通鉴考异》引赵凤《后唐懿宗纪年录》记载：“贞元十三年（797），回纥奉诚可汗收

① 《资治通鉴》，第7524～7525页。

② 《资治通鉴》，第7530～7531页。

③ 《册府元龟》卷一五三《帝王部·明罚二》，第1708页，参见同书卷一三四《帝王部·念功》，第1485页。

④ 《新唐书》，第6155页。

复凉州，大败吐蕃之众，或有间烈考于赞普者云：‘沙陀本回纥部人，今闻回纥强，必为内应。’赞普将迁烈考之牙于河外。”[①] 据考证，此时回鹘奉诚可汗已死，此时在位的是怀信可汗。[②]

沙陀在790年吐蕃、回鹘北庭之战后随吐蕃东迁，被安置在甘州，作为吐蕃与漠北南下回鹘和朔方唐军作战的前锋。但是在797年回鹘再次从漠北南下，突破了吐蕃在河西北部地区的防御，击败河西北道节度使所辖军队，一举攻克凉州。虽然不久吐蕃就收复了凉州，但还是蒙受了惨重损失，准备对疑与回鹘相勾结的沙陀加以惩治，迫使沙陀东逃。随后吐蕃又采取措施，加强了对河西北部地区的经营，并对漠北回鹘进行征讨。

前引白居易《代王佖〈答吐蕃北道节度使论赞勃藏书〉》中首次出现了吐蕃河西北道节度使，《旧唐书·李晟王佖传》云：“元和中……佖检校工部尚书、灵州大都督府长史、朔方灵盐节度使。”[③]《唐方镇年表》卷一“朔方”条考证王佖在元和五年至八年（810～813）为朔方、灵盐节度使[④]。据朱金城先生《白居易年谱》考证，白居易元和五年（810）在长安，五月五日，改官京兆府户曹参军，仍充翰林学士。元和六年（811）在长安任京兆户曹参军、翰林学士。母陈氏卒于长安宣平里第，白居易丁忧，退居下邽。[⑤]

白居易在元和五年为京兆户曹参军、翰林学士，元和六年辛卯因母丧辞官归里，守制三年，所以他代王佖致书答复吐蕃河西北道节度使论赞勃藏的时间当在810～811年。书信内容主要告诫与灵、朔毗邻的吐蕃河西北道节度使不要招诱分布在这一地区的党项部落，可见吐蕃河西北道节度使一直对唐朝黄河以东的灵、盐等州抱有野心。书中提到：“承去年出师讨逐回纥，其间胜负，此亦备知，不劳来书，远相示及。”并且拒绝了对方赠送的回纥俘虏，表明吐蕃河西北道节度使曾于809年或810年与回纥作战，前引《资治通鉴》卷二三八记载元和四年（809）九月吐蕃数万骑至拂梯泉、大石谷，“掠回鹘入贡还国者”。白氏书中所言当是此事。在797

① 《资治通鉴》，第7652页。
② 参见尹伟先《回鹘与吐蕃对北庭、西州、凉州的争夺》，《西北民族研究》1992年第2期。
③ 《旧唐书》，第3686页。
④ 吴廷燮：《唐方镇年表》卷一，北京：中华书局，2003，第144～145页。
⑤ 朱金城：《白居易年谱》，上海：上海古籍出版社，1982，第48、55页。

年回鹘攻陷凉州后，吐蕃开始进行反击，河西北道节度使的一个重要任务就是北上征讨回鹘，并防御其南下侵袭河西地区，吐蕃瓜州节度使和凉州节度使同样也承担这一职责。

此后，吐蕃河西北道节度使与凉州节度使又多次对唐朝灵、朔地区发动进攻。《资治通鉴》卷二四〇记载元和十三年（818）“十一月，辛巳朔，盐州奏吐蕃寇河曲、夏州。灵武奏破吐蕃长乐州，克其外城。”胡三省注称吐蕃长乐州当在灵州黄河外、定远城之西。[①] 由此可知，吐蕃河西北道节度使在灵州定远城附近的黄河以西地区构建了军事据点。

《旧唐书》卷一五《宪宗纪》云：“（元和十三年）冬十月甲寅，吐蕃寇宥州，壬戌，灵武奏破吐蕃二万于定远城。”[②]《资治通鉴》卷二四二记载长庆元年（821）十月：“灵武节度使李进诚奏败吐蕃三千骑于大石山下。”胡三省注认为大石山在鲁州东南。鲁州为六胡州之一也，在灵夏西河曲之地[③]。参与这两次作战的吐蕃河西北道节度使军队应该都是从同城出发直接进攻灵州北部的六胡州地区。

俄藏敦煌Дх. 1462 + P. 3828 号文书《吐蕃论董勃藏修伽蓝功德记》记载，吐蕃官员论董勃藏祖父先任“征朔方军兵马使，后改任北同城使，授大鍮石告身”，一直在河西北道节度使辖区任职，征讨唐朝朔方地区，时间当在768 ~821 年（唐、蕃长庆会盟之年）。北同城使当是吐蕃河西北道节度使或其前身机构的下属官员，大鍮石（黄铜）告身与吐蕃敦煌长官节儿（rtse rje，意为上官）告身相同，北同城使即北同城节儿。至于吐蕃河西北道节度使的行政归属，笔者以为这一军政机构归吐蕃东境五道节度大使管辖，此东境五道节度大使为临时性的设置，在东道节度使之上。《册府元龟》卷九八七《外臣部·征讨六》记载贞元十七年（801），赞普以莽热为吐蕃内大相兼东境五道节度兵马都统群牧大使，“吐蕃连败，灵朔之寇，引众南下”，莽热“率杂虏十万众来解维州之围”。[④] 此“灵朔之寇”当包含了属于吐蕃河西北道节度使的军队。由于吐蕃河西北道节度使规模同一般节度使相当甚至略小，所以河西北道节度使很可能也归属东

① 《资治通鉴》，第7754 页。

② 《旧唐书》，第464 页。

③ 《资治通鉴》，第7802 页。

④ 《册府元龟》，第11424 页。

道节度使管辖。

面对吐蕃河西北道节度使所属军队的进攻，唐朝也加强了防御，除了在灵州北部黄河西岸构筑定远、怀远等城外，在六胡州地区也修城驻军。

《册府元龟》卷四一〇《将帅部·壁垒》记载长庆四年（824）：“李祐为夏州节度使。……祐于塞外凡筑五城：乌延、宥州、临塞、阴河、淘子，而宥州、乌延皆广方数里，尤居要害，蕃戎畏之。”①

《册府元龟》卷一三五《帝王部·愍征役》记载：“（太和）四年（830）七月，内库出绫三千匹，赴宥州赐修城将校。”② 可见吐蕃河西北道节度使对唐朝的灵、朔一带地区一直构成很大威胁。

与此同时，吐蕃河西北道节度使还与瓜州、凉州节度使军队一起继续同回鹘作战。《资治通鉴》卷二三九记载元和八年（813）“冬十月，回鹘发兵度碛南，自柳谷西击吐蕃。壬寅，振武、天德军奏回鹘数千骑至鹏鹈泉，边军戒严。”③ 这次回鹘征讨吐蕃，数千骑至鹏鹈泉，其作战对象当是吐蕃河西北道节度使。吐蕃也对回鹘进行了反击。《旧唐书》卷一九六下《吐蕃传》载，长庆二年（822）刘元鼎出使吐蕃回朝，路经河州，见到吐蕃宰相尚乞心儿，他就提到吐蕃征讨回鹘之事。尚乞心儿云：

> 回纥小国也，我以丙申年逾碛讨逐，去其城郭二日程，计到即破灭矣。会我本国有丧而还。④

而 P. 2765（P. T. 1070）《大蕃尚书令赐大瑟瑟告身尚起律心儿圣光寺功德颂》说尚起律心儿（即尚乞心儿）“北举欃枪，扫狼山一阵”，“猃狁□边，逐贤王遁窜；单于伥（帐）下，擒射雕贵人”。⑤ 狼山即指今内蒙阴山山脉西段。《旧唐书·吐蕃传》所载吐蕃宰相尚乞心儿称丙申年（816）逾碛征讨回鹘的军事行动，正是从同城地区向北进发。回鹘之城郭是指其可汗牙帐，在今蒙古国哈尔和林附近。李正宇先生认为论董勃藏之祖论悉

① 《册府元龟》，第 4645 页。

② 《册府元龟》，第 1497 页。

③ 《资治通鉴》，第 7701～7702 页。

④ 《旧唐书》，第 5265 页。

⑤ 《法藏敦煌西域文献》第 18 卷，上海：上海古籍出版社，2001，第 132 页。

悉诺悉獦大约为尚乞心儿部下，当时随同尚乞心儿大军北征，担任北同城使[①]。实际上他应该是吐蕃河西北道节度使下属官员，担任北同城使时间并不一定就是816年。

在唐、蕃长庆会盟后，吐蕃随即再次进攻回鹘，这一次仍是从河西北道地区出兵，征讨对象是活动在阴山一带和唐朝丰州、天德军附近的回鹘和党项部落[②]。

开成五年（840），回鹘汗国发生内乱，为黠戛斯所灭，部众离散。“回鹘诸部逃散，……一支奔吐蕃，一支奔安西。”[③]《册府元龟》卷九六七《外臣部·继袭二》则记载当时投奔吐蕃的回鹘被安置在甘州[④]。这一支回鹘部族实际被安置在吐蕃河西北道节度使所属的同城及其附近地区，即今额济纳旗一带，他们以后成为晚唐五代甘州回鹘政权的重要组成部分。吐蕃河西北道节度使辖区与唐朝、回鹘汗国接境，是吐蕃进攻回鹘和唐朝灵朔地区的基地。

五　河西北道节度使瓦解后吐蕃部族的迁移

842年，吐蕃赞普朗达玛被杀，二子争立，而河陇地区吐蕃洛门川讨击使论恐热杀国相尚思罗，率军与鄯州节度使尚婢婢混战，吐蕃在这一地区的统治随即崩溃，距离本部最远的吐蕃河西北道节度使也很快解体，不复存在。但是，进驻这一地区的吐蕃部族仍然活动在河西北部、代北幽燕等地区。

在幽燕、代北、阴山等地，即有吐蕃部族活动的踪迹。《资治通鉴》卷二五八记载大顺元年（890）九月，“李匡威攻蔚州，虏其刺史邢善益，赫连铎引吐蕃、黠戛斯众数万攻遮虏军，杀其军使刘胡子。克用遣其将李存信击之，不胜；更命李嗣源为存信之副，遂破之。……匡威、铎皆败走”。[⑤]

---

① 李正宇：《吐蕃论董勃藏修伽蓝功德记两残卷的发现、缀合及考证》，《敦煌吐鲁番研究》第2卷，第256页。

② 《新唐书》卷二一六《吐蕃传》，第6104页。

③ 《资治通鉴》卷二四六，第7947页。

④ 《册府元龟》，第11201页。

⑤ 《资治通鉴》，第8404页。

南宋李攸所著《宋朝事实》卷二〇《经略幽燕》记载契丹辖有“遇野国土番”“夹山土番”①。土番即吐蕃，这些部族活动于今内蒙古阴山等地。

以上这些吐蕃人应该就是吐蕃河西北道节度使瓦解后遗存的吐蕃余部，他们由同城等地向代北、幽燕、阴山等地进行了迁徙。

在辽国境内还有一种叫小蕃的部族，《辽史》卷一《太祖本纪》上记载辽太祖西征：神册元年（916），“秋七月壬申，亲征突厥、吐浑、党项、小蕃、沙陀诸部，皆平之。俘其酋长及其户万五千六百。……十一月，攻蔚、新、武、妫、儒五州，斩首万四千七百余级。自代北至河曲逾阴山，尽有其地”。② 卷二《太祖纪下》记载耶律阿保机、耶律德光等于神册四年（919）四月率部回到上京。途中曾经“略党项”和“南攻小蕃，下之”。③

学界有意见认为这个小蕃当是衰微了的吐蕃留存在今甘肃等地的部落④，实际上在辽国境内也有吐蕃部族存在。除了上引《宋朝事实》所记的“遇野国土番”“夹山土番”外，《辽史》卷二《太祖纪下》记载天显元年（926）二月“甲午，复幸忽汗城……以奚部长勃鲁恩、王郁自回鹘、新罗、吐蕃、党项、室韦、沙陀、乌古等从征有功，优加赏赉”。⑤ 这个吐蕃当是活动在辽国境内的吐蕃部族。在辽太祖对燕代、漠北的西征过程中，吐蕃、小蕃部族都是其征讨对象，小蕃活动区域在辽国南部幽燕、代北、阴山、同城一带。窃以为小蕃即吐蕃，“遇野国土番”“夹山土番”也是吐蕃，这一部族同《资治通鉴》卷二五八记载的大顺元年（890）由吐谷浑首领赫连铎率领进攻蔚州的吐蕃部落一样，都是由原吐蕃河西北道地区迁居丰州、代北、幽燕、阴山等地的吐蕃部族，当然此时还有一部分吐蕃部族仍然活动于同城一带。这些唐宋时期居住于河西北部地区以及代北、幽燕、阴山等地的吐蕃部族将吐蕃文明向华北、西北等地传播，与当地其他民族交融互动，最终融入其他民族之中。

西夏统治时期建立有军事与行政合一性质的地方监军司制度。《宋史》卷四八六《夏国传下》记载西夏国主李元昊设有十二监军司，“委豪右分

---

① 刘建丽、汤开建：《宋代吐蕃史料集》（二），成都：四川民族出版社，1989，第641页。

② 《辽史》，北京：中华书局，1974，第11页。

③ 《辽史》，第20~21页。

④ 舒焚：《辽史稿》，武汉：湖北人民出版社，1984，第221页。

⑤ 《辽史》，第22页。

统其众”。[1] 当时在唐朝同城故地黑水城设有黑水镇燕军司，其东边娄博贝（今内蒙古阿拉善左旗吉兰泰）还有白马强军司，在凉州则有右厢朝顺军司，在甘州地区删丹设有甘肃军司，在瓜州设有西平军司[2]，基本上延续了吐蕃在河西地区设立河西北道、凉州、瓜州节度使等军政机构的建制，黑水镇燕军司与白马强军司辖区正是原来吐蕃河西北道节度使辖境。吐蕃河西北道节度使上承唐朝安北都护府，下续西夏黑水镇燕军司、白马强军司，其重要的战略地位不容忽视。这一军政机构的设置同样也是唐代汉藏文化交流的产物，吐蕃的节度使与唐朝的节度使都是军政合一的统治机构，而且二者名称相同，前者虽源自吐蕃本部制度[3]，但对后者也有一定的模仿。

① 《宋史》，第 13994 页。

② 李蔚：《西夏简史》，北京：人民出版社，1997，第 104 页；李昌宪：《中国行政区划通史·宋西夏卷》，上海：复旦大学出版社，2007，第 719～721 页。

③ 参见本书第八章“吐蕃制度与突厥的关系”。

第四章　敦煌写本 S.1438 背《书仪》残卷与吐蕃沙州都督制度

敦煌文书 S. 1438 背《书仪》残卷是蕃占初期一位投降吐蕃后担任沙州守官的敦煌汉族官员的书状稿汇编，向达先生曾于 1939 年将其命名为《杂笺启》[①]；戴密微先生于 1952 年定此卷为《吐蕃统治敦煌时代一位汉族节度使的档案文书》[②]，并对有关内容作了考证和部分录文；藤枝晃先生则最先将其定名为《书仪》[③]；张泽咸先生编《唐五代农民战争史料汇编》一书时将文书中有关沙州氾国忠等驿户起义的记载摘录收入，并将其年代定在唐武宗会昌年间（841～846）[④]，后来姜伯勤先生着重对文书中关于沙州玉关驿户起义的记载进行了探讨[⑤]；之后史苇湘先生又对此文书进行全面研究，并作了全部录文[⑥]；赵和平先生将其名定为《吐蕃占领敦煌初期汉族书仪》，重新进行了校录和题解。[⑦] 此《书仪》残卷收录上吐蕃赞普的表文、上吐蕃宰相的状启、与吐蕃瓜州节度使和都督等官员的状启、与僧

---

① 向达：《唐代长安与西域文明》，北京：生活·读书·新知三联书店，1987，第 207 页。

② 〔法〕戴密微（Paul Demiéville）：《吐蕃僧诤记》，耿昇译，兰州：甘肃人民出版社，1984，第 347 页。

③ 藤枝晃：《吐蕃支配期の敦煌》，《東方學報》（京都）第三十一册，1961，第 287 页注（2）。

④ 北京：中华书局，1979，第 222～224 页。

⑤ 姜伯勤：《唐敦煌“书仪”写本中所见的沙州玉关驿户起义》，《中华文史论丛》第 1 辑，上海：上海古籍出版社，1981，第 157～170 页。

⑥ 史苇湘：《吐蕃王朝管辖沙州前后——敦煌遗书 S. 1438 背〈书仪〉残卷的研究》，《敦煌研究》创刊号，兰州：甘肃人民出版社，1983，第 131～141 页

⑦ 赵和平：《敦煌写本书仪研究》，台北：新文丰出版公司，1993，第 443～479 页。

道的书疏、与四海（包括内地）朋友的信函、吊丧亲族的凶书与祭文二十余件，卷中记载了吐蕃统治敦煌初期沙州玉关驿户起义、汉僧摩诃衍在敦煌的活动、佛教在吐蕃统治区的流行、蕃占时期汉族民众的生存状况、吐蕃统治下汉族官员的心境等有价值的史料，历来受到中外学者的重视。本文拟在前人研究的基础上对 S. 1438 背《书仪》的写作年代、作者及相关问题再作一些探讨。

第一节　S. 1438 背《书仪》残卷中各表、状、启的写作年代

这件书仪残卷的第 3 行下端开始是一件上吐蕃赞普的表文，叙述沙州原有舍利骨一百卅七颗，用金银棺椁盛全，交给吐蕃朝廷派来的僧人狮子吼进与赞普，以表沙州对赞普的“感戴”，其原因是：

> 自敦煌归化，向历八年，歃血寻盟，前后三度，频遭猜忌，屡发兵戈，岂敢违天？终当致地。彷徨旅拒，陷在重围，进退无由，甘从万死。伏赖宰相守信，使无涂炭之忧，大国好生，庶免累囚之苦。伏惟圣神赞普，雷泽远施，日月高悬，宽违命之诛，舍不庭之罪。[①]

关于敦煌陷蕃时间，学界有 781 年、785 年、786 年、787 年等多种说法。陈国灿先生主张 786 年，这一说法能够和有关文书记载相吻合，已为很多研究者所接受，并且有的学者还进一步提出证据，加以证明[②]。笔者也赞同此说，故此认为这件表文的写作年代在敦煌落蕃八年之后，当为 794 年，此时的吐蕃赞普是赤松德赞。《新唐书·吐蕃传》记载阎朝长期坚守敦煌，最后被迫率众降蕃，不久他就被吐蕃人毒死，表明敦煌当地汉族民众（包括粟特后裔）和吐蕃统治者矛盾尖锐。本件表文也记载了在敦煌

---

① 唐耕耦、陆宏基：《敦煌社会经济文献真迹释录》第 5 辑，北京：全国图书馆缩微文献复制中心，1990，第 314 ~ 315 页；参见赵和平《敦煌写本书仪研究》，第 444 ~ 445 页。

② 陈国灿：《唐朝吐蕃陷落沙州城的时间问题》，《敦煌学辑刊》1985 年第 1 期；邓文宽：《三篇敦煌邈真赞研究——兼论吐蕃统治末期敦煌的僧官》，《出土文献研究》第 4 辑，北京：中华书局，1998，第 85 ~ 86 页。

落蕃之后的八年之中，民众曾屡屡反抗，引来吐蕃军队镇压，最后导致三次与吐蕃统治者歃血为盟。而在下文将要论及的《书仪》中另一件状启则记载了公元795年沙州玉关驿户又举行起义，杀死节儿等吐蕃官员。吐蕃占领的最初十年，敦煌的局势一直处于动荡之中，当地汉族民众在阎朝被害后仍然坚持斗争，吐蕃当局屡次派兵镇压，其统治尚不稳固。

在文书第35～42行的上赞普表文中，这位沙州守官请求出家：

> 厶年月日臣厶奏。沙州都上表。臣厶言……自归皇化，向历十年，牧守流沙，才经两稔（稔）……臣今五十有七，鹤发已垂，令丁（伶仃）一身，雁序不继……伏望矜臣老朽，许臣披缁。①

“自归皇化，向历十年”，表明写这道表文时沙州被吐蕃占领已经十年，其时正是796年。而这名汉族官员担任敦煌守使已经有两年，时年57岁，此时他“令丁（伶仃）一身，雁序不继”，身边已无亲人。“牧守流沙，才经两稔（稔）”，所以他担任沙州守官的时间是在794年，也就是上面所论及的进献吐蕃赞普佛祖舍利表文的写作时间。

文书第20～34行为这位汉族官员再次向赞普请求出家的表状：

> 状请出家，右厶年在襁褓，不食薰羶，及乎佩觿，每颂经论，持斋持戒，积有岁年……近日相公不以庸鄙、令介沙州，将登耳顺之年，渐及悬车之时，老夫耄矣，诚无供于国用。佛法兴流，庶裨益于圣祚，厶便事昙和尚廿年，经论之门，久承训习。缅推生死之事，迅若驰流，昨缘愚子，枉被某害，一身单独，举目无依，今请舍官出家，伏［惟］相公无障圣道，则小人与身报贺，万死酬恩，解脱之因，伏望衷察。厶舍官出家，并施宅充寺资财，驼马、田园等充为常住……孤单一身，年过六十……回宅充寺，誓报国恩……伏乞圣慈，允臣所请。②

① 唐耕耦、陆宏基：《敦煌社会经济文献真迹释录》第5辑，第316页；参见赵和平《敦煌写本书仪研究》，第448～449页。

② 唐耕耦、陆宏基：《敦煌社会经济文献真迹释录》第5辑，第315～316页；参见赵和平《敦煌写本书仪研究》，第446～448页。

此时这位沙州守使已经“年过六十”，由于亲子被害，孑然一身，所以再次要求出家，并且要“施宅充寺资财，驼马、田园等充为常住”。由此可知，他57岁之时上表要求出家并未得到允许，之后又任职三年。其60岁之时正是公元799年，此时的吐蕃赞普已是赤德松赞。因为《书仪》中再未见到有关该名汉人官员在60岁辞官请求出家后情况的记载，此人的这次辞官请求当是获得了吐蕃当局的准许，之后不久他就皈依佛门，不理世事。

文书第70~80行为该名官员给吐蕃东道节度使的状文，详细报告了沙州玉关驿户起义事件的经过与处置：

> 厶启：孟秋尚热，伏惟相公尊体动止万福。厶蒙恩，惟此沙州，屡犯王化，干戈才弭，人吏少宁，列职分官，务［存］抚养，未经两稔，咸荷再苏。氾忠国（国忠）等，去年兴心，拟逃瀚海，远申相府，罚配酒泉，岂期千里为谋，重城夜越，有同天落，戕煞番官，伪立驿户邢兴，扬言拓拔王子，迫胁人庶，张皇兵威，夜色不分，深浅莫测。卒人芒（慌）怕，各自潜藏，为国德在城，恐被伤害，厶走报回避，共同死生。及至天明，厶出召集所由，分头下堡，收令不散，誓救诸官。比至衙门，已投烈火，遂即旋踵，设伏擒奸。其贼七人，不漏天网，并对大德摩诃衍推问，具申衙帐，并报瓜州。昨索贼钉枷，差官铜（锢）送讫，已蒙留后使差新节儿到沙州，百姓俱安，各就丰（农）务。其东道军州不报消息，伏惟昭察，卑守有限。①

这件状文的写作时间是在作者任职沙州守官，敦煌保持一段时间和平局面，“未经两稔”之时。任期未满两年，时间是秋季，所以年份当为公元795年或796年，此时当地生产秩序已得到恢复。沙州玉关七名驿户起义的时间在当年夏收之时（详见下文）。作者在率领百姓捉拿驿户并迅速将起义镇压后，与大德摩诃衍共同进行了审问，随后将驿户押解至瓜州节度使处，在孟秋之季又向吐蕃东道节度使报告。据落蕃官王锡所撰P.4646

① 唐耕耦、陆宏基：《敦煌社会经济文献真迹释录》第5辑，第318~319页；参见赵和平《敦煌写本书仪研究》，第453~455页。

《顿悟大乘正理决》记载，在敦煌陷蕃之后，吐蕃赞普赤松德赞就征召汉僧摩诃衍入藏传法。摩诃衍于申年（792）赴拉萨，传播禅宗，与婆罗门僧人进行辩论。戌年（794）正月十五日结束顿渐之诤，赞普下诏“任道俗依法修习（禅法）”①。摩诃衍后来又回到敦煌，被授予“国（大）德”称号，并参与当地政务。

至于 S. 1438 背《书仪》残卷中的其他各篇表、启、书信、凶书、祭文，它们的写作年代基本上也都是在作者担任沙州守官期间，即公元794～799 年或稍后，有的时间与前面列举的三件表、启相同。

第二节　S. 1438 背《书仪》的作者

关于 S. 1438 背《书仪》的作者，至今学界尚未有答案。如史苇湘先生称：“这卷《书仪》的主人是谁？姓名已不可考。”② 笔者在检阅有关文书的过程中，对此产生了一些看法。

这位作者在敦煌陷落八年之后才出任吐蕃沙州守使，关于他的职务，《书仪》中有所透露。在文书第 33～34 行的上赞普表文中，这位沙州守官请求出家，开头称：“厶年月日臣厶奏。沙州都上表。”戴密微先生认为“沙州都”应为“沙州都督”③，“都”即“都督”的简称，笔者赞同这一看法。在吐蕃统治时期，敦煌汉人担任的最高官员为都督，吐蕃文为 to dog，一般有正、副两位，主管当地民政事务④，其地位仅次于吐蕃人担任的敦煌乞利本（节儿论）和节儿监军。⑤ S. 1438 背《书仪》的作者系汉人官员，“牧守流沙”，则为当地高级官员，与都督地位相当。《书仪》中的另一件给吐蕃瓜州节度使的状文详细报告了他率领百姓镇压玉关驿户

① 《法藏敦煌西域文献》第 32 卷，上海：上海古籍出版社，2005，第 336 页；杨富学、李吉和：《敦煌汉文吐蕃史料辑校》第 1 辑，兰州：甘肃人民出版社，1999，第 39 页。

② 史苇湘：《吐蕃王朝管辖沙州前后——敦煌遗书 S. 1438 背〈书仪〉残卷的研究》，《敦煌研究》创刊号，第 134 页。

③ 〔法〕戴密微（Paul Demiéville）：《吐蕃僧诤记》，第 352 页。

④ 参见金滢坤《吐蕃沙州都督考》，《敦煌研究》1999 年第 3 期。Kazushi Iwao（岩尾一史）*On To-dog in Tibetan-ruled Dunhuang*（《吐蕃统治敦煌时期的都督》），台北中国历代边臣疆吏国际学术讨论会论文，2006 年 10 月。

⑤ 参见陆离《吐蕃敦煌乞利本考》，《中国边疆史地研究》2007 年第 4 期。

起义的经过：

> 沙州状。逆贼玉关驿户氾国忠等六人，衣甲器械全。右件贼，今月十一日四更，蓦大城入子城，煞却监使判咄等数人。其夜有百性（姓）贺走报，为夜黑不知多少，复百姓收刈之时，尽在城外，城中纵有所由，忙（慌）怕藏避。厶见事急，遂走投龙兴寺，觅蕃大德告报，相将逐便回避。于时天明，厶遂出招集百姓得十余人，并无尺铁寸兵可拒其贼。厶誓众前行，拟救节儿、蕃使，及至子城南门下，其节儿等已纵火烧舍，伏剑自裁，投身火中，化为灰烬。厶渐合集得百姓，设诈擒获，则知神道助顺，皇天共诛，氾国忠等人，一无漏网。东道烽铺不告，烟尘莫恻（测），此贼有同天落，今蕃军将等，或在或亡，不知实数。其贼对大德，厶略问款，称驿将王令诠等苦剋，煞却西来，若公然投城（诚），恐不容住止，遂谋煞蕃官是实，大德厶已具牌子申上，谨具如前。①

这件状文写于驿户起义被镇压的当月，起义爆发时间正是敦煌百姓在城外夏收之时。由其内容可知，该名官员只可指挥当地普通百姓，并无调动与组织军队的权力。在驿户杀死节儿等吐蕃官员后，由于蕃占初期敦煌民众屡次反抗，吐蕃当局对当地实行高压政策，没收民间兵器，连铁制农具也不放过，所以作为敦煌汉人最高长官，他只能率领“并无尺铁寸兵”的百姓十余人前去，利用与起义驿户同是汉人这一关系设计诱捕了驿户，迅速将起义镇压。这表明该官员是一主管民政的官员，与吐蕃敦煌汉人都督的职能相符。所以，S.1438背《书仪》的作者当系蕃占初期的敦煌汉人都督无疑，他的任职年代如前所述，正在公元794～799年。

吐蕃政权在敦煌曾设有正、副两名都督，都由汉人担任。P.2631《释门文范》称：

> 庄严二都督……宠位高班，毕千龄而靡绝……永为圣主之忠臣，

① 唐耕耦、陆宏基：《敦煌社会经济文献真迹释录》第5辑，第320～321页；参见赵和平《敦煌写本书仪研究》，第456～457页。

匡辅皇化。[1]

根据 S. 1438 背《书仪》的有关记载来看,《书仪》作者在沙州吐蕃官员被杀后,实际成了敦煌的最高官员,组织当地民众镇压了起义驿户,所以他担任的都督当是正职

那么,这位敦煌汉人都督究竟是谁呢?在蕃占时期的汉人都督中,杜姓都督最为著名,敦煌蕃占时期的礼佛斋文中多次出现有杜都督,担任沙州汉人最高官员,还有一个安都督,担任杜氏的副职。P. 2770《愿文》云:

> 伏惟我牧杜公,帝乡雄望,书擗灵枝,智类冰霜……实谓邦家之宝,栋梁之才。伏惟我良牧安公,明鉴时政,清肃乡人,或识望弘深,聊扬今古,或穷推审察,妙尽丕藏。[2]

敦煌蕃占时期有两位杜都督,即父子两代先后担任沙州都督。P·3674v《劝善文》云:

> 故沙州都督杜公,于赞普中(忠)赤,子父相绍肆拾伍年……其心正直似弓,弘乘佛法亦然,聪明智慧,微同□代,留名万□,传传(衍文)名以后。有愚[民?]不自寸(忖)量,便生妬(妒)疾,以药杀之,故疑侵食(?)。[3]

可知此杜姓都督父子二人在蕃占时期前后相承,共担任 45 年沙州都督。据郑炳林先生考证,S. 2447《亥年十月一日之后应诸家散施入经物色目》记载在 843 年沙州尚有杜都督,张议潮于 848 年驱逐吐蕃建立归义军政权。如果 843 年是杜氏最后一年担任都督,则杜氏应在 799 年开始担任都督;

① 《法藏敦煌西域文献》第 17 卷,上海,上海古籍出版社,2001,第 2 页。
② 《法藏敦煌西域文献》第 18 卷,2001,第 142~143 页。
③ 《法藏敦煌西域文献》第 26 卷,上海,上海古籍出版社,2002,第 297 页。

如果848年杜氏尚在任，则其必于804年开始任职。[①] 这在敦煌吐蕃文文书P.T.1089《吐蕃官吏申请状》中亦可得到印证。该文书记载鼠年（820）之夏，大尚论在边境举行陇州（long cu）会议时，任命杜大客（do stag skyes）为沙州汉人都督及吐蕃节儿之辅佐，安本义（an bun yig）为副都督；而到了狗年（830）安本义仍为副都督，没有升迁[②]，则担任正都督的仍然是杜氏父子。

公元848年张议潮率众起义驱逐吐蕃。P.3551《药师琉璃光如来赞并序》记载，有一吐蕃敦煌郡大都督张氏，夫人为安氏。据考证此人系张议潮之父张谦逸[③]。吐蕃职官采取父死子继的制度，张谦逸死后，张议潮当继任敦煌大都督，故《册府元龟》卷九八〇《外臣部·通好》记载："沙州陷蕃后，有张氏世为州将。"[④] 张议潮率领的起义军中还有一位安景旻，在大中五年与张议潮一起遣使入朝，地位仅次于张议潮[⑤]，他当是P.T.1089《吐蕃官吏申请状》中记载的安本义之子，在其父死后继任副都督，与张议潮一起起事。所以，杜氏在848年任都督的可能性不大，吐蕃沙州都督之职应在843年之后不久即由张谦逸担任，杜氏被取代。

P.T.1089《吐蕃官吏申请状》还记载鼠年之夏大尚论在边境举行陇州会议时，"任命索播公（sag pho sngon）为总大收税官（spyivi khral pon ched po），因其都督门第（to dog gi rgyud lags pas），后受重用，［参照以上做法］，授予相当大藏（gtsan chen）之位，予以相应待遇奖赏"[⑥]。这表明，汉人索氏在杜都督之前担任了敦煌都督。索都督在汉文文书中也有出现，P.2807《愿文》称：

> 故都督索公，愿步摇金莲，神游宝界。遇慈舟于定水，永竭昏河。挥惠剑于稠林，长祛忧（?）纲（?）。所在亲族，咸报良缘，远

① 参见郑炳林《敦煌碑铭赞辑释》，第122页。

② 杨铭：《吐蕃统治敦煌研究》，第118～123页；参见王尧、陈践《吐蕃职官考信录》（初刊《中国藏学》1989年第1期），王尧：《西藏文史探微集》，第78、83、89、93页。

③ 参见昞麟《张谦逸在吐蕃时期的任职》，《敦煌学辑刊》1993年第1期。

④ 周勋初等校订《册府元龟》第11册，第11354页。

⑤ 《资治通鉴》卷二四九，第8049页。

⑥ 杨铭：《吐蕃统治敦煌研究》，第123～124页；王尧、陈践：《吐蕃职官考信录》，《西藏文史探微集》，第83、93页。

近□□，俱沾胜益。[①]

前文已考证杜氏开始担任都督之职的时间是公元799年或其后不久，而索氏担任都督的时间在杜氏之前，其任职时间正与S.1438背《书仪》的作者担任敦煌都督的时间（794～799年或稍后）吻合。另外，P.2807《愿文》表明索都督是一位虔诚的佛教信徒，也同S.1438背《书仪》的作者情况相符。所以，S.1438背《书仪》的作者应该就是P.T.1089《吐蕃官吏申请状》、P.2807《愿文》中出现的都督索公。

现在青海省博物馆藏有一口敦煌古钟，铜铸，高1.4米，肩部铸双瓣莲花纹，肩下铸短尾云纹。胸腹部原铸字多行，尽被铲去，莫可辨识。钟内腹部铸铭文四行，阳文，反写，共23字："沙州都督索允，奉为法界众生及七代先亡，敬造神钟一口。"相传明代出土于甘肃省张掖地区山丹县钟鸣巷，道士移于雷坛供养。1937年，马步青移钟至武威，1943年转运青海省西宁。敦煌研究院研究人员根据中唐始有的短尾云纹的特征，参照敦煌遗书吐蕃时期愿文多次出现有"都督索公"之语，认为此钟可能是吐蕃统治敦煌时期之遗物。[②] 笔者以为此钟铭文记载的"沙州都督索允"当系S.1438背《书仪》的作者，亦即敦煌汉藏文书中记载的索都督，索允为其姓名。此钟应是其虔心礼佛的遗物。P.3256V0《愿文》又记载道：

庄严三部落使班宠日益……伽蓝故主索公，惟愿尘沙□结□法水而消除，曩劫□袂，承念消而除遣，即使云飞五盖（?），花落天衣，托宝殿以化生，承金莲而悟道。朝闻法喜，即悟无生，夕听□空，证真常乐。[③]

此件文书出现了"三部落"，有可能是指阿骨萨、悉董萨、悉宁宗三个部落，此三部落全部成立在824年以后之某年，所以愿文写作年代也在三部落全部成立时期。伽蓝故主索公的情况与S.1438背《书仪》的作者索都

① 《法藏敦煌西域文献》第18卷，第330页。

② 谢佐、格桑杰、袁复堂编著《青海金石录》，西宁：青海人民出版社，1993，第46～47页；李正宇撰"索允钟"词条，季羡林主编《敦煌学大辞典》，第330页。

③ 《法藏敦煌西域文献》第22卷，第316页。

督最后施宅建寺、出家为僧的结局相同，所以此伽蓝故主索公当与索都督有关。只是在 P. 3256V0《愿文》写作之时他有可能已不在人世，故此伽蓝故主索公也有可能是其同族后人。归义军时期文书 S. 86《宋淳化二年(991）四月廿八日回施疏》云：“城西马家、索家二兰若共施布壹匹，葬日临旷焚尸两处。”① 此索家兰若也有可能就是吐蕃索都督施宅所建之佛堂。

S. 1438 背《书仪》残卷记载吐蕃沙州都督索允早年曾“事昙和尚廿年，经论之门，久承训习”。文书中的“昙”字，以前诸家释文皆录做“云”，笔者仔细辨认文书照片图版后认为应为“昙”字。昙和尚即昙旷，为唐代河西著名大乘高僧，生于河西建康，出家后先在家乡学习大乘佛学，后到长安在西明寺专攻《大乘起信论》和《金刚般若经》。学成后回到河西从事传教和著述，先后在朔方、凉州、甘州停居。在宝应二载(763）之前到达敦煌，留居当地二十余年，撰有《大乘起信论广释》《大乘起信论略述》《大乘百法明门论开宗义记》等多种著作。吐蕃占领敦煌后，赞普慕名召其入藏，但是昙旷因年老患病未往，赞普遂将其疑难整理为二十二问端，遣使求解于昙旷。昙旷抱病口述《大乘二十二问》以答，约于 794 年病逝。② 索氏以师事昙旷精通佛理，因此背景得以被吐蕃当局任命为沙州都督，成为当时敦煌汉人最高官员。前述敦煌高僧摩诃衍在吐蕃占领敦煌后应召赴拉萨传播禅宗，回到敦煌后也被授予“国德”称号，并参与当地政务。故此可知，在蕃占初期，吐蕃当局在毒死敦煌汉族抗蕃领袖阎朝后，通过施行扶植当地佛教势力、弘扬佛教，借此调和民族矛盾的政策来维护其统治，这当然也与吐蕃王朝当时以释教为国教、崇奉佛法有必然联系。

S. 1438 背《书仪》中有一封索都督写给其兄长的书信：

孟秋尚热，惟二哥动止友福，厶不自死灭，苟延视息，一从辞违，向十余载，荣枯所适，不审［如］何，关山万重，集会何日。限以阻远，号诉未由，倍增殆绝。谨因附白疏：荒塞不次，厶顿首顿首。厶

① 《英藏敦煌文献》第 1 卷，成都：四川人民出版社，1990，第 44 页。
② 参见杨富学、李吉和《敦煌汉文吐蕃史料辑校》第 1 辑，第 3 ~ 37 页。

至，虽不辱问，芳苻已审，动静朝夕，春季惟四郎侍奉外，动静兼祐，厶诸况可察，拙室殒逝，难以为怀，静然独居，不无悲矣，展封未卜，但增驰系，谨因使遣疏，惨怆不次。厶姓名顿首。[①]

由书信内容可知索都督的二哥当时并不在敦煌，身在异地，相隔“关山万重”。S. 1438 背《书仪》记载索都督曾托归朝僧人向唐朝皇帝进献绣像一件，以示不忘故国：

右臣州居极边，素无物产，虽心效藜藿，愿欲献芹，徒怀万里之诚，难达九重之圣，前件功德等，皆自远而来，非当土所有。观其制造，颇谓绝伦。皆五彩相鲜，上映霓虹之色。……或刻木成形，苞含万象；方圆咫尺，备写百灵。……辄烦天听，用表愚诚。谨因僧归朝，奉进以闻。[②]

所以索都督的二哥也有可能身在唐朝。写信时索都督的妻子已死，仅与一子四郎相依为命。由于在（796）索氏 57 岁时，其子已死，因此这件给其兄长的书信当写于 796 年以前。其后由于亲子被害，后继无人，索都督看破红尘，弃官出家，沙州都督之职遂由杜氏担任。在 P. T. 1089《吐蕃官吏申请状》中记载公元 820 年，吐蕃当局任命索播公为总大收税官，“因其都督门第，……授予相当大藏（gtsan chen）之位，予以相应待遇奖赏”。此索播公当是索都督族中后人，或许是过继给索允而非其嫡系子孙。

由 S. 1438 背《书仪》残卷记载可知，在敦煌陷蕃初期的公元 794 年，已经设立了由当地汉人担任的都督一职，为汉人担任的最高官员，协助吐蕃人官员节儿处理各项政事。在吐蕃人官员被起义玉关驿户杀死之后，都督代理主持当地各项政务。在吐蕃统治敦煌时期一直设有汉人担任的都

---

① 唐耕耦、陆宏基：《敦煌社会经济文献真迹释录》第 5 辑，第 323 ~ 324 页；参见赵和平《敦煌写本书仪研究》，第 464 ~ 465 页。

② 唐耕耦、陆宏基：《敦煌社会经济文献真迹释录》第 5 辑，第 318 页；参见赵和平《敦煌写本书仪研究》，第 452 ~ 453 页。从文书上下文来看，进献的对象也有可能是吐蕃赞普，但是当时沙州官府与吐蕃王庭保持固定驿骑往来，沙州都督似不必托归朝僧向赞普进献礼物。

督，还设有副都督一职，为都督的副手，也由汉人担任。据 P. T. 1089《吐蕃官吏申请状》记载，他们的品级在吐蕃人担任的敦煌乞利本（khri dpon）和节儿监军（rtse rje spyan）之下。①

吐蕃王国建国初期曾经大力学习模仿突厥的军政、法律制度。② 吐蕃的职官都督可能与突厥的吐屯（tudun）有一定渊源关系，《通典》卷一九七《边防十三》云："（突厥）其初，国贵贱官号凡有十等……谓发为索葛，故有索葛吐屯，此如州郡官也。"③ 西突厥汗国则派遣吐屯监视西域诸国："其西域诸国王悉授颉利发，并遣吐屯一人监统之，督其征赋。"④

突厥的职官吐屯相当于地方州郡官员，与吐蕃的沙州都督职能相近，而"吐屯"与"都督"发音也近似。吐蕃在其他地区也设有都督。793年，南诏王异牟寻在给唐朝西川节度使韦皋的帛书中称：

> （吐蕃）神川都督论讷舌使浪人利罗式眩惑部姓，发兵无时，今十二年。此一忍也。……讷舌等皆册封王，小国奏请，不令上达。此二忍也。又遣讷舌逼城于鄙，弊邑不堪。利罗式私取重赏，部落皆惊，此三忍也。⑤

吐蕃在与南诏交界地区设神川都督，监控南诏，职能与西突厥汗国监控西域诸国的吐屯有相似之处。793 年担任此职务的则是吐蕃人论讷舌，他到该年连续担任了 12 年神川都督。

另外，都督一职在魏晋南北朝隋唐职官制度中都有设置，本为军事官员。曹魏时期都督统属一州或二三州，掌军事，州皆另置刺史掌民政。西晋时期都督对治所之州刺史控制力加强，西晋末年以都督兼领治所之州刺史，俾事权之统一。北魏设有都督诸州军事制度，以确保国家对地方的控制。北魏、东魏、北齐还设有征讨都督，以加强外征内镇的战争能力。东

① 杨铭：《吐蕃统治敦煌研究》，第 117～126 页；参见王尧、陈践《吐蕃职官考信录》，《西藏文史探微集》，第 87～95 页。

② 参见陆庆夫、陆离《论吐蕃制度与突厥的关系》，《兰州大学学报》2005 年第 4 期。

③ 《通典》，第 5402～5403 页。

④ 《旧唐书》卷一九四下《突厥传》，第 5181 页。

⑤ 《新唐书》卷二二二上《南诏传》，第 6272～6273 页。

晋南朝也有此类设置。[①] 唐朝前期在各地设置都督府，有上、中、下三等，长官为都督。《新唐书》卷四九下《百官四下》云："都督掌督诸州兵马、甲械、城隍、镇戍、粮禀，总判府事。"[②] 唐初的都督，仍有军事色彩，主要负责统领防人，故有领州之说。随着都护府出现，都督的这一作用日渐式微。8 世纪初期唐朝开始在边地重镇设置节度使，都督军事作用消失，完全变成了与州一样的行政实体。[③]

"吐屯"与"都督"发音近似，突厥的吐屯也有可能源自中原王朝的都督一职。而吐蕃的职官都督与中原王朝的都督名称相同，它们之间应同样存在一定的渊源关系。

吐蕃将都督授予敦煌地区的汉人官员，主管司法诉讼、清查田亩、出度僧尼[④]等民政事务，用以维系其在这一地区的统治。除去在敦煌，吐蕃在瓜州等地也设置了都督之职。如莫高窟第 144 窟东壁吐蕃时期供养人题记为："夫人蕃任瓜州都□（督）□仓□曹参军金银间告身大虫皮康公之女修行顿悟优婆姨如祥□（弟）一心供养。"[⑤] S. 1438 背《书仪》中还保存有一件吐蕃沙州都督索允写给某都督的信函：

> 日月流速，荼毒如昨，频经时序，攀慕无及，触目崩溃，酷罚罪苦，永痛罪苦，仲冬益寒，惟都督侍奉外动静止康胜，厶不自死灭，苟延视息，介使西来，寂无简牍，引领东望，空余涕零，各天涯相去万里，未议祗叙，悲伤（?）何言，人李西辕，垂访存殁，谨因厶使荒塞不次，孤子顿首顿首。[⑥]

---

① 参见严耕望《中国地方行政制度史乙部——魏晋南北朝行政制度史》，上海：上海古籍出版社，2007，第 88、110 页；张鹤泉：《北魏都督诸州军事制度试探》，《社会科学战线》2001 年第 6 期；张鹤泉：《北魏征讨都督考略》，《社会科学战线》2002 年第 4 期；张鹤泉：《东魏、北齐征讨都督论略》，《吉林大学学报》2004 年第 1 期。

② 《新唐书》，第 1315 页。

③ 参见严耕望《括地志序略都督府管州考》，《严耕望史学论文选集》，北京：中华书局，2006，第 132 ~ 164 页。

④ 参见陆离《吐蕃统治河陇司法制度初探》，《中国藏学》2006 年第 2 期；金滢坤：《吐蕃沙州都督考》，《敦煌研究》1999 年第 3 期。

⑤ 敦煌研究院编《莫高窟供养人题记》，北京：文物出版社，1986，第 65 页。

⑥ 唐耕耦、陆宏基：《敦煌社会经济文献真迹释录》第 5 辑，第 325 页；参见赵和平《敦煌写本书仪研究》，第 467 ~ 468 页。

该都督任职之所在沙州以东，有可能是在吐蕃统治下的陇右地区。他本人也可能是汉人，并与敦煌索都督是故友，其所担任的职官和敦煌汉人都督职能相同。

敦煌索氏家族为当地大族，在蕃占时期和归义军时期都颇具势力。如索崇恩曾担任蕃占时期的敦煌都教授，在河陇地区享有很高声望。P. 4615《索崇恩和尚修功德记》云：

> 蕃落信知，众情恢附。虎徒祇顺，□驾先迎；劝以八关，布行十善。瓜凉河陇，相节尊重。门师同悲药王，施分医术。[①]

又如 S. 530、P. 2021《沙州释门索法律窟铭》记载索义辩兄清宁任吐蕃“沙州防城使”，“权职蕃时，荣升囊日”；其弟清政则被称为“一城领袖，六郡提纲”。索义辩则为释门都法律：“穷七祖之幽宗，示三乘之淳粹。趋庭则半城缁众，近训乃数百俗徒。”“写大乘之教藏，法施无穷。”[②]

莫高窟第 144 窟西壁龛下五代供养人像列北向第一身题名为：“管内释门都判官任龙兴寺上座龙藏修先代功德永为供养。”同列第四身题名为：“叔索留□（住）一心供养。”[③] 表明僧人龙藏俗姓为索。P. 3774《丑年十二月沙州僧龙藏牒》记载龙藏俗名齐周，曾担任将头，其父则为吐蕃沙州部落使[④]。归义军初期文书 P. 3410《（索）崇恩析产遗嘱》末尾署名有侄都督索琪[⑤]，索勋则更是曾一度担任归义军政权的最高首领。以上这些索姓人士与吐蕃时期敦煌索都督的关系尚不明了，但他们很可能都是同族。索氏家族在吐蕃和归义军时期的兴盛与索允在蕃占初期出任沙州都督当有一定关系。

---

① 《法藏敦煌西域文献》第 32 卷，第 182 页；参见郑炳林《敦煌碑铭赞辑释》，第 286 页。

② 《英藏敦煌文献》第 2 卷，成都：四川人民出版社，1990，第 15 页；参见郑炳林《敦煌碑铭赞辑释》，第 91 页。

③ 敦煌研究院编《敦煌莫高窟供养人题记》，第 66～67 页。

④ 唐耕耦、陆宏基：《敦煌社会经济文献真迹释录》第 2 辑，北京：全国图书馆缩微文献复制中心，1990，第 283 页。

⑤ 《法藏敦煌西域文献》第 24 卷，上海：上海古籍出版社，2002，第 130 页。

第三节　关于英藏 Fr. 80 号吐蕃文文书

英藏 Fr. 80 号吐蕃文文书内容反映的是有关沙州被吐蕃占领后发生的一次汉人起义，以及当地秩序的恢复等情况，与 S. 1438 背《书仪》有关内容有较密切的关系，故一直为国内外研究者所注意。F. 托马斯（Thomas）先生最先将此文书进行译解，认为该文书作者可能是一位唐朝降蕃官员①。戴密微先生则否定了托氏关于此文书出自唐人官吏的说法，并排除了将此文书作者与 S. 1438 背《书仪》作者勘同的可能性②。杨铭先生将此文书重新进行了译解，发表了自己的看法③。现将杨先生对 Fr. 80 号文书的译文转录如下：

1. 温江岛宫用印颁发之告牒：诸座听悉：
2. ［赞］普取得沙州城池、百姓和财物……
3. ［汉人］不满王政，杀死吐蕃上等臣民……
4. 任命……巴为都督节儿。七年时，亦被沙州……
5. 杀死。之后，节度使致力恢复［秩序］……
6. 以我的办事能力，命我作节儿。至十年……
7. 已无内患与不和发生。上司［粮］……
8. 未断。向上亦交贡品。我……
9. 心未认。对此恳求颁布一批复告牒……
10. 颁布告牒者：噶论·赞热与论［宁］……
11. 盖印发出。④

杨先生认为此文书内容与 S. 1438 背《书仪》有关记载相同，两件文

---

① F. W. Thomas, *Tibetan Literary Texts and Documents concerning Chinese Turkestan*（关于中国新疆出土的古藏文文书），Ⅱ, London, 1951, pp. 47 – 48.

② 《吐蕃僧诤记》，第 377 页。

③ 杨铭：《一件有关敦煌陷蕃时间的藏文文书》（初刊于《敦煌研究》1994 年第 3 期），收入氏著《吐蕃统治敦煌研究》，第 101 ~ 113 页。

④ 杨铭：《吐蕃统治敦煌研究》，第 102 ~ 103 页。

书作者是同一人。笔者则认为 Fr.80 号文书明确记载作者被任命为节儿（rtse rjer，rjer 即 rje），敦煌文书的有关记载表明，蕃占时期在敦煌曾设有等级不同的数位节儿，其中级别最高的为当地最高军政长官。由于实行民族压迫政策，这些节儿都由吐蕃人担任，汉人不得充任[①]，所以 Fr.80 号文书作者只能是吐蕃人。而笔者前文已考证出 S.1438 背《书仪》作者为沙州都督（to dog）索允，因此吐蕃文文书 Fr.80 与汉文文书 S.1438 背《书仪》的作者不可能是同一人。

杨先生举出 P.2341 背《燃灯文》的有关记载，并引用邵文实先生的观点，认为据此斋文内容可知蕃占时期汉人和吐蕃人都可以担任节儿[②]。P.2341 背《燃灯文》的记载如下：

> 皇太子前星景丽，少海澄清；诸王式固维城，业隆盘石；公卿辅相，姿（滋）法雨于身田；蕃汉节儿、诸官僚寀，润提湖（醍醐）于法海；颙颙化庶。[③]

窃以为 P.2341 背《燃灯文》中的“蕃汉节儿、诸官僚寀”是指敦煌当地节儿以下各级官吏中既有吐蕃人又有汉人，而不是说担任节儿之职者既有吐蕃人也有汉人，所以这件文书并不能证明蕃占时期汉人可以担任节儿。

Fr.80 号文书中记载：“［赞］普取得沙州城池、百姓和财物……［汉人］不满王政，杀死吐蕃上等臣民……任命……巴为都督节儿。七年时，亦被沙州……杀死。”这正是指 S.1438 背《书仪》所记述的“自敦煌归化，向历八年，歃血寻盟，前后三度，频遭猜忌，屡发兵戈”等情况。“任命……巴（pag）为都督节儿（to dog rtse rjer，即 to dog rtse rje）”，此时都督（to dog）与节儿（rtse rje）并未分开，合为一职，该职当是蕃占

---

① 如 P.T.1089《吐蕃官吏申请状》记载，公元 820 年吐蕃在敦煌设有节儿论（rtse rje blon）、节儿都护（rtse rje spyan）、节儿中官（rtse rje vbring po）、节儿小官（rtse rje chung），都由吐蕃人担任。杨铭：《吐蕃统治敦煌研究》，第 123 页；参见王尧、陈践《吐蕃职官考信录》，《西藏文史探微集》，第 82～83、93 页。

② 杨铭：《吐蕃统治敦煌研究》，第 109～110 页。

③《法藏敦煌西域文献》第 12 卷，上海：上海古籍出版社，2000，第 159 页；参见杨富学、李吉和《敦煌汉文吐蕃史料辑校》第 1 辑，第 215 页。

初期的敦煌最高长官，担任者为吐蕃人。都督为当地最高级别节儿的特别称号，以与其他级别节儿区分开来。汉文文书 P. 3481 号背《愿文》也记载敦煌汉族抗蕃领袖阎朝率众投降后，虽然保留着河西节度的称号，但只担任了“大蕃部落使”①，而且不久即被吐蕃人毒死。由于当地汉族民众的激烈反抗，吐蕃人官员“巴”在吐蕃占领敦煌的第七年（793）被杀，此后吐蕃瓜州节度使开始调整统治策略，即文书所称“节度使致力恢复［秩序］”，在敦煌地区将节儿与都督分开设置：节儿由吐蕃人担任，级别最高者为当地最高军政官员，亦称乞利本（khri dpon，万户长）、节儿论（rtse rje blon）；都督则由汉人担任，为汉人最高官职。

吐蕃当局对统治政策的调整逐渐收到效果。S. 1438 背《书仪》的作者索都督于蕃占第八年（794）上任，在 795 年或 796 年夏收时节发生玉关驿户起义，将节儿等吐蕃官员杀死，身为汉人的索都督为吐蕃当局效忠，设计将驿户镇压（当然此举可能也包含有使敦煌一地不再遭受吐蕃大军压境、生灵涂炭的目的）。此后，瓜州节度留后使又派来新节儿担任当地最高长官，安抚百姓，组织恢复生产，重建秩序，取得成效。《书仪》残卷中多次提到：“已蒙留后使差新节儿到沙州，百姓俱安，各就农务。”“节儿到上讫，所税布麦，诚合全输。属热风损苗，犯颜申诉。尚论仁造，半放半征。凡厥边氓，不任胥悦。”“蒙咨留后发遣专使，城池获安，实赖其力。”② 经过一段时间，就到了蕃占第十年（796）底，这正与 Fr. 80 号文书所载“以我的办事能力，命我作节儿。至十年……已无内患与不和发生。上司［粮］……未断。向上亦交供品”的情况相合。

另外，S. 1438 背《书仪》残卷中还保留着索都督写给新任节儿的一封书信：

> 执手未几，但增驰望，秋冷，伏惟论兄动静康愈。某蒙免，官寮等并平安，诸务寻常，事了，早赴州抚宰百姓，所望所望。未及相

① 《法藏敦煌西域文献》第 24 卷，第 310 页；参见杨富学、李吉和《敦煌汉文吐蕃史料辑校》第 1 辑，第 190 页。

② 唐耕耦、陆宏基：《敦煌社会经济文献真迹释录》第 5 辑，第 319、321 页；参见赵和平《敦煌写本书仪研究》，第 454 ~ 455、458 页。

见，驰心尚賖，谨。[①]

笔者以为，Fr. 80 号文书的作者就是 S. 1438 背《书仪》中记载的、在公元 795 年或 796 年沙州玉关驿户起义被镇压后由瓜州节度留后使派来的新节儿，而上面这封书信正是索都督写给这位当时因公外出的节儿的问候函件。“论兄”即为节儿，“论”（blon）为吐蕃文“官员”之意。他到任后采取措施使当地生产秩序得到恢复，故于敦煌被吐蕃占领的第十年（796）上书蕃廷要求予以嘉奖支持。

吐蕃沙州汉人都督在吐蕃占领敦煌初期便已设立，并有大、小都督二职，一直是当地汉人（包括粟特人）担任的最高官职，为吐蕃人担任的敦煌乞利本、节儿监军的副手，排位也在二者之下。该职务在归义军初期仍然设置，前面提到归义军初期文书 P. 3410《（索）崇恩析产遗嘱》末尾署名有侄都督索琪，他应是在归义军政权中担任都督，负责管理一些军政事务。归义军初期文书 S. 1164 号背《发愿文》在当今大唐圣主、令六和尚、尚书、安妣、二侍御、尚书孩子、教授等人之后出现有都督公。[②] P. 2854 第七篇《竖幢伞文》云：“其谁施之？则我释门僧政和尚爰及郡首、都督、刺使（史）等奉为当今大中皇帝建兹弘业也。”[③] 但是由于归义军政权是由敦煌汉人建立的奉中原王朝为正朔的地方政权，最高长官节度使为当地汉人张氏、曹氏担任，此时都督一职的设置已经没有太大实际意义，所以不久之后这一职官便不再见于归义军职官名录。

---

① 唐耕耦、陆宏基：《敦煌社会经济文献真迹释录》第 5 辑，第 322 页；参见赵和平《敦煌写本书仪研究》，第 462 页。

② 《英藏敦煌文献》第 2 卷，第 249 页；参见黄征、吴伟《敦煌愿文集》，长沙：岳麓书社，1995，第 366 ~ 368 页。

③ 《法藏敦煌西域文献》第 19 卷，上海：上海古籍出版社，2001，第 123 页；参见黄征、吴伟《敦煌愿文集》，第 461 页。

第五章　吐蕃统治敦煌的部落与部落使制度

第一节　吐蕃统治敦煌的行人、行人部落

一　问题的提出

敦煌文书中的唐五代时期“行人”的含义和吐蕃沙州“行人部落”的性质一直为国内外研究者所关注。日本学者那波利贞认为“行人”即行夜人。[①] 藤枝晃先生对之提出质疑，以为根据敦煌文书中《行人转帖》的有关记载，行夜人的解释并不恰当。[②] 中国学者姜伯勤先生则认为8世纪上半期敦煌的“行人”即工商人户，“行人部落”应是沙州从事丝绵生产与交换行业以外的其他各行业工商人户的集合。[③] 日本学者山口瑞凤指出与驿传有关的人员属于行人部落，他们以行人部落为据点[④]。中国学者张广达先生在引用了山口先生的观点后，考虑到敦煌汉文文书记载行人部落还要为经坊提供蔬菜这一情况，又认为：“行人部落的性质究竟如何，尚有待进一步的探讨。然而，无论如何，行人部落并不像有的学者所设想的那样，系吐蕃攻陷沙州之后编组工商行会而成的部落，因为这与河西陷蕃期

① 那波利贞：《唐代行人考》，《东亚人文学报》3卷4号，1944，第55页。

② 藤枝晃：《吐蕃统治时期の敦煌》，《东方学报》（京都）第31册，1961，第236页。

③ 姜伯勤：《敦煌文书中的唐五代“行人”》，《中国史研究》1979年第2期，第81、85页。

④ 山口瑞凤：《讲座敦煌》2，《敦煌の历史》，《吐蕃支配时代》，东京：大东出版社，1980，第212页。该文由高然中译为《吐蕃统治的敦煌》，载《国外藏学研究译文集》第1辑，拉萨：西藏人民出版社，1985，第46页。

间工商业活动、货币经济基本绝迹的情况不符。”[1] 之后陈践先生对此也发表了看法，认为从敦煌县博物馆藏吐蕃驿传文书来看，吐蕃驿传的驿骑是由笼区、笼馆提供食宿，而不是由所谓与驿传有关的“行人部落”或“驿站”供应的。吐蕃派遣的负有各种使命的驿骑为数甚多，频繁往来于各军镇、要道之间，如果没有就地就近供应的条件，只靠遥远的沙州“行人部落”供应是很难想象的。另外，陈先生还提到姜伯勤先生认为沙州当时没有行人部落，所谓敦煌存在行人部落实际上是对敦煌汉文文书产生错误理解所致。[2] 日本学者岩尾一史先生撰文认为，敦煌“行人部落”为军户部落，吐蕃文写作 rgod kyi sde，而“丝绵部落”（dar pa'i sde，pa'i 即为 pavi）为民户部落，敦煌地区的“行人部落”系从当地民户部落（即“丝绵部落”）中选出一部分人户充当军户而形成的。“行人部落”是指成立于某个鼠年的阿骨萨和悉董萨两个部落，还有此后某年又成立的悉宁宗部落，蕃占时期敦煌民户部落（即“丝绵部落”）一直都存在。[3]

以上诸家对“行人”的含义和“行人部落”的性质都进行了深入探讨，发表了各自的看法，然而观点各异，至今尚未取得一致意见。笔者以为对于这一问题仍有继续讨论的必要，所以本节拟就敦煌文书中的“行人”之含义、吐蕃敦煌“行人部落”的性质及演变进行考索，提出自己的一点见解。

二 唐代的“行人”“行客”与敦煌归义军时期文书中的“行人”

对于传世史籍和吐鲁番出土文书中的“行人”，姜伯勤先生已经作了深入考察。姜先生认为唐代的“行人”含义有三种。一为征人、军士、士兵之意。唐长孺先生认为其得名源自“行伍”之意，“行”音为“háng”。另外，还有学者认为行人即行军、征行之人，“行”音为“xíng”，这一观点也可以讲通。杜甫《兵车行》“车辚辚，马萧萧，行人弓箭各在腰”最为人所共知；

① 张广达：《吐蕃飞鸟使与吐蕃驿传制度——兼论敦煌行人部落》，《敦煌吐鲁番文献研究论集》，第 178 页。

② 陈践践：《笼馆与笼官初探》，《藏学研究》第七辑，北京：中央民族学院出版社，1993，第 174、179 页。

③ 岩尾一史：《吐蕃支配下敦煌の汉人部落——行人部落中心に——》，《史林》2003 年第 4 期，第 473 ~ 503 页。

《唐大诏令集》卷一〇八中开元十六年正月《兴庆宫成御朝德音》则称："诸处行人之家"，"应有差科，量事矜放"。[①] 此处的行人也是指军人、征人。其二为工商人户之意。吐鲁番出土的唐代文书中多次出现有贩卖药材、马匹等的"行人"。《旧唐书》卷二九《食货下》载建中元年七月敕云："自今已后，忽米价贵时，宜量出官米十万石，麦十万石，每日量付两市行人下价粜货。"[②] "两市行人"即市场商户。其三为一般意义上的"旅人""路人"之意[③]。如杜牧《清明》诗云："路上行人欲断魂。"此外，行人还是出使外邦的官方使者的称号，唐太宗时行人冯德遐就曾出使吐蕃。[④]

敦煌藏经洞出土的归义军时期文书中也多次出现"行人"，P. 3730 号文书《慈惠乡百姓李进达状》云：

> 慈惠乡百姓李进达　右进达，宿生薄福，种果不圆。一众城煌（隍）百姓、与诸人不同□/□官庶事无亏。慈父在日，身充行人，征行数年。去载四月，不意□/□之役城（?）内有（?）合一□并闹伛等，去年早被制[骨]路达将□/□[⑤]

这件文书中除《慈惠乡百姓李进达状》外，前面还抄有数件吐蕃时期寺院牒状。吐蕃时期并未设乡，所以《慈惠乡百姓李进达状》系归义军时期牒状，李进达父"身充行人"，要"征行数年"，具体职责是从军出征。该文书中的"行人"含义为征人、士兵殆无疑义。李进达父"身充行人"的时间可能在归义军时期，也有可能在吐蕃统治时期。

S. 4504 号《行人转帖》云：

> 行人转帖。已上行［人］，次着［上］真（直）三日，并弓箭、枪排、白棒，不得欠少一色。帖至，限今日卅日卯时，于南门外取

---

① 《唐大诏令集》，北京：商务印书馆，1959，第 561 页。

② 《旧唐书》，第 2125 页。

③ 参见《敦煌文书中的唐五代"行人"》，《中国史研究》1979 年第 2 期，第 77 ~ 78 页。

④ 《新唐书》卷二一六《吐蕃传》，第 6073 页。

⑤ 黄永武主编《敦煌宝藏》第 130 册，台北：新文丰出版公司，1985，第 263 页；杨际平：《吐蕃时期沙州社会经济研究》，《敦煌吐鲁番出土经济文书研究》，第 392 页。

齐。捉二人后到，决仗（杖）七下。全不来，官有处分。其帖人各自是（示）名递过者。十一月五日，队头、副队张帖。[①]

“队”为唐朝军队之基本组织单位。《通典·兵一》云：“凡以五十人为队”[②]，队设队头、副队之职。此文书为归义军军队中某队召集所属士兵执军器集合执行任务的通知转帖。文书中的“行人”明显是士兵之意。伯编第139b号洞（即敦编第322窟）题记云：“行人队头令狐住子一心供养。”[③]此“行人队头”即士兵队头。S. 6309号《行人转帖》记载：“［以］上行人，官中寒食座，帖至，限今月十日午时于衙门取齐，如有后到及全不来，重有责罚。”[④]姜先生认为：“如果‘行人’指由士兵充当的行夜人，断无为官府宴请的理由。由此可见，‘行人’即为前面所论证的行会中人了。”[⑤]窃以为S. 6309号中的“行人”即士兵，归义军士兵在寒食假日受到官府宴请款待完全可能，此种情况在历代屡见不鲜，并非有悖常理。

另外，归义军时期的“行人”还与佛教有着较为密切的关系。S. 6072号文书为一判官签署，略谓：“已上行人，僧统艾（刈）麦一日。”“夜于千渠庄上（取）齐。”[⑥] S. 3005号文书题头为“防大佛行人名目”，下面记有唐奴子、高孝宜等十一人姓名。[⑦] 归义军政权统治者崇信释教，大肆佞佛，所以军队士兵“行人”为僧官服务并看守佛像也就不足为奇了。

在敦煌寺院中也出现有“行人”。S. 5927/2《戌年（？）诸寺斛斗破历》记载：“油半胜，煮粥赠吴僧统用。”“麦贰㪷伍胜，充设当寺人户徒众行人等用。”“菜子柒胜，戌年春种菜用。”[⑧] 吴僧统为吴洪辩，他在吐蕃

---

① 唐耕耦、陆宏基：《敦煌社会经济文献真迹释录》第1辑，第413页。

② 《通典》，第3794页。

③ 伯希和：《伯希和敦煌石窟笔记》，耿昇、唐健宾译，兰州：甘肃人民出版社，1993，第326页。

④ 唐耕耦、陆宏基：《敦煌社会经济文献真迹释录》第1辑，第412页。

⑤ 《敦煌文书中的唐五代“行人”》，《中国史研究》1979年第2期，第84页。

⑥ 唐耕耦、陆宏基：《敦煌社会经济文献真迹释录》第1辑，第414页。

⑦ 《英藏敦煌文献》第4卷，成都：四川人民出版社，1991，第270页。

⑧ 唐耕耦、陆宏基：《敦煌社会经济文献真迹释录》第3辑，北京：全国图书馆文献缩微复制中心，1990，第306页。

统治时期历任都法律、副教授十余年后升为都教授，在归义军时期任河西都僧统，约卒于咸通三年（862）。[①] 僧统为唐朝僧官称号，蕃占时期僧统与教授并称，至归义军时期重新改称僧统，所以此文书年代“戌年”当为842年或854年。吐蕃和归义军时期都有寺院僧人、寺户从军的现象[②]，“当寺人户徒众行人”中的“行人”应是指寺院寺户充当“行人”之从军者。

此外，唐五代时期敦煌文书中的行人还有一般意义上的路人、旅人之意。如敦煌文书Дx.1462+P.3829号《吐蕃论董勃藏修伽蓝功德记》云：“城中吏庶，更沐来苏；路上行人，皆传颂德。”[③]

敦煌文书中还出现有“行客”。敦煌研究院藏唐前期《行客王修智卖奴文书》[④] 和P.3348号背和籴文书（时间同样在唐前期）中都记有从事商业交易的“行客”[⑤]，这一称谓系专指工商业者，与唐代工商人户“行人”的含义相同。

三　吐蕃统治前期敦煌的行人部落与擘三、丝绵、上下部落

“安史之乱”爆发后，吐蕃逐步占领了河陇西域之地，敦煌经过历时11年的抵抗后终于被迫与吐蕃签订城下之盟，以“苟毋徙佗境，请以城降”[⑥] 的条件降蕃。吐蕃占领敦煌后，开始取消唐朝的乡一级建制，划分部落，敦煌文书中的“行人部落”也开始出现。

S.1864号《佛说维摩诘经题记》云：“岁次甲戌年九月卅日，沙州行人部落百姓张玄逸……敬写小字维摩诘经一部……”[⑦] 此“甲戌年”为公

---

① P.4640《吴僧统碑》，唐耕耦、陆宏基：《敦煌社会经济文献真迹释录》第5辑，第92~93页。此碑原碑额应是S.779号背之“大蕃释门教授和尚洪辩修功德［记］”，参见郑炳林《敦煌碑铭赞辑释》，第66页。S.1519《某寺庚戌、辛亥、壬子年油面破历》，《英藏敦煌文献》第3卷，成都：四川人民出版社，1990，第88页。

② 参见陆离《吐蕃统治敦煌基层兵制新考》，《中国史研究》2003年第4期，第82~84页。

③ 《俄藏敦煌文献》第8卷，第192页；《敦煌宝藏》第131册，台北：新文丰出版公司，1985，第190页；李正宇：《吐蕃论董勃藏修伽蓝功德记两残卷的发现、缀合及考证》，《敦煌吐鲁番研究》第2卷，第251页。

④ 施萍婷：《本所藏敦煌唐代奴婢买卖文书介绍》，敦煌研究院编《敦煌研究文集》，敦煌研究院藏敦煌文献研究篇，兰州：甘肃民族出版社，2000，第281~282页。

⑤ 《敦煌社会经济文献真迹释录》第1辑，第436~437页。

⑥ 《新唐书》卷二一六《吐蕃传下》，第6101页。

⑦ 黄永武主编《敦煌宝藏》第14册，台北：新文丰出版公司，1985，第213页。

元 794 年，则在吐蕃占领敦煌前期“行人部落”就已出现。S. 1475 号借契记载酉年十一月行人部落百姓张乜奴：“为纳突不办，于灵图寺僧海清处便佛麦陆硕。”[①] 吐蕃在敦煌实行突田制，由该借契可知，行人部落百姓还要向吐蕃当局交纳突田税。

S. 2103 号《酉年（805?）十二月沙州灌进渠百姓李进评等请地牒并判》：

> 右南沙灌进渠用水百姓李进评等，为已前移灌进□向五石口前，逐便取水，本无过水渠道，遂凭刘屯子边卖（买）合行人地一突用水。今刘屯子言是行人突地依籍我收地，一任渠人别运为。进评等今见前件沙淤空闲地，拟欲起畔耕犁，将填还刘屯子渠道地替溉灌。[②]

李进评等于刘屯子处买行人地一突（突为蕃制，一突等于十亩）用于开挖引水渠道，文书中的“行人突地”当是行人部落的突田。除去交纳突税外，S. 5824 号《经坊供菜关系牒》记载行人部落与丝绵部落一起为经坊僧人和写经生供菜：

> 应经坊合请菜蕃汉判官等。先子年已前蕃僧五人，长对写经二十五人。僧五人，一年合准方印得菜一十七驮，行人部落供。写经廿五人，一年准方印得菜八十五驮，丝绵部落供。昨奉处分，当头供者，具名如后：行人大卿、小卿、乞结夕、遁论磨、判罗悉鸡、张荣奴……安国子、田用用、王专，已上人，每日得三十二束。丝绵苏南、触腊、翟荣胡……尚热磨、苏儿、安和子、张再再，已上人，每日得三十三束。右件人准官汤料合请得菜请处分。牒件状如前谨牒。[③]

值得注意的是，行人部落只负责为蕃僧五人提供 17 驮蔬菜，而丝绵部落则要为 25 名佛经抄写人员提供 85 驮蔬菜，远多于前者。两个部落的提供蔬

① 《英藏敦煌文献》第 3 卷，第 75 页。
② 唐耕耦、陆宏基：《敦煌社会经济文献真迹释录》第 2 辑，第 374 页。
③ 《敦煌社会经济文献真迹释录》第 2 辑，第 412 页。

菜人员中，多数都是汉人，也有几个吐蕃或孙波、吐谷浑人，他们当是从其他地区迁入的。

根据 S. 5824 号《经坊供菜关系牒》记载，吐蕃统治前期敦煌地区除行人部落外，还有丝绵部落。而丝绵部落又与擘三、上、下等部落同时出现。S. 3287 号背《子年（9 世纪前期）五月左二将百姓氾履倩等户口状》记载：

> 左二将状上……午年擘三部落已后新出生口：男，性奴，出度；女，担娘，嫁与丝绵部落张□下张清清；女，意娘，出度；男，再如，出度；远远妻，娶同部落吴通下鄯石奴妹；女，鞠□；女，扁娘；男，迁迁；妻，娶本将程弟奴女。……左二将午年擘三部落依牌子口：户氾国珎，死；妻张念念在；……男，不羡，娶左十将索十□女七娘；男住住（妻，）娶下部落王海女十二。……右通午年擘三部落口及已后新生口如前，并皆依实，亦无隐漏不通。如后有人纠告，称有隐漏，请求依法科断。子年六月一日，百姓氾住住状。[①]

此文书出现了“擘三部落”“下部落”“丝绵部落”。文书中的擘三部落人户被分为午年见在人口和午年后出生人口，午年应是划定部落之年。P. 3774 号《丑年（821）十二月沙州僧龙藏牒》中就记有“从分部落午年”字样[②]。公元 820 年吐蕃在敦煌重新设定了两个汉人军事部落阿骨萨和悉董萨，取代了以前的部落（详下），S. 3287 号文书中的擘三部落、下部落、丝绵部落都存在于 820 年之前，文书年代在 786 年（吐蕃占领敦煌之年）至 819 年之间。其间有 790 年、802 年、814 年三个午年，796 年、808 年两个子年，S. 3287 号背户籍状记载左二将在午年后出生的人口，到了子年已有出嫁和出度者，所以午年当为 790 年，子年为 808 年。

山口瑞凤先生认为：“最初驻在沙州的军队是吐蕃中翼的擘三千户出身的军队，把汉人的部落分为左右两区，置于他们管辖之下，因而也称为擘三（致三）部落。”“从 S. 3287V 得知，在擘三部落的户籍中，原籍地

---

① 《敦煌社会经济文献真迹释录》第 2 辑，第 378 ~ 379 页。

② 《敦煌社会经济文献真迹释录》第 2 辑，第 284 页。

中所记的其他部落名称，只有丝绸（即丝绵——笔者注）部落……从记有‘下部落’的一个例子来看，在下部落中有‘右将’的字样，‘左将’可推测为‘上部落’中的一个区域。”① 即进驻敦煌的吐蕃中翼擘三千户军队管辖着敦煌汉人组成的上、下二部落，此二部落按左、右将进行编制。擘三部落系吐蕃本部军事部落，出现在英藏敦煌吐蕃文书千佛洞，9，I，37号。此文书系擘三（phyug tsams）部落使、瓜州节度使、姑臧节度使等吐蕃官员关于吐蕃、唐、回鹘三国会盟的纪念祈祷文。② P. T. 997《瓜州榆林寺之寺户、奴仆、牲畜、公产物品之清册》记载担任榆林寺寺产财务官岸（mngan）的擘三（phyug tshams，即 phyug tsams）部落赞拉囊长官（btsan la snang dpon）与其他官员一同清点瓜州榆林寺寺产③，则出自吐蕃中翼擘三千户的军队确曾驻扎于瓜州等地。瓜州与敦煌毗邻，所以擘三千户当管辖着瓜、沙一带地区。

另外敦煌吐蕃历史文书 P. T. 1287X，Pl. 570 – 571《赤松德赞时代的扩张》记载吐蕃在“安史之乱”爆发后攻陷河陇地区，赞普赤松德赞对“臣属中凡英勇参与征服多尔部（dor te）和擘三部（pyugs tshams ste）者均赐以虎皮制品作标志/vbangs kyi nang na/dor te pyugs tshams ste vdzom（vjom）dpav ba vi mtshan mar/stagi thog bu stsal to/”④。据陈践先生教示，此句也可以译为：“多尔部和擘三部之臣属中凡英勇参与征服（河陇地区）者均赐以虎皮制品作标志。” dor te 即为多尔部落，pyugs tshams ste 即为擘三部落，二者都是吐蕃本部中茹（ru）的军事千户部落，是攻陷河陇的主力部队。吐蕃攻陷河陇地区后，将该地区分别交给进驻当地的以多尔部落和擘三部落为首的一部分军队来统领。擘三部落当是具体统领瓜、沙、肃等地，以该部落成员为主要骨干建立了吐蕃瓜州节度使等军政机构。

杨际平先生曾对此提出质疑：“宋代，‘擘’字，补革切（《宋本玉

① 《吐蕃统治的敦煌》，《国外藏学研究译文集》第 1 辑，第 52 ~ 53 页。

② 〔英〕F. W. 托马斯：《敦煌西域古藏文社会历史文献》，刘忠、杨铭译，北京：民族出版社，2003，第 84 ~ 85 页。

③ 王尧、陈践：《敦煌吐蕃文书论文集》，第 4 页，藏文部分第 29 页。

④ 黄布凡、马德：《敦煌藏文吐蕃史文献译注》，第 292、294 页。“虎皮制品”该书译作“虎皮衣”，笔者认为应译为“虎皮制品”较妥。并请参见王尧、陈践《敦煌本吐蕃历史文书》，第 167 页。该书将 dor te 译为夺迪部，将 pyugs tshams ste 译为秋琛部，系按现代藏语读音音译。

篇》卷二六《革部》'革：居核切'）。现代，'擘'字读为 bāi、bò。中唐时期'擘'字的读音应近于宋。若此推测不误，则吐蕃占领敦煌时期，'擘'字与 Phyugs 也并非对音。"并认为所谓擘三部落就是将敦煌居民分成三个部落①。对于杨先生这一观点，武内绍人、岩尾一史先生表示赞同②。phyugs 即 phyug，实际上在吐蕃时期（7～9 世纪），藏语声母中辅音和后置辅音还没有合并或融合成一个音素，不像现在多数方言已合二为一了，这一点国内外藏语研究者已达成共识。据研究，藏文 phya 带下加字 ya，在吐蕃时期其后置辅音 ya 可能就是读成 j 或接近汉语的介音 i。在《唐蕃长庆会盟碑》中，phyi 在碑文中音译为"纰"phji③，则吐蕃文 phya 发音为 phja，phyugs 首先发 pha 音，再发 ya 音（该音读成 j 或接近汉语的介音 i），然后发 ugs 之音，读音相当于"破"，与"擘"字宋代读音"补革切"非常接近，甚至可以说完全相同④。所以，擘三即 phyug tsams 之对译殆无疑义。根据 S. 3287 号背《子年（9 世纪前期）五月左二将百姓汜履倩等户口状》内容来看，可以认为进驻河西地区的吐蕃擘三千户（军事部落）管辖着敦煌上部落和下部落，左将属上部落，右将当属下部落，而上部落和下部落可以被统称为擘三部落。

由于吐蕃擘三千户具体统领瓜、沙、肃等地，敦煌的丝绵部落也应归其管辖。S. 5812 号《丑年八月女令狐大娘牒》云：

> 丝绵部落无赖抟（?）相罗识人张鸾鸾见住舍半分……经七、八年后，致三部落了监军，借张鸾堂一、南房一、厨舍一、小庑舍，共四□，又借尊严庑舍草院，着马。亦经五、六年，监军死后，两家各

① 杨际平：《吐蕃子年左二将户状与所谓"擘三部落"》，《敦煌学辑刊》1986 年第 2 期，第 22 页。

② Tsuguhito Takeuchi（武内绍人）：Tshan：Subordinate Administertive，*Unites of the* 6th *Seninar of the international Association for Tibetan Studies FAGERNES*1992，Volume2，edited by Per KVAERNE，Oslo，1994，p. 858；《吐蕃支配下敦煌の汉人部落——行人部落中心に——》，《史林》2003 年第 4 期，第 485 页。

③ 华侃：《吐蕃时期 phya 和 bra 的读音考》，《西北民族学院学报》1986 年第 4 期，第 38～39 页；王尧：《吐蕃金石录》，第 18 页。

④ "补"字《广韵》为博古切，发音为 pu；"革"字《广韵》为古核切，发音为 kaek。参见郭锡良《汉字古音手册》，北京：北京大学出版社，1986，第 15、105 页。

自收本分舍，更无言语理论。今经一十八年。[①]

学界一般认为，“致三部落”应指驻扎于河西地区的吐蕃中翼擘三军事部落，“致”为“擘”字的误写，“擘”有分裂、裂开之意，与“致”含义也有相同之处。“了监军”当是擘三军事部落监军，“了”可能为其姓，亦有可能系笔误衍文。该文书内容表明敦煌丝绵部落也系由驻扎于瓜、沙等地的擘三军事部落管辖，所以擘三部落监军长期借用丝绵部落民户宅院居住。[②] 由此可知，吐蕃擘三军事部落在蕃占前期管辖着丝绵和上、下等部落。S. 5812 号文书中的丑年，陈国灿先生考定为公元 821 年（辛丑）。[③]

山口先生认为“‘左将’可推测为‘上部落’中的一个区域”，这在敦煌文书中得到部分证明。P. 3444 号《寅年（810?）四月五日上部落百姓赵明明便豆契》记载：“寅年四月五日，上部落百姓赵明明为无种子，今于处便豆两硕八斗。”[④] 可证明吐蕃统治下的敦煌确有上部落存在，其百姓要从事农业生产。S. 2228/1《亥年六月十一日修城役丁夫名簿》云：

（一）六月十一日修城所，丝绵：右一，十二日宋日晟……索再荣；右二，十一日雷善儿……令狐猪子；右三，十一日安佛奴……庞保；右四，十一日张延子……康友子；右五，九日社斋，十一日田广□……张国朝；右六，十一日曹保德……侯达子；右七，十一日张加珍……白清清；右八，十二日张达哈……张国奴；右九，十一日翟胜子……赵像奴；右十，十一日李顺通……梁有达。右已上夫丁并于西

---

① 《敦煌社会经济文献真迹释录》第 2 辑，第 287 页。

② 据最近新公布的英藏敦煌文书 ITJ915 + 292B 号残片记载（岩尾一史：《チベット支配初期の敦煌史に关する新史料》，京都大学人文科学研究所，《敦煌写本研究年报》第 5 号，2011，第 213 ~ 224 页）来看，S. 5812 号文书中的“致三部落”也有可能是“置三部落”，即分成三个部落，如此则敦煌汉人被划分成上、下、丝绵三个部落应该是在 797 年左右，而 S. 5812 号文书中的“监军”可能是吐蕃沙州监军（参见拙文待刊稿《从英藏敦煌文书 ITJ915 + 292B 号残片看吐蕃统治时期敦煌部落设置情况》）。

③ 陈国灿：《唐朝吐蕃陷落沙州城的时间问题》，《敦煌学史事新证》，兰州：甘肃教育出版社，2002，第 483 页。

④ 《敦煌社会经济文献真迹释录》第 2 辑，第 80 页。

面修城，具件如前，并各五日。上部落十一日李清清、石秀秀……王流德、王国子八人，亥年六月十五日毕城。

（二）（前缺）左七，赵安子……各五日，欠一人；左八，傅太平……欠一人；左九，阴验（?）验（?）……各五日；左十，米和和……已上各五日。[①]

文书（一）中记载了丝绵部落右一至右十将修城民户姓名和上部落八人修城名单。山口瑞凤先生认为左将为上部落的区域，则文书（二）中的左七至左十可能就是上部落所属的将。该文书表明上部落与丝绵部落民户都要修筑城池，应征服役。

据以上论述，可以归纳出三点：（1）行人部落和丝绵部落在 S. 5824 号《经坊供菜关系牒》中同时出现，分别是两个部落。而丝绵部落又和擘三、上、下等部落在 S. 3287 号背《子年（9 世纪前期）五月左二将百姓氾履倩等户口状》、S. 2228/1《亥年六月十一日修城役丁夫名簿》中同时出现。所以行人、丝绵、擘三、上、下等部落存在于同一时期。（2）吐蕃中翼的擘三千户一部分军队在吐蕃统治时期驻扎在河西地区，在敦煌管辖着主要由当地汉人（包括在当地定居的粟特裔居民）组成的丝绵、上、下部落。行人部落同样也基本上是由敦煌汉人组成的部落，又与丝绵部落同时存在，也应征服役，给吐蕃政权交纳赋税，自然也当受到擘三千户的管辖。（3）行人部落和上、下部落都要从事农业生产[②]，并服纳各种劳役赋税，性质相同。根据这三点结论，笔者认为行人部落很可能就是上、下部落。即行人部落又分为上、下二部，称为上、下部落，在敦煌文书中分别以行人部落和上、下部落两种不同的名称与丝绵部落同时出现，直接受驻扎在瓜沙等地的吐蕃本部擘三千户部落的管辖，所以行人部落（上、下部落）与丝绵部落又被统称为擘三部落。

---

① 《英藏敦煌文献》第 4 卷，第 49～50 页；《敦煌社会经济文献真迹释录》（第 2 辑，第 404～403 页）将文书第 13 行录作“□部落”，笔者仔细辨认原卷图版照片，认为应作“上部落”。

② S. 1475 号 4V《酉年下部落百姓曹茂晟便豆种帖》云：“酉年三月一日，下部落百姓曹茂晟，为无种子，遂于僧海清处便豆壹硕捌斗。”表明下部落百姓也要进行农业生产。《敦煌社会经济文献真迹释录》第 2 辑，83 页。

四　行人部落的性质

前面已经提到中外学者先后对敦煌行人部落性质发表了各自的看法。由于吐蕃统治时期推行蕃制划分部落，吐蕃又与周边各国长时期处于敌对状态，商业往来很少，敦煌地区的工商业大为衰退，民间交易主要使用麦粟、布匹作为货币，所以行人部落系吐蕃攻陷沙州之后编组工商行会而成的部落的观点笔者也不赞同。张广达先生在探讨敦煌行人部落的性质时，指出托马斯考释的 M. I. xxviii. 0036 号木简有以下内容："此伙行人（rad pa）乃奉命运送物资八百桑（srań，斤或两?），不得与其它信使者同行……"据此张先生认为："按行人部落不仅见于敦煌藏文文书，而且见于上引 M. I. xxviii. 0036 号木简，其为藏文 ñan rna'i sde 一词的对译殆无疑义。ñan rna 本为'探子'、'探马'、'细作'，后来转意为'使者'。把行人部落与吐蕃担任刺探军情、巡逻哨卡、传递讯息乃至供应驿骑的任务联系起来，可能接近当时的实际情况。"①

M. I. xxviii. 0036 号实际是新疆米兰出土的纸质文书。该文书托马斯英译相关内容如下："必须跟随一组犯人，……上部卓部落（tsog stod gyi sde）的穆杰波（mog kyen po［?］）和信使之部（ñan rna'i sde，即 nyan rnavi sde）的彭拉葛（bońla gu，boń 即 bong），……这组人（rad pa）受命负责运送八百两（srang）重的物品，与其它信使协力……"②藏语"rad pa"即"这组人"之意，该词与敦煌行人部落并无联系。而且 M. I. xxviii. 0036 号文书中出现的 ñan rna'i sde（即 nyan rnavi sde）确切含义为"探子、探马、信使之部"，它究竟设在何处，该文书没有说明。文书出土于新疆米兰，所以它和上部卓部落（tsog stod gyi sde）很可能设在西域萨毗地区，而非敦煌地区。另外，此编制在敦煌文书中尚未出现，没有汉藏文书能够明确证明"ñan rna'i sde"就是敦煌"行人部落"的对译。所以，窃以为"行人部落"的吐蕃文对译究竟为何尚待探讨。③

---

① 《敦煌吐鲁番文献研究论集》，第 178 页。

② F. W. Thomas, *Tibetan literary textes and documents concerning Chinese Turkestan*, part Ⅱ, London, 1951, pp. 51 - 52. 参见《敦煌西域古藏文社会历史文献》，第 41、415 页。

③ 岩尾一史先生也不同意张先生的意见，参见《吐蕃支配下敦煌の汉人部落——行人部落中心に——》，《史林》2003 年第 4 期，第 475 ~ 478 页。

再者，据陈践先生研究，敦煌吐蕃文文书已记载吐蕃驿传系统由笼区（slungs）、笼馆（slung tsang）负责，并无证据显示敦煌行人部落与驿传有关。

英藏敦煌吐蕃文文书 Ch，75，iii 号是蕃占时期敦煌比丘尼名录，托马斯先生做了如下译解和说明：

> 千佛洞，75，iii（卷 56，叶 39；25×52 厘米；35 行，优美的楷书字体，一部精心书写的文书）。“比丘尼光康；沙州 Rgod（部落）；……邦，项氏才……比丘尼朗雪；沙州丝绵（Dar-pa）部落；白氏海卫；比丘尼……”“在这些记录中，提到的有一部分部落（Sde），不是 Rgod 而是 Dar-pa（丝绵）。”①

藤枝晃先生在《敦煌发现的西藏语试释》② 一文中，曾将千佛洞（Ch），75，iii 号写卷中的 Dar pavi sde、Rgod kyi sde 分别译为“丝绵部落”“阿骨萨部落”。山口瑞凤先生认为 Dar pavi sde 即丝绵部落，而 Rgod kyi sde 应直译为“军部落”，而非“阿骨萨部落”。Rgod kyi sde 是指从吐蕃本部迁来的擘三千户。③ 后来山口先生又改变了看法，认为：“一般的藏文文献里，找不到把‘丝绸（绵）部落’叫作 Dar pavi sde，与‘擘三部落’并提的例子。……在藏文文献里，可能是把‘军部落’和‘丝绸（绵）部落’看作是擘三部落管辖下的部落。”④ 笔者以为山口先生后来的看法更为合理。Rgod kyi sde 直译为“武士之部”或“军部落”“军事部落”，而前面已论证了的唐代传世史料和归义军时期敦煌文书中的“行人”有征人、军士之意，吐蕃时期“行人”含义当与唐朝和归义军时期相同，所以吐蕃

---

① 《敦煌西域古藏文社会历史文献》，第 63～64、421 页。需要指出的是，该书中文译者将 Rgod 译成阿骨萨（rgod sar），系误译，笔者在引文中对照托氏英文版原书（*Tibetan literary textes and documents concerning Chinese Turkestan*, part Ⅱ, pp. 71－72.）予以更正。

② 《游牧社会史研究》卷 23，1963，该文又收入《内陸アジア史論集》，内陸アジア史学会，1984，141～155 页。后又由徐秀灵译成中文，载《敦煌学辑刊》1987 年第 2 期。

③ 山口瑞凤：《沙州汉人による吐蕃二军团の创立と mkhar tsan 军团の位置》，《东京大学文学部文化交流研究施设研究纪要》第 4 号（1980），第 32 页。《吐蕃统治敦煌研究》，第 35 页。

④ 《讲座敦煌》2，《敦煌の历史》，《吐蕃支配时代》，第 222～223 页；《吐蕃统治的敦煌》，《国外藏学研究译文集》第 1 辑，第 55～56 页。

敦煌的"行人部落"亦即"军部落""军事部落","Rgod kyi sde"正是汉文文书中"行人部落"的吐蕃文对译。行人部落与丝绵部落是公元790~820年吐蕃在敦煌设置的两个汉人(包括当地粟特人后裔,下同)部落,它们正是驻扎在河西地区的吐蕃中翼军事千户擘三部落管辖下的部落,按分工不同而分别组建,一个主要负责征战防御,另一个主要负责农桑生产。行人部落又分为上、下二部,分别称上部落和下部落。

这一情况在吐蕃文文书中也可得到证明。藤枝晃先生指出:"在Ch,75,iii号写卷中比丘尼的原籍大部分是沙州的dar-pa(pha)hI-sde和rgod-kyi-sde。所谓sde是'千户'的意思,吐蕃的行政单位。在当时的文书里,前者译为'丝绵部落',后者译为'阿骨萨部落'或'曷骨萨部落'。""阿骨萨部落似乎是格外更大些的部落……与阿骨萨部落二十一人相比,丝绵部落也有八人。"[①] rgod kyi sde实即行人部落,山口瑞凤先生已指出藤枝晃先生将其译为阿骨萨部落或曷骨萨部落系误译。在此尼籍名单中,行人部落中的女尼为二十一人,是丝绵部落(dar pavi sde,h即v)女尼人数(八人)的两倍多,也反映了行人部落有上、下两部落,人数是丝绵部落的两倍左右这一实际情况。公元820年之前敦煌行人部落即军部落,主要负责治安防御和出征作战,当然平时也要从事农牧业生产。而丝绵部落则主要负责养殖蚕桑、纺纱织布以及农牧生产。二者成员也都要服劳役并交纳赋税,但丝绵部落承担的赋税劳役相对要多一些。前引S.5824号《经坊供菜关系牒》记载行人部落与丝绵部落一起为僧人和写经生供菜:"一年合准方印得菜一十七驮,行人部落供。……一年准方印得菜八十五驮,丝绵部落供。"丝绵部落供菜数量远多于行人部落的原因即在于此。

另外,Ch,75,iii号写卷第19行还出现了一名lo tsa bahI(即bavi)sde的女尼,前面没有标明其所属地区。藤枝晃先生称:"'lo-tsa-bahI-sde',在第19行中只能看到一例译人部落出身的人,所谓lo-tsa-ba是'翻译者'之意,所以也应称之为'译人部落'的千户。这个名字是汉文、藏文文书都不曾见过的例子。由于在敦煌已有'行人部落'、'丝绵部落'等特殊待遇的部落,所以足可以认为也有称为'译人部落'的部落。"笔者

① 藤枝晃:《敦煌发现的藏文文书试释》,徐秀灵译,陈国灿校,《敦煌学辑刊》1987年第2期,第138页。

以为此译人之部（lo tsa bavi sde）的女尼在 Ch，75，iii 号文书中只出现了一例，前面也未注明其所属地区，而其他行人、丝绵部落女尼都在部落前注明沙州字样，如“比丘尼自执（zi-cid）沙州籍行人部落（Rgod-kyi-sde）氾姓红珠（hoń-cu，即 hong-cu，——笔者注）”，“比丘尼性觉（šiń-kag，即 shing-kag——笔者注）沙州籍丝绵部落（Dar-pahI-sde）阎姓喜娘（hgi-nań，即 vgi-nang——笔者注）”。[①] 再者，在其他汉藏文书中也没有见到关于敦煌地区存在译人之部的记载。所以，此译人之部并非敦煌地区的汉人部落，敦煌当时只有行人、丝绵两个由吐蕃擘三千户管辖的汉人部落。

在其他几件吐蕃文文书中也同时出现有丝绵部落和行人部落。P. T. 1166 号文书中的吐蕃文杂写出现有：“blon mtsho bzher gyis Dar pa'I sde dang rgod gyi sde gnyis gyis khral pon la spring ngo 论措热给丝绵部落和行人部落二者税务官的信函。”[②] Dar pa'I（pavi）sde 即丝绵部落，rgod gyi sde 即“行人部落”，P. T. 1166 号文书中的杂写正反映了当时在敦煌设立了丝绵和行人二部落的情况。

P. T. 1077《都督为女奴事诉状》中也出现有行人和丝绵部落。文书中出现有 rgod gyi brkyevu rje，王尧、陈践先生译为“军中‘百官’”。另外，在文书中还出现有丝绵部落（Dar pavi［sde］）。[③] 匈牙利学者乌瑞（G. Uray）先生认为该文书中的 rgod gyi brkyevu rje 可以译为“猛士”的“小百户首领”。[④] 日本学者武内绍人先生认为 brkyevu rje（百户主）即为 lnga bcu rkang（五十岗），亦即将或将头。[⑤] 笔者认为 P. T. 1077《都督为

---

① 《敦煌学辑刊》1987 年第 2 期，第 135、140 页。藤枝晃先生的译文将 Rgod-kyi-sde（行人部落、军部落）全部译成“阿骨萨部落”，系误译，笔者在引文中将其改译为“行人部落”。

② Tsuguhito Takeuchi（武内绍人），*Old Tibetan Contracts from Central Asia*（《中亚古藏文契约文书》），Tokyo，Daizo Shappan，1995，p. 178，plates，p. 14；《吐蕃支配下敦煌の汉人部落——行人部落中心に——》，《史林》2003 年第 4 期，第 492 页。

③ 《敦煌吐蕃文书论文集》，第 56、61 页，藏文第 73、90 页。

④ G. 乌瑞：《公元九世纪前半叶吐蕃王朝之“千户”考释》，吴玉贵译，《国外藏学研究论文集》第 2 辑，拉萨：西藏人民出版社，1987，第 50、52 页。原载《匈牙利东方学报》第 36 卷，1982。

⑤ *Tshan*：*Subordinate Administertive*，Unites of the 6th Seninar of the international Association for Tibetan Studies FAGERNES1992，Volume2，edited by Per KVAERNE，Oslo，1994，pp. 848 – 862. 参见杨铭《吐蕃统治敦煌研究》，第269 ~ 270、280 页。

女奴事诉状》中的 rgod gyi brkyevu rje 可译为行人部落（军部落）百户主，为该部落的基层官员。P. T. 1077 号与 P. T. 1166 号正是公元 790～820 年吐蕃在敦煌设置行人、丝绵二部落时期的文书。英藏敦煌文书千佛洞，86，ⅱ号文书的背面记载："鸡年春，军士（Rgod）令狐林六之妻宋三娘，在受雇于白乌香时，向令狐什德之女佣借得四只杯子。"[①] Rgod 可以译为行人，此文书表明令狐林六属于敦煌行人部落。

与吐蕃军事部落（rgod kyi sde）相联系的是吐蕃本部属民有"桂"（rgod）、"庸"（g · yung）之分。"桂"即武士之意，是吐蕃本部执行军事任务的高等属民："所谓桂者，即高等属民从事军务者之名称。这些桂，据谓有六十一个东本。""东本"即军事部落长官千户长，六十一个东本系指吐蕃本部划分的六十一个军事部落，其中就包括擘三部落在内。"再者，所划分的'雍之人部'，此即称之为'雍'或者'更'，这些是做属民事务的人员名称。此亦即所谓'扬更'、'扬阐'及'宁悠'之名称是也。""雍"即"庸"，亦即"更"。"更"是奴隶，"扬更"则是奴隶的奴隶。"供养王者、献纳赋税，'桂'行使镇压职能、使'扬更'有所依恃，'更'不被派作'桂'（意为'奴隶不被派作武士'——译者注）"[②]"桂"身份较高，是军队作战的主力，"庸"则从事农牧业生产，交纳赋税，其身份较低，属于下等庶民和奴仆。

吐蕃占领河陇西域之后，在这一地区也出现了"桂"。如新疆出土的 73RMF26：16 号木简云："zhing pon lhas gra nod pav gco rgod gi zhing la dor gcig（农田使官拉罗领受属桂之田一突）。"[③] 敦煌汉人军事部落的建立无疑受到了吐蕃本部军事部落制度的影响，但"桂"、"庸"制度在敦煌已发生变化（详见后文）。

五　吐蕃统治后期的敦煌行人三部落

在经过吐蕃政权长时间的统治奴役后，敦煌汉人的地位日益重要，不容忽视，吐蕃当局也逐渐调整了统治策略，于公元 820 年在敦煌原有的行

---

① 《敦煌西域古藏文社会历史文献》，第 35 页。

② 黄颢：《〈贤者喜宴〉摘译（二）》，《西藏民族学院学报》1981 年第 1 期，第 9～11、21～22 页。

③ 王尧、陈践：《吐蕃简牍综录》，北京：文物出版社，1986，第 28 页。

人、丝绵二部落的基础上，重新设置了阿骨萨和悉董萨两个独立的汉人军事部落。它们频繁出现于820年之后的蕃占时期敦煌汉藏文书中，而行人、上、下、丝绵等部落随之被取代，不再出现。P. T. 1089号《吐蕃官吏呈请状》记载了吐蕃在沙州编制两个汉人军部落的情况：

> 但自去年［鼠年］以来，沙州汉人组成军团之后，随即定下了千户长和小千户长的［职位］。……鼠年之夏，大尚论到边境举行陇州（long cu）会议之际，将把沙州汉人分成二个部落（sde gnyis），分派公务与任命官员，并下达布告。

“组成军团”即成立军部落。经山口瑞凤、杨铭先生考证，鼠年即为公元820年。[①] 这件文书中出现了敕命递送大臣论悉诺热合乾（phrin blon stag bzhre rgod khyung），二位先生认为此人就是821年《唐蕃长庆会盟碑》北面第17行记载的“给事中勃兰伽论悉诺热合乾（bkavi phrin blon bran ka blon stag bzhre hab ken）”，所以P. T. 1089号《吐蕃官吏呈请状》与821年《唐蕃长庆会盟碑》年代接近。由于此两人官职相同，姓名也仅有最后二字不同，而rgod khyung与hab ken又发音相近，可能是同名异写，所以此二人很可能是同一人。岩尾一史先生则提出反对意见，认为二人姓名并不完全相同，所以应该是两个不同的人，故而鼠年即为公元820年不能成立，具体为哪一年有待研究[②]。实际上敦煌藏汉文文书中经常出现人名同名异写的情况，不足为奇，phrin blon stag bzhre rgod khyung与bkavi phrin blon bran ka blon stag bzhre hab ken应该是同一个人。

另外，P. T. 1078《悉董萨部落土地纠纷诉讼状》对于公元820年吐蕃在沙州将汉人百姓编成汉人二军事部落之事也提供了证据。该件文书记载悉董萨部落姓王的两兄弟与窦氏毗邻而居，因土地纠纷争执不下，某吐蕃官吏把有争议的田地据为己有，占用近20年。后来，“自沙州百姓编军（vbangs rgod）分出之后”，王氏提出申诉，要求当局归还其地。吐蕃官吏

---

① 参见《吐蕃统治敦煌研究》，第118、123、128~129页；王尧、陈践《吐蕃职官考信录》，《中国藏学》1989年第1期，第103、106、111页。

② 《史林》2003年第4期，第485页。

占田的时间，据文中讲，是“后一个子年”，自公元 786 年吐蕃占领敦煌后，到 9 世纪 20 年代共有三个子年，即 796 年、808 年、820 年三个年头。所谓“后一个子年”，当是第二个子年（808），亦即吐蕃官吏占田之年。“沙州百姓编军分出”，即将沙州汉人部落全部改建为独立军部落，其年代当是 P. T. 1089 号《吐蕃官吏呈请状》所记载的设置敦煌汉人二军事部落的鼠年（820），即第三个子年。“自沙州百姓编军分出之后”，王氏兄弟被编入“悉董萨”部落，成为军部落成员，身份有所提高，因此王氏又于“辰年”（甲辰，824）夏向吐蕃当局提出归还土地的申诉。从 808 年土地被占到 824 年提出申请，正好符合“近二十年”。所以，这件文书不仅反映了公元 820 年吐蕃在沙州将汉人百姓编成汉人军事部落的事实，而且表明了“悉董萨”即军事部落之一。① 阿骨萨部落和悉董萨部落的藏文转写分别为 rgod sar gyi sde 和 stong sar gyi sde，直译为“新武士部落”和“新千户部落”，均有军事部落的含义，这两个部落就是军事部落。它们保持独立，不再是吐蕃本部中翼（茹）擘三千户的直接下属部落。与吐蕃本部的千户部落相类似，平时由部落使及其下属官吏组织部落民户进行农牧业生产，交纳赋税，应征服役；战时则按部落成员身体强弱及职业特点编成军事编队出征，军事编队由充当作战主力之“射手”（vphongs）和负责承担“射手”的一些杂务并参与作战的“护持”（dgon）两部分人员组成。射手为“桂”，护持为“庸”，只不过二者身份并无高低贵贱之分。② 比之以前的行人部落和丝绵部落，这两个部落的地位有了很大提高。至于公元 820 年以前的行人部落，窃以为该部落由擘三千户直接管辖，主要负责敦煌地区的防御治安，并出征作战，其部落成员军事编队方式当与后来的阿骨萨部落和悉董萨部落相同。汉人被划分为桂、庸者身份同样无高低贵贱之分，只是分工不同而已：充作桂（即行人）者，在出征作战时充当主力；被定为庸者，在作战时主要承担后勤杂务，并且也参加战斗。

吐蕃在敦煌先设置由本部军事千户部落直接管辖的汉人行人部落和丝

① 王尧、陈践：《敦煌吐蕃文献选》，成都：四川民族出版社，1983，第 44～46 页；《敦煌古藏文文献选》，成都：四川民族出版社，1986，第 79 页；山口瑞凤：《沙州汉人による吐蕃二军团の创立とmkhar tsan 军团の位置》，《东京大学文学部文化交流研究施设研究纪要》第 4 号（1980），第 35 页；《吐蕃统治敦煌研究》，第 25、34 页。

② 参见《吐蕃统治敦煌基层兵制新考》，《中国史研究》2003 年第 4 期，第 71～84 页。

绵部落，然后又将这两个部落都设置成独立的行人部落（军事部落），这一做法也应该是源自本部地区。藏文史籍《拉达克王统记》记载，吐蕃先王聂墀赞普时期，“四卫戍部保卫陛下，四十四个豪奴东岱征服外敌，四十四个驯奴东岱管理内务”。[①] 匈牙利学者乌瑞先生认为这实际记载的是8世纪初期三四十年间通行的吐蕃王朝的国家组织形式，也许早在7世纪下半叶时这一组织形式已经通行。“豪奴东岱”就是军事千户部落（rgod stong sde），主要负责军事行动；“驯奴东岱”就是民户千户部落，由下等属民“庸”组成，主要负责农牧业生产。后来，到了赤松德赞时期（755～797年在位），吐蕃本部设有五茹六十一个军事千户部落，不再设有民户千户部落，这应该是吐蕃执政者对后者进行改编合并，将它们都变成了军事千户部落。吐蕃在敦煌同样采取了这些做法，也体现了当地汉人地位的逐步提高。

此后，吐蕃在敦煌又编成了一个汉人军部落，即Ch. 73，xv5号等吐蕃文文书记载的悉宁宗（snying tshom）部落[②]，该部落地位与阿骨萨部落和悉董萨部落相同，它们在敦煌文书中统称为“沙州三部落”。据山口瑞凤先生考证，悉宁宗部落设置于公元824年之后，其具体设置年代尚不能确定。[③]

敦煌文书Дx. 1462 + P. 3829号《吐蕃论董勃藏修伽蓝功德记》是分藏法、俄两国的两残卷，李正宇先生将它们拼接缀合为一件文书，其中有如下内容：

> 大蕃古沙州行人三部落兼防御兵马及行营留□/□记曰：国之治也、道泰寰被，教之明也、则庶士□□/□勤绩，果至功新。添百镒于金园，费七珍于□/□其监军论、宗源本吐蕃国人，望高则大□□□□□□曾皇祖论乞利悉耶，名悉囊西，征勃律国行军大节度使……皇考君，论乞利陁欸临波，任宰相幕府兼度支使……既监军论字号董勃藏，名金刚，敕充沙州三部落兼防御兵马行营留后大监军

① 〔匈〕乌瑞：《〈贤者喜宴〉分析研究》，王青山译，北京：中央民族大学藏族研究所编《藏学研究译文集》第一集，1983，第122页。

② 《敦煌西域古藏文社会历史文献》，第71页。

③ 参见《吐蕃统治敦煌研究》，第26～27页。

使，授大鍮石告身。为政也，助其国，优其民，称其才，委其任。[1]

此功德记的写作年代，李先生考证为公元 824 年以后。文书开头记载："大蕃古沙州行人三部落兼防御兵马及行营留□/□"，这一行文字当是该功德记的标题，前面留存部分正是吐蕃官员监军论董勃藏的职衔，而"论"为吐蕃官员之意。文书首先指出监军论董勃藏系吐蕃人，在记述了董勃藏之曾祖、高祖、祖、父在吐蕃的任职情况和功业后，又提到董勃藏名金刚，所任官职全称为"沙州三部落兼防御兵马行营留后大监军使"，为吐蕃统治敦煌的高级军政长官。将其与文书开头标题"大蕃古沙州行人三部落兼防御兵马及行营留□/□"相对照，可以发现沙州行人三部落正对应沙州三部落。敦煌文书中的沙州三部落系指阿骨萨、悉董萨、悉宁宗三个独立的敦煌汉人军事部落。那么据上引 Дx. 1462 + P. 3829 号《吐蕃论董勃藏修伽蓝功德记》的记载可知阿骨萨、悉董萨、悉宁宗三个军事部落可总称为"行人三部落"，而前面已论证了行人部落即军事部落，正与此相符。

P. 2449V0 号《尼患文》中有对吐蕃瓜州节度使论悉殉乞利塞去罗的一段赞文："流沙僧俗，敢（感）荷殊恩；百姓得入行人，部落标其籍信。"[2] 此中的"行人"同样正是征人、军士、桂之意。该文书称颂的正是吐蕃政权在公元 820 年以后将敦煌汉人全部编成独立的军事部落（总称行人二部落，以后又变成行人三部落），使其地位得到提高的善举。

公元 790～820 年吐蕃在河西地区驻扎有擘三千户，下辖敦煌行人、丝绵部落，这两个部落在 820 年被改建成阿骨萨和悉董萨两个独立的军事部落。阿骨萨部落应是从行人部落演变而来，而悉董萨部落的前身当系丝绵部落。由于此时敦煌汉人部落都成了独立军事部落，都可称为行人部落，所以原来的"行人部落"（rgod kyi sde）改称为"阿骨萨部落"（rgod sar gyi sde，新军部落）以示区别，而"丝绵部落"则易名为"新千户部落"

① 《俄藏敦煌文献》第 8 卷，第 192 页；《敦煌宝藏》第 131 册，第 190 页。参见《吐蕃论董勃藏修伽蓝功德记两残卷的发现、缀合及考证》，《敦煌吐鲁番研究》第 2 卷，第 250 页，李正宇先生的录文将第 1 行录作："大蕃古沙州行人部落兼防御兵马及行营留□/□"，少录一"三"字。

② 《法藏敦煌西域文献》第 14 卷，上海：上海古籍出版社，2001，第 95 页。

(stong sar gyi sde)，表明其已成为独立的新军事千户部落。S. 5812 号《丑年八月女令狐大娘牒》中出现了“丝绵部落”，前面提到该件文书年代为丑年，陈国灿先生考证为 821 年，此时丝绵部落已于公元 820 年改建为悉董萨部落。由于易名不久，所以文书沿用了该部落原来的习惯称号，这也是目前所知年代最晚的出现有“丝绵部落”的敦煌文书。这一情况也同样有力地证明了沙州汉人二军事部落确实成立于 820 年，在此之后当地原来的行人、丝绵二部落便不复存在。

公元 820 年以后，敦煌汉人部落成为独立的两个军事部落，不再是吐蕃中翼擘三千户的直接下属部落，地位得到了很大提高。820 年之前敦煌行人部落内部有上、下两部落，按左、右将编制，规模约为丝绵部落的两倍。行人、丝绵两个部落 820 年后分别成为阿骨萨部落和悉董萨部落，仍然保持了原有规模。这一点可以在 P. T. 1089 号《吐蕃官吏呈请状》中得到证明。该文书记载，在公元 820 年成立的敦煌汉人二部落中，有一个部落设置的职官名额较多，比另一个部落多设置了小千户长（stong cung）、财务官（mngan）、总水官（spyivi chu mngan）、部落营田官（sdevi zhing pon）等重要官职，基本上相当于一个部落的职官设置[①]，说明该部落较大，人数为另一部落的两倍左右，它的前身应是 820 年之前的敦煌行人部落。

至于后来成立的悉宁宗部落，据英藏敦煌吐蕃文文书 Ch. 73，xv5 号写卷记载：悉董萨部落有十将，阿骨萨部落有十将，悉宁宗部落有九将。[②]笔者以为悉宁宗当是从阿骨萨部落（即原来的行人部落）中分出。阿骨萨部落原有十九将，分出悉宁宗部落后只剩下十将，数量与悉董萨部落相等。悉宁宗部落成立后，敦煌共有三个独立的汉人军事部落，这也就是敦煌汉藏文书中经常提到的“沙州三部落”或“沙州汉人三部落”。

综上所述，吐蕃统治时期和归义军时期敦煌文书中的“行人”，除了一般意义上的路人、旅人之意外，还有征人、军士之意。吐蕃占领敦煌后于公元 790 年在当地设置了行人部落和丝绵部落，归属驻扎于河西地区的吐蕃中翼擘三千户管辖，也被统称为擘三部落。二者在吐蕃文文书中分别

---

① 《吐蕃统治敦煌研究》，第 123 ~ 124 页。

② 《吐蕃统治敦煌研究》，第 273 ~ 274 页。

写作 Rgod kyi sde 和 Dar pavi sde。行人部落系军事部落，规模较大，内部还分为上、下二部落，按左右将编制。主要负责当地的治安防御、出征作战，平时也从事一些农牧业生产。丝绵部落则主要承担蚕桑养殖、丝绵纺织和农牧业生产。二者都要交纳赋税，服各种官府劳役。公元 820 年在敦煌又成立阿骨萨和悉董萨两个独立的军事部落，取代了原来归属擘三千户管辖的行人、丝绵二部落，敦煌汉人的地位得到了很大提高。在公元 824 年以后某年又从规模较大的阿骨萨部落（由原来的行人部落演变而来）中分离出部分人口，成立了另一个军事部落悉宁宗部落，是谓敦煌汉人三部落，也总称为行人三部落。吐蕃在敦煌先设置由本部擘三军事千户管辖的行人和丝绵部落，后来又将它们都改编成独立的行人部落（军事部落）的做法也源自本部。

吐蕃统治结束之后，敦煌汉人部落也随之消失，归义军政权在敦煌恢复了乡一级建制，但是敦煌和瓜州地区仍然存在通颊退浑十部落[①]，由通颊及吐谷浑人组成，归义军设部落使管辖，吐蕃在当地设立的部落制度也对归义军政权产生了一定的影响。

第二节　部落使

吐蕃统治敦煌的部落使，学界多有研究[②]。部落使随部落而设，吐蕃人与敦煌汉人都可以担任，一般吐蕃人为正职，汉人为副职，主管部落各项军事、民政事务，如率领部落成员出征作战、征收赋税、征发劳役等。兹据汉藏史料对吐蕃统治敦煌的部落使设置沿革再作一些探讨，以期将对该问题的研究引向深入。

一　蕃占时期敦煌部落的设置沿革

吐蕃占领敦煌之后，变更了唐朝乡一级的建制，改设部落。部落系吐

① 唐耕耦、陆宏基：《敦煌社会经济文献真迹释录》第 4 辑，北京：全国图书馆文献缩微复制中心，1990，第 386 页。

② 主要研究论著有〔匈〕乌瑞：《公元九世纪前半叶吐蕃王朝之‘千户’考释》，吴玉贵译，《国外藏学研究译文集》第 2 辑，第 49 ~ 53 页；杨铭：《吐蕃统治时期的部落及土地制度》，《将（Tshan）》，载《吐蕃统治敦煌研究》，第 21 ~ 36、269 ~ 282 页；金滢坤：《吐蕃统治敦煌时期的部落使考》，《民族研究》1999 年第 2 期，第 73 ~ 77 页。

蕃本部建制，亦称千户。吐蕃在本部设有五茹六十一千户，部落之长官即部落使，吐蕃文为 stong pon，其意为千户长，负责对整个部落的部众进行管理。

敦煌文书中经常出现有部落使，《沙州文录补·康再荣建宅文》记载康再荣在吐蕃时出任纥骨萨部落使。[①] P. T. 1089 号《吐蕃官吏呈请状》记载，在公元 820 年成立的敦煌汉人二部落中，每个部落都设有吐蕃人担任的小千户长（stong cung）和汉人担任的副千户长（stong zla）各一人，另外有一个部落还多设了一个由汉人担任的小千户长。P. T. 1089 号文书还记载，在公元 830 年（狗年）敦煌蕃汉官员中，有吐蕃方面任命之千户长（stong pon bod las）、汉人方面任命之副千户长（stong zla rgya las）、吐蕃方面任命的小千户长（stong cung bod las）、汉人方面任命之副小千户长（stong cung gi zla rgya las）。[②]

由上可知，吐蕃统治时期在敦煌地区一直设有部落使之职，担任者有吐蕃人和汉人，是节儿、都督等军政长官属下的重要官职。由于吐蕃在敦煌设置的部落前后变动很大，所以蕃占时期敦煌部落使的任职情况究竟如何尚有许多待探讨之处。敦煌部落使的任职情况与吐蕃统治时期敦煌部落的设置沿革密切相关，因此在探讨这一问题之前，首先需要弄清敦煌部落的设置沿革情况。对敦煌部落的设置沿革笔者前面专门进行了探讨[③]，这里对其再作简要论述。

1. *蕃占初期*（786～790）

“安史之乱”爆发后，吐蕃乘驻守唐军东调平叛之机逐步占领了河陇西域之地，敦煌经过历时八年的长期抵抗后终于被迫与吐蕃签订城下之盟，在公元 786 年以“苟毋徙佗境，请以城降”[④] 的条件降蕃。吐蕃占领敦煌后，开始取消唐朝的乡一级建制，参照吐蕃本部的行政建制，划分部落，推行蕃制。

---

① 罗福苌：《沙州文录补》，《罗雪堂先生全集》四编第 12 册，台湾：大通书局有限公司，1972，第 5838～5839 页。

② 《吐蕃统治敦煌研究》，第 126 页。

③ 参见本书第五章第一节“吐蕃统治敦煌的行人、行人部落”。

④ 陈国灿：《吐蕃陷落沙州城的时间问题》，《敦煌学史事新证》，第 472～485 页；《新唐书》卷二一六《吐蕃传下》，第 6101 页。

吐蕃最初设立了乡部落和僧尼部落、道门亲表部落等。P. 2259 背《龙勒乡部落管见在及向东人户田亩历》残卷记载：“龙勒乡部落，合当部落管见在及向东人户总二百十（?）五户。九十二全家向东，□廿八有田。”①表明吐蕃在占领敦煌后随即将唐朝所设敦煌十三乡改建为乡部落，并统计人口和田亩，以便征发赋税和徭役。

S. 11344AV + BV《官人封户名簿（?）》是同一件文书的两块残片缀合，属吐蕃时期，其中载有部落使、副使及厨官，录文如下：

S. 11344AV：（前缺）

1. 厨官效□□/□

2. 效丁四郎老　效侯音□□/□

3. □/□□□/□

（后缺）

S. 11344BV：（前缺）

1. 卅六人部落使及副部□/□

2. □/□□□封户沙高延英□/□

（后缺）②

效即效谷乡，沙即神沙乡，此件文书残片中的“部落使”和“副部［落使］”当是蕃占初期所设立的效谷、神沙等乡部落的官员。

对于佛、道二教人士，吐蕃当局将他们分别单独编成部落。S. 2729《辰年三月僧尼部落米净辩牒》③ 的内容为报告敦煌僧尼部落所属龙兴、大云、莲台、灵图等十三寺僧尼的情况，“辰年”，藤枝晃考订为 788 年。文书记载僧尼部落共有 310 名僧尼，该文书中的僧尼并未注明还属于除僧尼部落外的其他部落，表明此时敦煌僧尼是单独编籍自成部落，与普通民户部落分开而独立。P. 4640《大蕃故敦煌郡莫高窟阴处士公修功德记》④ 谓

① 《法藏敦煌西域文献》第 10 卷，上海：上海古籍出版社，1999，第 215 页。

② 《英藏敦煌文献》第 13 卷，成都：四川人民出版社，1995，第 231 页。

③ 唐耕耦、陆宏基：《敦煌社会经济文献真迹释录》第 4 辑，第 194 ~ 204 页。

④ 唐耕耦、陆宏基：《敦煌社会经济文献真迹释录》第 5 辑，第 222 页。

沙州人阴伯伦，“及宰辅给印之初，垂祛补职蕃朝，改受得前沙州道门亲表部落大使”。“宰辅”即《新唐书》卷二一六《吐蕃传下》所记载的指挥吐蕃军队攻陷敦煌，并奉赞普之命代守城池的吐蕃将领尚乞心儿。“沙州道门表亲部落”是吐蕃占领敦煌后设立的由道士、女官及其有关内亲、外亲所组成的一个千户（部落）。

2. 蕃占中期（790～820）

在对敦煌地区的统治逐渐稳定之后，吐蕃当局又于午年（790）重新划分部落，S. 3287 号背《子年（9 世纪前期）五月左二将百姓汜履倩等户口状》① 中出现了擘三部落、下部落、丝绵部落，文书中记载的民户被分为午年见在人口和午年后新出生人口，午年应是划定部落之年。P. 3774 号《丑年（821）十二月沙州僧龙藏牒》中也记有“从分部落午年”字样②，学界已考证出 S. 3287 号背《子年（9 世纪前期）五月左二将百姓汜履倩等户口状》中记载的“午年”为 790 年，子年为 808 年。③ 790 年之后“擘三部落”“下部落”及“丝绵”“行人”等部落陆续出现于敦煌文书之中，而前面提到的“乡部落”和“僧尼部落”“道门表亲部落”等再未出现，说明 790 年后这几个早期部落已经被上面列举的部落所取代。

敦煌当时还有上部落存在，P. 3444 号《寅年（810?）四月五日上部落百姓赵明明便豆契》④ 表明，吐蕃统治下的敦煌上部落百姓要从事农业生产。S. 2228/1，S. 2228/2《亥年六月十一日修城役丁夫名簿》记载了丝绵部落和上部落民户修城名单⑤，由该文书可知丝绵部落和上部落百姓还要为吐蕃当局提供力役。在敦煌吐蕃文书中“上部落”写作 tshang stod gyi sde，含义为上家部落，见于 P. T. 1297 号买马契约文书。⑥

除去擘三、丝绵、上、下部落外，在这一时期的汉文文书中还出现有

---

① 唐耕耦、陆宏基：《敦煌社会经济文献真迹释录》第 2 辑，第 378～379 页。

② 唐耕耦、陆宏基：《敦煌社会经济文献真迹释录》第 2 辑，第 284 页。

③ 参见李正宇《吐蕃子年（808 年）沙州百姓汜履倩等户籍手实残卷研究》，《1983 年全国敦煌学术研讨会文集·文史、遗书编》，兰州：甘肃人民出版社，1987，第 176～218 页。

④ 唐耕耦、陆宏基：《敦煌社会经济文献真迹释录》第 2 辑，第 80 页。

⑤ 《英藏敦煌文献》第 4 卷，成都：四川人民出版社，1991，第 49～50 页，唐耕耦、陆宏基：《敦煌社会经济文献真迹释录》第 2 辑，第 404～403 页将文书第 13 行录作：“□部落”，笔者仔细辨认原卷图版照片，认为应作“上部落”。

⑥ Tsuguhito Taceuchi. *Old Tibetan documents from central Asia*. Daizo Shuppan. Tokyo. 1995. pp. 153－158，plates. 7.

行人部落。S. 1864《佛说维摩诘经》题记[①]记载，甲戌年（794）敦煌行人部落已经成立。S. 5824号《经坊供菜关系牒》记载行人部落与丝绵部落一起为僧人和写经生供菜。[②] 笔者认为，这一时期的敦煌擘三、行人和丝绵三个部落存在一种隶属关系：行人部落与丝绵部落是公元790～820年吐蕃在敦煌设置的两个非独立的汉人部落，他们是由驻扎在敦煌的吐蕃中翼军事千户擘三部落管辖，按分工不同而分别组建，一个主要负责征战防御，另一个主要负责农桑生产。行人部落又分为上、下二部，分别称上部落和下部落。吐蕃文文书中的"Rgod kyi sde"和"Dar pavi sde"分别是汉文文书中"行人部落（军事部落）"和"丝绵部落"的吐蕃文对译。[③]

3. 吐蕃统治后期（820～848）

到了公元820年，吐蕃政权对敦煌的部落重新进行了调整。P. T. 1089号《吐蕃官吏呈请状》记载："鼠年之夏，大尚论到边境举行陇州（long cu）会议之际，将把沙州汉人分成二个部落（sde gnyis），分派公务与任命官员，并下达布告。"鼠年即为公元820年，此时成立的敦煌汉人二部落即敦煌文书经常出现的阿骨萨部落（rgod sar gyi sde）和悉董萨部落（stong sar gyi sde），它们是两个独立的汉人军事部落，不再受吐蕃擘三部落管辖，对此山口瑞凤和杨铭先生已作了深入研究。[④]

在此之后，据P. T. 1113号文书记载，吐蕃又于辰年在敦煌设置一通颊（mtong khyab）新军事千户。[⑤] 此辰年为长庆四年（甲辰，824）。[⑥] 通颊是唐代吐蕃在其东北边境设立的部落组织，成员可能为来自黄河河源地区的藏、羌、汉等族，由部落内婚制形成部落统一体，通颊与吐谷浑构成吐蕃的下勇部，专与唐朝为敌。吐蕃攻陷河陇西域后，通颊部落随之进入这一地区。在敦煌地区设立的通颊千户，其成员当来自河源等地区，不是由当地汉人组成的部落[⑦]，其地位也要高于敦煌汉人部落。

通颊部落成立后，吐蕃在敦煌又编成了一汉人军部落，即Ch. 73, xv,

---

① 黄永武主编《敦煌宝藏》第14册，第213页。

② 唐耕耦、陆宏基：《敦煌社会经济文献真迹释录》第2辑，第412页。

③ 参见本书第五章第一节"吐蕃统治敦煌的行人、行人部落"。

④ 参见杨铭《吐蕃统治敦煌研究》，第123、128～129页。

⑤ 王尧、陈践：《敦煌吐蕃文书论文集》，第186页；藏文第378页。

⑥ 参见《吐蕃统治敦煌研究》，第26页。

⑦ 参见荣新江《通颊考》，《文史》第33辑，北京：中华书局，1990，第119～144页。

5号等吐蕃文文书记载的悉宁宗（snying tshom）部落[1]。山口瑞凤、杨铭先生认为悉宁宗部落成立于824年以后[2]，具体年代尚不能确定。至此敦煌就有了三个汉人军事部落，即敦煌文书中常见的“汉人三部落”。金滢坤先生认为：“所谓‘三部落’，有两个部落是在公元820年建立的汉人军部落，即悉宁宗部落和悉董萨（悉东萨或思董萨部落）；另一个是公元824年以后建立的汉人军部落，即纥骨萨部落。”[3] 他将纥骨萨和悉宁宗两个部落的成立时间分别定在公元824年以后和公元820年，而实际情况应是纥骨萨部落成立于820年，而悉宁宗部落成立于824年之后某年。

二　蕃占时期敦煌部落使的任职情况

通过对吐蕃敦煌部落的设置沿革进行考察，我们就可以对敦煌文书中出现的吐蕃敦煌部落使的任职情况和任职时间有一大致了解。

1. 蕃占初期（786～790）

此时敦煌设有龙勒、效谷、神沙等乡部落和僧尼部落、道门表亲部落，前引S. 11344AV + BV号文书中出现有部落使和部落副使以及效谷、神沙等乡，表明蕃占初期设立的龙勒、效谷、神沙等乡部落设有部落使和部落副使。P. 3481号《愿文》云：

> 粤有千寻石祥，侧万龛灵塔安排，四□□一心，孰與？则我大檀越大蕃部落使，河西节度、太原阎公，惟公操列寒松，心横劲草，在官国慎，清异人知，令参远向于天朝，政化大□于道路。[4]

此“太原阎公”系自称河西节度使，带领敦煌军民抗击吐蕃达八年之久的阎朝，在弹尽粮绝被迫降蕃后担任了由唐朝所设之乡改建而来的龙勒、效谷、神沙等乡部落中的某乡部落使，统领汉族民众。不久阎朝便遭到猜忌，吐蕃当局怀疑他要“谋变”，随之对他下了毒手，“置毒靴中而死”。[5]

---

① 〔英〕F. W. 托马斯：《敦煌西域古藏文社会历史文献》，刘忠、杨铭译，第71页。

② 《吐蕃统治敦煌研究》，第26页。

③ 金滢坤：《吐蕃统治敦煌时期的部落使考》，《民族研究》1999年第2期，第75页。

④ 杨富学、李吉和：《敦煌汉文吐蕃史料辑校》第1辑，第190页。

⑤ 《新唐书》卷二一六《吐蕃下》，第6101页。

他在786年后担任此职，任职时间很短。

前引P.4640《大蕃故敦煌郡莫高窟阴处士公修功德记》记载沙州人阴伯伦在蕃占初期担任沙州道门亲表部落大使，其任职时间为786～790年。由于S.11344AV+BV号文书中出现有效谷、神沙等乡部落的部落使和部落副使，而吐蕃敦煌部落一般都由吐蕃人担任部落使，汉人担任副部落使（详后），所以P.3481号《愿文》和P.4640《大蕃故敦煌郡莫高窟阴处士公修功德记》中记载的阎朝和阴伯伦所担任之部落使当为副部落使。

至于这一时期成立的僧尼部落，在敦煌文书中并未发现僧尼部落使，由于蕃占时期敦煌僧团一直由都僧统（都教授）统领的都僧统司管辖，所以笔者以为敦煌可能没有设僧尼部落使。

2. 蕃占中期（790～820）

这一时期出现的部落使有P.3744号《丑年（821）十二月沙州僧龙藏》记载的僧人龙藏之父："一先家中无羊，为父是部落使，经东衙算赏羊卅口、马一匹、耕牛两头，牸牛一头，绯毯一。齐周自出牧子，放经十年。后群牧成，始雇土浑放牧。至丑年羊满三百，小牛驴共卅头，已上耕牛十头，尽被贼将。"[①] 丑年为821年，自821年上推十余年正是800～810年，所以齐周（龙藏）之父担任部落使，吐蕃东道节度使对其赏赐羊马之事当发生在800～810年之间。从P.3744号《丑年（821）十二月沙州僧龙藏》内容来看，龙藏之父在800～811年已担任部落使，至于他在丑年（821）是否还担任部落使，文书没有明确记载，当然龙藏之父在821年仍然担任部落使的可能性也不排除。另据P.3744号《丑年（821）十二月沙州僧龙藏》记载，齐周（龙藏）以前曾"看丝绵硙"[②]，系丝绵部落之人，则龙藏之父当担任丝绵部落使，该职务实际应是专由汉人担任的丝绵部落副部落使。

另外，在这一时段的敦煌文书中还出现有橑笼部落使，在S.542《戊年（818）六月诸寺丁口车牛役簿》出现有"龙供橑笼部落使麦草两车箱""橑笼麦草壹车箱"[③]，"龙"系龙兴寺，"供"乃供给之意。"橑笼部落"

① 唐耕耦、陆宏基：《敦煌社会经济文献真迹释录》第2辑，第283页。
② 唐耕耦、陆宏基：《敦煌社会经济文献真迹释录》第2辑，第285页。
③ 唐耕耦、陆宏基：《敦煌社会经济文献真迹释录》第2辑，第392页。

至今只见于这一件文书，并未在其他文书中出现过。所以，窃以为橑笼部落有可能也是设置于与敦煌相邻的瓜州等地的部落，并非敦煌当地部落，或者橑笼亦可能是一人的姓或名，此人曾担任敦煌某部落之部落使。此外，学界还有意见认为沙州还有中元部落[①]，但是所谓中元部落只见于 S. 1291《某年三月一日曹清奴便豆契》，实际该文书中只出现有“中元部”三字[②]，所以并不能证明敦煌有中元部落存在。

3. 蕃占后期（820～848）

820 年阿骨萨部落和悉董萨部落成立，取代了由吐蕃擘三部落管辖的行人和丝绵部落，此后相继成立了通颊和悉宁宗部落，吐蕃在敦煌的统治进入了一个新时期。P. T. 1089 号《吐蕃官吏呈请状》记载在 820 年成立的敦煌汉人二军事部落中，任命查洛·帕索（tshar lo spa sho）、塞·拉玛（ser lha rma）分别为两个部落的小千户长，阎本（yem pheng）为其中一个部落的副千户长，康塞堂（khang sevu tam）为另一个部落的副千户长。康塞堂这个部落另设一个小千户长，级别在副千户长之下，由张德多（cang devu vdo）担任。康塞堂担任副千户长的部落比阎本担任副千户长的部落多设有小千户长、财务官、普通水官、部落营田官等官职[③]，几乎相当于一个部落官员的建制。

窃以为吐蕃人塞·拉玛担任小千户长和汉人康塞堂担任副千户长、张德多担任小千户长的这个部落当是由 820 年以前的敦煌行人演变而来的阿骨萨部落。

后来吐蕃政权对敦煌汉人军事部落的职官设置又重新作了调整，在 830 年，由吐蕃人担任敦煌汉人军事部落的千户长（stong pon，部落使）和小千户长（stong cung，小部落使），由汉人担任部落的副千户长（stong zla，副部落使）和副小千户长（stong cung gi zla，副小部落使）。[④] 有可能是在各部落增设了部落使，即一个部落由吐蕃人担任千户长（部落使）和小千户长（小部落使），汉人担任部落的副千户长（副部落使）和副小千户长（副小部落使）。

---

① 杨铭：《吐蕃统治敦煌研究》，第 23 页。

② 沙知：《敦煌契约文书辑校》，南京：江苏古籍出版社，1998，第 152 页。

③ 《吐蕃统治敦煌研究》，第 123～124 页。

④ 参见《吐蕃统治敦煌研究》，第 123～124 页。

P. 3744 号《丑年（821）十二月沙州僧龙藏》记载："一、宣子趁入所由印，用麦八驮，付张剑奴，驴一头与部落使乞心儿。"① 部落使乞心儿系吐蕃人，为龙藏所在部落的长官。龙藏所在部落为丝绵部落，821 年丝绵部落已改建为阿骨萨部落。由于文书没有明确记载宣子交付驴一头与部落使乞心儿的具体时间，所以吐蕃人乞心儿担任之部落使有可能是丝绵部落使（时间在 820 年之前），也有可能是悉董萨部落使（时间为 820 以后）。而前揭《沙州文录补·康再荣建宅文》记载康再荣出任纥（阿）骨萨部落使，则其任职时间必在 820 年以后。吐蕃实行父死子继的职官制度，本书第四章曾提到敦煌杜氏、安氏、张氏父子都曾相继担任都督、副都督之职，部落使同样如此，所以康再荣与 P. T. 1089 号《吐蕃官吏呈请状》记载的 820 年担任沙州汉人阿骨萨部落副千户长的康塞堂应该是出自同一个家族，二人有可能是父子关系。同样，P. T. 1089 号《吐蕃官吏呈请状》记载的 820 年担任沙州汉人悉董萨部落副千户长的阎本与 P. 3481 号《愿文》记载的蕃占初期的大蕃部落使阎朝同样可能是父子关系。康氏、阎氏都是敦煌地区的世家大族。《资治通鉴》卷二四九记载大中五年（851）敦煌大族张议潮起义遣使归唐，《通鉴考异》引《实录》云："五年，二月，壬戌，天德军奏沙州刺史张义潮、安景旻及部落使阎英达等差使上表，请以沙州降。"② 部落使阎英达应该是阎本的后人，担任吐蕃敦煌汉人悉董萨部落副千户长。P. 3301《吐蕃时期敦煌僧人分配斋儭历》记载有阎部落使③，此人应该是阎本或阎英达。

P. 2631《释门文范》在提到了沙州二都督之后又称："三部落使和声应；百姓云集，僚吏同携，建伽蓝所，兴百日之役。"④ 此"三部落使"当系阿骨萨、悉董萨、悉宁宗三个部落的部落使，该文书时间在 824 年之后。P. 3770《发愿文》记载："时则有节儿监军及良牧杜公，为城隍□安之所为也。……蕃汉部落使[张]二悉诺等，功名攸著，檐音□□。"⑤ 节儿监军

① 唐耕耦、陆宏基：《敦煌社会经济文献真迹释录》第 2 辑，第 285 页。

② 《资治通鉴》，第 8049 页。

③ 《法藏敦煌西域文献》第 23 卷，上海：上海古籍出版社，2002，第 115 页。

④ 杨富学、李吉和：《敦煌汉文吐蕃史料辑校》第 1 辑，第 200 页。

⑤ 杨富学、李吉和：《敦煌汉文吐蕃史料辑校》第 1 辑，第 194 页。

即节儿观察使（rtse rje spyan），也即万户都护（khrispyan）[①]，此职出现于820年以后，所以部落使张二悉诺当系820年之后的阿骨萨或悉董萨部落使。由于P. T. 1089号《吐蕃官吏呈请状》记载820年张德多担任沙州汉人阿骨萨部落小千户长，所以张德多与张二悉诺应该是父子关系或同族关系，张二悉诺应该担任阿骨萨部落副千户长或副小千户长。

吐蕃统治时期敦煌汉人部落实行以吐蕃人为部落使、汉人为副部落使的双轨制统治，吐蕃人和汉人部落使共同负责管理部落民众，征收赋税。吐蕃人担任正职而敦煌汉人一般只担任副职的情况表明，吐蕃当局对当地汉人心存忌惮，对占领区以汉族为首的各族民众进行一定程度的民族压迫。敦煌汉人部落使除协助吐蕃当局进行统治外，也一直在为维护汉族民众的利益进行着不懈的斗争。据P. T. 1083和P. T. 1085号文书记载，在820年敦煌汉人百姓组成独立的两个军事部落——阿骨萨、悉董萨部落之后，汉人的地位有所提高，以汉人部落使为首的部落民众向吐蕃当局提出申诉，要求禁止吐蕃权贵掳掠当地人口和对当地居民加征赋税[②]。

前面提到除汉人部落外，吐蕃在敦煌还设有一个通颊部落，该部落成立于824年，地位高于敦煌汉人部落，可能直接归属瓜州节度使管辖。通颊部落使在敦煌文书中也有出现，敦煌文书P. T. 1094号《鸡年博牛契》记载鸡年悉董萨部落李玉赉主仆从通颊斯东巴部落千夫长贪论嘘律扎之奴安鲍迪处，以三两纯银购黄牛一头[③]，通颊斯东巴部落千夫长贪论嘘律扎（mthong kyab se tong pa'i stong pon lho blon klu sgra'I）即敦煌通颊部落的部落使，其任职年代必在824年以后。

三　吐蕃敦煌部落使的僚属及所谓三部落使

关于吐蕃敦煌部落使的僚属，据P. T. 1089号《吐蕃官吏呈请状》记载，公元820年在阿骨萨、悉董萨部落设有部落收税官和地方财务总管、总大收税官、部落水官、总大营田官、财务官、部落营田官、总水官、水

① 参见陆离《吐蕃统治敦煌的监军和监使》，《中国藏学》2010年第2期。

② 王尧、陈践：《敦煌吐蕃文书论文集》，第44～45页。

③ 王尧、陈践：《敦煌吐蕃文书论文集》，第29页。Tsuguhito Takeuchi . *old Tibetan Contracts from Central Asia*, Daizo Shuppan, Tokyo, 1995, pp. 139－144, plates, p. 3.

官等人。其中阿骨萨部落由于人数较多，所以该部落所设官员要比悉董萨部落多四人，而且该部落吐蕃人担任的小千户长为红铜告身，级别也高于悉董萨部落吐蕃人担任的小千户长的小红铜告身。详见下表：

甲部落（悉董萨部落）	乙部落（阿骨萨部落）
小千户长（stong cung）（吐蕃人担任）1 人，小红铜告身	小千户长（stong cung）（吐蕃人担任）1 人，红铜告身
副千户长（stong zla）1 人	副千户长（stong zla）1 人
部落收税官（sde gcig gi khral pon）和地方财务总管（gzhi rdzongs）1 人	部落收税官（sde gcig gi khal pon）和地方财务总管（gzhi rdzongs）1 人
总大收税官（spyivi khral pon ched po）1 人	财务官（mngan）2 人
部落水官（sdevi chu mngan）1 人	部落水官（sdevi chu mngan）1 人
总大营田官（spyivi zhing pon ched po）1 人	部落营田官（sdevi zhing pon）2 人
水官（chu mngan）1 人	水官（chu mngan）1 人
	总水官（spyivi chu mngan）1 人
	小千户长（stong cung）1 人
合计 7 人	合计 11 人

时间在二汉人军部落成立之前的 P. 3613《申年（816）正月令狐子余牒及判词》中出现有水官、营田官、营田副使①，816 年正是吐蕃统治中期，窃以为这些官员是吐蕃擘三部落所辖丝绵、行人部落的官员，他们相当于后来阿骨萨、悉董萨部落的水官、总大营田官、部落营田官。文书牒状记载申诉人令狐子余称："右子余上件地，先被唐朝换与石英顺。其地替在南支渠，被官割种稻，即合于丝绵部落得替。"表明令狐子余系丝绵部落百姓，则负责处理令狐子余土地诉讼案件的营田副使阚某和水官令狐通当系丝绵部落官员。

汉文文书记载判官也是部落官员之一。P. 2763V（2）《吐蕃巳年（789）七月沙州仓曹典赵琼璋上勾覆所牒》云：

右奉使牒前件给用文帐事，须勘责，差官勾覆牒举者。使判，差白判官勾者，准判，牒所由者，辰年九月四日已后，至十二月卅日，

① 唐耕耦、陆宏基：《敦煌社会经济文献真迹释录》第 2 辑，第 281～282 页。

应给用斛斗等勘造讫，具录申勾覆所者，谨录状上。

牒，件状如前，谨牒。

巳年七月日典赵琼璋牒。

仓督氾庭之

仓曹杨恒谦①。

此文书是蕃占初期的文书。该文书表明吐蕃统治初期敦煌官府设有勾覆所，由判官等对仓曹上报的粮食账目进行勾检，则该判官职能系负责财务审查。P. 2807 号《斋文》有："部落使判官等僚并明鉴时务。"② 表明判官级别在部落使之下。P. T. 1089 号《吐蕃官吏呈请状》记载在 820 年在阿骨萨、悉董萨部落设有部落收税官和地方财务总管、总大收税官，其职能与蕃占初期敦煌汉文文书中的勾覆所判官职能相当，他们应该都可称为判官。P. 3699 号《祈愿文》有"三部落二判官"的记载，此二判官当是 830 年以后的阿骨萨、悉董萨、悉宁宗三个部落的部落收税官和地方财务总管等官员。

在判官之下还有仓曹。此官职即吐蕃文文书中的仓岸（stsang-mngan），在蕃占后期全称为"三部落仓曹及支计等使"，简称仓曹，也即 P. T. 1089 号《吐蕃官吏呈请状》中出现的财务官③。P. 4638 号《大番故敦煌郡莫高窟阴处士公修功德记》记载敦煌世家大族阴嘉政之弟阴嘉珍曾担任"大蕃瓜州节度行军并沙州三部落仓曹及支计等使"④。阴嘉珍担任沙州三部落仓曹及支计等使时，敦煌汉人三部落都已成立，时间当在 824 年之后。

敦煌汉文文书中还出现有"乡官"一职，P. 2807 号《祈愿文》云：

部落使等并诸寮采，愿俸禄弥厚，……番教授愿敷扬政术，镇遏玄门……教授阇梨等，愿驾三车□□……诸乡官父文檀越优婆夷等，

① 唐耕耦、陆宏基：《敦煌社会经济文献真迹释录》第 2 辑，第 63、65 页；《敦煌社会经济文献真迹释录》第 1 辑，第 487 页。

② 杨富学、李吉和：《敦煌汉文吐蕃史料辑校》第 1 辑，第 236 页。

③ 参见陆离《唐五代敦煌的司仓参军、仓曹、仓司》，《兰州大学学报》2003 年第 4 期。

④ 郑炳林：《敦煌碑铭赞辑释》，第 241 页。

愿常归佛日。[①]

从 P. 2807 号《祈愿文》来看，吐蕃统治下的敦煌乡官在部落使及诸寮采、番教授、教授阇梨等僧俗官吏之后出现，其地位在部落使及其诸寮采之下。乡官当是部落之下级建制将的负责人将头，一个部落一般设有九至十将。

此外敦煌文书中还有监军和监使，S. 5812 号《丑年（821）八月女令狐大娘牒》云：

> 经七、八年，后致三部落了监军，借张鸾堂一、南房一、厨舍一、小庑舍，共四口，又借尊严庑舍草院，着马。亦经五、六年，监军死后，两家各自收本分舍，更无言语论理。[②]

金滢坤先生将其中的“致三部落了监军”列为敦煌部落使之下属[③]。丑年，陈国灿先生定为公元 821 年[④]，则致三部落了监军的活动时间在 821 年之前。“致三部落”可能指 797 年敦煌行人部落分为上、下二个部落，加上丝绵部落，一共有三个汉人部落。监军应该是吐蕃在敦煌的军政长官沙州监军，职位当在擘三军事部落下属的行人、丝绵部落部落使之上。S. 11454F 号文书则记载：“左八……亥年五月六日白羯二供殿下。……左十……（十二月）十三日白母一口供□/□丝绵监军。”[⑤] 丝绵部落是吐蕃擘三部落的下属部落，820 年沙州二军事部落成立后消失，此丝绵监军当设立于公元 790 ~ 820 年之间，丝绵部落监军职位在擘三军事部落监军之下。由于 P. T. 1089 号《吐蕃官吏呈请状》记载的 820 年敦煌阿骨萨、悉董萨部落使下属官员中没有监军，所以悉董萨部落的前身丝绵部落的监军职位当不低于丝绵部落使。

S. 2763《巳年（789）沙州仓曹会计牒》云：“十一月七日，贷部落监

---

① 《敦煌汉文吐蕃史料辑校》第 1 辑，第 197 页。
② 唐耕耦、陆宏基：《敦煌社会经济文献真迹释录》第 2 辑，第 278 页。
③ 金滢坤：《吐蕃统治敦煌时期的部落使考》，《民族研究》1999 年第 2 期，第 76 页。
④ 陈国灿：《唐朝吐蕃陷落沙州城的时间问题》，《敦煌学史事新证》，第 483 页。
⑤ 《英藏敦煌文献》第 13 卷，成都：四川人民出版社，1995，第 284 页。

使软勃訇强……监部落使名悉思恭。”[①] 又 P. 2654《巳年（789）沙州仓曹会计牒》记载沙州仓曹所辖官仓给吐蕃监使、监部落使等人贷借粮食：“十月廿三日贷牒吐蕃监使软勃訇强……十一月七日贷监部落使名悉思恭。”[②] 金滢坤先生将 S. 2763 和 S. 2654 文书中的部落监使、监部落使都列为敦煌部落使之下属。[③] 笔者认为，S. 2763 号文书中的部落监使软勃訇强在 S. 2654 号文书中又称为监使，监使即监军，亦称监军使（详下），这一官职与吐蕃沙州监军品级相当。而这两件文书中的监部落使系 790 年之前的敦煌乡部落监军，与 790 年后的丝绵部落监军品级相当，将 S. 2763、S. 2654 号文书中的部落监使、监部落使都列入吐蕃敦煌部落使的下属不妥。

此外，金文在论述敦煌部落使时称敦煌还有三部落使：“Дx. 1462 + P. 3829 号《吐蕃论董勃藏修伽蓝功德记》：‘既监军论字号董勃藏，名金刚，敕充沙州三部落兼防御兵马行营留后大监军使’。……这三个汉人军部落，归吐蕃沙州节儿管辖，同沙州敦煌县其它居民部落性质有别，故单列合称为‘沙州三部落’。论董勃藏兼任三部落使，在众部落使中当以‘三部落使’最为显要。”[④] 对于这一观点，笔者认为还有值得商榷之处。

金文认为董勃藏担任的“沙州三部落兼防御兵马行营留后大监军使”即三部落使，实际上也是承袭了李正宇先生的观点。[⑤] 但是，敦煌汉藏文书中未出现过一人担任三个部落之部落使的吐蕃人或汉人，吐蕃统治敦煌所设置的部落使都是只负责一个部落事务的长官，如 P. T. 1089《吐蕃官吏申请状》记载 820 年敦煌阿骨萨、悉董萨部落成立后，即任命两个吐蕃人和两个汉人分别担任此二部落的小千户长和副千户长（即部落使），830 年仍然分派吐蕃人和汉人分别担任二部落的正、副千户长和小正、副千户长，所以论董勃藏不可能一人通管三个部落，担任沙州三部落使。

那么论董勃藏担任的究竟是什么职务呢？其实文书 Дx. 1462 + P. 3829

① 《敦煌社会经济文献真迹释录》第 1 辑，第 486 页。

② 《敦煌社会经济文献真迹释录》第 1 辑，第 492 页。

③ 金滢坤：《吐蕃统治敦煌时期的部落使考》，《民族研究》1999 年第 2 期，第 76 页。

④ 金滢坤：《吐蕃统治敦煌时期的部落使考》，《民族研究》1999 年第 2 期，第 75 页。

⑤ 参见《吐蕃论董勃藏修伽蓝功德记两残卷的发现、缀合及考证》，《敦煌吐鲁番研究》第 2 卷，第 250 页。

号《吐蕃论董勃藏修伽蓝功德记》的有关内容对此已经明白表露。文书明确记载吐蕃官员论董勃藏之职务全称为“沙州三部落兼防御兵马行营留后大监军使”，简称监军论、监军。“行营留后”当是指吐蕃在敦煌设置的军政机构长官，“沙州三部落兼防御兵马行营留后”是指该官员的职权范围涉及沙州三部落的行政、敦煌地区的防务，“沙州三部落兼防御兵马行营留后大监军使”具体负责对这些军政要务和吐蕃沙州军政官员进行监察和管理。这一官职是吐蕃统治敦煌的高级军政官员，仅次于沙州最高军政长官乞利本，为吐蕃所特有，具体负责敦煌一地的司法、赋税征收、地亩勘验、军事防御等军政要务，在吐蕃文文书中被称为节儿悉编（rtse rje spyan）①。这一职官在吐蕃统治敦煌时期一直设置。

吐蕃统治敦煌所设立的部落使源自吐蕃本部，在吐蕃占领河陇西域后出现在这一地区。这一职官在吐蕃对当地的统治中发挥了重要作用，并产生了深远影响。吐蕃统治结束后，归义军政权在相当长的一段时间内仍设有部落使。归义军初期的 S. 1164《回向发愿文（拟）》在为当时大唐圣主、都僧统、尚书、侍御史、释门教授、法律、都督等人祈福后，又云：“次用庄严，都部落使等：惟愿福禄唯永，欢娱日新。”② 这个都部落使可能是阎英达，因为在归义军政权中地位显要，所以他由吐蕃时期的悉董萨部落副千户长升任归义军政权的都部落使，但是之后归义军政权恢复唐制，汉人部落撤销，都部落使也不复存在。曹议金统治初期的 S. 4276《管内三军百姓奏请表》云：“归义军节度左都押衙银青光禄大夫检校国子祭酒兼御史大夫安怀恩并州县僧俗官吏兼二州六镇耆老及通颊退浑十部落三军蕃汉百姓一万人上表。”③ 表明当时瓜、沙地区还有通颊吐谷浑十部落存在，这十个通颊吐谷浑部落自然相应也设有部落使。P. 2482《河西应管内外诸司马步军都指挥使罗盈达墓志铭并序》记载：“次兄，蕃部落使通信。”④ 罗通信在曹氏归义军时期担任的蕃部落使就是通颊吐谷浑部落的部落使。敦煌莫高窟第 98 窟北壁贤愚经变下东向第五身供养人题记云：“节度押衙知通判五部落副使银青光禄大夫检校国子祭酒兼御史中丞上柱国杨

① 陆离：《吐蕃统治敦煌的监军与监使》，《中国藏学》2010 年第 2 期。
② 黄征、吴伟：《敦煌愿文集》，第 368 页。
③ 唐耕耦、陆宏基：《敦煌社会经济文献真迹释录》第 4 辑，第 386 页。
④ 郑炳林：《敦煌碑铭赞辑释》，第 490 页。

神祐。"[①] 此人应该是归义军政权管理通颊退浑部落的官员，知通判五部落副使可能有二人担任，分管通颊退浑十部落，在其之上的主管官员应该是带有押蕃落使职衔的归义军节度使，如莫高窟第98窟张议潮供养人画像题记云："故外王父前河西一十一州节度管内观察处置押蕃落支度营田等使……张议潮一心供养。"[②] 另外瓜州刺史兼墨离军使也带有押蕃部落使职衔。乾宁元年（894）所立《唐宗子陇西李氏再修功德记碑》记载李明振的次子李弘定职衔为："次男使持节瓜州刺史墨离军押蕃落等使兼御史大夫弘定。"[③] 他应该主管瓜州境内的通颊退浑部落。

吐蕃当局在敦煌等地设置部落，以吐蕃人为部落使、汉人为副部落使进行统治。该做法在后世仍可见到，如清代的满汉官制即为著名的一例，这一现象颇耐人寻味。

---

① 敦煌研究院编《敦煌莫高窟供养人题记》，第34页。

② 敦煌研究院编《敦煌莫高窟供养人题记》，第32页。

③ 郑炳林：《敦煌碑铭赞辑释》，第52页。

第六章　吐蕃统治敦煌、于阗等地的十将、将

第一节　敦煌的十将、将

关于吐蕃统治敦煌的基层军制，笔者在学界已有研究基础上曾有所论述。① 吐蕃实行军政合一制度，以军事千户部落为基本单位，军事部落的长官部落使平时指挥部落民户从事农牧业生产，纳税服役，战时率领部落成员组成的军事编队出征。军队成员则有作战主力“桂”（rgod）和作战辅助人员庸（g·yung）的区分，这一制度对吐蕃敦煌汉人军事部落军事编队的兵员组成和西夏军队中“抄”的制度产生了重要影响。笔者近期在研读有关史料的过程中又发现了一些问题，现对吐蕃统治敦煌军制中的十

① 陆离：《吐蕃统治敦煌基层兵制新考》，《中国史研究》2003 年第 4 期。其他关于这一问题的研究论著主要有〔匈〕乌瑞著《公元九世纪前半叶吐蕃王朝之“千户”考释》，吴玉贵译，《国外藏学研究译文集》第 2 辑，第 50、52 页；Tsuguhito Takeuchi（武内绍人），*TSHAN*: *Subordinate Administertive Units of the Thousand - Districts in the Tibetan Empire*（将，吐蕃帝国千户之下的行政组织），Tibetan Studies Proceedings of the 6th Seminar of the International Association for Tibetan Studies FAGERNES 1992，Volume2，edited by Per KVAERNE，Oslo，1994，pp. 848 - 862；杨铭《吐蕃“十将”（tshan bcu）制补证》，《中国藏学》1996 年第 2 期；金滢坤：《吐蕃统治敦煌的社会基层组织》，《中国边疆史地研究》1998 年第 4 期；苏航：《试析吐蕃统治敦煌时期的基层组织 tshar——以 Ch. 73. xv. frag. 12 和 P. T. 2218 为中心》，《中国藏学》2003 年第 2 期；陆离：《吐蕃统治敦煌的基层组织》，《西藏研究》2006 年第 1 期；岩尾一史：《古代チベト帝国の千户らの下部组织 - 百户、五十户、十户 -》，《东方学报》（京都）第 88 册，2013，第 343 ~ 358 页。

将（bcu tshan）、将（tshan）、茹（ru）、中茹（ru vbring）、小茹（ru cung）、队（tshar）之含义及其相互关系等问题再作一些探讨。

一　敦煌文书 P. 4638 号中关于军制的记载及其年代

法藏敦煌文书 P. 4638 号《右军卫十将使孔公浮图功德铭并序》又称《孔周碑》。正如文书标题所言，是敦煌地区右军卫十将使孔周的建浮图功德铭及其序言。孔周事迹尚未见于其他文书的记载，碑文记载了孔周曾祖、祖、父的经历以及孔周的任职情况：

> 白龙吼地之乡，必生奇哲；黄骊变骥之水，天长假才。半千之应未期，百夫之雄斯及。是则拔魋颜而独立，……陈力久于辕门，任重经于阃外者，其惟我右军卫十将使孔公忠诚者矣。公讳周，望推高于邹兖，世禄闻于敦煌……曾祖皇唐朝詠（邠）州良社（杜）府折冲都尉、上柱国。祖讳崇云，丹州长从（松）府折冲都尉、上柱国。列（烈）考讳含光，京兆恒王府折冲都尉、上柱国。并以御海（侮）则固命折冲，成功则昭阳首秩。临人泛爱，莅众清强。机变叶于六韬，武略斗于七德。公乃抉悬门而示勇，早传将师（帅）之风……干天禄于流沙，入月营于塞上。属以胡马因风，敢掠阳关之草；王师电举，分邀碛外之踪。逐北出其前锋，振旅推其后殿。呈功勿伐，有效先勋。拔萃行间，迁阶列首。蒙授得右军卫十将使，兼先锋将知军中事。犹是负荷既深，夜佩冲星之剑，丞（承）恩既重，朝提倒日之戈。……尊考君春秋凡［□□］，终于敦煌郡之私第。岁次丁亥正月朔，葬于玉关乡界涧渠东源白沙路西侧礼也……①

孔周曾祖、祖、父都曾担任唐朝军职，本人承袭家风，投身军旅，与进犯敦煌地区的外敌作战，破敌立功，得授"右军卫十将使，兼先锋将知军中事"。其父孔含光则于"丁亥正月朔"卒于敦煌，葬在"玉关乡界涧渠东源白沙路西侧礼也"。关于丁亥年的具体年代，蒋斧、王仁峻先生都认为是垂拱三年（687）。陈祚龙先生《敦煌写本〈右军卫十将使孔公浮图功德

① 《法藏敦煌西域文献》第 32 卷，上海：上海古籍出版社，2005，第 228～229 页。

铭并序〉之我见》一文认为："铭中既以'唐朝'冠于孔周曾皇祖官爵之上，实可据此推知是铭并非作于唐朝统治沙州敦煌之时期，而系成于当地陷落吐蕃之时期也。原来大凡制于吐蕃统治沙州敦煌之铭赞碑记，对于曾任唐官者，每当叙其品职或阶爵，假若不称'前唐'，即作'唐朝'。此殆当年敦煌文士撰述是项艺文所用之通例。……（唐代折冲府）其经完全停罢。至少仍为大历十年（公元七七五年）以后之事也。今据铭中所述，孔君含光曾任京兆恒王府折冲都尉，并且受有上柱国之勋爵，考其时日，实可定在天宝十三载（公元七五四年）以后。"① 陈祚龙先生又据日本龙谷大学所藏之敦煌写卷《无量寿观经缵述》天宝十三载（754）孔含光写经题记，认为孔周之父含光卒于元和二年（807），"是碑文的撰写于元和五年（810）之后的元和六年。或其次年中"。此观点得到了郑炳林先生的赞同②。

后来学界又有意见认为："但从功德铭中的'胡马'、'王师'及'玉关乡'等词看，（功德铭）似亦可能作于归义军初期的咸通八年（867年）。"③ 即将孔含光的卒年丁亥定为公元867年。笔者以为，如果孔周之父孔含光卒于咸通八年，则与常理相悖。日本龙谷大学所藏之敦煌写卷《无量寿观经缵述》天宝十三年载孔含光写经题记云：

> 无量寿观经缵述，天宝十三载七月十四日弟子孔含光写毕。眠云聚还散，心河浊更清，性海无增减，行月有亏盈。处世如莲花，如虚空不着水，心清静超于彼，稽礼无上尊。愿以此功德，普及于一切，我等与众生，皆共成佛道。诸行无常，是生灭法，生灭灭已，寂灭为乐。如来证槃，永断无生死，若能至心听，常受无量乐。时众等听说，辰朝清净竭，欲求寂灭乐，学富沙门法。衣食支身命，精粗随众等。今日辰朝，各颂六念。④

---

① 陈祚龙：《敦煌资料考屑》上册，台北：商务印书馆，1978，第1～15页。

② 郑炳林：《敦煌碑铭赞辑释》，第233页。

③ 冯培红：《敦煌归义军职官制度——唐五代藩镇官制个案研究》，博士学位论文，兰州：兰州大学，2004，第194页。

④ 池田温：《中国古代写本识语集录》，东京：《东洋文化研究所丛刊》第11辑，1990，第302页，图版126。

天宝十三年他已信佛并写经供佛，对佛理有了深入认识，其年龄一般当在15～20岁，则孔含光到了咸通八年去世时，其年龄应在130岁以上，而当时敦煌地区居民的普遍寿命远远达不到这个数字。如果孔含光寿命确在130岁以上，他就是当地乃至全国极为罕见的寿星，P.4638号《右军卫十将使孔公浮图功德铭并序》中必会对此大加宣扬，而在其他敦煌文书中也会有所记载，但是P.4638号文书中并未提及此事，在其他文书中也未见记述。再者，该文书开头部分记载十将使孔周“百夫之雄斯及”，即管辖百人。唐朝安史之乱前的十将地位较高，为军队指挥官，管辖人数不止百人，归义军政权的十将则地位较低，甚至有士兵为十将而为队头管辖者。归义军政权一个将头所辖士兵人数为百人，一个队头则管辖士兵五十人（详后），而且吐蕃占领之前唐朝管辖的敦煌地区也未见有十将之设。所以，笔者认为孔周之父孔含光的卒年丁亥不可能在咸通八年（867），同样不可能是天宝六载（747）或垂拱三年（687），应以元和二年（807）为确，此时正是吐蕃统治敦煌时期。

至于写作于吐蕃占领时期的功德铭中出现有“胡马”“王师”及“玉关乡”等词，也就不足为奇。吐蕃统治河陇西域时期，屡次以敦煌为基地同占据北庭等地的回鹘作战，争夺西州、伊州等地。在吐蕃统治下敦煌寺院的祈愿文中，回鹘军队即被称为北虏、北胡、胡军、胡马，而吐蕃军队则可自称王师。

P.2146《置伞文》云：“时则有二节儿、岳牧杜公等为城埠报（隍保）安之所建也。唯节儿都督以虑敦煌西极，境接北胡，跃马控弦，寇盗无准。”① 此文书出现了吐蕃统治敦煌的军政长官“节儿”和“岳牧杜公”，岳牧杜公即蕃占时期敦煌汉人最高官员杜都督。P.2146《置伞文》年代当在9世纪初叶回鹘占领北庭、西州时期，其内容表明此时伊州也当为回鹘所占，所以导致敦煌地区直接与回鹘接境，频遭骚扰。

与之作于同一时期的愿文还有S.2146《置伞文》：“唯节儿都督以虑敦煌西极，境接北胡，跃马控弦，寇盗无准，恐艾践稼穑，百减衣食之源，九农匪登，使人怀罄悬之念。所以牙相设计，务在安人。”② 文中的“牙

① 杨富学、李吉和：《敦煌汉文吐蕃史料辑校》第1辑，第249页。

② 《英藏敦煌文献》第4卷，第33页。

相”是指吐蕃驻节河州的东道节度使，该职由吐蕃宰相（大尚论）兼任，故称为牙相。

此后吐蕃军队对回鹘进行征讨，S. 2146《行军转经文》云：“则我东军相国论掣晡敬为西征将士保愿功德之建修也，伏惟相公天降英灵，地资秀气……每见北虏兴师，频犯边境；抄劫人畜，暴枆（耗）田亩。使人色不安，峰（烽）飙数举。我国相悖（勃）然忿起，怒发冲冠。遂择良才，主兵西讨。”“使两阵齐威，北戎伏款。”[①] 论掣晡即大论（blon chen po）之意，指担任东道节度使的吐蕃国相大尚论，他主持了吐蕃河陇西域地区军队对回鹘的西征。

记载吐蕃以瓜、沙为基地与回鹘（胡军）作战情况的祈愿文还有许多，如 P. 2449V《愿文》云：

> 然我节度论悉乞里塞乞啰，勇冠百夫，猛逾千长，跨锋入仕，佩剑驰名，跃铁马而履疆，控校弦而作□，北傕突厥，西破胡军，竭命输忠，轻身为国。赞普有分忧之念，屡仰功才，名标禄记，位转封侯，竖戟金墀，挥旌玉塞。……久预军戎，淹停沙漠，遂逢两阵，彼此交锋……[②]

此件文书中的吐蕃节度使论悉乞里塞乞啰为吐蕃瓜州节度使，他直接率领瓜、沙地区的吐蕃军队与驻扎在北庭、漠北等地区的回鹘军队（胡军）进行了战斗。需要指出的是，笔者目前没有见到史料记载唐前期敦煌地区曾经遭受过来自西、北方向的可以被称为胡军的突厥、回鹘等部众的侵袭，这也进一步证明 P. 4638 号《右军卫十将使孔公浮图功德铭并序》不可能为唐前期作品。

另外，P. 4638 号《右军卫十将使孔公浮图功德铭并序》记载孔含光“葬于玉关乡界涧渠东源白沙路西侧礼也”。学界有意见以为吐蕃统治时期似乎不可能出现玉关乡。实际上在唐代前期玉关乡就是敦煌十一乡之一，

---

① 杨富学、李吉和：《敦煌汉文吐蕃史料辑校》第 1 辑，第 218 页。

② 《法藏敦煌西域文献》第 14 卷，上海：上海古籍出版社，2001，第 94 页。

后来唐朝敦煌辖区演变为十三乡，玉关乡仍在其中[①]。到了吐蕃占领敦煌时期，吐蕃政权废除了唐朝的乡一级建制，改设乡部落和僧尼部落、道门亲表部落等。其中乡部落系直接由唐朝在敦煌所设的乡演变而来，P. 2259背《龙勒乡部落管见在及向东人户田亩历》残卷记载："龙勒乡部落　合当部落管见在及向东人户总二百十（?）五户。九十二全家向东，□廿八有田。"[②] 表明吐蕃在占领后随即将唐朝所设敦煌十三乡改建为乡部落，并统计人口和田亩，以便征发赋税和徭役。

S. 11344AV + BV《官人封户名簿（?）》是由同一件文书的两块残片缀合，属吐蕃时期。其中就记载有部落使、副使和乡部落，还出现有效谷乡和神沙乡的简写"效""沙"[③]，文书残片中的"部落使"和"副部［落使］"当是蕃占初期所设立的效谷、神沙等乡部落的官员。唐朝敦煌玉关乡此时应该已被吐蕃当局设为玉关乡部落。据 S. 3287 号背《子年（9 世纪前期）五月左二将百姓氾履倩等户口状》[④] 记载，随后吐蕃当局又于午年（790）重新划分部落，设置了行人、丝绵二部落。虽然玉关乡等乡部落被取代，但是玉关乡等唐朝在敦煌所设置的各乡作为地名仍然为敦煌当地所熟知，以乡名地应是当地人的一种习惯，所以到了 848 年张议潮起义推翻吐蕃统治建立归义军政权后，归义军政权随恢复了敦煌玉关乡等十乡，并新设一个赤心乡。[⑤] P. 4638 号《右军卫十将使孔公浮图功德铭并序》记载孔含光于公元 807 年逝世后葬于玉关乡界内，当时距 786 年敦煌落蕃仅 21 年，距 790 年吐蕃沙州玉关乡等部落被行人、丝绵部落取代则仅 17 年，所以出现这一情况实际上并不足为奇。故而该文书正是做于蕃占时期，文书记载孔周与入侵敦煌阳关的回鹘军队作战，因功得授"右军卫十将使，兼先锋将知军中事"，统辖百人，镇守边地。时间当在其父孔含光卒年丁亥年（807）之前，该职务正系吐蕃瓜州节度使所辖瓜、沙等地军队中的军将。

---

① 参见陈国灿《唐五代敦煌县乡里制的演变》，载氏著《敦煌学史事新证》，第 365 ~ 370 页。

② 《法藏敦煌西域文献》第 10 卷，上海：上海古籍出版社，1999，第 215 页。

③ 《英藏敦煌文献》第 13 卷，第 231 页。

④ 唐耕耦、陆宏基：《敦煌社会经济文献真迹释录》第 2 辑，第 378 ~ 379 页。

⑤ 参见陈国灿《唐五代敦煌县乡里制的演变》，载氏著《敦煌学史事新证》，第 377 页。

二　蕃占时期敦煌地区的“十将使”“将头”的渊源与性质

上引 P. 4638 号《右军卫十将使孔公浮图功德铭并序》中记载孔周担任的“右军卫十将使”一官，不见于《唐书》官、兵二志，陈祚龙先生认为应是本地方官职，且经吐蕃因地制宜所创设，或吐蕃沿袭旧有而加改，是故史官不予著录。郑炳林先生则认为归义军时期节度衙设右厢十将、左厢十将，衙前置正十将，设大将统领，或许正是沿袭吐蕃旧制，但因文献缺载，故而难以考辨。[①] 笔者认为，对此“右军卫十将使”的确切含义还值得继续探讨。

除了 P. 4638 号文书中提到有“右军卫十将使，兼先锋将知军中事”外，在吐蕃统治下的敦煌部落中还设有左右将头，吐蕃敦煌军事部落中的“将”实际是基层军事和行政单位，一个部落设 9 ~ 10 名将。将的负责人将头既要负责组织本将成员应征服役、交纳赋税，还要率领由本将 40 名成员组成的军事编队出征作战、防御入侵敌寇。[②] P. 3287V《吐蕃子年五月沙州左二将百姓氾履倩等户口状》中提到了属于某部落的左一将、左二将、左三将、左六将、左十将及擘三部落、丝绵部落、下部落。P. 3491《吐蕃酉年沙州左七将应征突田户纳麦粟簿》中提到左七将。[③] S. 2228《吐蕃亥年六月十一日至十五日修城夫丁役使簿》记载了丝绵部落的右厢十个将与上部落的左厢七至十共四个将中的丁夫受敦煌官府差遣修筑城墙[④]。P. 3774《吐蕃丑年（821）十二月沙州僧龙藏牒》则云：“齐周身充将头，当户突税、差科并无。”[⑤]莫高窟第 216 窟中则出现含有“使右七将宋先言之是也”内容的题记。[⑥] 蕃占时期敦煌部落中的将在敦煌吐蕃文书则写作 tshan，例如英藏吐蕃文文书千佛洞，83，vi，5 号记载：

① 郑炳林：《敦煌碑铭赞辑释》，第 236 页。

② 参见陆离《吐蕃统治敦煌基层兵制新考》，《中国史研究》2003 年第 4 期。

③ 《敦煌社会经济文献真迹释录》第 2 辑，第 375 页。

④ 《敦煌社会经济文献真迹释录》第 2 辑，第 403 ~ 404 页。

⑤ 《敦煌社会经济真迹文献释录》第 2 辑，第 284 页。

⑥ 敦煌研究院编《敦煌莫高窟供养人题记》，第 98 页。

> 沙州汉人（Rgya）悉董萨（Stong-sar）和阿骨萨（Rgod-sar）两千户部落（Stong-sde）已受令：牛年和虎年，在瓜州（Kva-cu）庄园上领取了论·玉热（blon-G-yu-bzer）的谷物，经小突厥（Drug-chun）的磨坊加工后，负责运回瓜州，由沙州五十岗（Lnga-bcu-rkang）孔宣子之将（Tshan），给王本忠青稞一驮（Khal），（给）姜……①

孔宣子担任吐蕃沙州汉人悉董萨或阿骨萨部落中某将的将头，也称为五十岗，负责组织本将百姓为官府运送谷物。

另外十将也在国家图书馆藏 BD09630《部落转帖》中出现，这是一件与征发家牛有关的文书：

> 1 部落转帖　十将并里正等。
> 2 将掣伽牛。
> 3 右件牛昨日处分，今日取齐，直□/□
> 4 □/□无次弟方印，严限□/□
> （后缺）②

吐蕃敦煌汉人部落将头的别称为“里正”③，里正与十将一起负责征调本将民户的家牛服官役。“十将”即 P. 4638 号《右军卫十将使孔公浮图功德铭并序》中记载的孔周担任的十将使，属于部落官员，既负责军事，也负责民政，与将头性质相同，但在将头之上，而在部落使之下。

英藏敦煌藏文占卜文书 IOL Tib J740 号第 340～343 行还记载：

> 千户部落军士下面，做内部事务，他们前去，被十将（bcu

---

① F. W. Thomas: *Tibetan Literary Text and Documents concerning Chinese Turkestan*, Ⅱ, London, 1951, p. 40；参见 F. W. Thomas（托马斯）编著《敦煌西域古藏文社会历史文献》，刘忠、杨铭译注，第 32 页。

② 郝春文：《中国国家图书馆藏未刊敦煌文献研读札记》，载氏著《郝春文敦煌学论集》，上海：上海古籍出版社，2010，第 271 页。

③ 参见陆离《吐蕃统治河陇西域时期制度研究》，北京：民族出版社，2011，第 54 页。

tshan）和牌子将（khram tshan）派遣作为军士。/Stong sde so'I 'og nang srid du bgyis nas bcu tshan dang khram tshan gyi rdzong ba' du mchis da' dmag chad shos khums pe'I dmag rdzong ded pa no spyi mangdu mchis pa yang 'dra/①

牌子将即敦煌汉人部落将头管辖的将。因为部落居民使用木质身份证件“牌子”，所以部落中的将又被称为“牌子将”。② 这个“十将”应该是吐蕃敦煌地区十将使所负责管辖的机构，在将之上、部落之下。

在唐朝军队中早已设有十将和左、右将。《资治通鉴》卷二一七记载唐玄宗天宝十三载（754）三月，“敕以陇右十将、特进、火拔州都督、燕山郡王火拔归仁为骠骑大将军”。胡三省注称：“十将，亦唐中世以来军中将领之职名。”③ 此十将级别很高，担任者还是火拔州都督、燕山郡王，又升任骠骑大将军，故而所辖人数肯定不止百人。另外，在《旧唐书》《文苑英华》、出土墓志中所见“安史之乱”爆发前的唐朝十将、十将使都是军中指挥官，同时担任诸卫将军、军前讨击副使、左司御率府、定远城使等，级别同样较高，所辖人数也应不止百人。④ 《资治通鉴》卷二四〇记载唐宪宗元和十二年（817）二月丁酉，“（李）愬遣十将马少良将十余骑巡逻”。胡三省注称：“十将，军中小校也。”表明安史乱后十将已由部队指挥官转变为部队长一级的下级军将，所辖人马数有时只有十余骑。晚唐五代，十将作为表示藩镇内部地位和品级的头衔之一普遍使用。如《资治通鉴》卷二四〇“元和十二年（817）”条云：

［三月］己丑，李愬遣山河十将董少玢等分兵攻诸栅；其日，少玢下马鞍山，拔路口栅。夏，四月，辛卯，山河十将马少良下嵖岈山，擒淮西将柳子野。……李愬山河十将妫雅、田智荣下冶炉城。丙

① Bradon Dotson. Divination and law in the Tibetan empire. *Contributions to the Cultural history of Early Tibet*. edited by Matthew T. Kapstien and Brandon Dotson . Leidon. Boston, 2007. pp. 55 – 56, 67.

② 参见陆离《吐蕃统治河陇西域时期制度研究》，第 91 ~ 98 页。

③ 《资治通鉴》卷二一七，第 6259 页。

④ 〔日〕渡边孝：《唐藩镇十将考》，载《东方学》第 87 辑，1994，第 74 ~ 75 页。需要指出的是，这些十将、十将使并非出现于敦煌地区。

申，十将阎士荣下白狗、汶港二栅。

胡三省注云："时都畿及唐、邓募土人之材勇者为兵以讨蔡，号为山河子弟，置十将以领之。"①

据唐代碑铭、墓志记载可知，唐代还有马、步左右十将，镇遏十将，先锋十将，节度十将，十将兵马使等②；到了宋代，中央禁军之殿前司、侍卫亲军马军、侍卫亲军步军中亦设十将，还有地方"义勇"或"义军土丁"及"蕃兵"首领补军职者之"十将"。③

唐前期十将之外亦有十个将的军事编制，且分为左、右两厢。李筌《神机制敌太白阴经》卷六《阵图·太白营图篇》：

> 右一将行得水，黑幡……；右二将行得火，赤幡……；右三将行得木，青幡……；右四将行得金，白幡……；右五将行得土，黄幡……；左一将行得水，黑幡……；左二将行得火，赤幡……；左三将行得木，青幡……；左四将行得金，白幡……；左五将行得土，黄幡……④

独孤及《为江淮都统使奏破刘展兵捷书表》记载有"左军第一将张岩光""左第二将皇甫山栖""左三将梁朝、康承寂""左四将吴季之"等。⑤

大历十三年（778）二月十八日由山南西道节度副使□震所刻并撰文

① 《资治通鉴》卷二四〇，第7730、7733～7734页。

② 参见〔日〕渡边孝《唐藩镇十将考》，载《东方学》第87辑，1994，第73～88页；贾志刚：《从唐代墓志再析十将》，载韩金科主编《'98法门寺唐文化国际学术讨论会论文集》，西安：陕西人民出版社，2000，第408～412页。

③ 参见冯培红《敦煌归义军职官制度——唐五代藩镇官制个案研究》，第194页；冻国栋《跋武昌阅马场五代吴墓所出之"买地券"》，《魏晋南北朝隋唐史资料》第21辑，武汉：武汉大学文科学报编辑部，2004，第259页。

④ （唐）李筌：《神机制敌太白阴经》，盛冬铃译注，石家庄：河北人民出版社，1991，第69～70页。同卷《阵图·教旗图篇》有一幅布阵图，清楚地展现出以旌节为中心，左、右各五将（第73页）。类似的阵图可参（宋）曾公亮等《武经总要前集》卷二《制度二·教骑兵》，载影印文渊阁《四库全书》第726册，上海：上海古籍出版社，2003，第256页。

⑤ 《文苑英华》卷五六六，北京：中华书局，1956，第4册，第2906页。

的《佛顶尊胜陀罗尼幢赞并序》共列有 75 个官职，其中提到左、右厢一至四将及副将、判官、虞候等十余人。[①]

吐蕃在瓜、沙地区所设的十将使与左、右将同唐制有相似之处，名称相同，都有左、右厢编制，但是二者又有区别。吐蕃瓜沙地区的左、右将是军事、行政合一机构，将头既要负责本将的行政事务，还要带领本将成员组成的军事编队执行军务，但将头之上的十将同时负责军事和民政，他们都归属部落长官部落使管辖。但唐朝的十将和左、右厢的十个将都是单纯的军将，归属军队中的高级军将管辖，并且唐朝的十将和左、右厢编制的将的关系似乎并非上下级隶属关系。吐蕃当是对唐朝的十将制度有所仿效。

在松赞干布建立吐蕃王朝后，将本部属民分为“桂”（rgod）、“庸”（g·yung）两部分。“桂”为高等属民，负责出征作战；“庸”为低等属民，从事生产，交纳赋税，战时出征主要负责后勤事务，但也参与作战。据藏族史籍《五部遗教》和《德乌宗教源流》记载，与“桂”“庸”相对应，松赞干布在吐蕃本部分别建立了军事建制“武士千户”与行政建制“mi-sdeh 或 tshan-bcu”，两者地位平行。十将（tshan-bcu）是指吐蕃本部每一茹（ru，吐蕃本部高级军事行政建制）有 16 个称作将（tshan）的地方官。吐蕃本部共划分为五茹，其中伍茹（dbu ru，中茹）、约茹（g·yo ru，左茹）、叶茹（g·yas ru，右茹）、茹拉（ru lag）四个茹设有将（tshan），共设有 65 个将级地方机构，委派了 65 名将做地方官吏，其中有三个茹各设了 16 个将级地方机构，而伍茹设了 17 个将级地方机构。而在设置将的四个茹共设置了 40 个军事部落千户（stong sde），每个茹设 10 个千户[②]。

敦煌部落中的“将”与吐蕃本部所设之“十将”已有所不同：前者是军事行政合一的地方机构，隶属于军事部落千户（stong sde），一个千户下辖 9～10 个“将”；后者杨铭先生认为是地方一级的单一行政机构，与吐蕃本部的军事部落千户平行设置，都归属本部高级军事行政建制茹管辖，

① 《金石萃编》卷六六，南京：江苏古籍出版社，1998，第 353～355 页。

② 参见熊文彬《吐蕃本部地区行政机构和职官考》，《中国藏学》1994 年第 2 期；杨铭《吐蕃“十将”（tshan bcu）制补证》，《中国藏学》1996 年第 2 期。

吐蕃本部的“将”的数量与千户相差不是太多。吐蕃敦煌部落中的“十将使”“将”与吐蕃本部的“十将”制应该也存有一定的渊源关系。吐蕃敦煌部落中的十将使、十将、将当首先源自本部的十将制，又适当地吸收了唐朝军制中的十将和左、右厢将制度。

由于吐蕃本部的行政建制“十将”制与唐朝军队中十将、左右厢十个将的建制性质不同，因此数量、规模也不同。藏文 tshan（将）的本义为类、组，藏史记载吐蕃本部“十将”制的制定在松赞干布设立吐蕃王朝的基本制度、法规之时，时间相当于唐贞观初年。其时吐蕃与唐朝中间相隔突厥、吐谷浑、乌蛮、白蛮等国家和民族，彼此情况还不太熟悉，所以吐蕃本部“十将”制与唐制的关系似乎不大。

孔周在抗击入侵敦煌阳关的回鹘军队后，“蒙授得右军卫十将使，兼先锋将知军中事”，负责当地的军事防御。“右军卫十将使”级别在将之上，“先锋将”当为前引 P. 3287V《吐蕃子年五月沙州左二将百姓氾履倩等户口状》、S. 2228《吐蕃亥年六月十一日至十五日修城夫丁役使簿》、P. 3774《吐蕃丑年（821）十二月沙州僧龙藏牒》中提到的吐蕃部落中按左、右等序列编制的将头。吐蕃在 790 年后在敦煌设置了军事部落——行人部落，主要由当地汉族百姓组成，主要负责征战防御以及治安等任务。行人部落又分成上、下二部落，有 19 个将，按左、右厢编制[①]，各将负责人将头带领本将成员组成的军事编队完成各项军事任务，另外平时也要组织本将成员进行农牧业生产，交纳赋税。孔周所任的“右军卫十将使，兼先锋将知军中事”，有可能是在敦煌行人部落中设置的十将使和将头。行人部落又有上、下二部落，按左、右厢编制，设有左、右军卫十将使和左、右将头。十将使为将头的上级，也是军事行政合一的职官。十将使与将头都归本部落部落使管辖。至于具体一个十将使管辖几个将头，据 P. 4638 号《右军卫十将使孔公浮图功德铭并序》记载，十将使管辖军士百人[②]，而将头担任本将成员组成的四十人军事编队 tshar 的负责人，所以一个十将使可能管辖两个将，即一个十将

① 参见本书第五章第一节“吐蕃统治敦煌的行人，行人部落”。

② 但是同吐蕃的万户（人）长、千户（人）长一样，这个百人之长当为名义上的提法，也不一定就是确实管辖百人。

包含两个将。

另外，P. 4638《大番故敦煌郡莫高窟阴处士修功德记》记载有吐蕃时期敦煌大族阴嘉政之弟阴嘉义的任职情况："所管大蕃瓜州节度行军先锋部落上二将告身臧旃矣。"① "瓜州节度行军"即吐蕃瓜州节度使，也称"瓜沙境大行军都节度衙"②，由是可知在瓜州节度使辖区有先锋部落，部落中也设有上二将等将头。此部落不在沙州，应在瓜州或肃州。因此孔周也有可能是在瓜州或肃州的先锋部落（该部落当亦为军事部落）中担任将头，并兼任右军卫十将使。

三　十将使与百户长

从前引 P. 4638 号《右军卫十将使孔公浮图功德铭并序》所载孔周"半千之应未期，百夫之雄斯及"可知，孔周担任的十将使统领百人，在五百（半千）人长之下。五百人长也是吐蕃所设之职官，敦煌吐蕃历史文书《大事纪年》记载：

> 蛇年（公元 693 年），赞普驻于年噶尔。夏会于吉之虎园召开，任命"大五百部（长）"（brgya lnga chen）。
>
> 至羊年（公元 707 年）……冬会由大论乞力徐于温江朵召开，改"五百部（长）"（brgya lnga）为"小千部长"（stong bu rjer）。
>
> 至牛年（公元 713 年）……坌达焉与大论乞力徐于苏布之江布园召集夏会，任命"五百部（长）"（brgya lnga）。

黄布凡、马德先生认为，"大五百部"为士兵少于千部而多于五百部者。公元 707 年，大论乞力徐将大五百部和五百部改为"小千部"（stong bu rjer），即《贤者喜宴》记载的 stong bu chung，意为"小千户"③。但是笔者以为 stong bu rjer 应该译为"小千户长"。

---

① 《法藏敦煌西域文献》第 32 卷，第 231 页。

② P. 2991V《莫高窟素画功德赞文》，《法藏敦煌西域文献》第 20 卷，上海：上海古籍出版社，2002，第 357 页。

③ 黄布凡、马德：《敦煌藏文吐蕃史文献译注》，第 44、47 ~ 48、67 ~ 68、70 页，汉文译文个别处笔者做了修改。

在吐蕃文文书中还出现有 brgyevu rje \ brgyavu rje 一职，可译为“百长”或“百户长”。P. T. 1087《善善不得逃逸甘结》云：

> ……以上，向千户（stong pon）、小千户（stong chung）、百户（brgyevu rje）、十户长（lnga rkang）……去地方长官会上，上峰来令谓：猴年夏四月底前，此期间不能让善善逃逸，并令其来会上。保人们将善善带至部落长官千户、小千户、百户、十户驾前。①

这件文书表明百户长位于千户长、小千户长（即 stong bu chung，就是所谓五百长）之下。另外 P. T. 1077《都督为女奴事诉状》系吐蕃统治时期某都督为女奴归属与一吐蕃人发生纠纷的诉讼牒状，文书第 122 行也出现行人部落的 brkyevu rje。② 匈牙利学者乌瑞称：“要解释 brgyevu rje \ brgyavu rje 这两个名称是很容易的。因为我们知道，stong bu rje［小千（户）之主人］，就是 stong bu chung［小千（户）］的首领的意思。所谓‘小千户’者，即是相当于千户的行政单位，但在规模上仅有千户的一半。以此类推，我们可以将 brgyevu rje \ brgyavu rje 翻译为‘小百户首领’，将其解释为一种名义上有五十户的规模或者能征募五十名战士的低级行政单位首领的官衔。”“统辖 tshan 者，具有 lnga bcu rkang 的官衔，其中 lnga bcu 的意思肯定是‘五十’，但是对 rkang，我们还没有发现满意的解释。”“brgyevu rje 或 brgyavu rje（小百户的主人）比 lnga rkang 职位更高，但我们目前尚无材料说明它们的职责与 lnga bcu rkang 之间的关系。”③ 日本学者武内绍人认为 brkyevu rje（百户主）即为 lnga bcu rkang（五十岗），亦即汉文文书中的将或将头④。

英藏 IOL Tib J 575、J 1357（A）（B）号文书记载了敦煌民户向寺院布施者的名单，其中也有 brkyevu rje：

---

① 王尧、陈践：《敦煌吐蕃文书论文集》，汉文部分第 178 页，藏文部分第 373 ~ 375 页。

② 《敦煌吐蕃文书论文集》，汉文部分第 61 页，藏文部分第 90 页。

③ ［匈］乌瑞：《公元九世纪前半叶吐蕃王朝之‘千户’考释》，吴玉贵译，《国外藏学研究译文集》第 2 辑，第 50、52 页。

④ Tsuguhito Takeuchi, *TSHAN: Subordinate Administertive Units of the Thousand - Districts in the Tibetan Empire*, Tibetan Studies Proceedings of the 6th Seminar of the International Association for Tibetan Studies FAGERNES 1992, Volume2, edited by Per KVAERNE, Oslo, 1994, p. 856.

（此行为朱红色笔迹）［…］de klu rtse's brgye'u rje gye re 'phan legs gyi tshan //cang lag legs gyi khram tshan……/bam stag zigs gyi khram tshan la //…/cang si ka'I khram tshan la //……// se'u lang gi khram tshan la/……/leng hu zhun zhun gyi khram tshan la/……/wang stagu'I khram tshan la//……

……德格勒孜百户长吉饶潘列之将：张拉列之木牌将，……氾大石之木牌将……张色嘉之木牌将……索郎之木牌将，……令狐君君之木牌将……王达之木牌将……

其中每个木牌将（khram tshan）下面列出10户民户。日本学者岩尾一史认为brkyevu rje由吐蕃人担任，是汉人担任的五十长（lnga bcu rkang，即将头）的上级，对五十长起监督作用。木牌将则是服役纳税单位①。笔者以为木牌将即吐蕃敦煌部落中的将，因为将中所辖民户被授予木牌告身khram以标明身份，所以被称为木牌将②。tshan（将）的本义为种类、组织，该文书表明百户长（brkyevu rje）吉饶潘列（gye re'phan legs）的tshan至少管理了6个木牌将即60户民户。当然这也可能是吐蕃官府收集部落民户布施寺院粮食时出现的一种特殊情况，系临时安排。

关于P. T. 1087号文书中出现的“小千户”（小部落使），这一职官在P. T. 1089《大蕃官吏呈请状》中也曾经出现，是敦煌汉人部落中的职官，由吐蕃人担任③。笔者认为，该名职官即吐蕃敦煌汉人部落中由吐蕃人担任的千户长（部落使）的副手，应当就是P. 4638号《右军卫十将使孔公浮图功德铭并序》中提到的所谓“半千之应”，即五百长或五百户长（当然也是形式上的，并非所辖确有五百之数）。由于brkyevu rje（可译为百户长或百夫长）在小千户之下，正与十将使对应，P. 4638号《右军卫十将使孔公浮图功德铭并序》也记载十将使就是百夫长，亦即百户长，所以brkyevu rje（百户长）当系十将使，担任者有吐蕃人也有汉人。英藏IOL Tib J 575、J 1357（A）（B）号文书中记载的德格勒孜百户长吉饶潘列之将（Tshan）实际指

① 岩尾一史：《チベット支配下敦煌の納入寄進用リスト——IOL Tib J 575、1357（A）（B）绍介——》，《敦煌寫本研究年報》創刊號（2007，3），第182～185页。

② 参见陆离《关于吐蕃告身制度的几个问题》，《民族研究》2006年第3期。

③ 杨铭：《吐蕃统治敦煌研究》，第122～123页。

brkyevu rje（百户长）吉饶潘列所管辖的十将（bcu tshan）单位。而 lnga bcu rkang（五十岗）为将头，在十将使之下。吐蕃实际是用十进制的形式，以万户、千户、百户的名义来编制民户。

十进制的军队编制自古行于北族之间，匈奴有“万骑”（万骑长）二十四人，各自下置千长（千骑长）、百长（百骑长）、什长（十骑长）。①《魏书·蠕蠕传》记载柔然国主社崙：“北徙弱落水，始立军法：千人为军，军置将一人，百人为幢，幢置帅一人。”② 突厥则实行兵民合一，以十进制编制军队③。吐蕃效法北族，同样采取兵民合一，以十进制编制民户，但是吐蕃之万户、千户、百户是形式上的十进制，实际所辖民户并非确有万、千、百之数。

另外，英藏敦煌文书 Ch. 79，xiv -（IOL Tib J 834 + IOL Tib J835 + IOL Tib J836）、Ch. 79，xiv，5（IOL Tib J1243）中还出现有百户（brgya tsan），也称为百户长（brgye'u rje），另外出现有木牌户（khram tsan）。藏文 tsan 即编制、单位之意，可以译为“户”，tsan 与 tshan（将）并不是同一词。学界有意见认为这是吐蕃统治下青海地区吐谷浑（'a zha）汗国辖境内的田籍文书④，这表明了吐蕃统治下的吐谷浑（'a zha）汗国基层管理体制与吐蕃统治下敦煌等地区的基层管理体制存在一定差异，但是目前所见资料有限，对这一问题还有待深入探讨。日本学者岩尾一史认为 brkyevu rje 为百户长，管辖 brgya tshan（百户），而 tshan 为五十户，bcu tshan（十将）和 khram tshan（牌子将）都是十户⑤，其论文中所引用的藏文史料与本文所引史料相同，但是并未涉及 P. 4638 号《右军卫十将使孔公浮图功德铭并序》和国家图书馆藏 BD. 09630《部落转帖》等汉文史料，所以对其观点笔者并不能赞同。

---

① 《史记》卷一一〇《匈奴列传》，北京：中华书局，1982，第 2890 ~ 2891 页。

② 《魏书》卷一〇三《蠕蠕传》，北京：中华书局，1974，第 2290 页。

③ 蔡鸿生：《唐代九姓胡与突厥文化》，北京：中华书局，1998，第 113 页。

④ Gertraud Taenzer. The ‘A zha Country under the Tibetans in the 8th and 9th century: A survey of Land registration and taxation based on a sequence of the three manuscripts of the stein collection from Dunhuang. Brandon Dotson, Kazushi Iwao and Tsuguhito Takeuchi (eds.) *Scribes, texts, and rituals in early Tibet and Dunhuang*. Weisbaden: Dr. Ludwig Reichert Verlag. 2013. pp. 25 - 42. 参见 F. W. 托马斯编著《敦煌西域古藏文社会历史文献》，第 316 ~ 321 页。

⑤ 参见岩尾一史《古代チベト帝国の千户らの下部组织 - 百户、五十户、十户 -》，《东方学报》（京都）第 88 册，第 358 ~ 343 页。

四　蕃占时期敦煌地区的茹、中茹、小茹、队

在蕃占时期的敦煌吐蕃文文书中对吐蕃统治敦煌的军制亦有记载，英藏千佛洞，73，xv，frag. 12号文书《敦煌阿骨萨部落军籍表》是蕃占时期敦煌阿骨萨军事部落所属一“区”或“曹”（tshar，实际含义即为“队”）的编员表，它展示了吐蕃王朝在沙州所建汉人军事部落的组成和作用，填补了汉人军事部落下级建制“tshar”之史实空白，展示了“tshar”与“将”之间的联系，其中有如下记载：

> “6－7. 与左边中茹（g · yon ru vbring）薛普来（shud-pu-legs）所属擎将旗手（dar-tshan）安再恒（van-dze-hing）相毗连。8－9. 阿骨萨部落中茹（ru vbring）薛普来（shud-pu-legs）所属一区（tshar）官（pon）卒（g · yog）四十人之编员表：10－12. 阿骨萨部落，安再恒，射手；与右小茹（g · yasu ru cung）张家佐（cang-ka-dzo）所属之擎将旗手范昆子相毗接”；“51－53. 与左边之中茹中翼（g · yon tu dbu ruvi ru vbring）杨大来（yang-stag-legs）的擎将旗手曹什德相毗连”①。

文书中出现了左边中茹薛普来、右小茹张家佐、左边之中茹中翼（亦即中翼中茹）杨大来三人，他们实际上是敦煌阿骨萨等军事部落中军事编队“曹”（tshar）的负责人，并且担任阿骨萨等部落中将的负责人将头，由其所辖之将中的成员组成40人的军事编队“曹”。如右小茹张家佐出现于英藏千佛洞，73，viii，5号文书和千佛洞，80，v，1号文书，两件文书都记载此人正是阿骨萨部落之将头②。新疆出土的M. I. xii，3号木简记载：“曹长（tshar pon）：潘库之将（pang kuvi tshan）”③ 也证实了“将头”

① F. W. 托马斯编著《敦煌西域古藏文社会历史文献》，第52～54，419～421页。

② *Tibetan Literary Text and Documents concerning Chinese Turkestan*，Ⅱ，pp. 41，90；《敦煌西域古藏文社会历史文献》，第32～33、78、412、427页。

③ 杨铭：《吐蕃统治敦煌研究》，第284页；王尧、陈践所著《吐蕃简牍综录》（文物出版社，1986，第70页）第413号译文为“牧场长官邦古参”，将tshar pon译为牧场长官，将tshan译作人名。应以杨氏译文为准。

(tshan pon) 担任本将成员所组成的军事编队 tshar 的首领——"曹长"，同时还证明吐蕃在西域也设置了与敦煌阿骨萨部落相同的军事部落，二者内部"将""曹"的编制情况应该基本一致。

另外，法藏敦煌 P. T. 2218 号文书与英藏千佛洞，73，xv，frag. 12 号文书实际为同一件文书的两个断片，同样都是蕃占时期敦煌阿骨萨军事部落所属一"区"或"曹"的编员表。P. T. 2218 号文书第 20 ~ 24 行有如下记载：

> g · yon du ru cung lying vbe vdovi dar tshan li khang tse dang sbyor rgod sar kyi sde ru cung lying vbe vdovi dpon g · yog bzhi bcu tshar gcig gi yul yig la rgod sar kyi sde li kang tse dgon g · yas su ru cung sag ji mon kyi dar tshan sag zhun tshe dang sbyor. ①

笔者试将其翻译成汉文为：

> 与左边小茹林必多 (g · yon du ru cung lying vbe vdovi) 旗将李康子 (li khang tse) 相毗连，阿骨萨部落小茹林必多 (ru cung lying vbe vdovi) 所属一队主从（亦可译作"官卒"）四十人之编员表，阿骨萨部落李康子 (li khang tse)，护持，与右小茹石介孟 (g · yas su ru cung sag ji mon) 旗将石新子 (sag zhun tshe) 相毗连。

对于 Ch. 73. xv. frag. 12 和 P. T. 2218 中记载的中茹 (ru vbring) 和小茹 (ru cung)，国内外学者先后进行了研究。匈牙利学者乌瑞 (Uray) 认为存在着一种不同于吐蕃本土的军事行政建制茹 (ru) 的另外一种 ru，它包括几个 tshar。Ch. 73. xv. frag. 12 中的 vbring（中）和 cung（小）代表官员的级别，而非方位，"中茹"和"小茹"则是由各 tshar（队）首

① Spanien（斯巴宁），A. et Yoshiro Imaeda（今枝由郎）. Choix de documents tibétains conservés à la Bibliothéque Nationale complété par guelques Manuscrits de l'India Office et du British Museum（《敦煌古藏文手卷选集》），Tome，Ⅱ，paris，1979，P l. 634 - 635. 参见苏航《试析吐蕃统治敦煌时期的基层组织 tshar——以 Ch. 73. xv. frag. 12 和 P. T. 2218 为中心》，《中国藏学》2003 年第 2 期。

领担任的该级组织中不同级别的官员。应为右茹的官员。[①] 日本学者山口瑞凤将 ru vbring 译为“中队长”，ru cung 译为“小队长”。[②] 国内苏航先生认为如果将 tshar 视为与“队”对等的制度，此处的 ru 可能与队之上的某级组织如唐朝的“营”相当，而中茹、小茹则是各队首领担任的该级组织中不同级别的官员。[③]

P. T. 2218 号文书与英藏千佛洞，73，xv，frag. 12 号文书记载敦煌阿骨萨军事部落中的中茹和小茹都是各队（tshar）首领，各队首领由部落中的将头担任，每将成员组成一支 40 人之编队 tshar。ru 的本义为“支”“翼”，ru cung 具体含义为“小支”，ru vbring 的具体含义为“中支”。P. T. 2218 号文书与英藏千佛洞，73，xv，frag. 12 号文书中的茹（ru）与前面提到的吐蕃本部建制行政茹（ru）不同，它具体应是指吐蕃敦煌地区军事部落成员组成的一种规模较大的军事编队，其人数远多于每个将中由成员组成的 40 人编队 tshar，每茹包含若干 tshar。前面已论及文书记载的小茹张家佐就是汉文文书中吐蕃敦煌部落中的将（将头），而从名称来看中茹级别要高于小茹，所以笔者以为中茹应当是 P. 4638 号《右军卫十将使孔公浮图功德铭并序》记载的十将使。P. 4638 号文书记载孔周任“右军卫十将使，兼先锋将知军中事”，即担任先锋将头，率领由本将成员组成的 40 人军事编队 tshar，在吐蕃文中被称为“小茹”，同时孔周还担任右军卫十将使，即吐蕃文文书中的“中茹”。

乌瑞先生认为 Ch. 73. xv. frag. 12 中的中茹和小茹应为右茹的官员。窃以为 Ch. 73. xv. frag. 12 中的中茹薛普来属阿骨萨部落，应为吐蕃敦煌军事部落所组成军队中的右军卫十将使，其本人还兼任右小茹，即右军卫某将，右小茹张家佐也隶属于阿骨萨部落，同样应为右军卫某将。而中茹中翼（亦即中翼中茹）杨大来应为敦煌某军事部落所组成军队中的中军卫十将使，隶属于中茹，其本人也应同时兼任中小茹，即中军卫某将；

---

① G. Uray：《关于敦煌的一份军事文献的注释（Notes on a Tibetan military document from Tun-Huang）》，赵晓意译，《国外藏学动态》第 2 期，四川民族研究所、四川外国语学院主编，1987，第 100、103 页。原载：*Acta. Orient Hung*. Tonus XII. Fase. 1 – 3. 1961. pp. 223 – 230。

② 山口瑞凤：《吐蕃王国成立史研究》，东京：岩波书店，1983，第 838 ~ 839 页。

③ 苏航：《试析吐蕃统治敦煌时期的基层组织 tshar——以 Ch. 73. xv. frag. 12 和 P. T. 2218 为中心》，《中国藏学》2003 年第 2 期。

P. T. 2218 号文书中的左边小茹林必多同属阿骨萨部落，当为右军卫某将，右小茹石介盂即为右军卫某将，可能也属于阿骨萨部落。

吐蕃统治敦煌后期（824 年以后）的阿骨萨、悉董萨、悉宁宗三个军事部落可能是将所辖各将分别按左、中、右三个序列进行编制，即分为左、中、右三茹（ru），一个茹为一个军事部落的成员组成之大军事编队，由九至十个 40 人军事编队 tshar 构成；各将头则分别称为左某将、右某将、中某将，是本将 40 人军事编队 tshar 的负责人，在吐蕃文文书中分别称作 g · yon ru cung（左小茹）、g · yasu ru cung（右小茹）、dbu ru cung（中小茹）；将头的上级长官十将使则分别称为左军卫十将使、右军卫十将使、中军卫十将使，吐蕃文称之为左翼中茹（g · yon ruvi ru vbring）、中翼中茹（dbu ruvi ru vbring）、右翼中茹（g · yasu ruvi ru vbring）；一个茹内有可能设有 4 ~ 5 个十将使，每个十将使则可能辖有二个小茹（ru cung），亦即队（tshar）之负责将头，他们都归军事部落长官部落使（stong dpon）管辖。而吐蕃瓜州、肃州等地的军事部落编制也当与敦煌部落相似，按左、中、右和上、中、下等序列编制各部落十将使、将和由各将成员组成的军事编队。

五　吐蕃敦煌十将制、队与归义军十将制、队的关系

吐蕃统治结束后，归义军政权也设有十将，有正十将、散十将等。如 P. 3347《后晋天福叁年（933）十一月五日前作坊队副队张员进改补充衙前正十将牒》载张员进担任作坊队副队被改补为衙前正十将[①]，S. 1898《归义军时期队中兵士装备簿》列有“十将王骨儿，私甲一领”[②]，Дx. 3174《西汉金山国主张承奉敕行都录事鞠再诚可摄正十将》云：“行都录事鞠再诚。右可（摄）正十将□/□监兼□/□水碨□/□，仍□/□。”[③]莫高窟第 129 窟南壁西向第 5 身供养人画像题记云：“长男衙前正十将安憨子一心供养。”[④] P. 3547《唐乾符四年（877）四月十一日上都进奏院上归

① 《法藏敦煌西域文献》第 23 卷，上海：上海古籍出版社，2002，第 257 页。
② 《英藏敦煌文献（汉文佛经以外部分）》第 3 卷，成都：四川人民出版社，1990，第 173 页。
③ 《俄藏敦煌文献》第 10 卷，上海：上海古籍出版社，1998，第 203 页。
④ 敦煌研究院编《敦煌莫高窟供养人题记》，第 60 页。

义军节度使状》记载归义军入朝使团有十将多人："一十三人到院安下：……十将康文胜……一十六人灵州勒住：……十将段英贤、邓海君、索赞忠、康叔达……"① 法国集美博物馆藏敦煌绢画NG.17695《观音菩萨像》题记云："故慈父清信弟子衙前散十将邓章定一心供养。"②

这些"十将"是归义军政权中的一种职衔称号，与押衙、兵马使类似③，S.1898《归义军时期队中兵士装备簿》所记载的队头、副队麾下有士兵十将王骨儿，则此十将地位较低，与吐蕃时期的统领百人的十将使已有所不同。

十将之外则有左一至左五将、右一至右五将，莫高窟第98窟同时列有右二、四、五将的将头，题记云："节度押衙知右二将头银青光禄大夫检校国子兼御史中丞上柱国浑子盈［供］养"；"节度押衙知右四将将头银青光禄大夫检校太子宾客兼监察侍御史周留住一心供养"；"节度押衙知右五将将头银青光禄大夫检校太子宾客兼监察御史米和清一心供养"④。

P.3239《甲戌年（914）十月十八日前正兵马使邓弘嗣改补充左厢第五将将头牒》又列有左厢弟（第）五将将头。⑤

归义军政权军队中每将由100人组成，S.5448《河西归义军节度押衙兼右二将头浑子盈邈真赞并序》记载任职金山国和曹氏归义军时期的浑子盈："念兹公干，给赐节度押衙，兼百人将务，更能奉公清谨，葺练不阙于晨昏。教训军戎，士卒骁雄而捷勇。"⑥

另外P.3556号《府君庆德邈真赞并序》中记载，庆德"因兹元戎奖录，司任百人，治理无偏，均平如概；训练依则，教诲当途"，当是担任将头，统领百人，该人活动年代也在张承奉、曹议金时期。⑦

将下有队，每队50人。P.4044《唐乾宁六年（899）十月廿日某甲差

---

① 唐耕耦、陆宏基：《敦煌社会经济文献真迹释录》第4辑，第367页。
② 马德：《敦煌绢画题记辑录》，载《敦煌学辑刊》1996年第1期。
③ 参见马志立《归义军时期所见军将和使职差遣制度》，博士学位论文，武汉：武汉大学，2008，第65~67页。
④ 敦煌研究院编《敦煌莫高窟供养人题记》，第35~36页。
⑤ 唐耕耦、陆宏基：《敦煌社会经济文献真迹释录》第4辑，第293页。
⑥《敦煌碑铭赞辑释》，第343页。
⑦《敦煌碑铭赞辑释》，第392~393页。

充右一将第一队副队帖》云:“右某甲差充右一将第一队副队。”[①]

归义军政权的十将制当与唐制和吐蕃统治时期的十将制有直接的渊源关系，且对唐朝十将制进行了比较充分的吸收模仿。此时将头成了单纯意义上的军人，不再具有行政官吏的身份。而每将所辖士兵除了执行军事任务外，平时还值勤守仓，并编成作坊队，从事手工业等劳动[②]；人数也增至100人，分成两队，每队50人，而非40人。《通典》卷一四八《兵典一·今制附》云:“每队五十人:押官一人，队头一人，副二人，旗头一人，副二人，火长五人。”[③] 归义军中的队无疑与唐朝军队的队制有直接关系。

P. 3249V《将龙光颜等队下名单》列有至少八个队的军士名单，除篇首残缺外，共记载有“将龙光颜队下贰拾叁人”“将李六娘队下贰拾贰人”“将王六子队下贰拾叁人”“将李国坚队下贰拾贰人”“将安荣子队下贰拾陆人”“将氾怀伟队下贰拾玖人”。[④] 由于名单中有的人名出现在蕃占时期的敦煌民部落丝绵部落中，有的则出现在归义军初期[⑤]，所以该文书有可能是蕃占时期文书，时间约在820年敦煌汉人部落全部成为独立的军事部落以后，此时原来的民部落丝绵部落也变成独立的军事部落，部落中的百姓亦被编入军队出征作战。另外，该文书也有可能是归义军初期的文书。以上诸将统领每队的人数均为20多人，不及蕃占时期部落军事编队tshar的40人，更不及归义军时期队的建制规模50人。所以此名单可能是吐蕃敦煌军事部落军队同回鹘作战或归义军同吐蕃作战后，伤亡较为惨重，人员不整的记录。“将龙光颜队下”“将李六娘队下”等记载表明此时是以将为单位组成40人的军事编队出征，而非一将统领两队共100人。如果P. 3249是归义军初期的文书，就说明张氏归义军初期仍然承袭了吐蕃十将制和队制，直到后来才在蕃制基础上仿效唐制建立了自己的十将、左右将、队等军制。

---

① 《法藏敦煌西域文献》第31卷，上海：上海古籍出版社，2005，第30页。

② 参见冯培红《敦煌归义军职官制度——唐五代藩镇官制个案研究》，第202~203页。

③ 《通典》，第3794页。

④ 《法藏敦煌西域文献》第22卷，第304页。

⑤ 参见冯培红《P. 3249背〈军籍残卷〉与归义军初期的僧兵武装》，《敦煌归义军史专题研究续编》，兰州：兰州大学出版社，2003，第190~201页；苏航：《试析吐蕃统治敦煌时期的基层组织tshar——以Ch. 73. xv. frag. 12和P. T. 2218为中心》，《中国藏学》2003年第2期。

综上所述，吐蕃敦煌地区的十将制源自本部十将（tshan-bcu），又对唐朝军队的十将、左右将制度进行了借鉴吸收。790～820年，吐蕃在敦煌设有行人、丝绵部落。行人部落为军事部落，又分为上、下二部落，设有19将，以左、右厢编制，每将负责人称为将头，统率本将成员所组成的军事编队。将头之上设有十将使，简称十将，也以左、右厢编制，称之为左军卫十将使、右军卫十将使，每个十将使管辖百人，吐蕃文称为 brkyevu rje，意即百长、百户长。十将使管辖机构为十将，还下辖若干将头，具体可能是下辖两个将头，即管辖两个将（tshan）。十将使、将头都归属部落使管辖。他们都是既负责部落军事，又负责行政事务。820年，吐蕃在敦煌设置了阿骨萨和悉董萨两个独立的军事部落，在824年之后的某年又设置了悉宁宗军事部落。此三部落共有29个将，当按左、中、右三个序列编制，分成左、中、右三茹（ru），一个茹为一个军事部落的成员组成之大军事编队，下辖9～10个将，每个将成员组成一个40人军事编队 tshar，由本将将头担任负责，称之为小茹（ru cung）。小茹之上设有中茹（ru vbring），即十将使。在吐蕃瓜州、肃州等地的军事部落编制也当与敦煌部落相似，按左、中、右和上、中、下等序列编制各部落十将使、将和由各部落成员组成的军事编队。归义军中的十将、左右将、队制直接承袭了吐蕃统治敦煌时期旧制，后来在此基础上加以改革，仿效和吸收了唐朝军制的一些内容。吐蕃统治敦煌时期汉人部落中的十将、将等军事制度对我们认识和研究吐蕃王朝基层军事行政制度无疑也具有重要意义。

第二节　于阗地区的 tshan

吐蕃统治西域于阗地区的行政建制一直为学界所关注，F. W. Thomas、杨铭等都曾经有所论述①。2012年朱丽双女士在日本学者武内绍人先生研

① Tsuguhito Takeuchi（武内绍人），*TSHAN*：*Subordinate Administertive Units of the Thousand - Districts in the Tibetan Empire*（《将，吐蕃帝国千户之下的行政组织》），Tibetan Studies Proceedings of the 6th Seminar of the International Association for Tibetan Studies FAGERNES 1992，Volume2，edited by Per KVAERNE，Oslo，1994，pp. 848－862；杨铭：《将（Tshan）》，载氏著《吐蕃统治敦煌研究》，第269～282页。T. Takeuchi. *Tshar*，*srang and Tshan*，Administrative Units in Tibetan－ruled Khotan，*Journal of Inner Asian Art and Archaeology* 3/2008，Brepols，2009，pp. 145－147.

究的基础上又对吐蕃统治下于阗地区的 tshan 作了探讨，发表了自己的见解①。笔者在学界研究的基础上对吐蕃统治下于阗地区的 tshan 的含义、性质再进行一些考察，谈一下自己的看法。

一 有关吐蕃统治下于阗地区 tshan 的资料

关于吐蕃统治下于阗地区的 tshan 的资料主要有 M. Tagh. cii，0048 号木简和英国国家图书馆藏于阗吐蕃双语文书 IOLKhot. 206/v 等藏文简牍、文书中的记载。首先将 M. Tagh. cii，0048 号（IOL Tib N. 1854）木简相关录文转录如下并附笔者译文：

1 shel chab 'og ma'I tshand la li bcu gnyis gyi ded sna li smad la gthad/（以下倒写）tshard shi ro nya

2 shel chab gong ma'I tshan la li bdun gyi ded sna li bun dar ma la gthad/（以下倒写）tshar has go nya na mchis/

3 shel chab dbus gyi tshan la li dgu'I ded sna/ bar ma ro nya'l li shir de la gthad /

4 mkhar pa drugi ded sna / li khrom（S?）she dad/ la gthad/ /（以下倒写）srang ba zho nya na mchis②

1 交付下谢恰（shel chab，玉河）将（tshand）12 个于阗人（li）之首领（ded sna）李（li）玛（smad），在西若聂（shi ro nya）曹（tshard）。

2 交付上谢恰（shel chab，玉河）将（tshan）7 个于阗人（li）之首领李（li）本达玛（bun dar ma），在海晓聂（has go nya）曹（tshar）。

---

① 朱丽双：《唐代于阗的羁縻州与地理区划研究》，《中国史研究》2012 年第 2 期，第 73 ~ 77 页；Zhu Lishuang, "A Preliminary Survery of Administrative Divisoins of Tibetan – Ruled Khotan", in B. Dotson, K. Iwao and T. Takeuchi eds. , *Scribes, Texts, and Rituals in Early Tibet and Dunhuang*, Reichert Verlag, 2013. pp. 48 – 49。此文对前文观点有简单介绍。

② 朱丽双：《唐代于阗的羁縻州与地理区划研究》，《中国史研究》2012 年第 2 期，第 74 ~ 75 页；〔英〕F. W. 托马斯编著，刘忠、杨铭译注《敦煌西域古藏文社会历史文献》，北京：民族出版社，2003，第 450 页；F. W. Thomas. *Tibetan Literary Text and Documents concerning Chinese Turkestan*, volume Ⅱ, London, 1951, pp. 167 – 169. 参见 IDP 项目网站该简牍照片，后文所引藏文文书简牍同样参见 IDP 项目网站该简牍照片。

3 交付中谢恰（shel chab，玉河）将（tshan）9 个于阗人（li）之首领李社德（li shir de），在巴玛（bar ma）若聂（ro nya'i）。

4 交付致六城（mkhar pa drugi）的首领李（li）冲木桑达（khrom she dad），在巴晓聂（ba zho nya）坊（srang）。

简牍中的 tshand 或 tshan，杨铭、武内绍人都认为应译为“将”，朱丽双则认为应译为“州”。《新唐书·地理志》记载在唐前期于阗有十个州，但是州名不详：“毗沙都督府，本于阗国，贞观二十二年（648）内附，初置州五，高宗上元二年（675）置府，析州为十。领州十，阙。”[①]

麻扎塔格出土《唐开元九年（721）十月至十年正月于阗某寺支出簿》第 60 行记载：“廿日，出钱百文，付西河勃宁野乡厥弥拱村叱半萨童，充家人悉勿吉良又科着税。”[②]

该件文书记载于阗地区有西河勃宁野乡，朱丽双认为这个西河应该是西河州。M. Tagh. cii，0048 号木简中的上、下玉河已被学者比对为喀拉喀什河（kara kash）和玉龙喀什河（yurong kash）[③]，藏文文献常以上方指西部，下方指东部，所谓上玉河即西玉河，所谓下玉河即东玉河。再比照汉文文书“西河宁勃野乡”的记载，则西玉河和东玉河可分别简称为西河和东河。她还认为此件藏文简牍的 tshan（tshand）字，与敦煌藏文文书中的将（tshan）等同的观点值得商榷，吐蕃统治下于阗地区情况不一定完全和敦煌相同，tshan（tshand）似可与汉文的“州”比对。既然武内绍人论证吐蕃统治下于阗地区的曹（tshar 或 tshard）相当于唐朝乡里制度中的“乡”，srang 相当于“坊”，则西河和东河等 tshan（tshand）的行政级别只能相当于州。如果说吐蕃对于于阗大致延续了唐朝的区域划分，那么对于州这一层行政级别的专名，吐蕃以 tshan（tshand）来表示，当不会有大误。[④] 对于 M. Tagh. cii，0048 号木简中的记载，武内绍人认为上、下玉河

① 《新唐书》卷四三下，第 1134 页。

② 沙知、吴芳思（F. wood）编《斯坦因第三次中亚考古所获汉文文献（非佛经部分）》第 2 册，上海：上海辞书出版社，2005，第 329 页。

③ 杨铭：《吐蕃统治敦煌研究》，第 275 页。

④ 朱丽双：《唐代于阗的羁縻州与地理区划研究》，《中国史研究》2012 年第 2 期，第 75 页。

和两河之间之地可能为三个州（*prefecture*）①，杨铭则认为此三地可能为三个部落②，但是他们并不认为 tshan（tshand）就是州，而认为是州或部落之下的一级组织。

另外一件记载吐蕃统治下于阗地区 tshan 的资料是英国国家图书馆所藏于阗吐蕃双语文书 IOL Khot. 206/V（背面于阗文片段编号 IOL206/1，有学者认为此于阗文文书内容显示其出自和田东部的六城地区③，具体是关于吐蕃统治时期当地人与吐蕃人之间的一些纠纷的记载④），其录文及笔者译文如下：

1 $/：/ ched po blon rgyal bzang gyi nyam nongs mdzad pa'i bag tsas gnyis gyi gla /

2 pan de ched po stagyi rgyal mtsan gi [s] tshan la [ph] ab pa'i mying smra la / nas phul

3 lang lnga / par mog no ge 'dra sig / ban de no ge 'dra shil / ban de nog su bol /

4 ban de ga lo na she chi / ban de nog [rgu?] bad // mar shi ko nya ba' / ban no gchi / ban de

5 nog shur dwing/ban de no ge 'dra dra / ban de yi sha bad / tshe ya pa'/li su'e

6 sa tsad dzu go / li gu tsag / li sur dad / bog ma rgyan / li mang bod /sdud sna ban de

7 nog su ber zha bsdu ste bul// *** ⑤

1－2. 大论（ched po blon）嘉桑（rgyal bzang）患病的治疗及看

① T. Takeuchi. *Tshar*，*srang and Tshan*，Administrative Units in Tibetan－ruled Khotan，*Journal of Inner Asian Art and Archaeology* 3/2008，Brepols，2009，p. 146.

② 杨铭：《吐蕃统治敦煌研究》，第 275 页。

③ Tsuguhito Takeuchi. *Old Tibetan Manuscripts from East Tuekestan in The Stein Collection of the British Library. Volume* Ⅱ. *Descriptive Cataloque*. The Centre for East Asian Cultural Studies for Unesco，The Toyo Bunko. The British Library，1998，p. 115. .

④ P. O. Skærvö，*Khotanese Manuscripts from east Turkestan in the Stein Collection of the British Liberary*，London：the British Liberary，2002. p. 454.

⑤ Tsuguhito Takeuchi. *Old Tibetan Manuscripts from East Tuekestan in The Stein Collection of the British Library. Volume* Ⅱ. *Descriptive Cataloque*. p. 115.

护费，大和尚（Pan de ched po）达嘉赞（stagyi rgyal mtsan）使将（tshan）落实宣布支付治疗及看护费者姓名。

2－6.（每人）小麦五把（phul）：首领（par mog）诺给扎色（no ge 'dra sig），僧人（ban de）诺给扎（no ge 'dra shi），僧人（ban de）诺色波（nog su bol），僧人（ban de）噶洛那西切（ga lo na she chi），僧人（ban de）诺格拜（nog [rgu?] bad），玛摄廓那巴（mar shi ko nya ba'），班诺切（ban no gchi），僧人（ban de）诺摄丁（nog shur dwing），僧人（ban de）诺格扎扎（no ge 'dra dra），僧人（ban de）益沙伯（yi sha bad），次亚巴（tshe ya pa'），李（li）色萨采则高（su'e sa tsad dzu go），李（li）格礤（ gu tsag），李（li）色代（sur dad），波玛坚（bog ma rgyan），李（li）芒波（mang bod）。

6－7. 征收负责者僧人（ban de）诺色比扎（nog su ber zha）依次收集（并上交）。

从此件文书可以看到，吐蕃在于阗的将（tshan）还有被僧侣大和尚管辖者，而且其中有不少僧人。交纳小麦名单上共有 16 人，有 7 名僧人，负责收集小麦并上交者也是僧人。另外还有李（li）姓于阗人，属于俗人，这些俗人可能是寺院附属民户。因为吐蕃赞普赤松德赞（755～797 年在位）大力弘佛，在全国境内实行寺院属民制度和三户养僧制，后来在赞普赤祖德赞时期又将三户养僧制发展为七户养僧制，用以扶植佛教[①]，所以吐蕃统治下的于阗地区也有寺院附属民户存在，他们交纳小麦的目的是为吐蕃官员大论嘉桑治病。大和尚达嘉赞（stagi rgyal mtsan）应该是当地的一名僧官，吐蕃僧相也称大和尚（ban de ched po）[②]，它应该是吐蕃对地位较高僧人的尊称。藏语 par mog，梵文为 pramkha，意为寺院的首领[③]，这里应该是指寺院中的基层僧官，首领诺给扎色当为俗人，但参与寺院事务的管理，相当于敦煌地区的寺卿。吐蕃统治下敦煌地区的寺卿由俗人担

① 陆离：《吐蕃统治河陇西域时期制度研究——以敦煌新疆出土文献为中心》，第 290～303 页。

② 参见张延清《吐蕃钵阐布考》，《历史研究》2011 年第 5 期，第 159～166 页。

③ T. Takeuchi. *Tshar*，*srang and Tshan*，Administrative Units in Tibetan－ruled Khotan，*Journal of Inner Asian Art and Archaeology* 3/2008，Brepols，2009，p. 145. R. E. Emnerick，*Tibetan texts concerning Khotan*，London，Oxford press，1967，p. 137.

任，管理寺院的财务，还对僧尼、寺户也进行一些管理[①]。这个由大和尚（ban de ched po）管辖的将（tshan）可能是由一所或几所佛教寺院组成。

敦煌藏文文书 P. T. 960《于阗教法史》记载唐前期于阗各地就有众多寺院及僧尼、家人（即寺院附属民户），于阗都城有僧尼约 4700 人，自吉良至固城和度野，僧尼约 530 人，坎城之二部僧伽约 250 人。自吉良至固城、于阗都城地方和坎城，二部僧伽，包括家人和拥有私产者在内，共约 5480 人[②]。8 世纪末以后吐蕃统治时期于阗地区的佛教正是承袭了于阗地区原有的佛教基础，由于吐蕃崇佛，所以吐蕃统治时期自吉良至固城、于阗都城地方和坎城的僧尼、寺院附属民户也应该有数千人，这些地区在唐代前期应该分属毗沙都督府之下数州管辖，在吐蕃时期同样也当分属若干个相当于州或部落的大的行政机构来管辖。

而 M. Tãgh，a，iii，0062 号（Or. 15000/90）文书又记载："/shing shan gyi Li mngan Li Bu god gi mchid gsol ba'// ban de tshan gi sang skyeld pavi rnam…nas ni tshang 'bar mnos …/呈神山（shing shan）的于阗人财务官：于阗人布桂（Li Bu god）的请求书。为护送僧人将（ban de tshan）去桑（sang）地方而付给的全部大麦，皆已收到。"[③]

这个僧人将（ban de tshan）有可能就是指大和尚达嘉赞。

此外，M. Tãgh，b，i，0088 号简牍（IOL Tib N 1893）记载："阿摩支谢德将 'am cha shir de tshan。"[④] 阿摩支（'am cha）是于阗官吏称号，在吐蕃统治时期拥有该称号者地位并不高，当为乡、村一级的负责人[⑤]。谢德

① H. Kumamoto. *Khotanese official documents in the tenth AD*. Thesis（Ph. D.）.（University of Pennsilvania）. 1982. 148－149. 谢重光：《吐蕃归义军时期敦煌僧官制度》，《敦煌研究》1991 年第 2 期，后收入氏著《中古佛教僧官制度和社会生活》，北京：商务印书馆，2009 年，第 127～159 页。

② 朱丽双：《敦煌藏文文书 P. T. 960 所记于阗的佛像、伽蓝与僧伽——〈于阗教法史〉译注之五》，《语言背后的历史：西域古典语言学高峰论坛论文集》，上海：上海古籍出版社，2012，第 212 页；石硕：《吐蕃政教关系史》，成都：四川人民出版社，2000，第 220～224 页。

③ 〔英〕F. W. 托马斯编著《敦煌西域古藏文社会历史文献》，第 180～181、458 页。

④ 〔英〕F. W. 托马斯编著《敦煌西域古藏文社会历史文献》，第 168、458 页；王尧、陈践：《吐蕃简牍综录》，第 75 页第 456 号木简，但该书只有藏文录文而无译文。

⑤ 文欣：《于阗官号考》，《敦煌吐鲁番研究》第 11 卷，上海：上海古籍出版社，2011，第 126 页。

将（shir de tshan）表明，吐蕃统治于阗时期阿摩支谢德也担任了一个tshan的负责。

M. Tãgh，a，vi，0057号简牍（IOL Tib N 1807）则记载：“［A］'a ma ca lha zung gre tshand la［B］Sna bo Li 'in dad 'bul ba nas 由纳波（Sna bo）的于阗人英达（Li 'in dad）付出大麦，交阿摩支拉松支（'a ma ca lha zung gre）将。”[①] 阿摩支拉松支（'a ma ca lha zung gre）同样也是于阗地区一个将（tshan）的负责人。

英国学者F. W. 托马斯（Thomas）认为以上这三件文书、简牍中的tshan是于阗地区僧人和官员的尊称[②]，实际上tshan就是吐蕃统治下于阗地区的基层组织，藏文文书简牍中直接将该组织负责人姓名放在tshan之前，将之称为某某tshan（将），相当于汉文的某某将头。

二　吐蕃统治下本部、敦煌、萨毗等地的tshan同于阗地区tshan的关系

在吐蕃本部就有tshan的设置。藏文史籍《第吴宗教源流》记载松赞干布时期吐蕃本部有十将（tshan bcu）。

> Rgyas par bshad pa la tshan bcu ni bod ru re re na/ yul dpon bcu drug bcu drug yod pa ni/ ru lag gi yul dpon tshan bcu drug la/…g. yas ru'i yul dpon tshan bcu drug la /…dbu ru'i yul dpon tshan bcu drug la/…g. yu ru'iyul dpon tshan bcu drug la /…[③]
>
> 所谓十将是吐蕃每茹有16个地方官，茹拉16个地方官将，……叶茹16个地方官将，……中茹16个地方官将，……约茹16个地方官将……

地方官将（yul dpon tshan）是吐蕃本部茹（ru）之下的地方官，一个茹有

① 〔英〕F. W. 托马斯编著《敦煌西域古藏文社会历史文献》，第169页；藏文录文，笔者对照大英图书馆国际敦煌项目网站公布的该件简牍照片进行辨认核对，这里采用王尧、陈践《吐蕃简牍综录》第38页第66号木简录文。

② F. W. Thomas. *Tibetan Literary Text and Documents concerning Chinese Turkestan*, volume Ⅱ, London: Royal Asiatic Sociaty, 1951, P. 194.

③ 第吴贤者（mkhas pa lde'u）：《第吴宗教源流》（藏文版），拉萨：西藏古籍出版社，1987，第256～258页。

16个地方官将，但该书实际记载吐蕃本部四茹一共有65个地方官将，其中中茹（dbu ru）有17个地方官将，其他三茹每茹各有16个地方官将（yul dpon tshan）[①]。tshan应当是茹之下的行政建制。吐蕃本部一个茹有10个军事千户部落（stong sde），长官为部落使（stong dpon），tshan的规模要略小于军事千户部落，后者为军事行政合一建制。吐蕃统治下的敦煌地区则是汉人部落下有将，一个部落有9~10个将（tshan），将的负责人为将头，藏文称为五十岗（lnga bcu rgang），管辖耕种五十岗土地的民户，并负责率领本将居民组成的40人军事编队曹（tshar）进行军事行动。此时将头也称为曹长（tshar pon），编队成员按一个射手（'phongs）和一个护持（dgon）组合搭配，这种军士组合方式应该来自吐蕃本部，源自吐蕃军事部落中的桂（rgod，武士）、庸（g·yung，奴仆）制度。[②] 吐蕃统治下敦煌地区的将源自吐蕃本部，但是又产生了一些变化：敦煌的将是部落之下的基层行政军事建制，但是规模要小于吐蕃本部的将。

关于吐蕃统治下敦煌地区将的来源，还有学者认为是借鉴自唐制[③]。晚唐五代归义军政权曾设有左一至左五将、右一至右五将十个将头，每将管辖士兵百人，与吐蕃统治敦煌时期部落中将的设置也有一定相似性。但是归义军的左一至左五将、右一至右五将是单纯的军事编队，而吐蕃统治敦煌时期部落中的将是军事行政合一单位，二者实质不同，所辖人数也不同。归义军的左一至左五将、右一至右五将编制应该源自唐制。吐蕃统治敦煌时期部落中的将也按左、右序列编制，S.2228《吐蕃亥年六月十一日至十五日修城夫丁役使簿》记载了丝绵部落右一到右十将和上部落左七到左十将[④]。而中唐李筌《神机制敌太白阴经》卷六《阵图·太白营图篇》记载有左一到左五、右一到右五将[⑤]，撰写时间在760年的独孤及《为江

---

① 杨铭：《吐蕃统治敦煌研究》，第277~278页。

② 陆离：《吐蕃统治河陇西域时期制度研究——以敦煌新疆出土文献为中心》，第37~51、114~133页。

③ 参见齐陈骏、冯培红《晚唐五代归义军政权中“十将”及其下属诸职考》，《敦煌归义军史专题研究》，兰州：兰州大学出版社，1997，第25~35页；杨铭《将（tshan）》，载氏著《唐代吐蕃与西域诸族关系研究》，第160页。

④ 唐耕耦、陆宏基：《敦煌社会经济文献真迹释录》第2辑，第403~404页。

⑤ ［唐］李筌：《神机制敌太白阴经》，盛冬铃译注，石家庄：河北人民出版社，1991，第69~70页。同卷《阵图·教旗图篇》有一幅布阵图，清楚地展现出以旌节为中心，左、右各五将（第73页）。

淮都统使奏破刘展兵捷书表》记载有左第一将、左第二将、左三将、左四将等[①]，大历十三年（778）二月十八日由山南西道节度副使□震所刻并撰文的《佛顶尊胜陀罗尼幢赞并序》记载有右二将、右四将、左二将、左三将[②]。吐蕃占领敦煌是在786年以后，所以吐蕃统治下敦煌地区部落中的将之建制应该是源自吐蕃本部，又借鉴了唐朝军队中的左、右厢将制度，是吐蕃与唐朝制度相结合的产物。

吐蕃统治下河陇地区部落之上的建制为州，藏文写作cu，如沙州写作sha cu，瓜州写作kva cu[③]。在吐蕃统治的萨毗地区同样也出现有将（tshan）。米兰出土的M. I. xxviii，8号（IOL Tib N 918，但国际敦煌项目IDP网站公布的该简牍照片字迹模糊，无法辨识）木简云："范雄多将的供奉…'phan cung dog tshan gyi bul…"[④] 范雄多为萨毗地区某将的负责人。M. I. xii，3号木简（IOL Tib N 520）记载："曹长，潘库之将。tshar dpon pang ku' i tshan"[⑤]，表明当地的基层组织将的负责人同样也担任本将成员组成的军事编队的负责人，与敦煌地区情况相同。属于吐蕃统治下于阗地区的M. Tāgh. b，ii，0044号木简〔IOL Tib N 1938（A），IOL Tib N 1938（B），IOL Tib N 1938（C）〕记载：

> A1// nyen kar gyi sde de ga lha skyes 2 rje blas dgon gi bsjed byang 3 phub/ ral gyu ma /ral gyu ru/ mdav bcar /gzhu rgyud dang ngar rdzang/B/ rdo sgye/ 'u rdo/ mda' ral dong/聂嘎（nyen kar）部落，王事护持（dgon）德嘎·拉结（de ga lha skyes）装备记录牌：盾；刀；刀鞘，箭一把；弓弦和护腕；石袋；抛石兜和箭筒。[⑥]

---

① ［宋］李昉等编《文苑英华》卷五六六，北京：中华书局，1956，第2906页。

② ［清］王昶编《金石萃编》卷六六，南京：江苏古籍出版社，1998，第353~355页。

③ 王尧、陈践：《敦煌古藏文探索集》，第366、371页。

④ ［英］F. W. 托马斯编著《敦煌西域古藏文社会历史文献》，第80、427页。F. W. Thomas. *Tibetan Literary Text and Documents concerning Chinese Turkestan*, volume Ⅱ, London, 1951, P. 93.

⑤ 杨铭：《吐蕃统治敦煌研究》，第284页；王尧、陈践：《吐蕃简牍综录》，第70页；F. W. Thomas. *Tibetan Literary Text and Documents concerning Chinese Turkestan*, volume Ⅱ, London, 1951, P. 338.

⑥ 王尧、陈践：《吐蕃简牍综录》，第46页。此处译文，笔者与王尧、陈践有所不同。录文中的A、B为简牍的正反两面。

聂嘎部落（nyen kar gyi sde de）为吐蕃本部叶茹（gyas ru）军事千户部落，其部落成员移驻于阗，所以吐蕃统治下的于阗地区同样也出现了按一个射手和一个护持组合搭配而成的军事编队。

吐蕃统治下的于阗地区的 tshan 应该同样也是源自吐蕃本部，与敦煌、萨毗等地的 tshan 类似。唐前期在于阗设有州，但从现有文书来看，汉语“州”就没有于阗语对应的词，“城/乡”和“坊/村”则分别有对应的于阗语词①，这似乎表明吐蕃时期于阗地区并无州的建制。武内绍人认为，藏文文献记载的吐蕃统治于阗地区的 tshan 是一种组织单位，tshan 的首领管理十几个人，tshan 应该在 tshar（乡）之下，而 srang 则对应汉文的坊，位于于阗地区有军队驻扎的城镇地区，tshar 则在城镇以外。在 Mazar - Tagh 出土的藏文文献中记载被派到高山哨所的士兵，吐蕃人士兵则写明其所属 stong sde（千户部落），于阗人士兵则写明其所属的 tshan 或 srang，所以 tshan、srang 与 stong sde 相对应，都是行政管理机构，当然 tshan、srang 的规模要小于 stong sde。②

于阗地区的“州”在藏文中对应词应该是 cu，但是在关于于阗的藏文文献中并未出现该词。国家图书馆新入藏的和田出土汉文文书 BH1 - 1《某年十一至十二月付粮历》和 BH1 - 2《某年九月付粮历》中都出现有“猪拔州”，和六城并提，而且 BH1 - 2 号文书显示两地所交纳粮食数量大致相当，故两地在行政级别上应当相同。但在藏文文献中只出现有所谓“猪拔城”（Phag gis mtshon pa'I grong khyer），并无猪拔州。猪拔城见于藏文《无垢光请问经》（*Dri ma med pa'I 'od kyi zhus pa*），该经写成于公元 8 世纪③，与安史之乱爆发后吐蕃再次占领于阗时间很接近，所以藏文文献

① 朱丽双：《唐代于阗的羁縻州与地理区划研究》，《中国史研究》2012 年第 2 期，第 74 ~ 77 页。

② T. Takeuchi. *Tshar , srang and Tshan*, Administrative Units in Tibetan - ruled Khotan, *Journal of Inner Asian Art and Archaeology* 3/2008, Brepols, 2009, pp. 145 - 146.

③ 朱丽双：《唐代于阗的羁縻州与地理区划研究》，《中国史研究》2012 年第 2 期，第 77 - 78 页；〔英〕F. W. 托马斯编著《敦煌西域古藏文社会历史文献》，第 271 页；F. W. Thomas. *Tibetan Literary Text and Documents concerning Chinese Turkestan*, volume Ⅱ, London, 1951, P. 312。郭声波、买卖提祖农·阿布都克力木《毗沙都督府羁縻州之我见——兼评〈唐代于阗的羁縻州与地理区划研究〉》一文则认为猪拔为当地民族语言的音译，Phag gis mtshon pa' I grong khyer 不应该对译为“猪拔城”，并认为“猪拔”即疏勒都督府的朱俱波，但尚未举出更多证据（《西域研究》2014 年第 2 期，第 48 页）。

并未记载吐蕃统治下于阗地区有州的设置，唐前期于阗地区的州在吐蕃统治时期可能并未沿用。吐蕃也有可能是将部分唐前期于阗地区的州所辖地区改称为城。tshan 与“州”并非对音，州的藏文对音是 cu，tshan 的对音则是“将”。

由于目前所见到的资料太少，对于吐蕃统治于阗地区的 tshan 的具体情况还不能有较为详细的了解，但是它不应该对应于“州”。它源自吐蕃本部，与吐蕃统治下敦煌、萨毗地区的将（tshan）类似，应该是规模较小、级别较低的行政建制。于阗地区的 tshan 规模应该与 tshar 相当或在其之下，tshar（乡）在于阗地区普遍设置，而 tshan 的设置似乎较少。

而吐蕃统治于阗地区的 tshan 除了被地位低下的官吏阿摩支（vam cha）统领外，还有被僧人大和尚统领的情况出现。tshan 中有僧人和寺院附属民户，这与吐蕃统治的敦煌地区相比又有一些不同。敦煌地区的将由部落民户组成，担任将头者为俗人，僧团则由当地僧官教授、僧统（ring lugs，slob dpon）统领①，并未见到由僧人统领的将；而在吐蕃统治的于阗地区也尚未见到有僧官教授、僧统，这也反映了于阗地区的特殊性。

至于于阗地区普遍设置的 tshar，有学者认为是借鉴了唐朝的地方基层兵制曹，因为唐前期在西域各地设有镇将、仓曹、兵曹②。藏文 tshar 的含义是排列、组合，新疆出土藏文文献记载的吐蕃统治下于阗地区的 tshar 是一种行政建制，并非军事建制③，所以笔者不同意这一观点。武内绍人则认为，Mazar. Tagh 所出藏文记载的派往高山哨所的吐蕃人士兵和于阗人士兵名单中，吐蕃人注明其所属部落，而于阗人则注明其所属 tshar 或 srang。而 M. Tagh. cii，0048 号（IOL Tib N 1854）木简内容表明，srang 在军队驻防的城镇，而 tshar 在其余地区。他认为木简第 3 行“shel chab dbus gyi tshan la li dgu' I ded sna/ bar ma ro nya' i li shir de la gthad /”在 li shir de 后面漏写了 tshar，而这一行实际就可以译为：“交付中谢恰（shel chab，玉河）将（tshan）9 个于阗人（li）之首领李社德（li shir de），在巴玛（bar ma）若聂（ro nya' i）曹（tshar）。”这样木简前面三行集中记载了

---

① 王尧、陈践：《敦煌古藏文文献探索集》，第 199、275 页。

② 杨铭：《曹（tshar）》，载氏著《唐代吐蕃与西域诸族关系研究》，第 168 ~ 169 页。

③ 至于在吐蕃统治的敦煌、萨毗地区出现的 tshar，则是一种军事编队，与于阗地区有所不同。

居住在 tshar 的于阗人的交付情况，而最后一行记录了居住在 srang 的于阗人的交付情况。[①] 笔者以为武内绍人先生的观点有一定道理，但是也可以这样理解：居住在 tshan 的于阗人和居住在 tshar 的于阗人距离较近，所以前者要到附近的 tshar 去交接物品。武内绍人还认为唐代于阗设有乡和坊，坊只设在城或军队驻扎的镇，乡则在其余地区，这样吐蕃在于阗地区的 tshar 无疑是对应于唐前期于阗地区的“乡”，而 srang 则对应于唐前期于阗地区的“镇”[②]。笔者同意其观点，吐蕃应该是对唐朝在于阗地区的行政建制乡和坊进行了一定的沿袭，srang 只设在军队驻防的城镇，tshar 则设在其他地区，tshan 同样也设在其他地区。至于藏文传世文献《于阗国授记》提到三千余处小规模宗教场所称为 tshar[③]，这个 tshar 的含义应该是指 9 世纪前后于阗当地小规模宗教场所，由小数量信徒组合而成，藏语 tshar 本身的含义就是排列、组合，故而《于阗国授记》中提到的小规模宗教场所 tshar 与吐蕃统治于阗的基层行政管理单位含义不同。

---

① T. Takeuchi. *Tshar* , *srang and Tshan*, Administrative Units in Tibetan - ruled Khotan, *Journal of Inner Asian Art and Archaeology* 3/2008, Brepols, 2009, p. 146.

② T. Takeuchi. *Tshar* , *srang and Tshan*, Administrative Units in Tibetan - ruled Khotan, *Journal of Inner Asian Art and Archaeology* 3/2008, Brepols, 2009, p. 146.

③ F. W. Thomas. *Tibetan Literary Text and Documents concerning Chinese Turkestan*, volume Ⅰ, London, 1935, P. 135. 杨铭：《唐代吐蕃与西域诸族关系研究》，第 165、169 页。

第七章　吐蕃统治敦煌的户籍、官田、营田制度

第一节　户籍制度

吐蕃统治敦煌时期，为了控制在籍人口和流动人口，为其征发劳役和征收赋税提供准确数据，按本部的部落、将制，结合唐代的乡里制，重新编造了敦煌户籍制度，设置官吏检核人口以及牲畜。还仿照唐制令民户自书家口手实上报官府，以期得到如实的民户在籍情况。李正宇先生首先对S. 3287号背《子年（9世纪前期）五月左二将百姓汜履倩等户口状》中记载的吐蕃敦煌户籍制度的有关情况进行了考察①，金滢坤先生在前人研究的基础上对蕃占时期敦煌户籍制度进行了较为深入的探讨②，对笔者很有启发。但是，对于金文中的一些观点，笔者尚不能完全赞同，觉得还有继续讨论的必要，而且还有个别关于吐蕃户籍制度的问题目前尚未见学者论及，笔者以为也值得对之进行探讨，故在这里对有关吐蕃统治敦煌户籍制度的一些问题再谈一下看法。

一　关于算使和吐蕃官府发给平民的身份证件——牌子

谈及吐蕃统治敦煌的户籍制度，首先会注意到“算使”这一官职。

① 李正宇：《吐蕃子年（公元808年）沙州百姓汜履倩等户籍手实残卷研究》，《1983年全国敦煌学术讨论会论文集·文史遗书编》上，兰州：甘肃人民出版社，1987，第176～218页。

② 金滢坤：《吐蕃统治敦煌的户籍制度初探》，《中国经济史研究》2003年第1期。

S. 2729《辰年三月僧尼部落米净辩牒》① 的内容为报告敦煌僧尼部落所属龙兴、大云、莲台、灵图等十三寺僧尼的情况：

> 辰年三月五日，算使论悉诺罗接谟勘牌子历　龙兴寺都统石惠捷　辰年三月十三日死　张菩提　张净隐……大云寺翟维明　巳年七月十一日死　吕维寂　李法智……计尼一百七十一　都计见上牌子僧尼三百一十人　内一百卅九僧　一百七十一尼　牒件状如前　谨牒　辰年三月　日僧尼部落米净辩牒……造牌子后死，辰年三月十日龙兴寺僧张净深死，吐蕃赞息检

此外，在巳年、午年、未年、申年均对牌子进行了勘检。算使论悉诺罗接谟领导勘检，具体负责勘检者有三人：吐蕃赞息、杨舍人、萑董罗。吐蕃将被俘的有知识有文化的汉人任命为舍人，加以利用，此杨舍人正是具有这种身份的汉人。

文书之“辰年”，藤枝晃考订为 788 年，该文书正是吐蕃占领敦煌初期的文书。该文书表明吐蕃占领敦煌不久即开始编制部落、清查人口，以便核定赋税标准，征发赋役。负责这项工作的是算使论悉诺罗接谟，下属有赞息、杨舍人、萑董罗等人。算使论悉诺罗接谟还见于 P. 3028《吐蕃占领敦煌时期官营牧羊算会历状》，该文状记载了猴年、鸡年、狗年连续三年的羊群数量清点情况，并记有：“以前悉诺罗从羊年五月七日后至狗年四月二十九日点前兼马年旧欠，都计壹伯捌拾贰口。”② 悉诺罗即论悉诺罗，“论”（blon）为吐蕃官员、大臣之意。文书记载论悉诺罗对羊年、狗年羊群数量进行过清点，清点时间应与 S. 2729《辰年三月僧尼部落米净辩牒》相距不远。辰年为 788 年，则 P. 3028 号文书中的羊年、狗年当为 791 年和 794 年。该文书表明，算使论悉诺罗接谟除负责清点人口、登记户籍外，还要清点敦煌地区的羊群数量。

另外，P. 5812 号《丑年八月沙州妇女令狐大娘牒》云：

---

① 唐耕耦、陆宏基：《敦煌社会经济文献真迹释录》第 4 辑，第 194 ~ 204 页。

② 唐耕耦、陆宏基：《敦煌社会经济文献真迹释录》第 3 辑，第 580 ~ 584 页。

丝绵部落无赖持（?）相罗识人张鸾鸾见住舍半分，尊严是东行人舍收得者为主居住，两家总无凭据，后阎开府上尊严有文判，四至内草院不主张鸾分，强构扇见人侵夺，请检处实。一论悉诺息来日，百姓论宅舍不定，遂留方印，已后见住为主，不许再论者。又论莽罗新将方印来，遂于亭子处分，百姓田园宅舍依旧，亦不许侵夺论理……尊严遂收门庑舍，充造堂地，替使着畜生。[①]

文书记载敦煌汉人百姓令狐大娘之父与张鸾鸾将东行入唐者的房舍分占，先经阎开府（阎朝）主持分割两家居住范围，后来吐蕃官员论悉诺息和论莽罗先后对之颁发“方印”，进行了认定。阎朝和论悉诺息主持判定此房舍分割发生在敦煌陷蕃初期。论悉诺息与 S. 2729《辰年三月僧尼部落米净辩牒》中的算使论悉诺罗只差一字，陈国灿先生认为二者为同一人[②]。但是“罗”与“息”应该是吐蕃语中不同词的音译，可能分别对应藏语 lha 和 zig，所以二者不能被认定为一人。吐蕃官员论悉诺息的职务可能并非算使，所以判定百姓房舍分割归属还不能被认为是算使之职责。

P. 3774 号《丑年十二月沙州僧龙藏牒》则出现有“佥牟使”：

……□□至阎开府上，大番兵马下，身被捉将，经三个月，却走，来在家中潜藏近六个月。齐周谘上下，始得散行。至佥牟使算会之日，出钿贝镜一面与梁舍人，附在尼僧脚下。……一大兄初番和之日，齐周阝父脚下附做奴。后至佥牟使上析出出为户，便有差税身役，直至于今。[③]

该文书记载佥牟使在蕃占初期（“番和之日”）负责清查人口，登记户籍，核定征发赋役对象，与 S. 2729《辰年三月僧尼部落米净辩牒》中算使论悉诺罗接谟职责相同。佥牟使之“佥牟”陈国灿先生认为即“接谟”，S. 2729 号文书中的算使论悉诺罗接谟亦即 P. 3774 号文书中的佥牟使[④]，笔

① 唐耕耦、陆宏基：《敦煌社会经济文献真迹释录》第 2 辑，第 287 页。
② 陈国灿：《唐朝吐蕃陷落沙州城的时间问题》，《敦煌学史事新证》，第 482 页。
③ 唐耕耦、陆宏基：《敦煌社会经济文献真迹释录》第 2 辑，第 283 ~ 284 页。
④ 陈国灿：《唐朝吐蕃陷落沙州城的时间问题》，《敦煌学史事新证》，第 481 页。

者同意此观点。佥牟使即算使，与前面提到的算使论悉诺罗接谟下属吐蕃赞息、杨舍人、萑董罗一样，P. 3774 号《丑年十二月沙州僧龙藏牒》中的梁舍人当系佥牟使的下属。

佥牟使即算使，“佥牟”即“接谟”，它们实际是吐蕃文的音译，那么“佥牟”或“接谟”在吐蕃文中到底是什么意思呢？笔者以为“佥牟”或“接谟”应系吐蕃文 khram 的音译，khram 即木片、木牌之意。古藏语 khram 之读音近似为“查牟”。“佥”，《广韵》七廉切，平盐，清，声母为 ts‘（相当于汉语拼音的 c）。“接”，《广韵》即叶切，入叶，精，声母为 ts（相当于汉语拼音的 z）。则在唐宋时期，“查牟”与“佥牟”或“接谟”的发音非常接近，所以“佥牟”或“接谟”当是 khram 的音译。P. T. 1089 号《大蕃官吏申请状》记载 820 ~ 830 年间在吐蕃姑臧（mkhar tsan，即凉州）节度使衙署（khrom）有“简牍文书官”（khram pa），在法（chos，即佛教）之事务官（rtsis pa）之下、占卜风水师（sam mkhan）之上[①]，在节度使衙署官员中位次较低。笔者以为，此简牍文书官正是敦煌汉文文书中的算使，亦即佥牟使，khram pa 也可以直接译为“简牍文书使”，与“佥牟使”含义完全吻合。该官职设在吐蕃统治河陇西域各节度使衙署之中，负责对节度使辖境内人口、牲畜清查造籍，为征发赋役制定依据。S. 2729《辰年三月僧尼部落米净辩牒》中的算使论悉诺罗和 P. 3774 号《丑年十二月沙州僧龙藏牒》中的佥牟使当是瓜州节度使衙署的简牍文书官，佥牟即为 khram 的谐音。他在蕃占初期来敦煌清点人口及牲畜，登记入户，手下还有赞息、杨舍人等蕃、汉僚属。

敦煌吐蕃历史文书记载吐蕃王朝从松赞干布去世后不久即开始清查人口，登记户籍：

> 及至虎年（654 年），赞普驻于美而盖……区分“桂”、“庸”，为大料集而始作户口清查。
>
> 及至虎年（690 年）夏，赞普驻于跋布川。……集会议盟，立大藏之“红册”。噶尔·没陵赞藏顿与巴曹·野赞通保二人征收腰茹之地亩赋税。是为一年。

---

① 杨铭：《吐蕃统治敦煌研究》，第 121 页。

及至兔年（691 年）……清理土地赋税并统计绝户数字。……集会议盟，乃依红册征集兵丁。

及至蛇年（717 年）……统计清查“岸本”所属之户口（册）。

及至鸡年（721 年）……建立“岸”及大河上下全部大红册木牍。

宣布岸本由八人减为四员之缩编制度……大论芒夏于岛儿集会议盟，订立岸本之职权，征宫廷直属户税赋。①

由上述史料可知，吐蕃之户籍清查制度似与岸本有关。“岸”（mngan）为“岸本”（mngan dpon），藏族史籍《贤者喜宴》记载吐蕃王朝设有七种官吏，岸本（rngan dpon，即 mngan dpon）即为其一，“库吏管理粮食、金银，因对（交纳人）多所申斥，故名岸本（申斥官）”②，正是负责征收钱粮、管理仓库的官员。在《唐蕃长庆会盟碑》中列名的吐蕃官员有“岸奔榼苏户属劫罗末论矩立藏名摩（mngan pon khab so vo chog gi bla vbal blon klu bzang myes rma）”一人。据陈楠先生考证，“岸奔（本）榼苏户属”意为“国库总管”，执掌征收宫廷所属居民的赋税与支付官吏的俸禄赏赐之事，也就是管理国库的收入与支出。该官职似为岸本这一类官职中最高一级的长官③。由于岸本之职责是负责征收钱粮、管理仓库，而征收赋税的依据正是敦煌等地民户的户籍，所以岸本与吐蕃之户籍管理有一定关系。金滢坤先生就认为：“这些清查户口、造籍作册的事务，一般由‘岸本’负责。”④

但是在吐蕃统治的敦煌地区，情况却有所不同。S. 2729《辰年三月僧尼部落米净辩牒》中的算使论悉诺罗和 P. 3774 号《丑年十二月沙州僧龙藏牒》中佥牟使的出现可以证明，至少在蕃占初期，来自瓜州节度使衙署的佥牟使负责对敦煌地区的民户进行清查造籍，甚至对当地的羊群进行清点。吐蕃统治河陇西域地区的节度使衙署中的佥牟使当原系吐蕃

① 王尧、陈践：《敦煌本吐蕃历史文书》，第 145、148、151～152 页。

② 佟锦华节译《贤者喜宴》，载黄布凡、马德《敦煌藏文吐蕃史文献译注》，第 383 页。并参见陈楠《藏史丛考》，北京：民族出版社，1998，第 46～48 页。

③ 王尧：《吐蕃金石录》，第 19 页；陈楠：《藏史丛考》，第 48 页。

④ 《中国经济史研究》2003 年第 1 期，第 118 页。

本部职官，负责户籍清查和牲畜清点，敦煌吐蕃历史文书中记载的吐蕃王朝历次人户清查应当都由其负责。只是该官职品级较低，在岸本之下，所以没有在敦煌吐蕃历史文书等简要记载吐蕃重大事件和重要制度的史料中出现。

除佥牟使外，吐蕃职官岸本与敦煌户籍管理应该也有较为密切的关系。P. T. 1097 号《比丘邦静根诉状》记载沙州唐人三部落成立后，在未年的上一年，即午年，沙州财务官（rtsis［dpon?］）曾与其他僧俗官员一起对沙州寺户户籍进行清查①。沙州汉人三部落全部成立于公元 824 年以后，文书表明在吐蕃统治后期，财务官这一官职参与了敦煌寺户的户籍管理，这一官职有可能是沙州岸本。

法藏敦煌吐蕃文文书 P. T. 997 号《瓜州榆林寺寺产帐》记载吐蕃子年瓜州榆林寺清点寺户、牲畜、粮油、用具等寺产的账目，参与清查的有吐蕃瓜州地面寺产大岸本、榆林寺岸本擘三（phyug tsams）（部落）官吏、僧统、住持沙门、悉编（spyan，即监军）等官吏②。可知在瓜州地区负责清查寺户户籍的官员来自僧俗两界，人数更多。

吐蕃授予平民的木质文字告身也与人口核查有关。藏族史籍《贤者喜宴》记载吐蕃社会各级成员分别被授予不同等级的文字告身，其中“作战勇士赐以铁文字告身；灰白色硬木并画以水纹的文字告身授予一般属民。Gyul du dpav ba la lcags yig yang tha shing skya chu ris kyi yi ge ni vbangs phal pa rnam la gnang skad”③。吐蕃对于一般属民授予灰白色硬木并画以水纹的文字告身，用于标明身份，表明吐蕃告身制度并不仅限于在官员和社会上层人士中实施，平民也有告身。P. T. 1288《大事记年》记载：“及至猪年（759 年）……孙波如大部授与告身诏令（sum ru pal po che yig gtsang stsal）。”④ 当指对吐蕃本部孙波如地区之官员和一般属民授予各级告身。

据《册府元龟》卷九六一《外臣部·土风三》记载，吐蕃所颁发的玉（瑟瑟）、金、金银合金、银、铜等告身具体形状为方圆三寸，是可以佩在

① 王尧、陈践：《敦煌吐蕃文献选》，第 47 页。《敦煌藏文文献选》，第 71 页。

② 王尧、陈践：《敦煌吐蕃文书论文集》，第 1 ~ 9 页，藏文第 29 ~ 30 页。

③ 《贤者喜宴摘译（二）》，《西藏民族学院学报》1981 年第 1 期，第 11 页；《贤者喜宴》节录，载《敦煌藏文吐蕃史文献译注》，第 372 页。

④ 王尧、陈践：《敦煌本吐蕃历史文书》，第 110、155 页。

赂膊上的牌状物[①]，那么吐蕃授予普通平民的告身也有可能是方圆三寸左右、写有文字的木牌。

关于吐蕃给一般平民颁发木质身份证件的情况敦煌吐蕃历史文书P. T. 1288《大事纪年》也有记载。文书中出现有“红证册”即“khram dmar po”，直译为“红色木牌”，实际是指给吐蕃禁卫军士兵颁发的身份证件，而一般士兵颁发白证（khram skya，白色木牌，skya 含义为“墙”“收成”“桨”“橹”，引申为“白色”）。这些“红证”和“白证”实际上都是吐蕃授予平民的木质告身。吐蕃实行兵民合一，士兵本身即是部落民众，只不过对于禁卫军部落之军士发给红色木质告身，以示区别[②]。学界认为木牌分为两片，一片发给士兵，一片由军吏保存，从新疆出土的吐蕃简牍来看，木牌上有士兵姓名及所属行伍，清点士兵时需将两片核对[③]。据本人统计，在新疆出土的吐蕃简牍中，有 20 余支只写有士兵姓名及所属部落的木简，吐蕃简牍右端一般都开有槽孔，用于捆扎和悬挂。如 M. Tāgh. c. iv，009 号：“乞力塘部落之支·彭列（khri dang gi sde/ vbre pan legs /）。”[④] 这有可能就是吐蕃授予平民的木质告身。但是它们与《册府元龟》所记载的吐蕃“方圆三寸”的金、银、铜等告身尺寸并不相同，所以吐蕃发给平民的木质告身也可能有不是方圆三寸左右的。授予平民的木质告身即为身份证件，他们是吐蕃官府核查人口的依据。

吐蕃王朝的官方公文（其中包括清查人户的户籍登记册）开始都写在木质简牍之上，后来逐渐开始用纸替代，对此敦煌吐蕃历史文书也有所记载：“及至猴年（744 年）……清点各地方军丁白册。……二人集会议盟，进行征兵点兵大料集，将赞普之令从红册木牍（khram dmar po）移入黄纸册上。”[⑤] 在吐蕃统治敦煌时期，官方公文基本上都已用纸，但是还保留有“牌子”的称呼。S. 2729《辰年三月僧尼部落米净辩牒》云“辰年三月五日，算使论悉诺罗接谟勘牌子历”，文书内容为报告敦煌僧

① 周勋初等校订《册府元龟》第 11 册，第 11136 页。

② 参见陆离、陆庆夫《关于吐蕃告身制度的几个问题》，《民族研究》2006 年第 3 期，第 96～97 页。

③ 黄布凡、马德：《敦煌藏文吐蕃史文献译注》，第 67 页。

④ 王尧、陈践：《吐蕃简牍综录》，第 5、54 页。

⑤ 《敦煌本吐蕃文历史文书》，第 54 页；参见黄布凡、马德《敦煌藏文吐蕃史文献译注》，第 30、54 页。

尼部落所属龙兴、大云、莲台、灵图等十三寺僧尼的情况，还出现有“造牌子”“上牌子”字样。“牌子”即木牌，吐蕃文写作 khram，它与人口核查有关。

在 S. 3287 号背《子年（9 世纪前期）五月左二将百姓氾履倩等户口状》中则出现了牌子户口，该文书记载：

> 左二将午年擘三部落依牌子口：户氾国珎，死。妻张念念，在。……酉年新男，不羡，娶左十将索十□女七娘。男住住（妻），娶下部落王海女十二。……右通午年擘三部落口及已后新生口如前，并皆依实，亦无隐漏不通。如后有人纠告，称有隐漏，请求依法科断。①

该文书的“子年”当系 808 年或 820 年，而“午年”系 790 年②。这是一件吐蕃统治下敦煌民户的户籍手实。S. 2729《辰年三月僧尼部落米净辩牒》中的“勘牌子”“造牌子”“上牌子僧尼”与 S. 3287 号背《子年（9 世纪前期）五月左二将百姓氾履倩等户口状》中的“依牌子口户”四词都含有“牌子”，窃以为“牌子”即吐蕃授予一般属民的灰白色硬木并画以水纹的文字告身，是可以缀在臂膊之上的木牌。“上牌子僧尼”即被授予告身木牌的普通僧尼，“依牌子口户”即被授予告身木牌的普通部落民户。当然，吐蕃平民的身份证明“牌子”与官员的告身还有一定区别。

S. 3287 号背《子年（9 世纪前期）五月左二将百姓氾履倩等户口状》是民户的手实，民户向官府报告民户的将籍、户主的姓名、午年分部落时（790）注册在籍人员（“旧口”）、午年后新增加的人口（“新口”）、子年（808 或 820）申报户籍时已经出离本将的人口及出离原因、户内成员与户主关系及社会身份。

---

① 唐耕耦、陆宏基：《敦煌社会经济文献真迹释录》第 2 辑，第 379 页。

② 据统计，该件文书中记载的午年（790）后新出生人口中有多人在子年时已经出度或婚嫁（唐耕耦、陆宏基：《敦煌社会经济文献真迹释录》第 2 辑，第 377 ~ 380 页）。若子年为 808 年，考虑到吐蕃当时以佛教为国教，采取各种措施大力弘佛，敦煌为佛教圣地，居民普遍信佛崇佛，以及唐代男女婚嫁较早，唐玄宗曾敕令男 15 岁、女 13 岁以上即可婚嫁，一般女子多数在 14 ~ 15 岁出嫁（参见李斌城等《隋唐五代社会生活史》，北京：中国社会科学出版社，1998，第 247 ~ 249 页）等情况，所以这些人在 18 年内长成并出度或婚嫁的可能性是存在的。当然，子年为 820 年的可能性也不能排除。

这一制度源自中原。《晋书》卷七〇《刘超传》记载："（刘超）寻出补句容令……常年赋税，主者常四出，结评百姓家赀。至超，但作大函，村别付之，使各自书家产，投函中讫，送还县。百姓依实投上，课税所入有逾常年。"① 这种手实是民户自书家产的田赋手实。唐代前期手实则是民户申报户口、土地的文书，是当时制定籍账、户籍的主要依据，记载有民户人口姓名、性别、年龄、身份等情况以及土地的亩数、四至，如吐鲁番所出《武周载初元年（689）西州高昌县宁和才等户手实》②、S. 514《唐大历四年（769）沙州敦煌县悬泉乡宜禾里手实》③ 都是如此。吐蕃统治敦煌时期户籍手实则并未记载民户土地情况，对于民户土地情况官府有专门田籍登记管理。S. 9156、S. 4491 号两件汉文文书《吐蕃年次未详沙州诸户口数地亩簿》记载了民户人口数和土地面积、地理位置，上面还有清点的痕迹④，这可能与吐蕃瓜州节度使衙署专设佥牟使清点瓜、沙等节度使辖境各州人口，而沙州田籍则由吐蕃沙州地区营田官（zhing bon）专门负责勘检有关⑤。

二　关于 P. T. 1083 号文书的年代

P. T. 1083 号文书是一件有关沙州汉人二部落与吐蕃当局交涉，要求吐蕃当局采取措施禁止吐蕃官员掳掠人口的文书，反映了吐蕃统治敦煌的具体情况，提供了非常有价值的史料。该文书王尧、陈践先生汉译如下：

> 亥年春，大论于陇州会上用印颁发之告牒：兹据唐人二部落使禀称："此前，沙州汉户女子每为吐蕃、孙波（部落）与个别尚论以婚配为名，抄略而去。（实则）多沦为奴婢。凡已属赞普之子民均已向上峰陈报，不得随意抄略。应如通颊之女子，不予别部婚配，而允于

① 《晋书》，北京：中华书局，1974，第 1875 页。

② 《吐鲁番出土文书》第 3 册，北京：文物出版社，1996，第 498 页。

③ 唐耕耦、陆宏基：《敦煌社会经济文献真迹释录》第 1 辑。

④ 杨际平：《吐蕃时期沙州社会经济研究》，《敦煌吐鲁番出土经济文书研究》，厦门：厦门大学出版社，1986，第 357 ~ 362 页；池田温：《中国古代籍帐研究》，龚铎铣译，北京：中华书局，2007，后图部分第 417 ~ 420 页。

⑤ 参见陆离《吐蕃统治河陇西域时期职官四题》，《西北民族研究》2006 年第 2 期，第 19 ~ 31 页。

部落内部婚配。”云云等情，据此，（迩后）不准无耻之辈持印牌前来择配，并允其自择配偶。告牒如上，用印发出。[1]

金滢坤先生认为：“在吐蕃占领敦煌初期，这类扰民事件（指吐蕃官员掠夺敦煌人口——笔者注）引发了沙州百姓和许多官员十分不满，引起了吐蕃陇州军帐会议的重视，并下达了严禁掳掠沙州人口的禁令。”“此件文书反映了吐蕃统治者已认识到吐蕃官员侵夺人口的危害，严禁掳掠人口，建立严格的户籍制度势在必行。”[2] 即此文书是吐蕃占领敦煌初期的文书，此文书牒状发布之时，吐蕃尚未在敦煌建立起严格的户籍制度。

对此观点笔者不能赞同。要确定 P. T. 1083 号文书的时间，首先要对该文书中出现的“唐人二部落”进行判定。金文认为此唐人二部落应是吐蕃占领敦煌初期的部落。当时将敦煌汉人编成两个部落，这两个部落的部落使一起向吐蕃当局交涉，维护当地汉人百姓权益。前面提到 S. 2729《辰年三月僧尼部落米净辩牒》记载了公元 788 年吐蕃算使已经开始清查敦煌僧尼部落人口，那么普通唐人部落亦自不待言，可见 788 年吐蕃应该已开始建立了严格的户籍制度。要是如金文所言，P. T. 1083 号文书中的唐人二部落成立于蕃占初期，当时严格的户籍制度尚未开始建立，则这两个汉人部落在 788 年以前就已存在，亦即吐蕃占领敦煌初期在当地只设置了两个部落。

但是实际情况并非如此。吐蕃占领敦煌之始，就开始着手取消唐朝政府在当地所设置的乡一级建制，将唐朝在敦煌所设敦煌、莫高、龙勒、神沙、平康、洪池等十三乡改建为乡部落。P. 2259 背《龙勒乡部落管见在及向东人户田亩历》残卷记载：“龙勒乡部落　合当部落管见在及向东人户总二百十（?）五户。九十二全家向东，□廿八有田。”[3] 表明蕃占初期，吐蕃已将龙勒乡改编为龙勒乡部落，并统计该部落向东迁往唐朝和留居当地的人口，以及他们所拥有的田亩，为征发赋役提供依据。以此类推，其他莫高、神沙、平康、洪池、效谷等十二乡也应分别被改编为乡部落，其

① 王尧、陈践：《敦煌吐蕃文书论文集》，第 44 ~ 45 页。

② 金滢坤：《吐蕃统治敦煌的户籍制度初探》，《中国经济史研究》2003 年第 1 期，第 117 页。

③ 《法藏敦煌西域文献》第 10 卷，第 215 页。

数目远不止两个，这些部落都是由敦煌当地汉人百姓组成。S. 11344AV + BV《官人封户名簿（?）》是同一件文书的两块残片缀合，属吐蕃时期，记载有蕃占初期所设立的效谷、神沙等乡部落的“部落使”和“副部［落使］”①。蕃占初期乡部落等系由原来唐朝沙州的乡改设而来，至于其内部是否有实质性的变化，是否像后来的沙州汉人部落一样在部落中还设有将头、十户长等基层管理人员②，由于敦煌文书并非完整系统的史料，具有较大的零散性，目前尚未见有相关记载，还不得而知。

此外 S. 2729《辰年三月僧尼部落米净辩牒》表明在 788 年吐蕃已经成立了僧尼部落，也是由敦煌汉人僧尼组成，而 P. 4640《大蕃故敦煌郡莫高窟阴处士公修功德记》③ 谓沙州人阴伯伦，“及宰辅给印之初，垂祛补职。蕃朝改受得前沙州道门亲表部落大使”。“宰辅”即吐蕃东道节度使，由宰相兼任。“沙州道门亲表部落”就是吐蕃占领敦煌后设立的由道士、女冠及其有关内亲、外亲所组成的一个千户部落，该部落之人员自然也来自敦煌汉人道教徒众。由于吐蕃官府在 788 年对僧尼部落已经进行了户口清查，所以龙勒乡部落、道门亲表部落等其他部落在此时也应该进行了户口清查并正式造籍，以作为征发赋税、劳役的依据，只是目前在敦煌文献中尚未见到有关户籍的文书。

综上所述，吐蕃占领敦煌初期，在当地设置了远不止两个汉人部落。因此金文认为 P. T. 1083 号文书是蕃占初期吐蕃陇州会议所下发的牒文，此时吐蕃尚未在敦煌建立起严格的户籍制度的观点笔者不能接受，该文书中的唐人二部落绝非蕃占初期的敦煌部落。所以，P. T. 1083 号文书的年代还需重新审视，对该文书中的“唐人二部落”存在的时间还要再作探讨。

首先对吐蕃在敦煌的部落设置情况作一简要介绍：786 年吐蕃占领敦煌后即开始将当地汉人编成部落，前面提到的龙勒等乡部落以及僧尼部落和道门表亲部落都是此时组建的部落。到 790 年，吐蕃在敦煌又重新划分部落，S. 3287 号背《子年（9 世纪前期）五月左二将百姓氾履倩等户口状》是一件吐蕃统治时期民户户籍手实，此文书出现了擘三部落、下部

---

① 《英藏敦煌文献》第 13 卷，第 231 页。

② 参见陆离《吐蕃统治敦煌的基层组织》，《西藏研究》2006 年第 1 期，第 8 ~ 16 页。

③ 唐耕耦、陆宏基：《敦煌社会经济文献真迹释录》第 5 辑，第 222 页。

落、丝绵部落，文书中的午年应是划定部落之年，当为 790 年，子年为 808 年或 820 年。790 年之后擘三部落、下部落以及丝绵、行人等部落陆续出现于敦煌文书之中，而前面提到的乡部落和僧尼部落、道门表亲部落等再未出现，说明 790 年后这几个早期部落已经取消，被上面列举的部落所取代。

擘三部落即 phyug tsams 部落，系吐蕃本部中茹（翼，ru）之军事千户部落。吐蕃攻占河陇西域地区后该部落人员随之进入这一地区，在当地驻扎。吐蕃中茹的擘三千户部落驻扎在敦煌、瓜州一带统领当地汉人，管理瓜州节度使辖区。吐蕃瓜州节度使应该就是以擘三部落成员为骨干而建立的，敦煌行人部落和丝绵部落均为擘三千户所管辖。行人部落为军事部落，又分为二部，即上、下二部落，主要负责治安防御和出征作战，当然平时也要从事农牧业生产，而丝绵部落的主要负责养殖蚕桑、纺纱织布以及农牧生产[①]。行人、丝绵并非独立的汉人部落。吐蕃沙州官府午年（790 年）重新划分部落即是在敦煌设立了行人和丝绵部落，取代了原来的乡部落和僧尼部落、道门亲表部落。其中行人部落较大，后来又在其内部设置了上、下二部落，敦煌行人（包括上、下二部落）和丝绵部落都被吐蕃中翼擘三部落管辖，故被统称为擘三部落，在 790 年敦煌、瓜州的汉人部落并不是被统一归并为一个擘三部落。在 790 年之前，敦煌地区的乡部落和僧尼部落、道门亲表部落等汉人部落也同样应该归属驻扎在瓜沙地区的吐蕃擘三部落管辖，它们同样有可能被统称为擘三部落。

S. 3287 号背《子年（9 世纪前期）五月左二将百姓氾履倩等户口状》中有“午年擘三部落已后新生口”内容[②]，此句可以换称为“午年擘三（Phyug tsams）部落已后新生口”，即擘三部落在午年以后新出生人口。这句话语法不是很规范，是因为在手写文书中出现了笔误和省略，这种情况在敦煌吐鲁番出土的社会经济文书中也属常见。而且，文书图版显示在此句的“午年”之后用墨笔点了一点。这应该是书写者本人或清点核查手实人员所点，正表明此处书写行文有语气欠通之嫌，特予注出并且可能还表明某种更正之义。S. 3287 号背《子年（9 世纪前期）五月左二将百姓氾履

① 参见本书第五章第一节“吐蕃统治敦煌的行人、行人部落”。

② 唐耕耦、陆宏基：《敦煌社会经济文献真迹释录》第 2 辑，第 378 页。

倩等户口状》记载氾履倩、索宪忠、氾国珎、梁庭芝午年至子年都属擘三部落，表明当时沙州地区的汉人民户都归属吐蕃中翼擘三部落管辖，被统称为擘三部落，体现了吐蕃统治的特殊性。在手实中索宪忠女担娘又注明“嫁与丝绵部落张口下张清清”，氾国珎男住住又注明“娶下部落王海女”[①]，实际上氾国珎男住住、索宪忠女担娘等左二将居民都应该属于沙州上部落。上部落与丝绵部落、下部落并列，这并不表明擘三部落与丝绵部落、下部落并列。

在吐蕃对敦煌地区长时间的统治奴役中，敦煌汉人的地位日益重要，不容忽视。吐蕃当局也逐渐调整了统治策略，于820年在敦煌原有部落的基础上，重新设置了阿骨萨和悉董萨两个独立的汉人军事部落，使当地汉人地位得到提高，行人、丝绵等部落随之被取代。P. 1089号《吐蕃官吏呈请状》记载：“鼠年之夏，大尚论到边境举行陇州（long cu）会议之际，将把沙州汉人分成二个军部落（sde gnyis），分派公务与任命官员，并下达布告。”鼠年即为820年[②]。在此之后，吐蕃又编成了一汉人军部落，即Ch. 73，xv5号等吐蕃文文书记载的悉宁宗（snying tshoms）部落[③]。据山口瑞凤先生考证，悉宁宗部落设置于824年之后，其具体设置年代尚不能确定[④]。

以上对吐蕃在敦煌的部落设置演变过程进行了简单叙述和辨析，据此可知，吐蕃当局于820年在敦煌原有部落的基础上重新设置了阿骨萨和悉董萨两个的独立汉人军事部落，此即敦煌汉人二部落，这一情况一直持续到824年以后某年悉宁宗部落成立才结束。只有在这一时段，敦煌才只存在两个独立的汉人部落。

P. T. 1083号文书记载沙州唐人二部落的部落使于亥年与吐蕃当局交涉，要求吐蕃当局采取措施禁止吐蕃官员掳掠敦煌人口。该文书的年代当在820年以后，此唐人二部落正是阿骨萨和悉董萨部落。吐蕃统治敦煌之后，对当地汉人进行奴役统治，吐蕃官员不时掠夺当地人口。S. 3287号背《子年（9世纪前期）五月左二将百姓氾履倩等户口状》记载：“左二

① 唐耕耦、陆宏基：《敦煌社会经济文献真迹释录》第2辑，第378~379页。

② 参见杨铭《吐蕃统治敦煌研究》，第123、128~129页。

③ 〔英〕F. W. 托马斯编著《敦煌西域古藏文社会历史文献》，第71页。

④ 参见杨铭《吐蕃统治敦煌研究》，第26~27页。

将　午年擘三部落依牌子口汜国珎，死。妻张念念，在。……奴紧子，论悉歹勺　夕将去。奴金刚，□婢落娘，以上并论悉歹勺　夕将去。"[①] 正是反映了这一情况。独立的敦煌汉人二军事部落成立后，汉人地位得到提高，所以他们通过部落使向吐蕃东道节度使（即文书中的"陇州会议"）申诉，要求制止吐蕃官员掳掠人口的行为。

吐蕃东道节度使在下发的牒文中同意了敦煌汉人的要求，并指出今后敦煌汉人"应如通颊之女子，不予别部婚配，而允于部落内部婚配"。对于这一内容应予特别注意。据 P. T. 1113 号文书记载，吐蕃于辰年在敦煌设置了一个通颊（mtong khyab）新军事千户[②]，山口瑞凤先生考证此辰年为长庆四年（824，甲辰）[③]。通颊是唐代吐蕃在其东北边境设立的部落组织，成员可能来自黄河河源地区的藏、羌、汉等族，由部落内婚制形成部落统一体。通颊与吐谷浑构成吐蕃的下勇部，专与唐朝为敌。吐蕃攻陷河陇西域后，通颊部落随之进入这一地区。敦煌地区设立的通颊千户，其成员当来自河源等地区，不是当地汉人组成的部落[④]。在 P. T. 1083 号文书中吐蕃东道节度使下达指令，要求敦煌汉人二部落百姓进行内部通婚，吐蕃官员不得掳掠部落人口，与通颊部落保持一致。说明此时敦煌通颊部落已经成立，所以 P. T. 1083 号文书年代当在 824 年之后。

与 P. T. 1083 号文书密切相关的还有 P. T. 1085 号文书，其内容系辰年沙州二唐人部落之百姓向吐蕃王庭呼吁，要求发布命令，禁止沙州节儿等官员掠夺、霸占汉人百姓的果园[⑤]。该文书年代也是在敦煌汉人二军部落成立之后，据山口瑞凤先生考证，在 824 年（甲辰）[⑥]。由于独立的汉人军部落成立，敦煌汉人地位普遍提高，所以他们不断采取行动，与吐蕃当局交涉，维护自身权益。P. T. 1085 号文书和 P. T. 1083 号文书都反映了这一情况，它们是同一时期的文书。正是由于敦煌汉人坚持不懈地斗争，才迫

---

① 唐耕耦、陆宏基：《敦煌社会经济文献真迹释录》，第 378 ~ 379 页。

② 《敦煌吐蕃文书论文集》，汉文第 186 页，藏文第 378 页。

③ 参见杨铭《吐蕃统治敦煌研究》，第 26 页。

④ 参见荣新江《通颊考》，《文史》第 33 辑，第 119 ~ 144 页。

⑤ 王尧、陈践：《敦煌吐蕃文书论文集》，第 44 ~ 45 页。

⑥ 参见杨铭《吐蕃统治敦煌研究》，第 26 页。

使吐蕃当局下达禁止吐蕃权贵掳掠当地人口和财产的命令，使吐蕃统治敦煌的户籍管理制度进一步走向完善和正规。

三 关于敦煌寺户的户籍管理

金文的第三部分谈及敦煌寺院依附人户、寺户的户籍管理问题，金先生举千佛洞，73，xv，10号文书为例，认为“值得注意的是，寺户均不属于‘曷骨萨部落’的名籍，有力地证明寺户不属于‘部落——将’的官府户籍编制，即寺户亦不属于官府户籍”①。这一观点最先系由姜伯勤先生提出②，对此观点笔者认为尚有值得商榷之处。这涉及敦煌寺户制度的源流演变，笔者以前就曾经对该问题有所论及③，这里再作详细探讨。

首先要指出的是金文所引千佛洞73，xv，10号文书译文，系刘忠、杨铭先生发表于《敦煌研究》1997年第3期的对该文书托马斯英文译解的汉译，而这一译文存在不少问题和错误。后来刘忠先生重新进行了译解，发表于《中国史研究》1999年第1期④。现将刘忠先生对73，xv，10号文书的重新译解节录如下：

> 1.（前有较多残缺）；2. 普光寺（Phu-kvang-si）寺户，吉四娘，射手（Vphongs）；3. 阿骨萨（Rgod-sar）部落，宋信，护持（Dgon）；4. 普光寺寺户，杨葵子，射手；5. 阿骨萨部落，范昆子，护持；6－7. 与左边中茹薛普来（Shud-pu-legs）所属擎将旗手（Dar tshan）安再恒（Van-dze-hing）相毗连。（以上为另一区‘tshar’的编员表）。8－9. 阿骨萨部落中茹薛普来（Shud-pu-legs）所属一区（Tshar）官（Pon）卒（G-yog）四十人之编员表。（以上用红笔书写）10－12. 阿骨萨部落，安再恒，射手；与右小茹张家佐所属之擎将旗手范昆子相毗接；13. 阿骨萨部落，僧（Ban-de）董同同，护持；14. 阿骨萨部

① 金滢坤：《吐蕃统治敦煌的户籍制度初探》，《中国经济史研究》2003年第1期，第123页。

② 姜伯勤：《唐五代敦煌寺户制度》，第44～46页。

③ 参见陆离《唐五代敦煌寺户制度源流辨析》，《敦煌吐鲁番研究》第6卷，第291～292页。

④ 《敦煌阿骨萨部落一区编员表藏文文书译考——兼向藤枝晃、姜伯勤等先生译文质疑》，《中国史研究》1999年第1期，第80～90页。

> 落，张华华，射手；15. 阿骨萨部落，僧，钟成成，护持；……25. 阿骨萨部落，僧，张宝宝，护持；26. 普光寺寺户，吉才才，射手；27. 阿骨萨部落，段恒达，护持；28. 阿骨萨部落，辛菊菊，射手；29. 阿骨萨部落，石昆，护持；……38. 阿骨萨部落，张泰中，射手；39. 普光寺寺户，郝朝春，护持；40. 阿骨萨部落，王成成，射手；41. 灵图寺（Leng-ho-si）寺户，王昆子，射手；42. 阿骨萨部落，王正生，护持①。

这件文书内容系蕃占时期敦煌阿骨萨部落成员组成的军事编队的名单。值得注意的是，文书译文的第8～9行："阿骨萨部落中茹薛普来（Shud-pu-legs）所属一区（Tshar）官（Pon）卒（G-yog）四十人之编员表。"② 这句话表明以下40人全部属于阿骨萨部落，由薛普来统一指挥。至于第26行"普光寺寺户，吉才才，射手"，以及第39行"普光寺寺户，郝朝春，护持"③，则只表明这二人在属于阿骨萨部落的同时又都属于普光寺，并不能证明"寺户不属于'部落——将'的官府户籍编制，即寺户亦不属于官府户籍"。

吐蕃统治时期对敦煌寺户实行的是官府与寺院双重管理制度，寺户从属于佛教僧团，而据英藏73，xv，10号文书等记载，寺院僧尼也编入当地部落户籍。那么，佛教僧团所辖的寺户自然也应随着寺院众僧尼编入当地户籍。杨际平先生在20世纪80年代已经指出："要言之，寺院本身应否承担突税差科的问题，有待于进一步收集资料，分析研究。但敦煌的寺户则肯定负担突税差科。"④ 如S542V《吐蕃戌年六月沙州诸寺丁壮车牛役部》中的寺户曹进玉（龙兴寺）、张进卿（龙兴寺）、石胜奴（兴善寺）⑤ 和

---

① 〔英〕F. W. 托马斯编著《敦煌西域古藏文社会历史文献》，第52～54页。

② 金滢坤先生所引译文为："阿骨萨部落中翼孙补勒支主从四十人，一曹（Tshar）之本籍表"（《中国经济史研究》2003年第1期，第123页），也表明下列40人编队（tshar）由阿骨萨部落成员组成。

③ 金滢坤先生所引译文为："普光寺寺户郝朝春，主；阿骨萨部落王忱新，从；灵图寺（Leng-ho-si）寺户，王琨泽，从"。（《中国经济史研究》2003年第1期，第123页。）

④ 杨际平：《吐蕃时期沙州社会经济研究》，《敦煌吐鲁番出土经济文书研究》，第392页。

⑤ 唐耕耦、陆宏基：《敦煌社会经济文献真迹释录》第2辑，第381、389页。

S542V《吐蕃戌年沙州诸寺寺户妻女放毛簿》中的寺户光俊妻（灵修寺）[①]等人又见于有关服纳突税差科的文书：曹进玉、王光俊见于S5822号《杨庆界寅年地子历》[②]；张进卿见于P. 2162V《左三将纳丑年突田历》[③]；石胜奴见于S5898号地亩文书，写为“石胜怒”。这些文书和前引73，xv，10号阿骨萨部落军籍表都可证明：吐蕃统治时期敦煌寺户并不能免于突税差科乃至兵役，吐蕃官府户籍正是征发突税差科及兵役的基本依据，所以寺户既属于敦煌佛教僧团，还与寺院僧尼一同被编入“部落——将”这一体系，成为官府所辖的编户齐民。前引P. T. 997号《瓜州榆林寺寺产帐》就记载瓜州官府官员和僧官共同负责清查寺户户籍。

P. T. 1079号《比丘邦静根诉状》也与敦煌寺户的户籍有关，该文书内容节录如下：

> 往昔，比丘邦静根有一单身女奴名为洒邱子（又名公噶尔邱子），他有女儿盐盐、鲁鲁、华氏才井，连她本人共四人。华氏才井被主人静根给与比丘尼邦洒芒训。后又将公噶尔邱子、盐盐和鲁鲁三人供养寺院，登记入于户册之上。未年，正在各行其役时，……头年之冬沙州以下、肃州以上，集中僧统所属农户，根据田地好坏，制定承担赋税标准。僧统（ring lugs）沙门巴尔奈，亲教师（slob dpon）沙门罗扬，沙州节儿总管（rtse rje）论（blon）野绮立，论吐桑·许布、论野札来西，财务官嘘律丹在场时，谓：“鲁鲁未死，已更姓换名，才井实为鲁鲁。才井之女为秀盐与高曼。盐盐之女，即米子、华娘与金刚。”比丘吉净、惠……比丘尼本训等人禀告：“官册所言属实，鲁鲁已死，如才井……，往昔，三个唐人部落和供养寺庙顺缘未分之时，给与妹妹芒训，女孩高曼，秀盐等，米子、华娘和朴布金刚。初，盐盐一无所有，为我等兄弟之奴，年长僧众，新旧首座，管家上下均已知晓。曾与文籍记载核对，请依旧留下作为我等之奴。如此请求。”僧统大师座前、长老沙门牲因、沙门海照、……等虽起誓如此言道：但邱子、盐盐、鲁鲁

① 唐耕耦、陆宏基：《敦煌社会经济文献真迹释录》第2辑，第396页。
② 唐耕耦、陆宏基：《敦煌社会经济文献真迹释录》第2辑，第407页。
③ 唐耕耦、陆宏基：《敦煌社会经济文献真迹释录》第2辑，第405页。

母女三人，在寺庙之庙产户册上写明确是鲁鲁已死。才井母女虽为邱子之后代，但在王当权（rje bdin mchis pa）时，给与妹妹芒训，所以寺庙户册上无名。米子、华娘、金刚，过去不是静根之奴，已判为沙门玄诤和惠谦兄弟之奴。与寺庙产业户册核对，但有西洒邱子、盐盐、鲁鲁之人名字出现，才井母女当初在寺庙产业户册上无名。[①]

这件文书是关于敦煌女尼邦静根将所属奴婢分别赠给寺院和僧人充当寺户和奴婢，后来官府、寺院同僧人之间对这几人的身份归属发生纠纷，僧人对敦煌官府与僧团的判决不服，最后向瓜州节度衙进行上诉的诉讼案卷。文书记载沙州唐人三部落成立后（在824年以后），在“未年”的前一年（即午年）沙州僧统沙门巴尔奈、亲教师沙门罗扬、沙州节儿总管论野绮立、论吐桑·许布、论野扎来西、财务官嘘律丹共同清查敦煌寺户户籍，核定赋税标准。前面两人为敦煌僧官，后面四人为吐蕃沙州官员，“论”（blon）吐蕃语官员之意，说明吐蕃沙州官府和僧团对当地寺户的户籍共同进行管理。寺院保存有寺户的名册，但是吐蕃官府同时将寺户与普通民户、僧尼一起编入各个部落，将他们一同写入官府属民户籍名册，以为征发赋税劳役、军役的依据。

P. T. 1097号《比丘邦静根诉状》中提到“往昔，三个唐人部落和供养寺庙顺缘（lha ris）未分之时”，lha ris实际含义是“出家僧侣”。这可能是指划分敦煌阿骨萨、悉董萨、悉宁宗三个部落后，吐蕃政权也曾将出家僧侣与部落民户分开。当时敦煌寺院僧众寺户最初都被编入部落，随部落划分归属；后来僧侣曾被单独划出汉人部落，另行登记，而敦煌寺户则一直都是平时编入部落，与普通百姓一起向官府交纳赋税，应征服役，并定时为寺院劳作。P. T. 1097号文书中记载敦煌官府和僧团核定寺户户籍的时间是“午年”，在824年之后共有826年（丙午）、838年（壬午）两个午年，所以P. T. 1097号中的午年当是这两个年份之一。虽然此时敦煌佛教僧团参与对寺户户籍的管理，但吐蕃官方仍然对寺户有管辖权，不能说寺户不属于官府户籍。

① 王尧、陈践：《敦煌古藏文文献探索集》，第198~200、275页。

第二节　官田、营田制度

五代敦煌地区的官田与营田，学界曾进行过深入探讨[①]，这里主要利用敦煌新疆出土文献对吐蕃统治时期敦煌地区营田的性质、管理方式以及归义军时期的官田、仓司等问题再进行一些探讨。

一　吐蕃统治敦煌时期的官田

吐蕃统治时期敦煌出现了官田，P. 3774《丑年十二月僧龙藏析产牒》记载吐蕃沙州将头齐周在官田种糜之事："一　齐周于官种田处种得糜，寅卯辰三年每年得糜三车。巳年两支种得麦三车。已上计糜麦一十二车并入家中共用。"[②]

P. 3613 号《申年正月令狐子余牒及判词》是一件完整的官府案卷，百姓令狐子余上书吐蕃沙州官府，要求判还原先被唐朝换给别人的孟受渠附近六亩土地。其中也出现了种植稻谷的官田：

> 孟受索底渠地六亩　右子余上件地，先被唐朝换与石英顺。其地替在南支渠，被官割种稻，即合于丝绵部落得替，望请却还本地。子余比日以来，唯凭此地与人分佃，得少多粮用，养活性命，请乞哀（？）衿处分。牒件状如前谨牒。申年正月　日百姓令狐子余牒。
>
> 付水官与营田官同检上。润示。　九日。
>
> ……………………润……………………（此处为纸缝——笔者注）
>
> 孟受渠令狐子余地陆亩右件地，奉　判付水官与营田官同检上

① 主要论著有姜伯勤：《上海藏本敦煌所出河西支度营田使文书研究》，北京大学中国中古史中心编《敦煌吐鲁番文献研究论集》第 2 辑，第 329～360 页；杨际平：《上海藏本敦煌所出河西支度营田使文书研究——兼论唐代屯营田的几种方式》，《中国社会经济史研究》1988 年第 2 期；冯培红：《唐五代敦煌的营田与营田使考》，《敦煌归义军史专题研究续编》，兰州：兰州大学出版社，2003，第 245～262 页；刘进宝：《归义军时期敦煌的营田及其管理系统》，《西北师范大学学报》2004 年第 2 期。

② 《法藏敦煌西域文献》第 28 卷，第 10 页。

者。谨依就检，其地先被唐清（朝?）换与石英顺，昨寻问令狐子[余]，本口分地发付讫。谨录状上。牒件状如前谨牒。　申年正月日营田副使阚　水官令狐通牒。

准状。润示。十五日。①

吐蕃官田由官府从部落民户手中割占，但要给民户相应的土地补偿，具体由营田使、水官负责。P. 3774《丑年十二月僧龙藏析产牒》记载齐周在官田种糜，收获后归己家用。姜伯勤先生根据上博藏《唐定兴等户残卷》（年代在766~790年，文书盖有河西支度营田使印）记载，认为吐蕃占领敦煌初期仍然实行了唐朝建中年间实行的僦募农民强户，给其全家以较丰厚钱粮作为报酬的营田制度②。将头齐周作为强户，也被招种营田。

唐武德初年就开始屯营田以供军，一直以军屯营田为主。唐前期军士屯田，产品一般都直接上缴。军士的衣食由国家供给，但一般只廪给军士本身。中晚唐五代时期大量出现戍卒随带家属就地营田，其方式与招徕流民营田无多大差别。此类营田者都有自己的产业，营田所得大都归自己，故不可能由政府廪给全家口粮。唐代非军事屯营田则有租佃、收取租赋和僦募三种。据杨际平先生研究，僦募营田方式建中年间曾行之于内园种稻，但是内园种稻采用雇工办法，是特例，而非通例，而且政府廪给的是园丁本身，而非园丁全家。上博藏《唐定兴等户残卷》记载的如果是僦募由国家廪给全家口粮的营田户，按理应该取丁多家口少者。但该件文书所存二十九户一百六十六口（其中一户家口数不全）中，仅有丁、中三十二人。其中有三户为一丁七口；还有一户为一丁十二口。还有四户更是全无丁、中，只有老、小、女口，不可能成为僦募的营田户。而拥有奴婢的四户，其奴婢无一丁奴，显然不是营田丁口，非营田丁口的私家奴婢根本不可能由官府廪给口粮。唐朝营田使的职责是组织屯营田与劝课百姓营田，支度使的职责是统管地方财政。上博藏《唐定兴等户残卷》所记的各家各

---

① 《敦煌社会经济文献真迹释录》第2辑，第281~282页。

② 姜伯勤：《上海藏本敦煌所出河西支度营田使文书研究》，《敦煌吐鲁番文献研究论集》第2辑，第329~360页。

口斛斗数可能与按口赈贷口粮有关，这属于河西支度营田使的职责范围[①]。

由此可知，蕃占时期敦煌并未出现招募强户营田的做法，那么敦煌地区官田的用途是什么呢？窃以为这实际是官员的俸禄田和以其收入支付官府日常开支的公廨田。吐蕃将头齐周于官田种糜，寅卯辰三年得糜麦一十二车并入家中共用，应是在其俸禄田上种植粮食，收获物归其所有。

新疆出土的吐蕃文献表明，吐蕃政权给各级官吏都分配有俸禄田（rngan zhing），并由部落属民、奴户耕种。米兰出土的73RMF 26：9号简牍云："门穹（mon cung）俸禄田一突（dor）。"[②]"门穹"应是当地一位官员，"突"为吐蕃田制，一突为十亩。

米兰出土的73RMF 26：21号简牍记载："班丹领受：资悉波（rtsis pavi）之田地三突，军官（dmag dpon）俸田（rngan zhing）一突，茹本（ru dpon）之新垦荒地一突，副先锋官（Dgra blon chu ngu）田一突……"[③]

"资悉波""军官""茹本""副先锋官"都是吐蕃在西域萨毗地区的军政要员。军官即茹本，为萨毗节度使。上面两支简牍记载的门穹和军官的俸禄田应是吐蕃政权颁发给西域地区官员的土地，其收获物归官员本人所有，充作俸禄之一部分。其他各位官员的土地也当是俸禄田。73RMF 26：21号简牍中的"班丹"可能是当地的一位部落属民头领，他领受各官员的俸禄田当是负责安排民户耕种。

新疆出土的吐蕃简牍多次记载普通部落民为各级吐蕃官员耕种俸禄田。米兰出土的73RMF 261/2号简牍云："蕃玛（蕃人，bod mav）领受：茹本（ru dpon）达萨结之农田一突。"[④]

米兰出土的73RMF 26：17号简牍称："格来领受：先锋官（Dgrav blon）之农田两突。"[⑤]

米兰出土的73RMF 26H1：25号简牍记载："班金领受军官（dmag dpon）田一突。"[⑥]

---

① 杨际平：《上海藏本敦煌所出河西支度营田使文书研究——兼论唐代屯营田的几种方式》，《中国社会经济史研究》1988年第2期，第84~91、109页。

② 王尧、陈践：《吐蕃简牍综录》，第27页。

③ 王尧、陈践：《吐蕃简牍综录》，第27页。

④ 王尧、陈践：《吐蕃简牍综录》，第27页。

⑤ 王尧、陈践：《吐蕃简牍综录》，第27页。

⑥ 王尧、陈践：《吐蕃简牍综录》，第28页。

米兰出土的 M. I. xxviii，0028 号简牍云：“……一，上部等地之田一突，其中半突由悉诺穷耕种，那雪部落……两突地，内有茹本（ru pon）农田一突和零星地一突，为军帐长官（khrom phon）耕种。”①

其中，“军官”“茹本”即为“军帐长官”，即吐蕃萨毗节度使，该官职为当地最高长官，所以俸禄田最多，由不同的部落民户耕种。“先锋官”则为当地军事官员。除去茹本、资悉波、先锋官、副先锋官等军政官员外，吐蕃在西域地区的其他官吏（特别是中下级官吏）也有相应的俸禄田，级别较高者的田地也由部落民户和奴户耕种。

米兰出土的 M. I. viii，006 号简牍云：“农田长官（zhing phon）多贡之佣奴农户，专种蔬菜的零星地……突。税吏（khral pon）开桑和则屯则有差地（khral zhing）一突。”②

米兰出土的 M. I. ii，32 号简牍称：“……（那）雪之田三突。岸本文书（mngan gi yi ge pavi）之田一突。……那雪水中草坪之田两突，都护（spyan）之田七突。”③

米兰出土的 M. I. xxxiii，5c 号简牍记载：“……计征赋税之文书（khral rtsis kyi yi ge pa）朗·让茹之田两突。”④

“农田长官”（即营田使）负责土地的分配和管理；“税吏”即税务官，负责税务征收；“岸本”系财务官，负责食粮、金银等的征收；“都护”则为吐蕃各节度使、州级机构的高级军政官员；“岸本文书”“计征赋税之文书”则为岸本、税务官的下级吏员。吐蕃各级官吏所受俸禄田当按其级别颁授，数量各不相同，职高位重者土地较多，地位低微者自然得田较少。

吐蕃统治下的敦煌以及河陇其他地区自然也如此。吐蕃河陇西域政权的这一做法与唐朝的职田类似，唐朝给各级官员按其品级授予相应数量职田。《唐会要》卷九二《内外官职田》录武德元年（618）十二月制称：

> 内外官各给职分田：京官一品十二顷，二品十顷，三品九顷，四

① 王尧、陈践：《吐蕃简牍综录》，第 30 页。
② 王尧、陈践：《吐蕃简牍综录》，第 32 页。
③ 王尧、陈践：《吐蕃简牍综录》，第 32 页。
④ 王尧、陈践：《吐蕃简牍综录》，第 38 页。

品七顷，五品六顷，六品四顷，七品三顷五十亩，八品二顷五十亩，九品二顷。雍州及外州官：二品十二顷，三品十顷，四品八顷，五品七顷，六品五顷，七品四顷，八品三顷，九品二顷五十亩。[①]

另外，唐前期镇戍关津岳渎及在外监官和府兵诸卫及折冲府各级军官也并给职田。“安史之乱”后直至唐末，京、外官职田仍然存在。职田之收获物，本由内外品官自得，开元十年正月，开始将内外官职田改给职田地子，即职田地租，并一直延续到唐代后期[②]。吐蕃统治河陇西域时期大量汲取唐制以适应当地情况，维护、巩固其统治，所以吐蕃河陇西域各级官吏被授予俸禄田的做法应当是模仿了唐朝的职田制度，而吐蕃官田中的公廨田也应当与唐朝的公廨田制度存在一定关系。

二　吐蕃统治敦煌时期的营田

蕃占时期文书 S. 542V《戌年（818）六月沙州诸寺丁口车牛役簿——附亥年至卯年注记》记载有沙州寺户营田上役，如：“杨进朝　五日守囚　吴营田夫五日。”“安天奴　修仓五日　营田夫五日。”[③]这些寺户实际上是到官府所有的官田上去耕作，吐蕃时期敦煌寺院依附人户、寺户在隶属于僧团的同时，也同样是官府的编户齐民[④]。同件文书还记载，寺户还为寺院服“看园”“园收”“艾稻”“剉草”等役种，所以寺户不可能再去寺院所有土地上服营田之役，营田只能与吐蕃沙州官府有关。

南北朝、隋唐都在边境地区施行营田，以保证军粮供给，营田大使多由领军大将兼任。《资治通鉴》卷二〇五记载，武则天延载元年（694）一月“以娄师德为河源等军检校营田大使”[⑤]。唐代敦煌地区也存在着营田，一般由民户承营，无军事性质。武则天统治末年，均田制日益遭到破坏，

① 《唐会要》下册，上海：上海古籍出版社，2006，第 1979 ~ 1980 页。

② 陈国灿：《从敦煌吐鲁番文书看唐五代地子的演变》，《敦煌学史事新证》，第 278 ~ 281 页。

③ 《敦煌社会经济文献真迹释录》第 2 辑，第 385、391 页。

④ 参见杨际平《吐蕃时期沙州社会经济研究》，《敦煌吐鲁番出土经济文书研究》，第 392 页。

⑤ 《资治通鉴》，第 6493 页。

民户逃亡的现象时有发生，许多田地无人耕种，敦煌地区亦是如此。为了招徕人户垦田耕种，做出规定：凡逃户之田业，由“官贷种子，付户助营”[①]。改配给其他百姓耕种，这种田地也称为“营田”。唐朝设置了检校营田官负责检核逃户田地，与当县官吏一起判理改配田地事宜，劝人营种。大谷文书2836号《武周长安三年（703）三月敦煌县录事董文彻牒》载：“其桑麻累年劝种，百姓并足自供。望请检校营田官，便即月别点阅萦子及布，城内县官自巡。”最后一行云：“牒为录事董（文）彻牒劝课百姓营田判下乡事。”[②] 该文书表明，检校营田官与县录事共同负责劝课营田。

另外，据大谷文书2836号背《武周圣历二年（699）三月二十日敦煌县检校营田人等牒》记载，检校营田官下属还有检校营田人[③]。唐睿宗景云二年（711）之后，藩镇兴起，节度使之下设有支度营田使[④]。唐朝河西节度使于景云二年（711）始设于凉州[⑤]，辖区为河西地区的凉、甘、肃、瓜、沙等州。据中国历史博物馆藏《唐年代未详（8世纪中期）河西支度营田使户口给谷簿计会》记载，河西节度使亦在凉州设置了支度营田使，其余各州分设州营田使。另外，唐代前期西州地区也实行了营田，但这一地区的营田属于军事性质，用镇戍兵士从事营田劳动[⑥]。

“安史之乱”爆发后，吐蕃逐步占领了河陇西域之地。由于河陇地区相继沦陷，永泰二年（大历元年，766）五月，河西节度使杨休明被迫徙镇沙州[⑦]。后来杨休明被杀，节度副使周鼎接任节度使兼沙州刺史，吐蕃尚乞心儿率军攻城，周鼎拟焚城郭引众东奔，被兵马使阎朝缢杀。阎朝自领州事，率众抗蕃，以河西节度使自称，后弹尽粮绝，以“苟毋徙佗境，请以城降”的条件被迫投降[⑧]。在敦煌降蕃的最初几年中，阎朝担任了吐

① 大谷文书2835号《武周长安三年（703）三月括逃使牒并敦煌县牒》，《敦煌社会经济文献真迹释录》第2辑，第326页。

② 《敦煌社会经济文献真迹释录》第2辑，第328、330页。

③ 《敦煌社会经济文献真迹释录》第2辑，第321页。

④ 《唐会要》卷七八《诸使杂录上》开元十年六月七日敕：“支度营田，若一使专知，宜同为一额，共置判官两人。”（第1701页）

⑤ 《唐会要》卷七八《节度使》，第1686页。

⑥ 参见《唐五代敦煌的营田与营田使考》，《敦煌归义军史专题研究续编》，第249、261页。

⑦ 《资治通鉴》卷二二四“大历元年五月”条，第7191页。

⑧ 《新唐书》卷二一六《吐蕃传》，第6101页。

蕃部落使，但仍然保留着河西节度使的称号。P. 3481 号《愿文》云：

> 粤有千寻石祥，侧万龛灵塔安排，四□□一心，孰與？则我大檀越大蕃部落使，河西节度、太原阎公，惟公操列寒松，心横劲草，在官国慎，清异人知，令参远向于天朝，政化大□于道路。[1]

此太原阎公就是自称河西节度使，带领敦煌军民抗击吐蕃达十一年之久的阎朝。他在被迫降蕃后担任吐蕃部落使，统领当地汉族民众。由于当时吐蕃刚刚占领敦煌，所以暂时保留着一些唐朝的建制，阎朝仍然称河西节度使，而蕃占初期的文书如上海博物馆藏《唐定兴等户残卷》、P. 2763V（2）《巳年（789）沙州仓曹杨恒谦等牒》上都钤有“河西支度营田使印”[2]。河西支度营田使正是河西节度使属下主管营田事务的官员，原设于凉州，后随河西节度使一起迁治沙州，在蕃占初期这一建制和河西节度使一样仍然存在，其管辖范围实际也仅限于敦煌地区。但是到了公元 790 年（庚午），吐蕃在敦煌重新设置划分部落后，河西节度使同河西支度营田使便不再出现于敦煌文书之中。吐蕃统治下的敦煌同样设有营田官。P. T. 1089《吐蕃官吏呈请状》记载公元 820 年敦煌成立阿骨萨和悉董萨两个军事部落，在一个部落任命李布华（li pu hvar）为总大营田官（spyivi zhing pon ched po），在另一个部落任命安兴子（an hing tse）和沙安（dza an）为部落营田官（sdevi zhing pon）[3]。

吐蕃营田官主要职责之一是负责对土地进行测量，确定面积，对民户实行计口授田（一人授田一突）。此外，吐蕃营田官还负责处理土地纠纷，前引 P. 3613 号《申年正月令狐子余牒及判词》记载了吐蕃沙州官员润命令属下水官与营田官前去调查处理百姓令狐子余要求归还自己原有土地的申诉案件。此营田官为营田副使阚某，实际应是部落营田官。S. 2103《西

---

① 《敦煌吐蕃汉文史料辑校》第 1 辑，第 190 页。

② 姜伯勤：《上海藏本敦煌所出河西支度营田使文书研究》，《敦煌吐鲁番文献研究论集》第 2 辑，第 337 页；唐耕耦、陆宏基：《敦煌社会经济文书真迹释录》第 1 辑，第 487 页。

③ 杨铭：《吐蕃统治敦煌研究》，第 124 页；王尧、陈践：《吐蕃职官考信录》，《中国藏学》1989 年第 1 期，第 106～107、110 页。

年（805）十二月灌进渠百姓李进评等请地牒并判》[①] 则表明吐蕃敦煌营田官同时也负责检核“空闲无主”的土地，将其配给请地百姓佃种。这一职能则与唐朝营田官有相似之处。吐蕃在河陇西域所设的营田官（zhing pon）源自唐朝的营田官，但其职能范围扩大，与唐朝的营田官已有所不同。对于 S. 542 号文书《戌年（818）六月沙州诸寺丁口车牛役簿》记载的寺户营田，吐蕃敦煌营田官自然也会加以管理。

前面论述了吐蕃时期敦煌官府的官田实际是官员俸禄田或公廨田。所以 S. 542 号文书《戌年（818）六月沙州诸寺丁口车牛役簿》记载的轮流到吐蕃官田耕作的寺户营田夫应是在官田上劳作，由官府供给一些口粮，收获物用来发给官员充作俸禄或支付官府日常开支。与唐朝前期在敦煌地区实行的营田制有所不同。前面也提到《吐鲁番文书》收录有大量唐前期西州营田文书，皆与军事有关，属于军事营田，由镇戍士兵从事营田劳动。在全数上交收获物后只给营田者一份廪给。吐蕃政权系由军事部落联盟发展而来，是军政合一的统治机构，军事化色彩明显，实行兵民合一，所以敦煌寺户营田的方式与唐朝军事营田有类似之处。

吐蕃沙州政权对于营田的管理，除营田官外，还有仓曹负责，在吐蕃文文书中称为 stsang mngan。此种官职源自吐蕃本部的岸本（mngan dpon），并受到唐朝仓曹参军的影响，负责官仓粮食、金银等财物的征收和发放，并有勾检职能[②]。《唐六典》卷三〇上“镇”条云：“仓曹参军事一人，从八品下。职同诸州司仓。”“仓曹掌仪式、仓库，饮膳、医药，付事勾稽，省署抄目，监印，给纸笔，市易公廨之事。”[③] 即唐朝的仓曹参军还负责公廨田和公廨本钱的经营。吐蕃沙州仓曹职能受其影响，对于充当官员俸禄田和公廨田的官田以及部落民户在官田上服役营田自然也进行管理。

P. T. 1097 号《薪俸支出粮食清册》是敦煌官库物品支出清单，值得注意的是，文书中出现有“书办公廨”（phyag rdzad khang），这一机构与吐蕃官田、营田有关。兹将相关内容节录如下：

---

① 《敦煌社会经济文献真迹释录》第 2 辑，第 374 页。

② 参见陆离《唐五代敦煌地区的司仓参军、仓曹、仓司》，《兰州大学学报》2003 年第 4 期。

③ 《唐六典》，北京：中华书局，2005，第 755 ~ 756 页。

……（龙）年孟春上旬，司俸禄之岸（本）（bla vi stsang mngan）由张文安……和宋锷三人，从所管库内，将小米、青稞……支付官方酬酢（bla vi chang rgyu）及食用糌粑（bla……gzhib rgyu）、油料胡麻，由（尚论）牙牙（ya ya）盖印，确定付给人员，点名填造清册如下：

七日，支出俸禄酒粮（bla vi chang rgyu）小米三十驮（khal，吐蕃计量单位——笔者注），付与安锷、华梁森与酿酒人张汉（汉）、石毕秋诸人。……小米五驮，系付与书办公廨（phyag rdzad khang）之参参。……

二十八日，支付长官会供粮（bla vi tshog rgyen）磨面麦子四十驮，油料胡麻四驮，大米三大驮……小米五驮，交与书办公廨（phyag rdzad khang）之参参。①

文书中负责官府仓库物品发放的官员 bla vi stsang mngan 相当于官府仓曹，在清册上审核盖印的牙牙（ya ya）即为押衙，源自唐朝官制，负责官府中的各项事务，为长官的亲信随员。仓曹发放的物品有官用酬酢粮和长官会供粮（亦即官用会供顺缘，为官员礼佛用品）属于官员工作餐和工作所需的物品范畴，系官员俸禄的一部分。

文书中出现的 phyag rdzad khang，窃以为或可直译为“财物房”，phyag rdzas 意为“财物”②。财物房应该是吐蕃沙州官府的财物管理机构，王尧、陈践先生将其译为“书办公廨”。书办公廨之“参参”应为财物房之人员，其身份可能是官府吏员或杂役。phyag rdzad khang 也有可能就是吐蕃官府中的公廨机构，但是目前尚无其他史料加以佐证，有待于对史料进行进一步挖掘和探讨。

三　归义军时期的官田与仓司

吐蕃在河陇的统治结束后，归义军政权在瓜、沙地区存在了近二百年

① 王尧、陈践：《敦煌吐蕃文献选》，第 52～53 页；王尧、陈践：《敦煌藏文文献选》，第 83～85 页。

② 张怡荪主编《藏汉大辞典》，北京：民族出版社，2000，第 1735 页。

之久。归义军政权承袭吐蕃在瓜沙的统治，其制度既大量模仿唐制，又深受吐蕃影响。归义军政权同样有官田、官园。P. 3649 号背《后周显德四年（957）吴盈顺卖田契》云："南沙灌进渠中界，有地柒畦，共叁拾亩，东至官园，西至吴盈住。"[①] P. 3290 号《宋至道元年（995）正月沙州曹妙令等户状》云："东至官园，西至子渠及刘宝定"，"西至荒，南至官田，北至高安三"[②]。此官园、官田同样应是归义军官员的俸禄田和官府公廨田。归义军时期敦煌百姓也要受到征召，在官府的田地中耕作，官府则给耕作民户提供饭食，收获物充作官员的俸禄和官府日常开支。S. 6185 号《年代不明归义军衙内破用油面历》云："拔草渠头粗面贰斗。""处分支薅园人夫粗面叁斗。"[③] S. 1366 号《年代不明（981～982）归义军衙内油面破用历》记载："支远田圈犁牛家以及人户胡併（饼）七十枚，用面叁斗五升。"[④] 这与吐蕃时期的营田制度一脉相承。

受中原藩镇影响，归义军建立了司一级机构来管理政权内部的各项事务，具体有军资库司、宴设司、作坊司、草场司、柴场司、内宅司、水司、仓司、客司、羊司、酒司、肉司等，这一做法与唐前期及吐蕃统治敦煌时期明显不同。

归义军仓司也应负责官园、官田的经营。敦煌文书 P. 4640 号《己未年—辛酉年（899～901）归义衙内破用历》有如下记载："支与仓司索文楚粗纸两帖，细纸壹帖。""四日，奉判支与仓司细纸两帖。"[⑤] 归义军政权之仓司当是负责粮食征收和管理的机构。归义军时期仍然有"仓曹"这一官职，S. 8448B《某年归义军紫亭镇羊数名目》中记载的羊主人中就有"何仓曹"，文书背面也有羊主人"何仓曹"之名[⑥]。这个"何仓曹"当是归义军仓司长官，而仓曹这一职官名号自然是沿用自吐蕃沙州仓曹和唐朝仓曹参军。莫高窟第 339 窟五代供养人像题名："房弟衙前正马使知军粮仓曹广使郡高保定一心供养。"[⑦] 则表明归义军有专门负责管理军粮征收发

---

① 《敦煌社会经济文献真迹释录》第 2 辑，第 11 页。
② 《敦煌社会经济文献真迹释录》第 2 辑，第 484～485 页。
③ 《敦煌社会经济真迹文献释录》第 3 辑，288 页。
④ 《敦煌社会经济真迹文献释录》第 3 辑，第 284 页。
⑤ 唐耕耦、陆宏基：《敦煌社会经济文献真迹录》第 3 辑，第 259、265 页。
⑥ 《英藏敦煌文献》第 12 卷，成都：四川人民出版社，1995，第 138～139 页。
⑦ 敦煌研究院编《敦煌莫高窟供养人题记》，第 139 页。

放的长官仓曹。

学界有意见认为归义军仓储机构仓司的最高长官称为仓司或仓使，仓曹只是县州仓储机构的负责人。笔者以为仓曹在归义军时期文书中频繁出现，但并无证据显示此职仅是县州仓储机构的官员，归义军的仓司只在前引 P.4640 号《己未年—辛酉年（899～901）归义衙内破用历》中出现过两次。仓司索文楚有可能只是仓司中的吏员，当然他也可能是仓司长官，被称为仓司，但仓司长官同时也很有可能沿用吐蕃旧称，被称为仓曹。至于“仓使”一职，则尚未在文书中发现。所以，归义军仓司长官称为仓曹的可能性并不能被排除。归义军仓司长官仓曹源自吐蕃沙州仓曹和唐朝仓曹参军，职能与之基本相同，自然也负责公廨田的管理和官员俸禄的发放，所以对官园、官田也进行管理。

归义军政权建立后，设立了支度营田使、管内营田使、都营田使、营田使等职官。支度营田使或管内营田使由归义军节度使兼任，敦煌文书记载归义军政权土地的调整、请射、分配、对换都是由兼有“支度营田使”职衔的归义军节度使主管，而归义军都营田或营田使则负责管理土地的调查、登记与分配等工作①。他们的这些职能与吐蕃时期的营田官相同，这些职官无疑受到了吐蕃在河陇西域所设营田官（zhing pon）及其上级主管职官的重要影响。同吐蕃时期一样，归义军营田使对官田、官园的经营管理同样也应负有一定职责。

① 参见刘进宝《归义军时期敦煌的营田及其管理系统》，《西北师范大学学报》2004 年第 2 期，第 42～43 页。

第八章　吐蕃制度与突厥的关系

公元7世纪初，松赞干布统一各部，建立了吐蕃王朝，随即着手创立文字，制定政治、军事、经济、法律等制度，为政权的巩固和发展奠定了重要基础。吐蕃王朝的各项统治制度是吐蕃史研究中的重要课题，其具体内容既有源于本民族风俗习惯的成分，亦深受周边国家和民族的影响。藏族著名史籍《贤者喜宴》在记述这段历史时称："是时自东方汉地（rgya）及木雅（mi nyag）获得工艺与历算之书。自南方天竺（dkar povi rgya gar）翻译了诸种佛经。自西方之胡部（sog po）泥婆罗，打开了享用食物财宝的库藏。自北方霍尔（hor）、回纥（yu gur）取得了法律（khrims）及事业之楷模。如是，松赞干布遂统治四方，边地之全部受用财富悉聚于（松赞干布）权势之下。"此处的"霍尔""回纥"系指突厥（dru gu）和回纥。同样的记载还见于另一部藏族史学名著《西藏王统记》[①]。《贤者喜宴》是藏族僧人巴卧·祖拉陈哇（dpa bo gtsug lag vphreng ba）所著的一部教法史籍，写作时间是1565年，该书记载吐蕃历史的篇章具有独特的价值。作者参考了吐蕃王朝时期的原始资料，能够"力排众议，跳出佛教和宗教史学家所设下的障碍，毅然在他的书里收录了一些吐蕃古碑和有关树碑、盟誓等的重要史料"[②]。另外，作者还参考了桑耶寺志《拔协》等吐蕃王朝时期的史籍，并在卷末载明所引用之典籍，指出资料出处。由于有以

---

① 巴卧·祖拉陈哇著，黄颢译《〈贤者喜宴〉摘译（二）》，《西藏民族学院学报》1981年第1期；王沂暖译《西藏王统记》，上海：商务印书馆，1955，第29页。

② 王尧：《吐蕃文献学概述》第7页，载《吐蕃金石录》。

上优点，所以它得到了国内外藏学界的高度评价，认为它是研究吐蕃史所不能缺少的重要史料，或堪称藏文教法史料中最富参考价值的文献之一。而《西藏王统记》系由萨迦琐南坚赞（sa skya bsod nams rgyal mtshan）在1368年于赞普赤松德赞时期之政教中心桑耶寺完成的，此书也提供了许多撷取自可靠史料的正确史实。作者在结论中亦云：

> 凡此所著录，力避无稽传闻，私臆杜撰，与一切谬误观察，而广取材于佛之经续二部，王之诰命总集，拉萨桑耶两寺之两大柱纪，阿提沙之大小密藏论，大小各派之宗教源流，藏王之典谟、霍尔之史书，以及蔡尔巴等官长与精通书史人士所著之王统记，并详为抉择，遣除疑似，使诸方隅难解之语书，化为浅显易了之言。[1]

由其所述可知其著书之态度，该书之重要性亦由此可知。所以《贤者喜宴》《西藏王统记》二书所称吐蕃“自东方汉地（rgya）及木雅（mi nyag）获得工艺与历算之书。自南方天竺（dkar povi rgya gar）翻译了诸种佛经。自西方之胡部（sog po）泥婆罗，打开了享用食物财宝的库藏。自北方霍尔（hor）、回纥（yu gur）取得了法律（khrims）及事业之楷模”应当确有所据。

上引史料明确指出吐蕃王朝的法律和政治等制度是以突厥和回纥为样板而建立的［《贤者喜宴》将松赞干布制定的各项政治、军事、经济、法律制度总称为六大法[2]，所以《贤者喜宴》和《西藏王统记》中记载的吐蕃法律（khrims）应当包含政治、军事、经济、法律等制度］。由于回纥与突厥都属于铁勒部族，在突厥汗国和东西突厥汗国、后突厥汗国时期回纥被突厥征服，一直为其所奴役驱使，直到公元745年才联合葛逻禄、拔悉蜜攻灭后突厥汗国建立回鹘汗国，其法律政治直接承袭突厥，所以藏史所云实为吐蕃王朝政法等制度取法于突厥。对于这一记载，笔者只见到王忠、黄颢先生对传世史料有关突厥、吐蕃法律的记载作过初步考察，认为

---

① 王沂暖译《西藏王统记》，第102页；参见林冠群《吐蕃赞普墀松德赞研究》，台北：商务印书馆，1988，第19～21页。

② 《〈贤者喜宴〉摘译（二）》，《西藏民族学院学报》1981年第1期，第6页。

二者刑法有相似之处，藏史所言吐蕃的法律、政治取法于北方的突厥，当为可信事实①。但是，对于吐蕃的其他制度与突厥的关系，则再未见有论述。关于唐朝典章制度对吐蕃制度的影响，学界多有探讨，而关于突厥制度对吐蕃的影响，尚有待深入研究。这方面的探讨有助于解决吐蕃史研究中的疑难问题，对于突厥和吐蕃史研究具有重要意义。本章在此试对吐蕃行政、职官、军事、法律制度与突厥的关系以及原因略加探讨，提出一点儿自己的看法。

第一节 行政区划建制

藏族史籍《贤者喜宴》《五部遗教》记载了松赞干布时期吐蕃行政区划建制问题：松赞干布大臣噶尔（mgar）与达杰（dar rgyal）将吐蕃地区划分为五茹（ru），分别为卫地伍茹（dbu ru）、约茹（gyo ru），藏地叶茹（gyas ru）、茹拉（ru lag），附属苏毗茹（sum bavi ru）。每茹又分两个支茹，设茹本（ru dpon，又称 dmag dpon，军事长官）二人、副将二人。五茹共五十一个东岱（stong sde，即军事千户部落）。在五茹之内又以各大家族原有势力范围为依据，划分出十八个势力范围②。每个东岱所辖属民分为“桂”（rgod）、“雍”（g · yung）。“所谓桂者，即高等属民从事军务者之名称。”“再者，所划分的‘雍人之部’，此即称之为‘雍’或者‘更’，这些是做属民事务的人员名称。”③“桂”为武士，是吐蕃军队的作战主力。“雍”即“更”，“更”是奴隶，他们平时从事农牧业生产，战时作为辅助人员出征，主要从事后勤事务，同时亦参与作战。

“茹”藏语为“分支”之意，它是吐蕃政权下设的最高一级行政组织。“茹”与东岱及其势力范围是既有区别又有联系的吐蕃军事和行政联合体，它们都具有军政合一的性质和兵民合一的特征。“茹本”不仅是军事长官，

---

① 王忠：《新唐书吐蕃传笺证》，北京：科学出版社，1958，第 11 页；巴卧 · 祖拉陈哇著，黄颢译《〈贤者喜宴〉摘译（三）》，《西藏民族学院学报》1981 年第 2 期，第 32 ~ 33 页。

② 巴卧 · 祖拉陈哇著，黄颢译《〈贤者喜宴〉摘译（二）》，《西藏民族学院学报》1981 年第 1 期。

③ 巴卧 · 祖拉陈哇著，黄颢译《〈贤者喜宴〉摘译（二）》，《西藏民族学院学报》1981 年第 1 期。

而且是行政长官，平时负责行政事务，战时则率领所辖各东岱出征。随着吐蕃的扩张，在边疆地区吐蕃设置了军镇（khrom），后来受到唐朝的影响，在汉文文献中称为节度使，其性质与茹相同，也是军事和行政联合体，下面也设有若干军事千户部落。

对于吐蕃的行政区划建制“茹”，王辅仁、索文清先生所著《藏族史要》和王钟翰先生主编之《中国民族史》有如下见解：“在军事制度上，松赞干布仿照中原地区的府兵制，在吐蕃建立了四个被称作‘如’的军政组织。”① 对此笔者不能赞同。据《新唐书》卷五〇《兵志》记载，贞观十年，唐太宗下令仿照隋朝鹰扬府和唐初十二道府兵建制于全国各地设折冲府，“更号统军为折冲都尉，别将为果毅都督，诸府总曰折冲府。凡天下十道，置府六百三十四，皆有名号，而关内二百六十有一，皆以隶诸卫”。全国有六百三十四个折冲府，分属十六卫，折冲府下辖府兵年龄也有规定：“凡民年二十为兵，六十而免。”府兵制寓兵于民，亦兵亦农，他们平时从事耕稼，接受地方州县的管理，还要抽出时间练习骑射，折冲都尉等在冬季定时检校。有事出征调发时，由朝廷下达发兵符契，地方州刺史和折冲府都尉进行勘合：“凡发府兵，皆下符契，州刺史与折冲勘契乃发。”② 折冲府及其所隶属之诸卫是单纯的军事机构，与吐蕃茹、东岱作为军事和行政联合体并不相同。

吐蕃的行政区划建制“茹（ru）”及其长官“茹（ru）本”，令人想起了突厥汗国的“设”。《隋书·突厥传》云：“（突厥）官有叶护、次设。”③《旧唐书·突厥传》则称：“别部领兵者谓之设。”“设”有“杀”“察”等音译，是突厥汗国掌握兵权的地方长官、诸侯，由可汗子弟或宗族担任，仅次于叶护，突厥可汗在即位前经常担任此职。突厥汗国地域辽阔，常将领土分为几部分，中部为汗庭所在，是政权的政治经济中心，其他地区分为东、西等部，每部设一“设”，领兵驻扎统治。《旧唐书·突厥传》记载东突厥汗国启民可汗之子始毕可汗卒，“其子什钵苾以年幼不堪嗣位，立为步泥设，使居东偏，直幽州之北，立其弟俟利弗设，是为处罗可汗。

① 王锺翰主编《中国民族史》，北京：中国社会科学出版社，1994，第 356 页；参见王辅仁、索文清《藏族史要》，成都：四川民族出版社，1982，第 19、20 页。

② 《新唐书》，第 1325 ~ 1326 页。

③ 《隋书》，北京：中华书局，1973，第 1864 页。

……俄而处罗卒，义成公主以其子奥射设丑弱，废不立之，遂立处罗之弟咄苾，是为颉利可汗。颉利可汗者，启民可汗第三子也，初为莫贺咄设，牙直五原之北。”① 据此可知，始毕可汗和处罗可汗时期，东突厥汗国除可汗自领一部外，先后在东部幽州之北和西部五原之北各设有一设，又有俟利弗设和奥射设各镇一方。另外，始毕可汗还封启民可汗弟苏尼失为沙钵罗设，“帐部五万，牙直灵州西北”②。而此时在阴山之北还设有欲谷设负责弹压薛延陀、回纥等部，《旧唐书·突厥传》云：“贞观元年，阴山以北薛延陀、回纥、拔也古等余部皆相率背叛，击走其欲谷设。”③ 后突厥汗国时期可汗默啜分其国为三部，可汗居中部，左右两察（设）领东西二部：“默啜立其弟咄悉匐为左厢察，骨咄禄子默矩为右厢察，各主兵马二万余人。又立其子匐俱为小可汗，位在两察之上。”后来登利可汗也沿用了这一做法：“登利年幼……从叔父二人分掌兵马，在东者号为左杀，在西者号为右杀，其精锐皆分在两杀之下。”④ 西突厥汗国咄陆可汗泥孰原为莫贺设，咥力失可汗本为同娥设，咥力失即位后实行两厢十姓制改革：“俄而其国分为十部，每部令一人统之，号为十设，每设赐以一箭，故称十箭焉。”⑤ 将全国划分为咄六、弩失毕两厢，每厢各辖五姓，合为十姓，十姓首领皆可称设。突厥将领土划分为三部或若干部，此三部或若干部亦为军事行政联合体。“设”是突厥汗庭所在之部以外其他几部的军事行政长官（西突厥全国十部首领则都可称设，与此稍异），其职能与吐蕃之“茹本”完全一致。故此笔者以为吐蕃的行政区划建制“五茹”可能是仿照了突厥划分领土为若干军事行政联合体的做法。“茹”之长官“茹本”即相当于设，但是突厥之设除西突厥外都以王族阿史那氏担任，吐蕃茹本则无此规定。

吐蕃占领河陇西域地区后设置了凉州、河西北道、瓜州、萨毗、于阗等节度使，上面有东道节度使统领，这一做法源自本部的茹和奎本（khos dpon）制度（详见下文），但是也对唐朝的节度使制度有所借鉴。吐蕃

---

① 《旧唐书》，第 5154～5155 页。

② 《新唐书》卷一四〇《突厥传》，第 6036 页。

③ 《旧唐书》，第 5158 页。

④ 《旧唐书》，第 5169～5170、5177 页。

⑤ 《旧唐书》卷一四四《西突厥传》，第 5183 页。

“节度使”的名称即源自唐朝，节度使下属的某些职官如仓曹、营田官、水官等也受到唐朝官制影响①。

第二节　职官制度

《贤者喜宴》记载松赞干布在制定各项制度、设置职官之时，首先直接任命了五位奎本（即执政官），分管雅砻本部、象雄、苏毗、通颊（东北部边境地区）、齐布（安多）五个地区，他们的级别要高于“茹本”②。这一做法同样与突厥有类同之处。突厥大可汗建牙于中部于都斤山总摄全局并兼理南面，在东、西、北等方面还设立小可汗，由大可汗兄弟或子侄担任，镇驭各方。如《北史》卷一〇〇《突厥传》记载：“俟斤死，复舍其子大逻便而立其弟，是为他钵可汗。他钵以摄图为尔伏可汗，统其东面，又以其弟褥但可汗为步离可汗，居西方。”③ 西突厥处罗可汗亦复如此：“复立二小可汗，分统所部。”④

吐蕃中央官制也有其独特之处。《新唐书·吐蕃传》云：“其官有大相曰论茝，副相曰论茝扈莽，各一人，亦号大论、小论。都护一人，曰悉边掣逋。又有内大相曰曩论掣逋，副相曰曩论觅零逋，小相曰曩论充，各一人。又有整事大相曰喻波寒掣逋，副整事曰喻波寒觅零逋，小整事曰喻波寒充：皆任国事，总号曰尚论掣逋突瞿。”⑤ 分为三个系统，共九位宰相。其中的“掣逋”“觅零逋”“充”分别是藏语 chen-po、vbring-po、tha-chung 的译音，译成汉语就是大、中、小之意。《贤者喜宴》也有类似记载：“再者，恭论（dgung blon）大、中、小三者、曩论（nang blon 即内相）三者、决断大事（bkav yo gal vchos pa）三者。总为九种，此即九大

---

① 参见陆离《吐蕃统治河陇西域时期制度研究》，第 80 ~ 87、274 ~ 296 页。

② 阿底峡所著《松赞干布遗训》则记载当时任命了一批 khas dpon（开本），疑即 kos dpon（奎本）之误，有东部汉地、西方大食、南方门域及天竺、北方突厥及巴尔之开本，他们的职责范围与《贤者喜宴》中的奎本基本吻合。参见《〈贤者喜宴〉摘译（二）》，《西藏民族学院学报》1981 年第 1 期，第 29 页。

③ 引文中的摄图为俟斤可汗兄阿波可汗之子。《北史》，北京：中华书局，1974，第 3290 页。

④ 《隋书》卷八四《西突厥传》，第 1876 页。

⑤ 《新唐书》，第 6072 页。

论（blon po che dgu）。又，恭论行事犹如丈夫，以威力决断外务；曩论如同贤妇处理内政；决断大事之官，对于贤者，彼虽系仇敌之子，如其贤善亦当奖偿；如系恶者，即使是本人之子仍当绳之以法。”① 可知恭论即外相，负责议政、判事、军事、外交等军国大事；内相曩论主管税收、统计人口、财产等事务；而整事之相（决断大事之官）则负监察奖惩之责。

《藏族史要》及《中国民族史》对此亦有评论：“这些职官的设置，显然受到唐朝官制的影响。”② 而陈楠先生认为：“吐蕃仿效唐朝，中央职官系统亦分为三个部分，但又不同于唐朝的三省制，唐朝的三省具有同等地位的职权和级别，只是分工职掌划分明确。部司及省属职官层次分明。而吐蕃的贡论、囊论、喻寒波三个系统则形成上、中、下三个层次的塔式结构。”③ 据《新唐书·百官志》等记载，唐朝中书省负责发布诏令，长官中书令、中书侍郎担任相职，参与军国大事的决策，下有中书舍人及谏官等；门下省负责对诏令的审议与封驳，长官侍中和门下侍郎通常兼任宰相之职，也设有谏官；尚书省则为全国最高行政机构，唐初尚书都省长官左、右仆射为正宰相，下设吏、户、礼、兵、刑、工六部，主管各项行政事务。另外，在门下省设有政事堂，后又改设在中书省，诸宰相上午在政事堂内议政，下午则返回本司工作，举凡军国大事，以至牵涉到三省间的具体事务，都须在政事堂内商议。这一制度与三省联系在一起，成为唐朝三省中枢体制的一个重要组成部分④。窃以为吐蕃的中央职官系统贡论、囊论、喻寒波与唐朝三省职官除了数目相等外，职官设置和职能并不相同，亦远不如唐制复杂完备。而数目相等则存在巧合的可能性，并不能据此证明吐蕃职官制度仿效了唐朝。

吐蕃这一设置实际上仍是源自突厥，《通典》卷一九七《边防十三》云：

---

① 《〈贤者喜宴〉摘译（三）》，《西藏民族学院学报》1981 年第 2 期，第 15～16 页；参见陈楠《藏史丛考》，第 26、53 页。

② 王锺翰主编《中国民族史》，356 页；参见王辅仁、索文清《藏族史要》，成都：四川民族出版社，1982，第 19、20 页。

③ 陈楠：《藏史丛考》，第 52 页。

④ 参见王仲荦《隋唐五代史》上，上海：上海人民出版社，1988，第 460～464 页；罗永生《三省制新探——以隋和唐前期门下省职掌与地位为中心》，北京：中华书局，2002，第 199～209 页。

（突厥）其初，国贵贱官号凡有十等，或以形体，或以老少，或以颜色、鬓发，或以酒肉，或以兽名。其勇健者，谓之始波罗，亦呼为英贺弗，肥粗者谓之大罗便。大罗便，酒器也，似角而粗短，体貌似之，故以为号。此官特贵，唯其子弟为之。又谓老为哥利，故有哥利达官。谓马为贺兰，故有贺兰苏尼阙，苏尼，掌兵之官也。谓黑色者为珂罗便，故有珂罗啜，官甚高，耆年者为之。谓发为索葛，故有索葛吐屯，此如州郡官也。谓酒为匐你热汗，热汗掌监察非违，厘整班次。谓肉为安禅，故有安禅具泥，掌家事如国官也。①

突厥初期设置的十等官职中，始波罗（英贺弗）、大罗便、哥利达、珂罗便、热汗和安禅具泥都属于突厥中央职官系统。热汗之职掌为“监察非违，厘整班次”，与吐蕃整事之相喻寒波职能相当；安禅具泥为“掌家事如国”之官，正与吐蕃内相类同；而始波罗、大罗便、哥利达、珂罗啜等应是负责议政、判事、主兵等事务的官职，可与吐蕃外相恭论（dgung blon）对应。

此后突厥官制又有所发展，《北史》卷九九《突厥传》已称突厥“大官有叶护，次设，次特勤，次俟利发，次吐屯发，及余小官，凡二十八等，皆世为之”②。此二十八等官职是在突厥建国后设置的始波罗、大罗便、哥利达、珂罗啜、热汗和安禅具泥、索葛吐屯、贺兰苏尼阙等十等官职的基础上发展演变而来，官职名称可能发生了变化，但是还设置、保留着原有的职能系统。继突厥而起的回鹘汗国仍然承袭了突厥官制。《新唐书·回鹘传》记载，唐太宗封回鹘首领吐迷度为怀化大将军、瀚海都督，“（吐迷度）然私自号可汗，署官吏，一似突厥，有外宰相六，内宰相三”③。可知突厥汗国的中央职官系统后来发展为内、外宰相共九名，此九位宰相与吐蕃的九宰相制正好相当④。其职责可能同吐蕃一样，分成外相、内相、整事相三个系统处理政务，除内宰相人数与吐蕃相同外，外宰相也

---

① 《通典》，第 5402 ~ 5403 页。

② 《北史》，第 3287 ~ 3288 页。

③ 《新唐书》，第 6113 页。

④ 需要指出的是，在吐蕃王国中后期，恭论、曩论、整事之相（决断大事之官）各有大中小三等，共九种官员，总人数不止九人。

可能细分为外相和整事相两类，各三人。因此，吐蕃设立贡论、囊论、喻寒波三个系统共九位宰相和奎本等职官，并建立行政建制茹的做法有可能是受了突厥的影响。

除奎本以及贡论、囊论、喻寒波外，吐蕃还设了以法律治理地方的地方官域本（yul dpon）和军事长官玛本（dmag dpon，即前面论及的“茹本”，实际上是军事行政长官）①。与突厥“如州郡官”的索葛吐屯、掌兵官贺兰苏尼阙以及设等正相对应，存有渊源关系，而吐蕃王朝在敦煌等地设置的职官“都督”与突厥的职官“吐屯”也有一定关系②。另外《通典》卷一九〇《边防六》提到了吐蕃官员的设置选拔情况：“设官，父死子代，绝嗣，即近亲袭焉，非其种类，辄不相服。”③ 前引《北史·突厥传》已记载突厥官制世袭，二者之间当有一定的渊源关系。所以，吐蕃官制有可能就是承袭自突厥。

第三节　军事制度与法律

吐蕃实行兵民合一，本部军队以千户为单位进行编制，并且采取十进位，十个军事千户部落组成一如。吐蕃在五茹之下设有军事千户部落，前四茹伍茹、约茹、叶茹、茹拉每茹有八个东岱（即军事千户部落）、一个小东岱（stong bu chong）及一个近卫东岱（sku srung gu stong sdi）共十个东岱。后设的苏毗茹（sum bavu ru）情况较为特殊，有十个东岱和一个小东岱。另外在象雄地区设立了十个东岱，以加强西境边防④。每个军事千户部落由东本（stong dpon）统领，东本即千户长，是军事兼行政长官，平时负责本千户的行政事务，战时则率领“桂”“雍”出征。

吐蕃攻占河陇西域时，本部六十一个军事千户部落中的相当一部分都曾参与作战，并有部分人员在当地驻扎。后来，吐蕃在这一地区也设置了

① 巴卧·祖拉陈哇著，黄颢译《〈贤者喜宴〉摘译（二）》，《西藏民族学院学报》1981年第1期。

② 参见本书第四章“敦煌写本S.1438背《书仪》残卷与吐蕃沙州都督制度”。

③ 《通典》，第5171页。

④ 巴卧·祖拉陈哇著，黄颢译《〈贤者喜宴〉摘译（二）》，《西藏民族学院学报》1981年第1期。

军事千户部落，如据敦煌吐蕃文书 P. T. 1089 号《大蕃官吏申请状》记载，公元 820 年即在敦煌设置了阿骨萨、悉董萨两个军事千户部落[①]，由当地汉人和粟特裔居民担任部落使（即千户长）。一个部落设立 9～10 个将，将的负责人称为将头，又叫百户长[②]。在千户长之上，吐蕃在本部与河陇地区还设有万夫长，亦称万人将，吐蕃语为“乞利本”。S. 2736/2《蕃汉对语译汇》第 40 组有如下记载：“khri dpon 乞利本/I ban zin dzyan 万人将”。[③]《新唐书·吐蕃传》记开元十七年（729）吐蕃令囊骨委书塞下言：“论莽热、论巩热皆万人将，以赞普命谢都督刺史。”[④] 表明此职最先在吐蕃本部已有设置。吐蕃占领敦煌后也设置了乞利本，S. 6101 号《行城文》记载：“又我乞利本、节儿、都督等，伏愿荣班、宠后（厚）、禄增。”[⑤] P. T. 1089 号文书记载，公元 831 年（狗年）吐蕃在敦煌设有节儿论（rtse rje blon）和万户长州内权限者（khri dpon go chu rub）。在姑臧节度使（mkhar tsan khrom）衙署亦设有万户长（khri dpon），下辖吐蕃与孙波、吐谷浑与通颊千户长，万户长的位阶在姑臧节度使（如本）之下[⑥]。由此可知，在吐蕃统治的河陇地区，亦以军事千户部落为兵民合一的编制单位，并且保留了十进制的形式，军事千户的上一级为万户，长官为乞利本，下一级则为百户，长官百户长，即敦煌地区的十将使[⑦]。需要指出的是，吐蕃在河陇西域所设节度使与吐蕃本部的茹已有很大不同：本部的茹下辖十个千户；河陇西域所设节度使虽称茹本（ru dpon），但是其下设有若干万户，节度使下辖的部落不止十个千户，一个部落中也没有十个十将使。河陇西域原为唐朝所有，政治经济情况与本部有很大不同，所以吐蕃在该地区军制机构的设置与本部亦有所不同。

吐蕃占领的河陇地区，以军事千户部落为兵民合一军队的编制单位，保留了十进制的形式，军事千户的上一级为万户，下一级为百户，这与唐朝府兵制度迥异。《新唐书》卷五〇《兵志》记载十六卫各领折冲府六十

---

① 杨铭：《吐蕃统治敦煌研究》，第 25、120～121、126 页。

② 参见陆离《吐蕃统治敦煌的基层组织》，《西藏研究》，2006 年第 1 期。

③ 王尧、陈践：《敦煌吐蕃文书论文集》，第 47 页。

④ 《新唐书》，第 6084 页。

⑤ 《英藏敦煌文献》第 10 卷，成都：四川人民出版社，1994，第 79 页。

⑥ 杨铭：《吐蕃统治敦煌研究》，第 120～121、126 页。

⑦ 参见本书第六章第一节“敦煌的十将、将”。

至四十不等："凡府三等，兵千二百人为上，千人为中，八百人为下。"[①] 折冲府之下，200 人为团，上府辖六团，中府辖五团，下府辖四团，团设校尉一人。每团辖二旅，100 人为旅，有旅帅一人。每旅辖二队，50 人为队，有队正一人。每队辖五火，10 人为火，有火长一人。唐朝军队编制较为复杂，显然不是十进制。

十进制的军队编制自古行于北族之间，匈奴有"万骑"（万骑长）二十四人，各自下置千长（千骑长）、百长（百骑长）、什长（十骑长）[②]。《魏书》卷一〇三《蠕蠕传》记载柔然国主社仑"北徙弱洛水，始立军法：千人为军，军置将一人，百人为幢，幢置帅一人"[③]。突厥军队继承了这一制度，同样实行兵民合一，以十进制编制军队。《周书·突厥传》记载突厥汗国的奠基人叫"土门"，此名为突厥语 tuman 的音译，即万夫长，是十进制的最高一级。其次，磨延啜（回纥毗伽可汗）碑北面第六行也有"千夫长"字样[④]。据此，笔者认为吐蕃实行兵民合一，以千户、万户编制军队当是取法自突厥。杨铭先生举新疆出土的吐蕃简牍记载："吐谷浑上部万人部落，凡属唐所辖者……，每户征收五升（青稞）；万人部落以六成计所征……"[⑤]，认为"吐蕃的万户制度是源于吐谷浑的，或者说是通过吐谷浑传入吐蕃的"[⑥]。史料并无吐谷浑王国在被吐蕃征服之前有万户制度的记载。简牍内容反映了吐蕃征服吐谷浑后，在西域地区吐谷浑人中设立了万户部落，这一制度乃是来自吐蕃（吐蕃又是学自突厥），并非自吐谷浑传入吐蕃。

下面就吐蕃和突厥军队的征集问题略作对比。吐蕃军队的征集以金箭为契。《新唐书·吐蕃传》云："其举兵，以七寸金箭为契。百里一驿，有急兵，驿人臆前加银鹘，甚急，鹘益多。"[⑦] 突厥军队则是："其征发兵马，

① 《新唐书》，第 1325 页。

② 《史记·匈奴列传》，第 2891 页。

③ 《魏书》，1974，第 2290 页。

④ 马洛夫：《蒙古和柯尔克孜的古突厥文碑铭》（С. Е. Малов：Памятник Древнетюркской письменности Монголии и Киргнзии），1959，第 39 页，转引自蔡鸿生《唐代九姓胡与突厥文化》，北京：中华书局，1998，125 页，并参见《唐代九姓胡与突厥文化》，第 113 页。

⑤ 王尧、陈践：《吐蕃简牍综录》，第 38 页。

⑥ 杨铭：《吐蕃经略西北的历史作用》，《民族研究》1997 年第 1 期。

⑦ 《新唐书》，第 6072 页。

科税杂畜，辄刻木为数，并一金镞箭，蜡封印之，以为信契。”① 二者相同。显然，吐蕃军队征兵以金箭为契的做法是取自突厥。

在法律制度方面，吐蕃刑法非常残酷。《新唐书·吐蕃传》云：“其刑，虽小罪必抉目，或刖、劓，以皮为鞭抶之，从喜怒，无常算。”②

《贤者喜宴》则称：

> 为使十善之王法严厉而牢靠，幻化的监狱恐怖可畏，那些行十恶而不反悔者，则被令人畏惧的刽子手逮捕，并将头，四肢及手足砍断剁碎，舌及眼球（灌以）熔化之铜水，还需剥皮。上述砍下的头，四肢及挖出的眼睛等等堆积如山。……（有关狱中刑法），在逻娑及昌珠（khra brag）等等吐蕃地区及王宫均同时存在……③

《西藏王统记》亦云：“奸通者，断其肢体，流之异方。谎语者，断其舌。”④

而《北史·突厥传》则称突厥：“其刑法：反叛、杀人及奸人之妇、盗马绊者皆死；淫者，割势而腰斩之。”与吐蕃一样，都是用刑极严，通奸等罪行亦必施之极刑、重刑。同传还记载，突厥对于盗窃罪按盗窃财物所值的十余倍进行追征：“盗马及杂物者，各十余倍征之。”此法亦为吐蕃所模仿：“不授则不取之法。此法是盗窃三宝财物者偿百倍；盗窃王之财物者偿八十倍；偷窃属民财物者偿八倍。”⑤

在敦煌吐蕃法律文书中对吐蕃刑法以重刑、极刑治罪和盗窃罪按盗窃财物的十余倍甚至数十倍追征的做法也有记载，说明它们当时的确得到了实施。P. T. 1071《狩猎伤人赔偿律》云：“（土工）若饭食未吃，可乞讨饭食，如抢饭食，挖去双眼，作为村民的‘驮畜’。”

P. T. 1075《盗窃追赔律残卷》称：

---

① 《周书》卷五〇《突厥传》，北京：中华书局，1971，第910页。

② 《新唐书》，第6072页。

③ 《〈贤者喜宴〉摘译（三）》，《西藏民族学院学报》1981年第2期。

④ 王沂暖译《西藏王统记》，第29页。

⑤ 《〈贤者喜宴〉摘译（三）》，《西藏民族学院学报》1981年第2期。

若盗窃价值四两（黄金）以下，三两“黄金”以上之珠宝，首犯诛。

若一人偷盗价值二两七雪（相当于“钱”）二南姆（相当于“分”）黄金以下，二两以上珠宝者诛。

赞蒙、夫人、小姐、女主人及尚论以下，百姓以上之住房、土屋、牛毛帐篷、库房、地窖及旅客住处诸地，钻入盗贼行窃未遂被抓，若钻入价值二两（黄金）以上之地被抓，将为首者发配远方，其余人按偷盗二两（黄金）财物之罪惩治。若钻入价值二两（黄金）以下之住地行窃未遂被擒，按偷盗半两（黄金）财物惩治。

盗窃赞蒙、夫人、小姐、女主人之亲属及尚论以下，百姓以上之青稞被抓，将盗窃粮食之尅（藏制容量单位，可容粮食二十八市斤半）数，升数折成（黄金）两数，雪数，依盗窃财物之法等同论处。[①]

通过对传世史籍和出土文书中有关记载的考察对比，可知吐蕃刑法与突厥有诸多相似之处，很可能前者对后者进行了系统的模仿，二者同样具有用刑严酷、犯罪必施以重刑的特点，并且对于盗窃罪都按盗窃物品价值的数倍乃至几十倍进行追征，甚至处以死刑。这些做法为突厥与吐蕃所特有，与唐律迥然不同。

《唐律·杂律》记载，一般犯奸罪，只判徒刑一年半，但如果是部曲、杂户、官户强奸良人，则各加一等；如系奴婢，又加一年，徒二年半，强奸则处流刑，以故折伤者绞。[②]

根据《唐律·盗窃律》的规定，盗窃行为的一般处刑原则是根据得财多少而论罪。律云：“诸窃律，不得财笞五十；一尺杖六十，一匹加一等；五匹徒一年，五匹加一等，五十匹加役流。”疏议曰：“其有于一家频盗，及一时而盗数家者，并累而倍论。倍，谓二尺为一尺。若有一处赃多，累倍不加重者，止从一重而断，其倍赃依例总征。”[③] 这说明一般盗窃无死罪，只处以笞、杖、徒等刑罚，最高刑罚为加役流。如系连续盗窃犯罪，

① 王尧、陈践：《敦煌本吐蕃法制文献译释》，《甘肃民族研究增刊》，1983，第18～20页。

② 《唐律疏议》卷二六，北京：中华书局，1983，第493页。

③ 《唐律疏议》卷一九，第358页。

其判刑原则为“累而倍论”，即将其所有赃物总计作价，而后按其二分之一科刑。总之，唐律对强奸、盗窃罪的处罚明显比吐蕃和突厥法律要轻，处罚方式也有所不同。

第四节　吐蕃向突厥学习各项军政法律制度的原因

通过对吐蕃和突厥各项制度仪规的对比、探讨可知：吐蕃王朝的行政建制茹，职官奎本、茹本以及贡论、囊论、喻寒波等都与突厥制度相似，而与唐制不同；吐蕃以十进制编制军队，设百户、千户、万户，征兵以金箭为契，制定严刑峻法，犯罪必施以重刑等亦与突厥类同。藏史记载的吐蕃法律及事业仿效突厥、回纥确有所据。

在吐蕃建国初期，唐朝文明已经陆续传入吐蕃①，但是藏史记载吐蕃主要向唐朝学习工艺技术与历算之法，而军政法律等制度则大力模仿突厥、回纥等北方民族。

唐朝是当时世界上最为发达的国家，文化繁荣，制度完善，国力强盛，为世界各国所仰慕。但是，吐蕃建国初期却主要向唐朝学习工艺技术与历算之法，为什么会出现此种情况呢？有必要对这一问题再进行一些探讨。窃以为，吐蕃之所以在建国初期主要向突厥学习军政、法律等制度的原因主要有三点。

第一，二者在地理位置上相邻，很早就发生了接触。公元 6 世纪中期至 7 世纪中期，突厥汗国和后来的西突厥汗国控制着中亚西域的广大地区。突厥汗国在 6 世纪中期使高昌臣服并击败吐谷浑，取得了西域南道的控制权，随后与波斯联兵攻灭嚈哒，以乌浒水为界，取其地而瓜分之。突厥取得了石国、拔汗那、康、安、史等国，流沙以西尽入其版图，其势力曾一度深入到了青藏高原。西突厥统治极盛时期，西域诸国皆为其藩属。这些藩国向西突厥称奴纳贡，并接受西突厥派遣吐屯监国和军队进驻，吐屯多为世袭，逐渐取代了原来各地国王的地位，突厥语言和风俗在各国流行，西域开始了突厥化的历史进程。吐蕃羊同（象雄）等地区与西域相邻，突厥很早就与吐蕃有了接触并对其产生了巨大影响。《贤者喜宴》记载松赞

① 《贤者喜宴》记载，在松赞干布之父囊日伦赞时期吐蕃就与汉族有了接触，详见后文。

干布之父囊日松赞曾征服突厥，虽无确切史料证明，但表明此时吐蕃已与突厥有了密切联系，囊日松赞当是曾率领部众与从西域地区进入青藏高原的突厥军队进行过战斗[①]。同书还记载，松赞干布统一吐蕃各部后，在与突厥（实指突厥统治的西域地区）接壤的边境地区设有俄久（vo co）、芒玛（mang ma）等五个军事千户部落[②]。

《阙特勤碑》（立于732年）东面碑文记载了吐蕃使者出使突厥的史实。碑文云：

> ……因此，他们（指布民可汗和室点密可汗，其中“布民可汗”系指土门可汗）这样统治了国家，他们统治了国家并创建了法制。他们之后去世了。[作为] 吊唁者从前面，从日出之方，有莫离（bökli）荒原的人、中国人、吐蕃人、apar人、拂菻（purum）人、黠嘎斯人、三姓骨力干人、三十姓鞑靼人、契丹人、奚（tatabï）人——这样多的人民前来吊唁。[③]

土门可汗为突厥汗国的开创者，室点密可汗则是土门可汗之弟，是西突厥汗国的建立者。《新唐书》卷二一五下《突厥传》云：

> 西突厥，其先讷都陆之孙吐务，号大叶护，长子曰土门伊利可汗，次子曰室点蜜，亦曰瑟帝米，瑟帝米之子曰达头可汗，亦曰步迦可汗，始与东突厥分乌孙故地有之，东即突厥，西雷翥海，南疏勒，北瀚海。[④]

《旧唐书》卷一九四《突厥传》记载：“室点密从单于统领十大首领，有兵十万众，往平西域诸胡国，自为可汗。”[⑤]

---

① 《贤者喜宴·吐蕃王统函》，山南木刻版，第11～12页，转引自安应民《吐蕃史》，银川：宁夏人民出版社，1989，第60页。

② 《〈贤者喜宴〉摘译（二）》，《西藏民族学院学报》1981年第1期，第9页。

③ 耿世民：《突厥文碑铭译文》，载林幹《突厥史》，呼和浩特：内蒙古人民出版社，1988，第256页。

④ 《新唐书》，第6055页。

⑤ 《旧唐书》，第5188页。

室点密可汗公元562～576年在位，他率领十万军队征服西域各国，从而建立了西突厥汗国。《阙特勤碑》记载，土门可汗和室点密可汗去世时，在西藏山南雅隆河谷地区繁衍生息、尚未崛起的吐蕃部落都曾派人吊唁，表明突厥势力此时已经深入青藏高原，并对包括吐蕃在内的各部落邦国产生很大影响。突厥和西突厥汗国作为当时亚洲的重要强国，其政治、军事力量和经济实力无疑深为西域及青藏高原各部族所歆羡仰慕。藏族英雄史诗《格萨尔王传》的主角格萨尔王象征着英明勇武，系战神，而“格萨尔”一词在早期藏文文献中与北方的军事强国突厥、回鹘有关，这也表明突厥的军事力量一直被吐蕃人所崇拜景仰①。

第二，二者都是由军事氏族部落联盟发展而来的部落汗国或部落王国，保留着部落民主制的一些特点，并存在大量奴隶，承担着国内的重要生产活动。《周书》卷五〇《突厥传》云：“突厥者，……姓阿史那氏。……（其祖先）与狼合，遂有孕焉……遂生十男，十男长大，外托妻孕，其后各有一姓，阿史那即其一也。”

突厥最先是由十个氏族部落组成的以狼为图腾的部落联盟，后来移居至高昌北山被柔然征服，成为他们的锻奴，以兜鍪之称——“突厥”为号。突厥部落逐渐发展壮大，至首领阿史那土门时，“部落稍盛，始至塞上市缯絮，愿通中国”，与西魏开始相互通使。西魏大统十二年（546），突厥首领阿史那土门率部众打败、合并了铁勒各部五万余落（户），力量更加强大，随后求婚柔然被拒，遂于西魏废帝元年（552）春大败柔然，杀其首领，以漠北为中心，建立起一个突厥政权——突厥汗国②。不久，室点密可汗又率领军队征服西域各国，建立了西突厥汗国。突厥汗国和西突厥汗国都是以突厥部落和漠北、西域其他各被征服民族部众为主体组成的部落汗国，在汗国内部还保存着原始氏族部落民主制的成分，可汗、贵族和各级大小匐（即伯克，也即牧主贵族）组成贵族会议，贵族会议有权决定和、战、可汗继位人选及其他重大问题。如《旧唐书》卷一九四《突厥传下》载：“其阿悉吉阙俟斤与统吐屯等召国人，将立欲谷设为大可汗，

---

① 和建华：《藏文史籍中的“格萨尔”与史诗〈格萨尔〉》，《中国藏学》1997年第3期。

② 《周书》卷五〇《突厥传》，第908～909页。

以咥利失为小可汗。”[①]《新唐书》卷二一五《突厥传下》亦载：“（屈利）俟毗可汗（莫贺咄）初分统突厥为小可汗，既称大可汗，国人不附。……国人迎泥熟于焉耆，立之，是为咄陆可汗。”[②] 这里的国人即指突厥贵族和各级大小匐，他们是组成贵族会议的主体。

突厥国内还存在大量奴隶。突厥的奴隶，主要是从汉族及其他各族俘掠所得。例如武德三年（620），处罗可汗侵扰并州，掠去很多妇女。同年，莫贺咄设侵扰凉州，掠去男女数千人[③]。武德五年，颉利可汗侵扰定、并、汾、潞四州，也掠去男女五千人以上[④]。贞观四年（630）唐太宗击灭东突厥政权后，一次就从突厥统治者手中赎回自隋末以来被俘、沦为奴隶的汉人达八万口[⑤]。武则天帝万岁通天元年（696），后突厥默啜可汗进攻契丹，尽俘其家口而还[⑥]。这些奴隶承担着畜牧业、农业、手工业生产，为突厥国内重要的劳动力。

吐蕃王朝的建立者松赞干布的悉补野家族和雅隆部落，长期活动在雅鲁藏布江流域和山南地区。松赞干布之祖父达布聂西（stag bu nya gzigs）时期，雅隆部落进行武力扩张，《雍仲本教目录》称其曾率部征服了十二小邦，而《贤者喜宴》记载其将三分之二的小邦纳入治下。本巴王、吐谷浑王、昌格王、森巴（苏毗）王、象雄王均被征服，而娘氏（nyang）、韦氏（sbas）和嫩（gnon）氏都成为他的属民。其后，囊日伦赞（gnam ri blon btsan）和松赞干布两位赞普又陆续完成了对青藏高原各部的统一。藏史记载，囊日伦赞还征服了甲（rgya，即汉地）和突厥（gru gu），并从北方获取食盐，从汉地引入医术及历算[⑦]。《敦煌本吐蕃历史文书》则记载松赞干布征服了吐谷浑：“其后，赞普（松赞干布）亲自出巡，在北道，既未发一兵抵御，亦未发一兵进击，迫使唐人及吐谷浑人岁输贡赋，由此，

---

① 《旧唐书》，第 5184 页。
② 《新唐书》，第 6057 ~ 6058 页。
③ 参阅《旧唐书》卷一九四《突厥传上》，第 5154 页；《资治通鉴》卷一八八“唐武德三年秋九月”条，北京：中华书局，1956，第 5892 页。
④ 参阅《新唐书》卷二一五《突厥传上》，第 6030 页。
⑤ 参阅两《唐书·太宗纪》贞观五年夏四月及五月，《旧唐书》第 40 页，《新唐书》第 32 页。
⑥ 《通典》卷一九八《突厥中》，1988，第 5435 页。
⑦ 黄颢：《〈贤者喜宴〉摘译》，《西藏民族学院学报》1980 年第 4 期，第 38 页。

首次将吐谷浑人收归辖下。"[①] 这里需要指出的是，所谓征服唐人，应该是指吐蕃军队对与吐蕃边境相邻地区汉族居民的征讨。

吐蕃王国同样是以吐蕃部落和被征服各部族组成的部落王国。吐蕃本部各茹（ru）共分成六十一个军事部落，十八个氏族势力范围[②]，被征服的苏毗、羊同（象雄）、吐谷浑各部也都由部落组成。在"安史之乱"爆发后，吐蕃占领了河陇西域各地，将当地的汉、吐谷浑、突厥、回鹘等居民也编成部落加以统治，"赐部落之名，占行军之额。由是形遵辫发，体美织皮，左衽束身，垂肱跪膝"[③]。在吐蕃王国内部也存在氏族部落民主制的遗迹。政治组织形式上，吐蕃政权各级官员都是贵族出身，议事采用贵族会议的形式："议事则自下而起，因人所利而行之，斯所以能持久也。"[④] 贵族会议在某种程度上保留了部落民主制的特点，当是源自原始社会时期的部落联盟会议。

吐蕃本部各茹有六十一个军事部落，由桂（rgod）、庸（g·yung）组成。"桂"身份较高，是军队作战的主力；"庸"则从事农牧业生产，交纳赋税，战时也随军出征，但主要承担军中后勤事务，为辅助兵员。"庸"的身份较低，属于下等庶民和奴仆，身份世袭，是吐蕃主要劳动生产者。"庸"除包括吐蕃本族一部分成员外，还包括吐蕃从周边地区掳掠来的各族民众，而被吐蕃征服地区的各族居民同样也属于地位低下的"庸"。

第三，在经济上，二者的畜牧业和狩猎都占有重要地位。突厥人主要从事畜牧业。他们"随水草迁徙，以畜牧射猎为务"，过着游牧的生活，以毡帐为居室，食肉饮酪，身衣裘褐，披发左衽，善于骑射。其生活习惯，大抵与匈奴同[⑤]。突厥畜牧业发达，北周及隋初之间，木杆可汗"控弦数十万"[⑥]，佗钵可汗亦控弦数十万，沙钵略可汗有骑兵四十万[⑦]，始毕

---

① 王尧、陈践译注《敦煌本吐蕃历史文书》，第 165 页。

② 黄颢：《〈贤者喜宴〉摘译（二）》，《西藏民族学院学报》1981 年第 1 期，第 9～11、21～22 页。

③ 荣新江：《敦煌写本〈敕河西节度兵部尚书张公德政之碑〉校考》，《归义军史研究》，上海：上海古籍出版社，1996，第 400 页。

④ 《册府元龟》卷九六二《外臣部·才智》，周勋初等校订，第 11 册，第 11150 页。

⑤ 《周书》卷五〇《突厥传》，第 909 页。

⑥ 《周书》卷九《阿史那皇后传》，第 143～144 页。

⑦ 《隋书》卷八四《突厥传》，第 1865～1866 页。

可汗亦有骑兵数十万[①]，西突厥的室点密可汗有骑兵十万[②]，后突厥的默啜可汗也有骑兵十万[③]。游牧民族的骑兵，通常一人数马，杜甫《北征诗》称回鹘“送兵五千人，驱马一万匹”[④]。又如《新唐书》卷二一七《回鹘传下》附《薛延陀传》记载，薛延陀“率一兵得四马”[⑤]。突厥亦不例外。

如此庞大的骑兵队伍，他们日常所需的食用，必靠大量的牛羊等牲畜方足以资供应。故隋文帝开皇十九年（599），启民可汗自言：突厥人的羊马，“遍满山谷”[⑥]。《周书》卷二八《史宁传》载，西魏恭帝三年（556），木杆可汗一次赠给史宁个人的牲畜就有马五百匹、羊一万头[⑦]。《隋书》卷八四《突厥传》亦载，文帝开皇八年（588），突厥部落酋长贡马万匹，羊二万口，驼、牛各五百头[⑧]。畜牧业是突厥人经济生活的主要基础。正如熟悉突厥情况的使臣郑元王寿云：“突厥兴亡，唯以羊马为准。”[⑨] 正因为畜牧业为突厥赖以生存的根本，所以《北史·突厥传》才记载，突厥法律规定盗马绊者死，并且盗马者以所盗马价值的十余倍被追赔。

除畜牧业，狩猎业也在突厥人经济生活中占有重要地位。后突厥苾伽可汗的大臣暾欲谷称：“突厥人徒稀少，不及唐家百分之一，所以能与为敌者，正以逐水草，居处无常，射猎为业，人皆习武。”[⑩] 突厥文《暾欲谷碑》云：“吾人时方居总材谷（即阴山山谷）及黑沙（城）。吾人居彼，以大兽、野兔自给，民众口食无缺。……此吾人之境况也。”[⑪]

西突厥的统叶护可汗经常率领大批随从和众多兵马外出打猎，有一次就在素叶城（即碎叶城，故址在今中亚巴尔喀什湖南托克马克城附近）打

---

① 《隋书》卷四《炀帝纪下》，第 89 页。
② 《旧唐书》卷一九四《突厥传下》，第 5188 页。
③ 《新唐书》卷二一五《突厥传上》，第 6046 页。
④ 见（清）仇鳌《杜诗详注》卷五，北京：中华书局，1979，第 402 页。
⑤ 《新唐书》，第 6135 页。
⑥ 《隋书》卷八四《突厥传》，第 1873 页。
⑦ 《周书》，第 468 页。
⑧ 《隋书》，第 1871 页。
⑨ 《旧唐书》卷六二《郑元王寿传》，第 2380 页。
⑩ 《通典》卷一九八《突厥中》，第 5440 页；《资治通鉴》卷二一一“唐玄宗开元四年冬十月”条，第 6722 页。
⑪ 林幹：《突厥史》，第 31 页。

猎中遇见了唐朝著名高僧玄奘[①]。

东突厥颉利可汗被擒后，“郁郁不得志，与其家人相对悲歌而泣”。唐太宗乃任命他为虢州刺史，因为虢州一带“土多獐鹿”及其他野兽，可以“纵其畋猎，庶不失其物性”[②]。

畜牧业也是吐蕃最为重要的一个生产部门。吐蕃辖下的广大地区是畜牧业地区，吐蕃人大多过着游牧民族的生活。史书记载：“其赞普居跋布川，或逻娑川，有城郭庐舍不肯处，联毳帐以居，号大佛庐，容数百人。”“衣率毡韦”，“其器屈木而韦底，或毡为盘，凝麨为碗，实羹酪并食之，手捧酒浆以饮”。“其兽牦牛、名马、犬、羊、彘。天鼠之皮可为裘，独峰驼日驰千里。”“其大宴宾客，必驱牦牛，使客自射，乃敢馈。”“其畜牧，逐水草无常所。”[③] 吐蕃扩张后，所占领的吐谷浑、苏毗、白兰、党项等部落居地大部分为牧区，多有卓越的畜牧业产品。如原吐谷浑辖下的青海湖地区就有所谓龙种驹：“吐谷浑尝得波斯草马放入海，因生骢驹，能日行千里，故时称青海骢焉。”[④]

《贤者喜宴》记载松赞干布统一吐蕃本部后，设置职官，除外相、内相和整事大相三个系统外，还专门设有负责管理马牛的畜牧业官员。“此外，尚有七种官吏：……马官（chibs-dpon）司派遣马差、为王出行作先导之职；……牧官（phru-dpon）管理牦牛、犏牛之放牧部落……”[⑤]

吐蕃曾采取措施大力发展畜牧业并征收畜牧税。赤松德赞时期，吐蕃的“七贤臣”之一达赞东斯，令每户属民饲养一匹马、一头犏牛、一头黄公牛，并将夏季牧草贮存到冬季[⑥]。《敦煌本吐蕃历史文书》明确记载，公元653年由大论东赞亲自在“祜”地制定征收牛腿税，656年又在“仄木”地方之玛尔征收牛腿税等[⑦]。

---

① 慧立、彦悰：《大慈恩寺三藏法师传》卷二，北京：中华书局，1983，第27页。

② 《旧唐书》卷一九四《突厥传上》，第5159页。

③ 《新唐书》卷二一六《吐蕃传上》，第6072页。

④ 《隋书》卷八三《吐谷浑传》，第1842页。

⑤ 佟锦华译《贤者喜宴》，载黄布凡、马德《敦煌藏文吐蕃史文献译注》，第370～371、383页。

⑥ 黄颢：《〈贤者喜宴〉摘译（十）》，《西藏民族学院学报》1983年第1期，第58页。

⑦ 王尧、陈践译注《敦煌本吐蕃历史文书》（增订本），第145页。

狩猎业在吐蕃也占有一定地位。《新唐书》卷二一六《吐蕃传上》云："论赞生弃宗弄赞，亦名弃苏农，亦号弗夜氏。其为人慷慨才雄，常驱野马、牦牛，驰刺之以为乐。西域诸国共臣之。"[①] 弃宗弄赞即松赞干布，他经常率众进行狩猎，无疑具有表率作用，促进了国内狩猎活动的开展，也说明狩猎是吐蕃人的一项传统活动。狩猎在吐蕃不仅是一项娱乐活动，而且是一项重要的经济活动，是对国内畜牧业、农业生产的一种有效补充。吐蕃还专门制定了关于狩猎的法律，敦煌文书 P. T. 1071《狩猎伤人赔偿律》就专门规定了狩猎伤人赔偿律例条款，对在狩猎中发生的各级告身之官员和平民百姓间上伤上、上伤下、上伤民、平伤平、下伤上、下伤民、民伤上、民伤民等，分情节等级，都有极为严格明细的处置规定。另外，《狩猎伤人赔偿律》还详细规定了猎获野兽后分配皮肉的标准，判断用弓箭猎获野兽者的办法，打猎时偷箭和从地上拾箭的处置办法以及围猎放跑野兽处置之法[②]。

由于现有史料有限，目前只能对吐蕃制度与突厥的关系作一些粗略的探讨。由以上论述可知，吐蕃与突厥在地理位置上相邻，很早就发生了接触联系，突厥汗国和西突厥汗国为当时东亚西域的主要强国，对青藏高原后起的吐蕃部族应当产生了很大影响；而且二者都是由军事氏族部落联盟发展而来的部落汗国或部落王国，保存着原始部落民主制的残余，并都存在大量奴隶仆役，承担着各自国内的重要生产活动，社会发展阶段相同；在社会经济生活中，吐蕃和突厥的畜牧业和狩猎业都占有重要地位，经济结构相似。所以，在吐蕃建国初期，松赞干布等人主要向突厥学习军政、法律等方面简单实用、较为适合其国内实际情况的制度，用以有效巩固政权和发展壮大，向唐朝则主要学习医学、工艺、历算等方面的知识，而不是其较为复杂完备的典章制度。

但需要指出的是，吐蕃各项制度并不仅仅承袭自突厥，唐朝的典章制度也同样曾为其大量借鉴和模仿，发达的唐代文明对吐蕃产生了巨大影响。吐蕃王朝建立后，唐、蕃之间首次有了正式联系，唐朝的少数制

① 《新唐书》卷二一六《吐蕃传上》，第 6073 页。

② 王尧、陈践译注《敦煌吐蕃文献选》，第 7 ~ 35 页。

度也曾为吐蕃所借鉴，例如告身制度[①]。随着时间的推移，吐蕃社会政治、经济不断向前发展，原有制度的一些内容已不适应当时国内的具体情况，需要不断对各项制度加以完善创新，相对发达完备的唐制也越来越被吐蕃所重视和吸收，唐朝对吐蕃的影响也日益深远。尤其是在“安史之乱”爆发后，吐蕃占领了原属唐朝，政治、经济较为发达的河陇西域地区，为维护和巩固在当地的统治，更是大量地吸收和借鉴了唐朝的政治、经济制度。

① 陆离、陆庆夫：《关于吐蕃告身制度的几个问题》，《民族研究》2006 年第 3 期。

第九章　吐蕃敦煌官府抄写《孝经》活动及吐蕃汉译佛经在敦煌等地的流传

第一节　吐蕃敦煌官府抄写《孝经》考

一　吐蕃统治时期敦煌地区抄写《孝经》的活动

敦煌文书 S. 5818 号《请处分写孝经判官安和子状》是一件吐蕃统治敦煌时期的牒状，具体内容是控告抄写《孝经》判官安和子在酒宴上欠债不还及平时口出污言秽语，不听劝诫，要求对其加以处分之事。文书反映了吐蕃敦煌官府曾经组织蕃汉人员抄写儒家经典《孝经》的情况，但对于吐蕃官府的这一活动笔者目前尚未见有论及。窃以为，这一现象对探讨吐蕃统治敦煌时期的统治政策、儒家学说在吐蕃的传播、吐蕃与唐朝的政治文化交流等问题都具有一定的价值。兹据敦煌汉藏文书及传世史籍的有关记载，对吐蕃敦煌官府组织蕃汉人员抄写《孝经》的活动及上述有关问题加以探讨，谈一点儿自己的看法。

首先将该文书内容转录如下：

写孝经判官安和子。右件人，在于行（?）累，负（?）众别行，昨十□□商□致局席设　末儿悉给赞诸番判官等差□着酒半瓮，至今不与。又酒家征撮，比日之前，手写大乘，口常秽言不断，皆是牵万翁婆祖父羞耻耆年。先因局席上众言，后有秽言，罚得（?）问局席。安和为（违）众例，还道嫚母，别有人犯者，并甘心受罚。唯有安和云：我有口言说自由，扞你别人何事。慈乌耳亦犹有乳步（哺）之恩，父母养儿艰辛至甚。去有此言，媱母者，果何言欤？请详察免众例，请处分。[①]

该件状文记载写《孝经》判官安和子没有给末儿悉给赞诸番判官供酒，而且满口污言秽语，侮辱长辈，“羞耻耆年”，“还道媱母”。“媱”为嬉戏、玩乐、美好之意，“媱母”似乎并无多少贬义，但状文认为“媱母”属于不当之语，所以要求予以惩处。“安和子”又见于S.5824《经坊供菜关系牒》丝绵部落供应蔬菜人名单[②]，应该属于吐蕃敦煌丝绵部落，该人担任吐蕃判官，为官方抄写大乘佛经和《孝经》。沙州抄经活动有可能由沙州万户长书记（khri dpon yi ge pa）负责[③]，抄写《孝经》与大乘佛经者还有末儿悉给赞等吐蕃人判官，这些抄写儒释经文的蕃汉判官也有可能就是吐蕃沙州万户长书记的下属或受其管辖者。组织人员抄写佛经是奉佛教为国教的吐蕃政权经常举行的活动，见于多件敦煌藏汉文书记载。但吐蕃官方组织人员抄写《孝经》之事目前仅见于此件文书，而状文中要求惩处安和子的理由之一是认为该人污言秽语、不敬长辈母亲，与孝道相抵触。

在敦煌文书中还保存有吐蕃时期抄写的《孝经》残片。S.3824号为《大乘无量寿经》，背面为郑玄《孝经注》八行，接下来抄写“御注孝经集义并注”一行，再抄写《杂抄》（远非财之道），又抄写藏文四行，最后为“唐元和十四年己亥岁（819）具注历日”，“正月七日南交曲子”[④]。现将文书中的藏文内容转写如下：

kevu ye ja sin// kevu ye ja sin cho

// kevu ye ja sin kevu ye ja sin kevu ye ja sin

---

① 唐耕耦、陆宏基：《敦煌社会经济文献真迹释录》第5辑，第1~2页；《英藏敦煌文献》第9卷，成都：四川人民出版社，1992，第164页。该书将文书定名为《请处分写番经判官安和子状》，将文书第一行“孝”录为“番”字，与唐耕耦、陆宏基录文不同。笔者2012年9月至2013年9月在英国访学，曾于2013年7月在伦敦大英图书馆亚非文献部查阅文书原件，仔细辨认后认为该字应录为“孝”，而且“番经”含义也令人费解，在其他关于吐蕃统治下敦煌地区佛经抄写的敦煌文书中并未见有“番经”的称呼。

② 《英藏敦煌文献》第9卷，第167页。

③ 参见陆离《吐蕃统治河陇西域时期制度研究》，第70~87页。

④ 《英藏敦煌文献》第5卷，成都：四川人民出版社，1992，第158~160页；许建平：《敦煌经籍叙录》，北京：中华书局，2006，第416~417页。

// kevu ye ja sin kevu ye ja sin kevu ye ja sin

//ye chi javu ke//sin vun vun//

kevu 为吐蕃氏族姑氏。kevu ye ja sin（姑益嘉辛）当为人名，此人应是吐蕃人，该人签名在文书中出现了八次。ye chi 为西藏巴青县益塔地区河流名。ke 为吐蕃氏族名。ye chi javu ke（益西嘉吉）可能也是人名，应该是吐蕃人。sin vun vun 应是汉名“孙恩恩”的吐蕃文拼写。藏文四行后为“唐元和十四年己亥岁（819）具注历日”，此时正是吐蕃统治敦煌时期，所以该文书所抄郑玄《孝经注》八行及“御注孝经集义并注”一行、《杂抄》（远非财之道）等都应是抄写于吐蕃时期，郑玄《孝经注》《御注孝经集义并注》应当是当时敦煌官府及民间学习和抄写《孝经》所用的材料。而 S. 3824 号文书背面还题写有藏文汉藏人名，他们也应当与抄写《孝经》的人员有关。《御注孝经集义并注》即唐玄宗所作《孝经注》，英藏 S. 6019 号文书保存有唐玄宗开元年间所撰《孝经注（圣治）》共十行，末三行上截残缺①，年代目前尚不能确定，有可能就是蕃占时期敦煌当地官方或民间人士所书写。

另外，英藏敦煌文书 S. 5821《孝经》残片笔迹与 S. 5822《杨庆界寅年地子历》笔迹相近，当为同一人所书。后者为蕃占时期文书，则 S. 5821《孝经》残片同样应当为吐蕃统治敦煌时期书写的文书②。

《孝经》为重要儒学典籍，成书于战国时期，自西汉起即作为训蒙之书，成为人人必读之书，在唐朝时期也是官、私学校教材之一。唐玄宗对《孝经》尤其重视，曾经于开元、天宝年间两次为之作注。《旧唐书》卷八《玄宗纪》“开元十年（722）六月辛丑”条云：“训注《孝经》，颁行于天下。”③

《唐会要》卷三六《修撰》“开元十年六月二日”条下称：“上注《孝经》，颁于天下及国子学。至天宝二年五月二十二日，上重注，亦颁于天下。”④

《唐会要》卷三五《经籍》载天宝三载（744）十二月敕，要求全国臣民学习《孝经》，各地官员亲自劝学，加以落实：“自今已后，宜令天下家藏

---

① 许建平：《敦煌经籍叙录》，第 419 页。

② 《英藏敦煌文献》第 9 卷，第 166 页。

③ 《旧唐书》，第 183 页。

④ 《唐会要》，第 767 页。

《孝经》一本，精加教习，学校之中，倍加传授。州县官长，明申劝课焉。”①

不仅如此，玄宗还亲书刻石立于太学，太子李亨题额，时在天宝四载（745）九月一日②。此碑现在仍然保存在西安碑林。

《唐会要》卷七七《论经义》“天宝五载（746）二月二十四日”条记玄宗诏曰：“又《孝经书疏》，虽粗发明，幽赜无遗，未能该备。今更敷畅，以广阙文。仍令集贤院具写，送付所司，颁示中外。”③ 可知，玄宗还亲自对自己的《孝经注》作疏，又颁行中外。

此外，玄宗还有其他一些弘扬儒家孝道的举措，如祭祀先帝，大赦天下等。《旧唐书》卷八《玄宗纪》记开元十七年（729）：

> 十一月庚申，亲袷九庙。辛卯，发京师。丙申，谒桥陵。上望陵涕泣，左右并感哀，……戊戌，谒定陵。己亥，谒献陵。壬寅，谒昭陵。乙巳，谒乾陵。戊申，车驾还宫，大赦天下。流移人并放还，左降官移近处。百姓无出今年地税之半。每陵取侧近六乡供陵寝。内外官三品以上加爵一等，四品以下赐一阶，五品以上清官父母亡者，依级赐官及邑号。④

唐玄宗亲注《孝经》的目的在于通过《孝经》来教化臣民，并使其“以顺移忠”，“立身扬名”；希望以孝来维系治下秩序，并使四海部族、邦国受到中枢“广爱”的感化；并针对《孝经》流传过程中产生的众说纷纭状况，意图“剪其繁芜”“撮其枢要”，在意识形态方面统一认识，确立“至当精义”，给后世留一定本，有补于将来⑤。

---

① 《唐会要》，第753页。

② 《金石萃编》一六〇卷（二）卷八七《石台孝经》，第690~691页。

③ 《唐会要》，第1668页。

④ 《旧唐书》，第194页。

⑤ 朱海：《唐玄宗御注〈孝经〉发微》，《魏晋南北朝隋唐史资料》第19辑，武汉大学文科学报编辑部，2002，第99~108页。另外参见冻国栋《〈唐崔暟墓志〉跋》，《魏晋南北朝隋唐史资料》第18辑，武汉：武汉大学文科学报编辑部，2001，第152~161页；朱海《唐玄宗御注〈孝经〉考》，《魏晋南北朝隋唐史资料》第20辑，武汉：武汉大学文科学报编辑部，2003，第124~135页。

上面已经谈到，吐蕃敦煌官府组织蕃汉人员抄写的《孝经》，其中应当包括了唐玄宗御注的《孝经》。这一现象应当与唐玄宗开元、天宝年间两次为《孝经》作注并颁行天下有密切关系。换句话说，吐蕃政权的这一举措实际上受到了唐玄宗御注《孝经》之事的影响。

二 吐蕃对儒家典籍的学习

自从吐蕃与唐朝发生接触后，发达的中原文明就开始对其产生重要影响。松赞干布迎娶文成公主入藏，随即派遣贵族子弟入唐朝太学习业，接受儒家文化教育。《新唐书·吐蕃传》记载："自褫毡罽，袭纨绡，为华风。遣诸豪酋子弟入国学，习诗书。又请儒者典书疏。"①

这些入学太学的贵族子弟中不乏学业出色者，他们后来成为吐蕃国内的高级官员，运用所学治理国家，与唐朝进行交流沟通，为吐蕃国家强盛做出重要贡献。如《册府元龟》卷九六二《外臣部·才智》"仲琮"条云："仲琮年少时，尝充质入朝，诣太学生例，读书颇晓文字。"②

五经等儒学典籍为中国传统文化的经典，为历代王朝所尊崇，奉为治国宝典。吐蕃、突厥等周边民族政权向当时世界上最为发达强盛的唐朝学习典章制度及儒学典籍，目的在于从中汲取精神养分，学习治国安邦之道。这也引起了一些唐朝官员的忧虑。《全唐文》卷二八一薛登《请止四夷入侍疏》云：

> 窃惟突厥、吐蕃、契丹等往因入贡，并叨殊奖，或执戟丹墀，策名戎秩；或曳裾庠序，高步黉门。服改毡裘，语兼中夏，明习汉法，……目觌朝章，知经国之要，窥成败于国史，察安危于古今……③

《旧唐书·吐蕃传》记载金城公主入藏后，又遣使求《毛诗》《礼记》《左传》《文选》，唐秘书省官员秘书正字于休烈上书反对赐书：

---

① 《新唐书》，第6074页。

② 周勋初等校订《册府元龟》，第11150页。

③ 《全唐文》，第2853页。

> 时吐蕃使奏云："公主请《毛诗》、《礼记》、《左传》、《文选》各一部，制令秘书省写与之。"正字于休烈上疏请曰："……臣闻吐蕃之性，剽悍果决，敏情持锐，善学不回。若达于书，必能知战；深于《诗》，则知武夫有师干知试；深于《礼》，则知月令有兴废之兵；深于《传》，则知用师多诡诈之计；深于文，则知往来有书檄之制。何异借寇兵而资粮盗也！"①

《资治通鉴》卷二一三则系此事于开元十九年（731），言于休烈上书后，事下中书门下议之，裴光庭等人认为赐予吐蕃儒学经籍正好可以使之接受圣贤教化，知道忠、信、礼、义为做人之根本，道德品质上受到熏陶，得到提升，从而体现朝廷盛德，使之受到感化。奏云："吐蕃聋昧顽嚚，久叛新服，因其有请，赐以《诗》《书》，庶使之渐陶声教，化流无外。休烈徒知书有权略变诈之语，不知忠、信、礼、义，皆从书出也。""上曰：善。"遂与之。②

这一意见得到玄宗皇帝的支持，唐廷遂赐予吐蕃相关典籍。值得注意的是，唐玄宗天宝二年（743）第二次亲注《孝经》并作序，序中希望以孝治天下，维系统治秩序，使"诸侯""四夷"能够受到中枢"广爱"的感化。裴光庭等人以诗书教化四夷的主张正与之有重合之处，这也是玄宗欣然采纳裴光庭等人意见的原因所在。

《新唐书·吐蕃传》记载开元二十二年（734），唐、蕃赤岭会盟后，吐蕃遣使求取五经，又得到玄宗允许③，"乃听以赤岭为界，表以大碑，刻约其上。又请五经，敕秘书省写赐"。

吐蕃不光派遣学生入唐学习，在从唐朝请得五经等儒学典籍后，还在其国内设立学校进行教习。吐蕃统治河陇时期的敦煌汉文文书记载，当时吐蕃有太学与国子监。在 P. 4660 号文书中记载："故沙州缁门三学法主李和尚写真赞宰相判官兼太学博士从兄李颛撰"，"沙州释门都法律大德氾和尚写真赞宰相判官兼太学博士陇西李颛撰"④。这个宰相判官兼太学博士陇

---

① 《旧唐书》，第 5232 页。
② 《资治通鉴》，第 6794 页。
③ 《新唐书》，第 6058 页。
④ 郑炳林：《敦煌碑铭赞辑释》，第 209、212 页。

西李颛为吐蕃沙州都教授僧人李氏的从兄，应该是敦煌一带人。宰相当是指驻节河州的吐蕃东道节度使，由吐蕃宰相兼任。太学源自唐朝，唐朝太学为国子监三学之一，实施儒学教育。吐蕃的太学同样传习儒家经典，应该设在原属唐朝且保存中原传统文化最多的河陇地区。S.797 号背习书有“大蕃沙州释门教授和尚洪辩修功德［记］大蕃国子监博士窦良骥撰”[1]，窦良骥为蕃占时期敦煌文士，敦煌文书中保存有该人撰写的多件诗文。大蕃国子监博士为其所任职，他也可能担任了吐蕃沙州州学博士。吐蕃国子监是传习儒家经典的官方机构，也有可能设在河陇地区。

玄宗皇帝赐予吐蕃五经等儒学典籍，对儒学在吐蕃传播起了重要作用，而且唐朝在玄宗在位之时国力达到顶峰，给吐蕃留下深刻印象。虽然“安史之乱”爆发导致唐朝国势由盛转衰，河陇西域地区为吐蕃占领，但唐玄宗在吐蕃仍然具有很大的影响力。在吐蕃统治时期，敦煌还保留有唐朝玄宗皇帝的塑像。P.3451《张淮深变文》记载归义军第二任节度使张淮深执政时期，唐朝中央政权使节到达敦煌后参拜开元寺玄宗塑像：

> 乃命左散骑常侍李众甫，供奉官李全伟，品官杨继瑀等，上下九使，重赍国信，远赴流沙。诏赐尚书，兼加重锡。
>
> 尚书受敕已讫，即领天使入开元寺，亲拜我玄宗圣容。天使睹往年御座，俨若生前。叹念敦煌虽百年阻汉，没落西戎，尚敬本朝，余留帝像，其于（余）四郡，悉莫能存。见甘、凉、瓜、肃，雉堞凋残，居人与蕃丑齐肩，衣着岂忘于左衽，独有沙州一郡，人物风华，一同内地。[2]

敦煌开元寺，应当建于唐玄宗开元年间，为唐朝在敦煌地区所设官寺。敦煌文书中，据学者研究吐蕃统治初期之辰年（788）始见其名，见于S.2729 号文书《辰年（788）勘牌子历》，至北宋端拱三年（990）犹存，见于 T11Y46b ch/u7526《宋端拱三年沙州户邓守存等户口受田簿》。辰

① 郑炳林：《敦煌碑铭赞辑释》，第 65 页。

② 张鸿勋：《敦煌讲唱文学作品选注》，兰州：甘肃人民出版社，1987，第 224 页。

年（788）该寺有僧十三名，S. 5672（2）号文书记载巳年增至二十一人。S. 542号文书《诸寺丁壮役簿》则记载戌年（794）有寺户二十余户①。该寺中有唐朝玄宗皇帝的塑像，表明吐蕃政权特地整修维护该寺以安抚当地原唐朝居民，并表达与唐朝重结甥舅之好的意愿。另外，吐蕃政权还可能借此对玄宗赐予吐蕃五经等典籍以及其他一些对吐蕃的善举加以纪念。

崇奉儒学的吐蕃河陇地区官府，仿效玄宗亲注《孝经》颁行天下之事，组织人力抄写《孝经》，同样认为《孝经》为儒学之重要经籍、治国安邦的宝典，应该大力弘扬，其中自然有安抚落蕃唐人之意。

再者，《孝经》所宣扬的内容与吐蕃人的道德准则亦相吻合。敦煌吐蕃文书P. T. 1283和2111《礼仪问答写卷》记载，古昔色夏玉（金冠玉佩）地方兄弟二人以问答的形式探讨做人之道，指出应该如何待人接物，做事立身，处理君臣、父子、兄弟、夫妻、朋友之间的关系，反映了吐蕃社会的道德风貌。其中有相当的篇幅讨论孝敬父母之道，指出孝敬父母为基本的做人之道，极其重要，必须恪守孝道。但是不能过分孝顺以致成了虚伪，对父母的错误言辞则不必遵奉：

弟问：何为做人之道？何为非做人之道？兄云：做人之道为公正、孝敬、和蔼、温顺、怜悯、不怒、报恩、知耻、谨慎而勤奋。

孝顺过分即成虚伪，若不过分则是孝顺。

弟问：侍奉、孝敬有何利益？兄云：儿辈能使父母、师长不遗憾抱恨，即为最上之孝敬。奴仆能使主子、官长不指责斥骂，即为最上之侍奉。若能如此行事，自己所做一切，必将平安、顺利。不能控制、约束自己，听信他人之言，心生误念，杀害、分裂主子、官人、父母乃至亲友、奴仆当中诸人，此等恶人，所有见之者，可视为鬼魅。

父母养育儿子，儿子敬爱父母之情应如珍爱自己的眼睛。父母年老，定要保护、报恩。养育之恩，应尽力报答为是。例如，禽兽中之

① 季羡林：《敦煌学大辞典》，第629页。

> 豺狗、大雕亦报父母之恩，何况人之子乎。
>
> 兄云：没有比父母更亲近者，（父母）怕子犯罪，不会讲要他去做倒行逆施之语，故才讲盼子正直、善良之希望。若依照父母不正确之言词，认为这是父母所言，明知不对照样去做（即不反对），那怎能行！？[①]

王尧先生对该件文书加以研究后，认为："这是8～9世纪之间的卷子。""我们在这篇文章中几乎看不到宗教的影子，看不见宗教（不管是苯教还是佛教）的影响。这是否可以说明，在吐蕃时代，宗教（特别是佛教，因为苯教本来就没有什么理论）还没有能统治人们的意识形态；或者说，这一类卷子所反映的思想是远离佛教教义的，是佛教还未占统治地位时的作品。"[②]

笔者以为，由于在赤松德赞执政时期（755～797），吐蕃将佛教奉为国教，加以大力扶植，佛教对吐蕃社会产生了深远影响，在敦煌吐蕃法律、占卜等文书中都可以见到佛教的影响。而 P. T. 1283 和 2111《礼仪问答写卷》中根本没有见到关于佛教的记载，并且也未见有关于吐蕃赞普、赞蒙、大臣的记载，这些记载在敦煌吐蕃法律、占卜等文书中都多次出现。所以，这两件文书的内容应该撰写于赤松德赞执政后弘扬佛法之前，属于吐蕃早期作品，反映了吐蕃本民族的道德风貌[③]。藏文文书《礼仪问答写卷》中反复提到要孝敬父母，侍奉主子、官长，也反映出吐蕃民族的道德礼仪中本来就存在与《孝经》中孝敬父母、"以顺移忠"的思想比较

---

① 王尧、陈践：《敦煌本吐蕃文书〈礼仪问答写卷〉译解》，《西藏文史探微集》，北京：中国藏学出版社，2005，第45～46、49～50、60页。

② 王尧、陈践：《敦煌本吐蕃文书〈礼仪问答写卷〉译解》，《西藏文史探微集》，第39、41页。

③ 陈炳应先生认为，这件文书有关内容反映了吐蕃人对中原儒家学说进行了充分吸收（陈炳应：《从敦煌资料看儒学对吐蕃影响》，《敦煌研究》2004年第4期，第88～95页）。窃以为该件文书内容应写成于吐蕃占领河陇西域之前，为吐蕃早期作品，即使其中有一些成分源自中原儒学，也是在唐前期传入吐蕃。而且从文书中看不到有能够确证为属于儒学影响的内容，吐蕃本民族道德观念中本来就有与中原儒学主张相近的内容，如文书所云公正、孝敬、和蔼、温顺、怜悯、不怒、报恩、知耻、谨慎而勤奋等，它们应该是各民族共同遵守的美德，并不能说这些观念都是从唐朝传入。再者，文书记载的吐蕃人的道德规范与儒家学说亦有不同之处，如称孝顺过分即成虚伪，不过分则是孝顺，父母不正确的言辞也不必遵从，都有异于中原儒学。

接近与吻合的内容。另外，还有一件敦煌吐蕃文伦理道德文书 P. T. 992《分别讲说人的行止》，最近被完整译成汉文发表，其中出现有交友应“喜欢佛法，通晓教义”“对比丘要敬重”等内容，故这件伦理道德文书应该写成于吐蕃王朝大力推行佛教之时（即在 779 年吐蕃赞普赤松德赞建成吐蕃本土第一所佛、法、僧三宝俱全的寺院桑耶寺，全面弘佛以后）。该文书同样记载：“对父母极为孝敬者，乃姓氏高贵者的后代。”“对父母要特别孝顺。”[①] 仍然对孝敬父母之道大加提倡。所以，到了吐蕃统治河陇西域时期，敦煌官府也专门组织人员抄写《孝经》。

三　吐蕃对儒家文献的翻译及敦煌吐蕃时期藏汉文书中有关唐玄宗的记载

吐蕃统治原属唐朝的河陇地区时期，除了设立国子监、太学，传习儒家典籍，还有一些儒家文献被翻译成吐蕃文。P. T. 986 号文书是《尚书·泰誓》的藏文译文，P. T. 1291 则是晋人孔衍所著编年体战国史《春秋后语·魏语》的译文，P. T. 1287 号《赞普传记》第四章中也借用了《史记》中记载的毛遂自荐的故事。另外，还有汉文童蒙读物《千字文》《杂抄》的藏文字母拼写，而汉文民间故事《孔子项托相问书》也有 S. T. 724 号等三个藏文本写卷[②]。P. T. 992《分别讲说人的行止》中称：“《诗经》中云：因以勤奋劝勉”，这一关于《诗经》的内容记载似与《诗经·邶风·谷风》中的诗句“黾勉求之”有关[③]，说明这件写作年代较晚的吐蕃道德伦理文书曾受到儒家思想的影响。这一时期，儒家学说在吐蕃得到了更为广泛深入的传播。

敦煌吐蕃文书 P. T. 987、P. T. 988 是河西某汉文童蒙读物的藏译本。其中 P. T. 997 号现存篇幅更为短小，除个别地方外，其内容大都包括在 P. T. 988 号之中。藏译本的底本是用汉文编成的，内容多见于《太公家

---

① 才让：《法藏敦煌藏文文献 P. T. 992 号〈分别讲说人的行止〉之研究》，《中国藏学》2012 年第 1 期，第 109、112 ~ 113 页。

② 王尧：《从敦煌文献看吐蕃文化》，《吐蕃时期藏译汉籍名著及故事概述》，《西藏文史探微集》，第 29 ~ 32、179 ~ 189 页；马明达：《P. T. 1291 号敦煌藏文文书译解订误》，《敦煌学辑刊》1984 年第 6 期，第 14 ~ 24 页。

③ 才让：《法藏敦煌藏文文献 P. T. 992 号〈分别讲说人的行止〉之研究》，《中国藏学》2012 年第 1 期，第 114 页。

教》。聂鸿音先生认为这位原作者主要凭借《太公家教》之类的民间记载和道听途说拼凑成了一本书。由于篇幅短小，内容浅显，所以一度在河西民众中广泛流传。而今天所能见到的汉文《太公家教》只有敦煌所出三十余种抄本，从卷尾明确题记的年代来看，它们都是9世纪下半叶到10世纪上半叶的作品，最早的P. 2825号抄本时间也不过唐大中四年（850）。P. T. 998写卷的汉文底本既然大量征引了汉文《太公家教》，那么它应该是在这一段时期完成的；换句话说，它最有可能是晚唐五代初期编的作品，而被译成藏文的时间也不会在汉文本成书之后太晚①。

《太公家教》为唐五代盛行的一种童蒙读物。作者为一位历经沧桑的乡村老者，为教导儿童，从诗书、坟典、经史中择嘉言警句编纂成书，目的在于教导子弟进德修业，治家立身。唐代李翱（772～841）《答朱载言书》云："其理往往有是，然其词章不能工者有之矣，刘氏《人物志》、王氏《中说》、俗传《太公家教》是也。"② 说明在中唐时期，《太公家教》已经广为流行。有学者论证出《太公家教》实际作于唐朝前期，时间当在公元7世纪下半叶，并在"安史之乱"爆发之前传入唐朝西州地区③。所以，在唐前期该书同样也应该在敦煌地区流传。

敦煌文献中有该书写本四十二件，有题记者九件，虽然P. 2825号抄本题记时间最早，为唐大中四年（850），但是并不能表明其他无年代题记的三十三件写本年代也在公元850年之后，而且850年距离公元848年吐蕃在敦煌统治结束时间很近。S. 3835卷背有题记为"庚寅年十二月一日犁索自手书记"④。这个庚寅年也可能就是公元810年，时间在吐蕃统治敦煌时期（786～848），这一时期《太公家教》同样有可能在敦煌流传。P. T. 987、P. T. 988写卷的汉文底本完全有可能成书于吐蕃统治时期，而当时正是由于吐蕃统治的缘故，相当数量的儒学文献才被译成吐蕃文。848年，张议潮率众起义，建立归义军政权，驱逐吐蕃，恢复唐制，实行汉文教育。比起吐蕃统治时期，晚唐五代归义军时期敦煌地方文士将儒学文献

① 聂鸿音：《P. T. 988号藏文写卷考补》，《民族研究》2005年第3期，第78～84页。

② 《李文公集》卷六。转引自郑阿财、朱凤玉《敦煌蒙书研究》，兰州：甘肃教育出版社，2002，第359、441页。

③ 刘安志：《〈太公家教〉成书年代新探》，《中国史研究》2009年第3期，第143～150页。

④ 郑阿财、朱凤玉：《敦煌蒙书研究》，第357～358页。

译成藏文并无太大实际意义，这样做的可能性较小。所以，包含大量儒学成分的 P. T. 987、P. T. 988 写卷的汉文底本中的有关内容最有可能是在吐蕃时期被译成藏文，敦煌吐蕃文书 P. T. 987、P. T. 988 亦当为吐蕃统治敦煌时期的作品。

唐玄宗将五经等儒学典籍赐予吐蕃，为儒家学说在吐蕃传播起了重要作用。除去其御注的《孝经》在吐蕃统治敦煌时期为官方推崇并组织人员抄写外，敦煌文献中还保存有一些与唐玄宗有关的文书。P. 2132《御注金刚般若波罗蜜经宣演》为佛典注疏，僧人道氤集。作者在序内称，开元二十三年（735）玄宗御注《金刚经》，为此，写作此宣演，“君臣唱和，丝发轮行”。敦煌文书中有该书写本多件，P. 2132 号文书尾题云：“建中四年（783）正月二十日，僧义琳写勘记。”又朱笔记云：“贞元十九年（803），听得一遍。又至癸未年（803）十二月一日，听第二遍讫。庚申年（840）十一月二十八日，听第三遍了。义琳听，常大德法师说。”[①] 吐蕃以佛教为国教，唐玄宗曾经为《金刚经》作注，唐朝僧人为之唱和宣扬的注疏也在吐蕃统治敦煌时期流行。另外，S. 621 文书为《御刊定礼记月令》，为唐玄宗时李林甫等所注《礼记·月令》，其前为李林甫等《进御刊定礼记月令表》，共存二十三行，其中进表十三行，《月令》十行，前四行下截残损，行有界栏，写卷于昺、民、世、旦、基字皆讳，应是保存了《御刊定礼记月令》的原貌[②]，文书年代应该属于唐代。由于吐蕃政权尊奉儒学，仍然在敦煌等地为唐玄宗立像设寺加以供奉，所以《御刊定礼记月令》有可能在吐蕃统治下的敦煌及河陇其他地区流行，成为官学、寺学教材。《唐玄宗御制道德真经注疏》敦煌所出已著录三卷，注本残卷一，P. 3725 首残，尾题“老子道德经卷上”，有尾题写书、校对、检校诸人姚奕、李林甫等人的结衔，开元二十三年五月抄录，为唐朝官方写本[③]。疏本残卷二，P. 3592 与 P. 2823。此卷子本经文朱书，疏语墨书，平格写，卷中渊、民、治等避讳，也应该是唐朝时期写本[④]。由于吐蕃崇信佛教，对李唐王朝的

---

① 《法藏敦煌西域文献》第 6 卷，上海：上海古籍出版社，1998，第 249 页。

② 许建平：《敦煌经籍叙录》，第 211 页。

③ 《法藏敦煌西域文献》第 27 卷，上海：上海古籍出版社，2002，第 139 ~ 141 页。

④ 《法藏敦煌西域文献》第 26 卷，第 23 ~ 31 页；《法藏敦煌西域文献》第 18 卷，第 380 页。

国教道教并不感兴趣，吐蕃统治时期敦煌道教逐渐走向了消亡[①]。所以，在吐蕃统治时期的敦煌，《唐玄宗御制道德真经注疏》可能并未像唐玄宗所注的《孝经》那样广泛流行。

十分有趣的是，在敦煌藏文文书中曾多次出现“唐王三郎”（rgya rje bsam lang）的名字。如敦煌吐蕃历史文书《传记之十》记载：

> 莽布支悉诺赞与巴策野多日逃遁于唐之时，巴策野多日高歌吟咏。歌云：……余之属官长上，是唐王三郎，逃王者的故乡是大唐。[②]

唐王三郎即为唐玄宗。玄宗排行第三，故时人呼为“三郎”。《资治通鉴》卷二〇九载，睿宗景云元年（710），“每宰相奏事，上辄问：尝与太平议否？又问：与三郎议否？然后可之。三郎，谓太子也”。[③]

《旧唐书·吐蕃传》对莽布支投唐之事也有记载：

> 圣历二年（699），其赞普器弩悉弄年渐长，乃与其大臣论岩等密图之。时钦陵在外，赞普乃佯言将猎，召兵执钦陵余党二千余人，杀之。发使召钦陵、赞婆等，钦陵举兵不受召，赞普自帅众讨之，钦陵未战而溃，遂自杀，其亲信左右同日自杀者百余人。赞婆率所部千余人及其兄子莽布支等来降。[④]

敦煌吐蕃历史文书《大事纪年》云：“狗年（中宗嗣圣十五年，太后圣历元年，戊戌，公元698年）夏，赞普巡临北方。冬，大论钦陵引兵赴大小宗喀，执唐军元帅都护使。其年冬，噶尔家族获罪。”[⑤]

吐蕃大相噶尔家族钦陵、赞婆、莽布支等人因掌握吐蕃军政大权，权

---

① 参见姜伯勤《沙州道门亲表部落释证》，《敦煌艺术宗教与礼乐文明》，北京：中国社会科学出版社，1998，第253～265页。

② 王尧、陈践：《敦煌古藏文文献探索集》，第123页。

③ 《资治通鉴》，第6651页。

④ 《旧唐书》，第5225～5227页。

⑤ 王尧、陈践：《敦煌古藏文文献探索集》，第91页。

倾朝野，招致赞普猜忌，钦陵自杀，赞婆、莽布支等被迫投唐。此时唐朝皇帝为武则天，而非唐玄宗。由于玄宗在位时间较长（712～756），国势强盛，多次与吐蕃通使会盟，给吐蕃人留下深刻印象，唐朝诸帝无人能及，而且698年距玄宗在位时期也不算远，所以敦煌吐蕃历史文书的作者将武则天与玄宗混同，直接将莽布支投唐时的唐朝皇帝记为唐玄宗。

822年唐蕃长庆会盟碑背面第二十六行碑文记载唐王三郎与吐蕃在景龙年间（710）联姻，金城公主入嫁吐蕃，此唐王三郎亦指唐玄宗①。但是，当时唐朝皇帝为中宗，而非玄宗，吐蕃人对在位时间相距不远的中宗和玄宗同样也没有区分清楚②。

英国大英图书馆印度事务部藏斯坦因敦煌藏文写卷 I. O. ch. 9Ⅱ. 68 号为占卜文书。文书前言称："天之初，神子孔子（kong tshe），将道与众多经典汇集定夺；圣神国王李三郎（vphul kyi rgyal po li bsam blang）于坐骑之上久思后，定下卦辞。"③ 该占卜文书内容为金钱占卜法，应系源自中原内地。敦煌文书有 S. 813、S. 3724 等《李老君周易十二钱卜法》，相传为老子《周易》占卜之法④，应该是古藏文金钱卜法的来源。《易经》是儒学群经之首，春秋时期孔子对之加以整理、编订，流传后世。《史记·孔子世家》云："孔子晚而喜易，序《彖》、《系》、《象》、《说卦》、《文言》。"⑤ 根据传统说法，孔子曾经作《十翼》，即十篇解释《周易》的文字，而《易经》又本为先秦筮书，是中土传统占卜术依据之重要文献。所以，从唐代以来吐蕃人尊孔子为占卜祖师、神变之王。唐玄宗曾经御注《孝经》，又曾组织有关人员对《礼记》等儒家经典进行整理勘定，并赐予吐蕃五经（包括《易经》在内）等儒学典籍，御注《孝经》也传入吐蕃

① 王尧：《吐蕃金石录》，第33、43、58～59页。

② 陈践先生认为吐蕃人对玄宗心存感激，充满景仰，所以不在长庆碑上镌刻唐中宗而镌刻唐玄宗，并非不谙史实，而是明知故错（陈践：《敦煌藏文 ch. 9Ⅱ. 68 号"金钱神课"判词解读》，《兰州大学学报》2007年第3期，第2页）。笔者对此不能同意。长庆会盟碑是唐、蕃结盟的重要官方文献，双方都力求藏汉碑文所叙述事件准确无误，所以吐蕃方面撰写碑文者不可能明知故错，只能是没有区分清楚唐中宗与唐玄宗二人而已。

③ 陈践：《敦煌藏文 ch. 9Ⅱ. 68 号"金钱神课"判词解读》，《兰州大学学报》2007年第3期，第3～4页；参见 A. 麦克唐纳著、耿升译、王尧校《敦煌吐蕃历史文书考释》，西宁：青海人民出版社，1991，第121页。

④ 黄正建：《敦煌占卜文书与唐五代占卜研究》，北京：学苑出版社，2001，第23～25页。

⑤ 《史记》，第1937页。

统治下的敦煌等地，被吐蕃政权所推崇，产生深远影响。所以，当时吐蕃人认为玄宗是以孔子为代表的儒家学说的重要传播者，进而认为他也是以孔子为祖师的中原占卜术中的一位大师级人物。但他们对道教始祖老子李耳等人并不熟悉，也不感兴趣，所以将一些译自汉文的占卜术也直接写明为唐玄宗李三郎所亲自传授，以增加其权威性和灵验性。

总之，吐蕃统治河陇西域时期，以唐玄宗御注的《孝经》为代表的一批儒学典籍文献同样为吐蕃政权所崇奉，视为治国安邦的圭臬，设立学校加以传习，还有一些儒家文献和与儒家文化有关的占卜文书、民间故事等被译成藏文，加深了汉藏民族间的交流融合。唐玄宗由于曾经赐予吐蕃五经等儒学典籍，在其执政时期唐朝国力也曾经达到了顶峰，给吐蕃人留下了不可磨灭的印象，故而得到他们的特别推崇，将莽布支投唐、金城公主入藏等唐蕃关系史上重大事件的发生都归在唐玄宗在位时期，还认为他是中原占卜大师。吐蕃王朝灭亡后，随着后世藏族社会政教合一体制形成，全民信仰藏传佛教，僧侣掌握世俗大权，这些被翻译成吐蕃文的汉文文献中与儒家学说有关的部分逐渐被人遗忘，而一些与占卜、民间故事有关的内容则仍然为后世藏族社会所继承，在藏区广泛流传，成为藏族文化的重要组成部分①。

第二节　敦煌文书 P.3568 号《普贤菩萨行愿王经》译者吐蕃沙门无分别考

一　吐蕃沙门无分别其人

敦煌文书 P.3568 号为《普贤菩萨行愿王经》，首题为："大蕃国沙门无分别奉诏译"②。该经又名《普贤愿经》，卷数为一卷，通篇为偈颂，系选颂普贤菩萨十大行愿：敬礼诸佛，称赞如来，广修供养，忏悔业障，随喜功德，请转法轮，请佛住世，常随佛学，恒顺众生，普皆回向。谓修十

① 如《孔子项托相问书》故事在藏族本土宗教苯教古籍《钥匙》中就有记载，孔子则被尊为苯教神变之王，占卜祖师。参见王尧《吐蕃时期藏译汉籍名著及故事概述》，《西藏文史探微集》，第 187～189 页。

② 《法藏敦煌西域文献》第 25 卷，上海：上海古籍出版社，2002，第 343 页。

大行愿才能证入法界缘起。原为《华严经·入法界品》之一部分。传统上认为《入法界品》是《华严经》最精华的部分，而此经又是《入法界品》最为精华的部分。据方广錩先生统计，该经在敦煌文书中有北芥 56、S. 2324、P. 3568、Дх. 361、李盛铎旧藏等 19 件。汉译本除与大本《华严经》一并译出外，尚有异本多种，在传世《大藏经》中共存五种：东晋佛陀跋陀罗所译《晋译华严经·普贤菩萨行品》中的偈颂与《文殊师利发愿经》，唐实叉难陀译《唐译华严经·普贤行品》中的偈颂，唐不空译《普贤菩萨行愿赞》，唐般若译《四十华严经》第四十卷中的偈颂。另外，西晋聂道真译《三曼陀跋陀罗菩萨经》的内容与本经相同，但该经译作长行，形态与本经不类。

敦煌遗书中共发现有两种该经的异译本：一为本经；另一题名作《大方广佛华严经普贤菩萨行愿王品》，一卷，失译者名，有 S. 709、S. 2384 等号。与唐朝不空、般若译本相比，两种敦煌本均缺第六十一、六十二两颂。“勘藏译的五种释论，较早的龙树等释论都无这两颂，后出的释迦亲友释论所依经本才有此两颂，故敦煌本所据的底本，年代似较早。据译文之特征，这两种敦煌本当出于中唐以前，历代大藏经均未收。”日本《大正藏》据 S. 2361、S. 2384 号文书将其收入第八十五卷，但没有与其余诸号对勘录文。此经还有藏文译本，现收录于藏文《大藏经》。亦有梵本、梵藏对勘本。该经在印度、西域影响较大，广泛流行，信徒每日必诵。《开元录》卷三谓：“外国四部众礼佛时，多诵此经，以发愿求佛道。”与佛教密宗有密切关系，现仍为佛教寺庙之常课①。

对于 P. 3568 号《普贤菩萨行愿王经》首题“大蕃国沙门无分别奉诏译”中该经译者吐蕃沙门无分别，笔者尚未见有学者论及，现据藏汉传世史籍的有关记载对其人作一些探讨。

佛教自松赞干布时期传入吐蕃，但受到苯教压制，一直未在吐蕃流行开来。赤德祖赞虽然曾采取一定措施兴佛，但在其死后，反佛大臣发动灭佛，处于萌芽状态的吐蕃佛教随即遭受灭顶之灾。汉藏史料也未记载这一时期有吐蕃本土出家僧人，来到吐蕃的都是周边唐朝、于阗等地僧侣，也未见有法号为无分别者。分别成书于元、明时期的藏族史籍《佛教大宝藏

① 季羡林主编《敦煌学大辞典》，方广錩所撰《普贤菩萨行愿王经》词条，第 656 页。

史论》（即《布顿佛教史》）和《贤者喜宴》记载吐蕃赞普赤松德赞成年后，铲除反佛大臣，立佛教为国教，建立起吐蕃本部第一所佛、法、僧三宝俱全的寺院——桑耶寺，剃度吐蕃本土第一批出家僧人，随后又延请僧侣译经：

> 此外，由印度阿阇黎毗玛那弥遮、桑杰商哇、辛底嘎坝、毗须达生哈等，及西藏的译师“应试七人”，并却季朗哇、本德朗喀、卓·仁清德、朗巴·弥垛巴（rnam par mi rtog ba）、释迦光等作译师、翻译了许多佛教法典。……由迦湿弥罗（kha che）的班智达“枳那弥遮”，及“达那西那（dva na shvi la）”等师在净戒寺传授戒律。[①]

吐蕃赞普赤松德赞延请的译经僧人中，吐蕃人朗巴·弥垛巴值得注意。藏语 rnam par mi rtog ba，正可译为“无分别”。该人奉吐蕃赞普赤松德赞之命与其他吐蕃、天竺僧人翻译佛经，其时间在赤松德赞在位后期，桑耶寺建成（779）[②] 之后。他不在吐蕃第一批出家僧人“应试七人”之列，当是在他们之后不久出家的吐蕃僧人。《佛教大宝藏史论》记载了吐蕃王朝时期的吐蕃人译师姓名，朗巴·弥垛巴列第 27 位：“统计所有译师名数如下：……27. 朗巴弥垛巴，系藏语，汉译为‘无分别’。”位次在曾经活动于敦煌的吐蕃著名译师吴法成（廓·却珠）等人之前[③]。

该书同时还记载朗巴弥垛巴译有佛经四部：

> 《金光明最胜王经》广本，计八卷，朗巴弥垛（无分别）译。《大乘大集地藏十轮经》计十三卷，朗巴弥垛（无分别师）译。《佛说回向轮经》计二卷，朗巴弥垛（无分别师）由汉文本译出。《三摩地所治建立论》若干卷（缺），达纳西那著，朗巴弥垛巴（无分别）译。[④]

---

① 布顿大师：《佛教大宝藏史论》，郭和卿译，北京：民族出版社，1986，第 175 页；巴卧·祖拉陈哇著，黄颢译《〈贤者喜宴〉摘译（八）》，《西藏民族学院学报》1982 年第 3 期，第 43 页。

② 参见王尧《吐蕃佛教述略》，《世界宗教研究》1981 年第 2 期，第 69 页。

③ 布顿大师：《佛教大宝藏史论》，第 199 ~ 200 页。

④ 布顿大师：《佛教大宝藏史论》，第 228、237 ~ 238、282 页。

而成书于18世纪的藏族史籍《如意宝树史》则记载朗巴弥垛巴在桑耶寺建成后，于该寺中的变音译师洲（洲为gling，指桑耶寺内的各个殿堂）翻译佛经。在该书列出的吐蕃佛教前弘期本土译师中朗巴·弥垛巴列第28位，亦在吴法成（廓·却珠）及赤松德赞时期的三大译师噶、觉、尚等人之前[①]。

朗巴·弥垛巴奉赞普之命翻译佛经时间在赤松德赞在位后期桑耶寺建成（779）之后，而吐蕃开始占领敦煌的时间是在公元786年[②]，年代与朗巴·弥垛巴译经时间大体相当。所以，笔者认为敦煌文书P.3568《普贤菩萨行愿王经》首题“大蕃国沙门无分别奉诏译”中的“大蕃国沙门无分别”当是《佛教大宝藏史论》和《贤者喜宴》中记载的吐蕃译师朗巴·弥垛巴，而《普贤菩萨行愿王经》正是他汉译的一部佛经。《佛教大宝藏史论》记载无分别将《佛说回向轮经》二卷由汉文本译成吐蕃文，表明他通汉文，所以他也完全具备将梵文或吐蕃文佛典译成汉文的能力。前面提到学界认为P.3568《普贤菩萨行愿王经》和S.709、S.2384《大方广佛华严经普贤菩萨行愿王品》两种敦煌本均缺第六十一、六十二两颂，所据的底本年代似较早。据译文之特征，这两种敦煌本当出于中唐以前，而这与朗巴弥垛巴奉赞普赤松德赞之命译经的时间亦基本吻合。所以，P.3568《普贤菩萨行愿王经》译者的大蕃国沙门无分别为吐蕃译师朗巴·弥垛巴殆无疑义。

日本学者原田觉先生认为朗巴·弥垛巴即《旧唐书·吐蕃传》所记贞元二十年（804）四月吐蕃51人赴唐使团的首领之一僧南拨特计波[③]。南拨特计波实际为“南拨□特计波”，汉文史籍少翻译了一个音节，此音节对应为“弥（mi）”。他出使唐朝的目的就是从唐朝重新输入佛教。此人根据汉文本翻译的《佛说回向轮经》译语与吐蕃赤德松赞、赤祖德赞制定的新定译语一致，接近《法门名义释词二卷》所记公元814年吐蕃正式的翻

① 松巴堪布·益西班觉：《如意宝树史》，蒲文成、才让译，兰州：甘肃民族出版社，1994，第292、298、611页。

② 参见陈国灿《唐朝吐蕃陷落沙州城的时间问题》，《敦煌学辑刊》1985年第1期，第1~7页。

③ 《旧唐书》，第5261页。

译[①]。笔者同意原田觉先生的这一观点，“朗巴·弥垛巴”与“南拨特计波”中古发音正好相同：“朗巴（rnam par）”对应“南波”，“垛（rtog）”对应“特计”（“特”的中古音为“dk”[②]，“计”的中古音为“kiei”[③]），“弥（mi）”这一音节汉文史料省去没有译出，“巴（ba）”对应“波”。朗巴·弥垛巴（无分别）精通汉文，故被派遣使唐，在公元814年前后仍然进行译经工作，故而他翻译的P.3568《普贤菩萨行愿王经》也有可能是奉赤德松赞之命翻译，所据底本为当时流行于吐蕃本土的年代较早的底本。

前引《佛教大宝藏史论》记载，无分别翻译了当时到吐蕃传法的迦湿弥罗（kha che，克什米尔）僧人达那西那（dva na shvi la）的著作《三摩地所治建立论》。《佛教大宝藏史论》《法门名义释词二卷》记载达那西那在赤德松赞和赤祖德赞时期参加了厘定佛经译语的工作[④]，为当时来到吐蕃的著名高僧。《佛教大宝藏史论》将达那西那（dva na shvi la）列为“来到西藏作弘扬正法事业的班智达大师的名数”中的第17位[⑤]。《集续目录》则记载达那尸罗（dva na shvi la，即达那西那）译言施戒，印僧，曾两次来藏。赤松德赞时携同胜友来藏，弘传律学。热巴坚时又来藏。朗达玛灭佛期间，他曾隐于拉萨东之墨汝寺闭关坐静[⑥]。该人是当时吐蕃的一位重要译师，翻译佛经并著述多种。吐蕃僧人无分别翻译达那西那的著作《三摩地所治建立论》，应是由梵文译成吐蕃文。

另外，《佛教大宝藏史论》又记载无分别还从汉文和梵文翻译了其他几部佛经，这清楚地表明了他精通梵、汉、吐蕃三种文字。所以，笔者认为敦煌文书P.3568《普贤菩萨行愿王经》应是吐蕃译师朗巴·弥垛巴（无分别）从梵文直接译成汉文的。

活动于公元8世纪后期至9世纪前期的唐、蕃友好使者朗巴·弥垛巴

---

① 〔日〕原田觉：《吐蕃译经史》，李德龙译，《国外藏学研究译文集》第11辑，拉萨：西藏人民出版社，1994，第178、196~197页。

② 郭锡良：《汉字古音手册》，第22页。

③ 郭锡良：《汉字古音手册》，第71页。

④ 《佛教大宝藏史论》，第178页；张广达：《九世纪初吐蕃的〈敕颁翻译名义集三种〉——bkas bcad rnam pa gsum》，《周一良先生八十生日纪念论文集》，北京：中国社会科学出版社，1993，第147~148页。

⑤ 《佛教大宝藏史论》，第195~196页。

⑥ 五世达赖喇嘛：《西藏王臣记》，刘立千译注，北京：民族出版社，2000，第205页注410。

（南拨特计波）奉赞普赤松德赞（或赤德松赞）之命将《普贤菩萨行愿王经》从梵文直接译成汉文，表明吐蕃王朝的国教佛教不仅从唐朝和天竺等地佛教中大力汲取养分，而且还注意对吐蕃占领下的河陇西域等原属唐朝统治地区的汉族民众施加影响，进行教化。

二 《普贤菩萨行愿王经》在吐蕃王国的流传以及敦煌文献中的吐蕃汉译佛典

《普贤菩萨行愿王经》在印度、西域广泛流行、影响较大，信徒每日必诵；在汉地也广为流行，传世《大藏经》中共存东晋至唐代的汉译本五种。吐蕃王国时期此经除译成汉文外，也已译成吐蕃文。《佛教大宝藏史论》记载："《普贤行愿王经》计七十九颂，耶喜德（智军）等人合译。"① 耶喜德（智军）全名为尚那囊·班底·耶喜德，属于赤松德赞时期的三大译师之一，翻译佛经多种，收录在藏文版《大藏经》中。法藏敦煌吐蕃文 P. T. 7A 至 P. T. 12 号、P. T. 35 号、P. T. 138 至 P. T. 151 号文书中包含有《普贤行愿品》《普贤行愿王》《普贤行愿赞》《普贤行愿经》《普贤行愿王经》《普贤行愿王注释》《普贤行愿王经注疏》等②，在英藏敦煌吐蕃文文书中也有多件《普贤菩萨行愿赞》③，可见《普贤行愿王经》在吐蕃统治敦煌时期已有多种吐蕃文译本和注释、注疏本流行于世，其中当有耶喜德（智军）等人的译本。在青海玉树地区毗达（vbis mdav）寺作为寺墙的一块岩石上，雕刻有毗卢遮那佛及八位菩萨的巨幅造像，雕像下方铭文云："赤德松赞之世，狗年（806 年），奉喇嘛译师益西央（ye she dbyangs）之命刻。"……该寺附近的其他刻石，据其铭文皆可断定为同时期遗迹，其中就有《普贤菩萨行愿王经》《无量寿佛经》《般若波罗蜜多心经》的完整文本④。

---

① 《佛教大宝藏史论》，第 242 页。

② 王尧主编《法藏敦煌藏文文献解题目录》，第 2～3、7、27～29 页。

③ 东洋文库チベット语研究委员会：《スタイン蒐集チベット语文献解题目录》第 2 分册，东洋文库，1978，第 7、10～11、63、65～68、70 页。

④ 聂贡·衮觉次旦（gnyav gong dkong mchog tshe brtan）、白玛布（pad ma vbum）：《吐蕃时期摩崖石文》（*yul shul khul kyi bol btsan povi skabs kyi rten yig brag brkos ma vgav*），《中国藏学》（藏文版）1988 年第 4 期，第 52～65 页。〔瑞士〕艾米·赫勒著，杨莉译《公元8～10 世纪东藏的佛教造像及摩崖刻石》（节录），王尧、王启龙主编《国外藏学译文集》第 15 集，拉萨：西藏人民出版社，2001，第 196 页。

而西藏昌都察雅县旺布乡境内也有丹玛摩崖造像铭文《普贤菩萨行愿品》(即《普贤菩萨行愿王经》),经文完整刻于崖面,其下面题记云:

> 圣教之意,乃一切众生皆有识念佛性之心。此心非亲教师及神所赐,非父母所生,无有起始,原本存在,无有终了,虽死不灭。此心若广行善事,利益众生,正法加持,善修自心,可证得佛果与菩提萨埵,便能解脱于生老病死,获无上之福;若善恶间杂,则往生于天上人间;多行罪恶与不善,则入恶界有情地狱,轮回于痛苦之中。故此心处于无上菩提之下,亦有情于地狱之上。若享佛法之甘露,方可入解脱一切痛苦之地,获永久之幸福。故众生珍爱佛法而不得抛弃。总之,对于自己与他人之事的长远利益,则向亲教师讨教,并阅读佛法经典,便能领悟。
>
> 猴年夏,赞普赤德松赞时,宣布比丘参加政教大诏令,赐给金以下告身,王妃琛莎莱莫赞等,众君民入解脱之道。……勒石者为乌色涅哲夏及雪拉公、顿玛岗和汉人黄崩增父子、华豪景等。[①]

此猴年,恰白·次旦平措先生考证为公元804年,并认为:“所刻《普贤菩萨入行赞》(即《普贤菩萨行愿王经》——笔者注)这一段是由前弘期西藏最著名的译师噶、觉、尚等在世时所翻译,未改动过。因此对研究译经的次序和特点、发展及藏文语法的演变提供了可信的文献资料。”[②] 噶、觉、尚即赤松德赞时期的三大译师。噶为迦(噶)瓦白孜,为王臣得道二十五人之一;觉为觉若·鲁依坚赞;尚为向(尚)那囊·班底·耶协第(耶喜德),也属于王臣得道二十五人之一[③]。此石刻经文和玉树的石刻《普贤菩萨行愿王经》有可能即是尚那囊·班底·耶喜德等所译之《普贤菩萨行愿王经》。而汉藏工匠在昌都地区的丹玛摩崖共同镌刻的吐蕃文《普贤菩萨行愿王经》,同吐蕃僧人朗巴弥垛巴(无分别)的汉译《普贤菩

---

① 土呷:《吐蕃时期昌都社会历史初探》,《西藏研究》2002年第3期,第95页;参见恰白·次旦平措撰文,郑堆、丹增译《简析新发现的吐蕃摩崖石文》,《中国藏学》1988年第1期,第76~81页。

② 《简析新发现的吐蕃摩崖石文》,《中国藏学》1988年第1期,第79页。

③ 五世达赖喇嘛:《西藏王臣记》,第205页。

萨行愿王经》一样，也为当时的汉藏宗教文化交流写下了浓重的一笔。

另外，据研究，在英、法等国所藏的蕃占时期敦煌吐蕃文祈愿文、忏愿文、功德回向愿文中均有以普贤七支为结构特征的发愿文出现，表明该特点是藏文发愿文的主要特点。“普贤七支”为课颂，是目前藏传佛教寺院的常课，汉传佛教则称之为“普贤十愿”，也是汉传佛教寺庙的常课。普贤七支课颂即为《普贤菩萨行愿王经》的偈颂①。由此可见，《普贤菩萨行愿王经》在吐蕃佛教中具有重要地位。

在印度、西域、汉地佛教中具有重要地位的《普贤菩萨行愿王经》，在深受天竺、西域、汉地佛教影响的吐蕃同样得到了推崇，影响深远。赞普赤松德赞时期的著名译师，得到王庭供养支持的吐蕃僧人尚那囊·班底·耶喜德等将该经从梵文译成吐蕃文，流行于吐蕃境内各地。赤松德赞又命吐蕃僧人朗巴弥垛巴（无分别）将其译为汉文，颁行于吐蕃占领下的河陇西域地区，用官方勘定的藏汉文译本对国内各民族、各阶层进行教化，宣扬佛法。

除 P. 3568《普贤菩萨行愿王经》外，吐蕃王朝还向河陇西域地区的汉族民众颁行其他汉译佛教著作。如 S. 553、S. 3996，P. 2298 号《大乘经纂要义》即是一例，该经又名《十善经》，作者不详，内容主要是宣传应敬礼佛、法、僧三宝，断除十恶，勤修十善。经文强调人身难得，世事如幻，应断恶修善，证于佛地。S. 3966 尾有题记二行，文谓：“壬寅年（822）六月，大蕃国有赞普印信，并此《十善经》本流传诸州，流行读诵。后八月十六日写毕记。”② P. 2298 钤有“净土寺藏经印”墨印一方，并有题记：“壬寅年后八月十五日写毕功记。”③ 该著作反映了龙树的中观思想和渐悟的宗教立场④，表明在顿渐之争结束后，天竺僧人主张的大乘渐悟禅法在吐蕃王庭得到了支持，后来还由赞普赤祖德赞下诏撰成汉文著作颁行于河陇西域地区，进行推广宣传。

除了吐蕃赞普下诏命令僧人译撰汉文佛典外，吐蕃僧人还自发将一些

① 参见黄维忠《9 世纪藏文发愿文整理与研究——以敦煌藏文发愿文为中心》，北京：民族出版社，2007，第 58 ~ 59、105 页。

② 《敦煌宝藏》第 32 册，台北：新文丰出版公司，1985，第 619 页。

③ 《法藏敦煌西域文献》第 11 卷，第 128 页。

④ 上山大峻：《敦煌佛教の研究》，京都：法藏馆，1990，第 323 頁。

佛经译成汉文。前述失译者名的《大方广佛华严经普贤菩萨行愿王品》一卷（S. 709、S. 2384 等）可能就是吐蕃王朝时期《普贤菩萨行愿王经》的另一汉文异译本，译者为通梵、汉、吐蕃等文字的僧人。另外，在敦煌文献中还保存有吐蕃著名僧人吴法成由吐蕃文翻译成汉文的《般若波罗蜜多心经》《诸星母陀罗尼经》《萨婆多宗五事论》《菩萨律仪二十颂》《释迦牟尼如来法像灭尽之记》等五部佛典。这些译著都对吐蕃统治河陇西域时期的当地佛教产生了重要影响，促进了吐蕃统治时期的汉藏文化交流，还进一步影响了吐蕃统治结束后归义军时期的敦煌佛教。敦煌文书北鸟 47 号为无分别所译《普贤菩萨行愿王经》，卷中及纸背两纸接缝处均钤有“瓜沙州大王印”[①]，就表明该经曾得到归义军节度使的供奉。吐蕃统治河陇西域时期僧人从梵文或藏文译成汉文的佛教著作对研究吐蕃的佛教状况、宗教政策、唐蕃佛教文化交流均有重要价值。与佛经藏译一样，吐蕃王朝的佛经汉译在其译经史中同样是一个不可忽视的重要内容，有待进一步研究。

① 敦煌研究院编《敦煌遗书总目索引新编》，北京：中华书局，2000，第 544 页。

第十章　一组关于唐朝五台山僧人经吐蕃统治的河陇西域地区赴天竺朝圣的藏文书信研究

英藏敦煌藏文文书 IOL Tib J 754 号中包含有一组藏文书信，内容是关于一名汉地五台山僧人经过河陇地区赴天竺礼佛朝圣之事。这组信件抄写于 IOL Tib J 754 号文书的背面[①]，最先由英国学者托马斯（F. W. Thomas）英译，并认为该组书信可能撰写于吐蕃统治敦煌时期[②]，后来比利时人瓦雷·普散（Vālee Poussin）先生又进行了编目，中国学者荣新江先生曾根据二者的研究对之进行过介绍，并认为传世史籍记载的在唐、蕃长庆会盟后，吐蕃使者前往唐朝求《五台山图》，或许与从五台山出发的和尚经吐蕃占领区前往印度有某种特殊关系[③]。笔者也曾经与陆庆夫先生合作撰文，在托马斯译文的基础上，对这封书信的年代和书信中出现的有关地名，晚

① 英藏敦煌文书 IOL Tib J 754 号收藏在大英图书馆文献部，目前保存状况良好，文书共分为三部分：1. 吐蕃文书信，其中插入一些汉字。2. 汉文《报恩经》，背面为吐蕃密教仪轨。3. 汉文凉州感通寺的愿文，其中有："乾德六年（968）六月廿二日僧道昭记之耳。"（Sam van Schaick，，Imre Calambos. *Manuscripts and Travellers*：*The Sino-Tibetan Documents of a Tenth-Century Buddhist Pilgrim*，Walter de Gruyer GmbH& Co. KG，Berlin/Boston，2012，pp. 77 – 79.）

② F. W. Thomas. A chinese buddhist pilgrim's letters of introdution. *Journal of the Royal Asiatic Society*. 1927，pp. 546 – 558. 本文引用的 F. W. Thomas 先生观点皆出此文，除个别地方注出外不再一一注明。

③ 荣新江：《敦煌文献所见晚唐五代宋初的中印文化交往》，《季羡林教授八十华诞纪念文集》，江西人民出版社，1991，第 956 页。L. de la Vālee Poussin. Catalogue of the Tibetan Manuscripts from Tun-Huang in the India office liberary，Oxford，1962，pp. 236，245，259，265，Nos. 754，C1，C98，C121.

唐五代北宋时期西北地区的交通等问题进行了初步探讨①。最近英国学者萨姆范沙克（Sam van Schaik）和高弈瑞（Imre Galambos）先生出版专著对该件文书中的汉藏文各部分又进行了深入详细的研究，对藏文书信进行重新译解，对这组书信的撰写年代等有关问题提出了自己的看法，认为这组书信写于北宋初年，与当时中原地区大批僧人赴天竺礼佛有关②。笔者2013年在伦敦大学亚非学院（SOAS）访学，得到英国大英图书馆文献部Sam van Schaik先生的帮助，获得在大英图书馆观看文书原件的机会，在F. W. Thomas、Sam van Schaik、Imre Galambos等人释录译解和研究的基础上，重新对文书中的藏文书信部分抄录译解，对其中的相关问题再作一些探讨。

第一节　五件藏文书信的录文及翻译

首先将五件书信录文如下，然后分别加以翻译。

对录文中标注的符号的说明：{} 中为不确定的释录内容；[ ] 中为F. W. Thomas抄录但是现在字迹模糊的内容；〈〉中为删除的内容；+ +中为添加的内容。

信件一

藏文的拉丁文转写：

“1 @//slobs dpon chen po yon tan mchog bzhugs pi zhabs nas//to le'u +stag gsum+ gis snying gsol ba//zha 'bring

2 ['dab na]s 'drul ba la mchid gis rmas na//dgongs pas sku mnyel ma lags pa/ mnga' tang la 'grib pa myi mnga'

3 [bar khums//] mchid yi ge las gus pas snyun gsol zhing mchis/bkas rma bar ci gnangs/

① 陆庆夫、陆离：《从一组礼佛信件看唐朝与印度、吐蕃的文化交通》，《首届长安佛教国际学术研讨会论文集》，西安：陕西师范大学出版社，2010，第188~200页。

② Sam van Schaik, Imre Galambos. *Manuscripts and Travellers: The Sino-Tibetan Documents of a Tenth-Century Buddhist Pilgrim*, pp. 77-184.

4 @// [na] gsol ba'/rgya hwa shang de spya ngar 〈brmangs〉 pa'I don ni/ hwa shang de rgya gar

5 yul du [shag kya] thub pa'I gdung len du mchi lags na/phar leng cur mkhan po gshegs pa lags

6 na thugs khral cher myi mdzad kha ma mchis/nyid myi gshegs na zha 'bring gcig gis hwa shang de leng chur

7 phyin bar myi skye [1] kha ma mchis/thugs dam la dgongs par gsol/ zhib tu hwa shang khong bdag la spring//

8 thugs khra chir mdzad /deng hwa shang de gyag khyer kha ma mchis//

9 @//slad na mkhan po bzhugs pi zha snga nas/mchid phrin de dang mjal ba lags na/ [?] /do cig bzo

10 de bgyid pi' lags na/'drul ba' la bka' spring nges pa cig myi brdzang du myi rung/

11 bzo bgyid par gyur na dbyar lo la 'grub par bgyi//"

译文：

1~3：大规范师（slobs dpon chen po）尊前：都廖达松（to le'u stag gsum）问安。据您的仆人送来的信中所言，您的身心俱安，福禄未减否？在这封信中我衷心问安，并请教如何执行您的指示，

4~8：纡此次面见尊颜之汉地和尚（hwa shang）以帮助？这个和尚希望去天竺巡礼释迦牟尼的圣迹，如果堪布（mkhan po）（和该名僧人一起）去凉州（leng cur），就无须过多担心。如果（堪布）不去那里，那么可否派一名仆人护送那名僧人？主要请您三思，详情可回信让该和尚（hwa shang）带回，目前尚不知和尚有没有驮运其物品的牲畜或仆人。

9~11：此外，此信送至堪布居处，堪布阁下见到信件，即刻遵从要求去做，不给我回信确认将是不合适的。如果您答应要做，请在今年夏天去做。

注释：

书信第9~11行，F. W. Thomas 的录文相同，但其译文为："至于其他，大德协波（Bzugs-pi）的信已收到，如果有两个工匠，不要在公文中说不合适的话。如果工匠被找到，到了（明年?）夏天，将会完工。"其中

F. W. Thomas 将第 9 行的 do 译为“二”，do 的含义为“二、对手、词前的前缀”，Sam van Schaik 和 Imre Galambos 将其当词前的前缀处理，未译；F. W. Thomas 将第 9、11 行的 bzo 译作“工匠”，bzo ba 的含义为“制造，做，作”①，Sam van Schaik 和 Imre Galambos 将 bzo 译为“要求，规定”。F. W. Thomas 将第 11 行的 bgyid par 译为“找到”，bgyid pa 含义为“作，做”②，Sam van Schaik 和 Imre Galambos 将 bgyid par 译为“做”。二者的译解各有根据。但是 F. W. Thomas 译文内容与信件上文不太吻合，所以这里采用 Sam van Schaik 和 Imre Galambos 的译解。

信件二

藏文的拉丁文转写：

“1 @//：//yon dag ngo lu zhi nam kas gsol ba rgya yul nas rgya’I hwa shang rka thub chen po

2 mkhas pa ched po btsun chen gong na myed pa gcig rgya gar yul na dpal shag kya

3 thub pa’I yul ba na du mchi ba lags so/lam ni ’go de shan nas mchis nas/

4 ga lu gser khang g. yu gang {du} lam byung de nas ri dan tig shan du byung de nes [=nas] tsong ka

5 gser kang g. yu gang du byung de nas le {ng} cu 〈m〉 khab du ’byung de nas kam 〈〉 cu mkhar

6 du ’byung ngo/de nas sha cu {rtsags ’byung go} /de nas rgya gar yul na/dpal shi lin na len tra

7 {slob pa ched po} dang bya rgod {phags ri} la bcom ldan ’das shag kya thub pa’I {zha} …

8 mthong du {mchi bar} nges so/’di man chad rgya bod byin gyis kyang gar… {chad} …

① 张怡荪主编《藏汉大辞典》下，第 2516 页。

② 张怡荪主编《藏汉大辞典》上，第 469 页。

9… {s. . ching. . g} dang /su skyal rim par ba gyi + s pa lags so/de yan chad du yod…

10 byin gyi [brlabs] {kyang} /'di gar bab par mchod nas su bgyi ba dang {bsu} skyel [rim par] …

11 mdzo {ng} …la gnod pa byed pa 'am dge'I bar cad byed pa gcig bod {na} rgya ga [r]

12 gnyis kyang… [thams] cad kyi phyogs bcu nas sngag kyi thun phab la rlung bskur

13 la gtang ngo//…//de ltar ni nam kas spring ngo /su yang ma gtse cig //…//"

译文：

1~7：来自功德主俄乐谢南卡（Ngog Lu zhi Nam ka）的禀告。这个从汉地来的汉人和尚是大苦行者、大学者、大成就者，将去天竺巡礼释迦牟尼的圣迹。路线是从五台山（'go de shan）至嘉麟（ga lu）金庙和绿松石庙，后面再至天梯山（dan tig shan），然后到达宗喀（tsong ka）的金庙和绿松石庙，然后再到凉州（le {ng} cu）城（mkhab），然后再到甘州城（kam cu mkhar），然后再到沙州（sha cu），最后从这里去天竺，必拜吉祥那烂陀寺（shi lin na len tra）的伟大的师尊，瞻仰灵鹫山佛祖释迦牟尼的圣迹。

8~13：到达此地以前，[在该名僧人的旅途中] 吐蕃人和汉人都尊敬地 [对待他] ……一站一站地护送他。从此地 [离开] 以后，…… [他应该被尊敬地] 对待，崇敬地接待他并一站一站地护送他。[如果] 有人伤害他并妨碍了他的善行，他们在吐蕃或汉地，……这个消息将会风传各处，这是南卡（nam kas）的信件，不许任何人伤害 [他] ……

注释：

（1）笔者以前曾经依照 F. W. Thomas 的译文将第4~5行的"ga lu gser khang g. yu gang"和"tsong ka gser kang g. yu gang"分别译为"嘉麟金屋和蓝屋"及"宗喀的金屋和蓝屋"，但 g. yu 的含义为"绿松石"①，而

① 张怡荪主编《藏汉大辞典》下，第2621页。

gang 译成“庙”更确切，故重新分别改译为“嘉麟金庙和绿松石庙”及“宗喀的金庙和绿松石庙”。

（2）第 5 行中的“le {ng} cu〈m〉khab”，F. W. Thomas 的录文为“…pi khang（b?）”，Sam van Schaick 和 Imre Calambos 则录为“le {ng} cu〈m〉khab”，今从后者。

信件三

藏文的拉丁文转写：

“1 st [on] chen po'I zha sngar// //

2 smar kham rin chen rdo rjes mchid gsol ba/

3 dgongs pa zab mo'I sku ma nye {l} n… dang/chos {nyid} kyi dgongs {la} {myi} la bar myi mnga'

4 rin po che sku la snyun bzhes sam ma bzhes// {yi ge las snyun gsol zhing mchis}

5 slad na rgya yul nas hwa shang btsun ba {mkhas pa} la bul du gyis …//… {rgya gar} nas

6 rgya gar gi yul du/bthom {ldan 'das} shag kya thub pa {dgung la phyag} tshal du mchi

7 ba 'di/'sprin chen gtsug lag khang du myi bskyal du myi rung//thugs dam la dgongs//”

译文：

1～4：大师尊前，玛堪仁钦多杰（smar kham rin chen rdo rjes）的禀告。身心俱安、心性无碍、贵体无恙否？务请赐复。

5～7：因为一个汉地来的和尚（hwa shang），是成就者，正从汉地去天竺的路上，去巡礼释迦牟尼的圣迹，不将他护送到大云（'sprin chen）寺（gtsug lag khang）是不合适的。（请）考虑您的承诺。

信件四

藏文的拉丁文转写：

1 {lung} song lha gang gi gnas brtan ched po ban de ched po'I zha sngar//7 一

2 dmog 'bun bdag gis mchid so pa'

3 snga slad 'drul ba'i…mchid kyis rmas {nad} … {ma nges pas} lags pa na dbyigsu gces pa'I sku la

4 sku snyun myi mnga' bar khums/ mchid gi yi ge la…snyung gsol zhing […ci gnang /slad na] rgya'I rgyal

5 'khams nas hwa shang btsun pa ched {po} zhig {pu} rgya gar gi yul du shag kya thub pa'I zhal mthong {du} mchi ba lags/

6 'di tshun cad du yang bdag cag {ngan} pa'I {gser} pa'I dge ba'I bshes gnyen {rnams kyis kyang} bskyal rim par

7 [bgyis pa lags/ de yang de phan chad du yang thugs dam la dgongs pa'i] dge ba'I bshes nyen dang

8 [chad srid] …gs {rin} zhang lon rga las stsogs pa rnams kyis kyang/ de bzhin du thugs dam dang chab srid la

9 [dgongs] ste bsu bskyal rim pa ra [= par]〈myi mdzad du myi rung〉 +dzad nas nas sprin chen gtsug lag khang du myi bskyal du myi rung +// //lha myi phyogs kyang de bzhin du dgongs par gsol"

译文：

1~4：［龙（lung）］兴寺（song lha gang）大上座（gnas brtan chen po）大和尚（ban de chen po'i）尊前：莫本达（dmog 'bum bdag）禀告。根据先前来信中所述，您一切安好、贵体无恙否？务请赐复。

4~9：有一个来自汉地王朝的汉人大和尚、大尊者，要去天竺巡礼释迦牟尼的圣迹，从这里以来，我们这些低微之人，{赛（gser）} 巴（pa）善知识，一站一站地护送他，从而此善知识誓愿……社稷（chab srid），年老尚论（zhang lon）等考虑誓愿和王政社稷（chab srid），逐次护送他到大云（sprin chen）寺，我请求在神、人方面考虑此事。

信件五

藏文的拉丁文转写：

1@ btsun pa ｛dang dge’ ’dun｝ gi mnga’ bdag /gnyi zla ’od sbyor gi rkyen/’dzam bu gling［rgya］n dam pa’/slob dpon ched po byang chub

2 rin po ches…r du mdzad pa/thugs dam rtse gcig du mdzad pa’I dg［e ba’I bshes gny］en sde tsogs kyi zha ngar// //

3 dmog ’bum bdag gis mchid gsol bas/ /snga slad ’drul ba las mchid kyis ｛rmas｝ pa/ /spyi’I theg pa bskyang

4 ba dang ｛’grub mang po｝ ｛chen po｝ ｛rkyen｝ du ’gyur ba dang/ thugs dam rtse gcig du mdzad pa’I dgongs pas sku mnyel ba ma lags

5 pa / ｛sku ri｝ n po che dbyigs gces pa ma snyun［myi mnga’ ba］khums/’sprul chen sum cu las gus par snying gsol

6 ｛bar｝ mchis/ /［sla］d nas tong kun rgya rje’I spya nga nas/hwa shang dka thub ched po mkhas pa’I phul du phyin pa cig

7 ｛rgya gar gi｝ yul du shag kya thub ba’I ｛zhal｝ mthong du mchi ba lags /’di tshun chad du bdag cag gser ba stong sde’i

8 ｛dge slong｝ rnams kyis kyang/bsu〈删去〉bskyal rim pas bgyis/〈删去〉bskyal rim pas bgyis/〈删去〉de phan chad du yang de bzhin thugs khral

9…nas /thugs dam la dgongs pa ste /lung song gi lha sde’I stsam du myi bskyal du myi rung// //

10 lha myi phyogs kyang de bzhin du myi dgongs su myi rung//”

译文：

1～5：致尊者和僧众首领，名如日月光辉的南瞻部洲庄严善友，大亲教师（slob dpon chen po）绛曲仁波切（byang chub rin po ches），一意修持之众善知识尊前：莫本达（dmog ’bum bdag）的禀告，从先前来信中得知，您加持诸法，获得诸多大成就，一意修持，身心俱安、贵体无恙否？在下问候三十位大圣者。

6～10：至于其他，一位来自东君汉人君王（tong kun rgya rje）面前的和尚（hwa shang），一位大苦行有极高成就的智者，要去天竺瞻仰释迦牟尼的圣迹。在我们这里以来，赛巴千户部落（gser bas tong sde）的僧人逐站次护送他。接下来，不承担您的承诺和义务，将该名僧人送到龙兴（lung song）寺院僧舍是不妥的，在神、人方面不去考虑这些情况是不合适的。

在五件书信后面还有三行后来写上去的文字，是关于这名汉地僧人旅行的总结性注记。其藏文的拉丁文转写如下：

1@//mkhan po gi sing tung gis 'od snang du

2〈@//shing tung〉bskyal // 'od snang gi gnas stan gis cang rib gi sar bskyal//slop pon rab gsal

3 gi mkhan po chos skyab gi sar rdzangs//"

译文：

堪布（mkhan po）僧统（sing tung）护送去欧囊（'od snang，金光明）[寺]，欧囊（'od snang，金光明）[寺] 的上座（gnas stan）再护送到张热（cang rib）处，亲教师（slop dpon）热布萨（rab gsal）送他到堪布（mkhan po）却嘉（chos skyab）处。

注释：

（1）第 1 行的"mkhan po"，F. W. Tomath 录为"pang kha po"，今按照 Sam van Schaick 和 Imre Calambos 的录文录为"mkhan po"。

（2）第 1、2 行的 sing tung，F. W. Tomath 录为"ping tung"，今按照 Sam van Schaick 和 Imre Calambos 的录文录为"sing tung"。

（3）'od snang，即金光明寺，在吐蕃统治的敦煌有金光明寺，但是此寺在当时的凉州、甘州等地也可能存在。

第二节　藏文书信中几个地名的考证

托马斯（F. W. Thomas）先生认为此文书中的五件藏文书信是朝圣者自己保存的档案，每到一地在文书上面都增加一封信件的抄文，此信件被送到朝圣者将受到招待的下一个地方。整个文件在朝圣者穿越吐蕃辖区的过程中被遗失在沙州[①]。而 Sam van Schaick 和 Imre Calambos 先生推测信件

① F. W. Thomas. A chinese buddhist pilgrm's letters of introdution, p. 548.

一写于河州（hezhou），信件二写于宗喀（tsongka），信件三写于凉州（liangzhou），信件四、五写于甘州（kamzhou），最后的吐蕃文总结性注记写于沙州（shazhou），注明沿路护送僧人的僧职人员①。关于汉地朝圣僧人一路经行的吐蕃统治的河陇地区路线是这组书信的研究重点，目前也存在一些争议，这里首先对五封书信中出现的几个地名进行辨析。

1. leng cur

第一封信件中出现有 leng cur，是该名汉地僧人将要前往的目的地，第二封信件中出现有 le {ng} cu 城（mkhab，应为 mkhar 的误写）②，二者应该是同一地名 leng cu，是汉地僧人旅途中的第四站。敦煌写本《吐蕃历史文书·大事纪年》记载："狗年（公元 758 年），……论·墀桑（blon khri bzang）、思结卜藏悉诺囊（skye sa bzang stag snang）等引兵至 khar tsan leng cu。" leng cu 与 khar tsan 并列，khar tsan 即"姑臧"音译，亦称凉州。③ 托马斯先生认为 leng cu 是兰州（lan-su）或凉州（liang-chu）④，荣新江先生则认为是在灵州或凉州⑤。笔者以前发表的论文曾经认为 leng cu 即灵州，而非凉州，而 Sam van Schaick 和 Imre Calambos 先生则认为该地为凉州。

在法藏敦煌藏文文书 P. T. 1653 - 1《十万般若波罗蜜多经》背面的藏文书信中出现了"leng cuvi"，该文书记载：

> 大沙门（ban vde chen po），确吉廓甲（chos gyi go cha）致函沙门（ban vde）贝吉云丹（dpal gyi yon tan）阁下：不知大勘布近日贵体安否？请来函告知。贫僧乃僧团中卑微之人，生性愚钝，并无过人之处，恳请大人来函赐教。贫僧在凉州（leng cuvi）任上座（gnas

---

① Sam van Schaick, Imre Calambos, *Manuscripts and Travellers: The Sino-Tibetan Documents of a Tenth-Century Buddhist Pilgrim*, Walter de Gruyter GmbH&Co. KG, Berlin/Boston, 2012, p. 149.

② 托马斯（F. W. Thomas）将"cu mkhab"录为"pi khang"，但是又怀疑"nga"为"ba"，"le {ng}"则没有录出。笔者对照文书原件认为应按照 Sam van Schaick 和 Imre Calambos 的录文，录为"le {ng} cu mkhab"。

③ 王尧、陈践：《敦煌古藏文文献探索集》，第 19、99 页。

④ F. W. Thomas. A chinese buddhist pilgrm's letters of introdution, p. 548.

⑤ 荣新江：《敦煌文献所见晚唐五代宋初的中印文化交往》，《季羡林教授八十华诞纪念文集》，第 956 页。

brtan）多年，并无过失，却被住持（ban vde gzhi vdzin）逐出，贫僧是否真有错，可从其他僧众（相问），□贫僧能否恢复上座之职？请赐复，不准。[①]

这件文书中出现有贝吉云丹（dpal gyi yon tan），此人是吐蕃王朝赞普赤祖德赞时期僧相，来到吐蕃统治的河西地区礼佛，并对当地佛教事务进行管理。确吉廓甲（chos gyi go cha）原为 leng cuvi 地区僧团官员上座（gnas brtan），因被免职，故请求僧相贝吉云丹恢复其职务。由于唐朝的灵州地区从未被吐蕃占据过，所以 leng cuvi 应该不是灵州。藏文 leng cuvi 与凉州发音相近，leng cuvi 亦即 leng cu，vi 即‘I，为属格助词，含义为“的、之”，故此 leng cu 应该是中唐时期被吐蕃占领的凉州，为吐蕃凉州节度使（khar tsan gyi khrom chen po）的驻地，是吐蕃统治河陇地区的重镇。

2. ga lu

第二封书信中出现的 ga lu，为汉地僧人旅行路线中的第一站，此地有金庙和绿松石庙。对于这两个藏文词，托马斯释录为“ga lu”[②]；而 Sam van Schaik 和 Imre Galambos 先生释录为“ga cu”，进而认为是指河州（Hezhou），即今甘肃省临夏地区，并指出现在在青海省化隆县丹底（Dan tig）西南方向的尖扎（Jentsa）镇中有一座寺院就叫金庙（gser khang）[③]。笔者查看文书原件，认为藏文词 lu 目前字迹有些模糊不清，但看不出该词可以录为 cu，而录为 lu 较为妥当，并且托马斯先生 86 年前抄录文书时，文书字迹应该比现在清晰，所以应该遵从托马斯先生 86 年前的录文录为 lu。至于 ga lu 具体所指，托马斯、荣新江先生都没有论及。笔者曾经指出 ga lu 发音与凉州西部的嘉麟相近，在敦煌古藏文文书 P. T. 1046/P. ch. 3419《千字文》中“嘉”的藏文标音为“kav”，在敦煌古藏文文书 P. T. 1258《天地八阳神咒经》中“邻”的藏文标音为“li”。[④] “kav”与 ga 发音相

① 张延清：《吐蕃钵阐布考》，《历史研究》2011 年第 5 期，第 164 页。

② F. W. Thomas. A chinese buddhist pilgrm's letters of introdution, p. 551.

③ *Manuscripts and Travellers: The Sino-Tibetan Documents of a Tenth-Century Buddhist Pilgrim*, pp. 162 - 163.

④ 周季文、谢后芳：《敦煌吐蕃汉藏对音字汇》，北京：中央民族大学出版社，2006，第 25、33 页。

近，而“li”与“lu”发音相近。唐朝的嘉麟位于凉州西部七十里，为凉州属县，唐代史籍记载：

> 嘉麟县，中下。东南至州七十里。本汉宣威县地，前凉张轨于此置武兴郡，后凉吕光改置嘉麟县，后废，万岁通天元年重置。①

“安史之乱”爆发后，凉州地区为吐蕃占据，吐蕃在此设立凉州节度使，吐蕃、党项、吐谷浑等民族大量入居这一地区。到了吐蕃统治结束后的归义军时期，嘉麟县仍然居住着许多吐蕃、党项、吐谷浑等部族，为归义军使节东去凉州的必经之地，也多次见于敦煌文书记载。如 S. 2589《中和四年（884）肃州防戍都营田索汉君、县丞张胜君等状》云：“游弈使白永吉、押衙阴清儿等，十月十八日平安已达嘉麟，缘凉州闹乱，郑尚书共□□净位之次，不敢东行。宋润盈等一行，□□凉州未发。”②

可知当时出使中原的张氏归义军使节因为凉州动乱，无法继续向东，只好在嘉麟停留。

晚唐时期敦煌文书 S. 389《肃州防戍都状》记载：“先送崔大夫回鹘九人，内七人便随后寻吐蕃踪亦往向南，二人牵栊嘉麟报去甘州共回鹘和断事由。”③ 当时河西回鹘部族崛起，逐步进逼甘州，与城中各方势力角力，回鹘人使者先去嘉麟，再由嘉麟进入凉州通报有关情况。

晚唐时期的 P. 2672《唐人佚名诗集》云：“嘉麟县。道消堪泣过嘉麟，县毁西凉后魏臣。昔日百城曾卧治，如今五柳不沾春。开元田□徒□□，漫假橐驼坼战轮。户口怨随羌虏族，思乡终拟效唐人。”④ 表明此时吐蕃王朝虽然已经崩溃，但是当地仍然有不少吐蕃等民族居住，为吐蕃等部族控制，受吐蕃影响很大。

所以，笔者以为 galu 当为凉州境内的嘉麟县，ga lu 地区的 gser khang g·yu gang（金庙和绿松石庙）当为吐蕃统治时期该地的重要寺院。Sam

---

① （唐）李吉甫：《元和郡县图志》卷四十《陇右道下·凉州》，北京：中华书局，1983，第 1020 页。

② 唐耕耦、陆宏基：《敦煌社会经济文献真迹释录》第四辑，第 485～486 页。

③ 《英藏敦煌文献》第 1 卷，第 179 页。

④ 徐俊：《敦煌唐人诗集残卷辑考》，北京：中华书局，2000，第 651、659 页。

van Schaick 和 Imre Calambos 先生也曾指出，现在在青海省化隆县丹底（Dantig）西南方向的尖扎（Jentsa）镇有一座寺院就叫金庙（gser khang）。所以 gser khang g · yu gang（金庙和绿松石庙）应该是吐蕃地区佛教寺院的惯用名称，并且这一寺院惯用名称一直为后世藏区沿用，之所以被称为“金庙和绿松石庙”，大概是因为寺院中供奉有黄金和绿松石做的佛像等物。

3. dan tig shan

汉地朝圣僧人旅行的第三个目的地为 dan tig shan，托马斯和荣新江先生都没有指出此地具体是什么地方，笔者曾经指出此地应该是指凉州地区的天梯山。而 Sam van Schaick 和 Imre Calambos 先生认为 dan tig shan 即青海省化隆县的丹底（dan tig）山谷，此处与藏传佛教后弘期高僧格瓦饶赛（Ge wa rab sel）密切相关，是 10 世纪藏传佛教后弘期复兴之处①。但是 dan tig 与 dan tig shan 二者发音并不完全吻合，前者只能与后者的头两个词对应，至于 shan 则无从对应；而藏文 dan tig shan 的发音正好就是天梯山，二者完全吻合。唐朝李吉甫所撰《元和郡县图志》卷四十《陇右道下 · 凉州》记载：“姑臧县，……天梯山，在县南二十五里。”② 姑臧县在凉州东部，天梯山则在姑臧县境内。

甘肃武威天梯山石窟开凿于北凉时期，以后历代都有开凿兴修，是河西地区的著名佛教圣地，目前是全国重点文物保护单位，现存北凉至明代洞窟多处。天梯山石窟第 17 窟右侧残壁上有壁画三层，其中第二层 20 世纪 50 年代清理时剥出吐蕃供养人像四身，身穿翻领宽袖长袍，长巾裹头，掩耳修发，斜垂脑后，下穿紧口裤，足蹬长筒乌靴。其中一人头戴大红色头巾，身穿浅黄色长袍，头巾后面向上翘起一角，并饰以圆形花纹，头部上方竖起一柄卷起的绿色伞盖，伞盖顶上镶嵌有巨大宝珠，下边垂挂各色璎珞，冠带、服饰与其他三人不同，显示其地位较高，当为吐蕃高级官员或王者。另外三人则分别在前、后方位围绕此人。整个构图与敦煌莫高窟第 159 窟所画吐蕃王子及其侍众基本相同。第 17 窟也是天梯山石窟中规模最大的一个窟，所处位置极其突出显著，窟内遗存也较为丰富，保存有北

---

① *Manuscripts and Travellers: The Sino-Tibetan Documents of a Tenth-Century Buddhist Pilgrim*, pp. 40 – 43. 参见《藏汉大辞典》上，第 1244 页。

② 《元和郡县图志》，第 1019 页。

魏至明代壁画遗存。另外，天梯山石窟中还有几处洞窟残存有中唐时期壁画，也应该属于吐蕃统治时期。①

"dan tig shan" 在藏文传世史籍也有记载。成书于12世纪的藏文史籍《第吾宗教源流》称：

> （吐蕃）修行的十二寺院，卫地有钦布、叶尔巴和谐拉康三座，康地有天梯山、炳灵、安琼和帝卫拉蔡四座，在多麦有隆堂阿雅龙、梅雪僧林的静修地，……总的静修地有三十个。Blo sbyong gi gwa bcu gnyis la/dbus na 'ching bu yer ba dang zhwa'I la kang dang [gsum] / kams na dan tig shan dang/'bum gling dang/an chung dang/de ba la tshal la bzhi/mdo dmad na klong thang arya'I lung dang/mes shod seng gling gi dben nas…spyir dben gnas sum cu yod do/②

表明天梯山（dan tig shan）是吐蕃王朝境内重要的佛教寺院，当时属于全国著名的十二座修行寺院之一。

另一部早期藏文史籍《娘氏教法源流·花蕊蜜汁（*tshos 'byung me tog snying po'i sbrang rci'i btsud*，*mnga dag nyang gyi tshos 'byung*）》记载：11世纪藏传佛教后弘期"三贤者"曾经到过黄河谷地的多杰扎（rdo rje brag，金刚崖）、有汉式屋脊的安琼南吉阳宗寺（an chung gnam gyi yang rdzong）、丹底显吉阳贡寺（dan tig shel gyi yang dgon），并说后来从丹底显吉阳贡寺发展出来汉式屋脊鹏鸟首（khyung mgo cad）的佛殿（lha khang）一百五十一座。③ 才让先生同样也认为《第吾宗教源流》与《娘氏教法源流·花蕊蜜汁》中记载的"dan tig shan"和"dan tig shel"就是今天青海化隆县的丹底寺。④

笔者以为 dan tig shan 应与 dan tig shel 为同一寺院，"shel"当为

---

① 参见敦煌研究院、甘肃省博物馆编著《武威天梯山石窟》，北京：文物出版社，2000，第121～122页，彩版三九、四六、七〇、七一、七七、七九、八〇。

② 第吾贤者：《第吾宗教源流》，拉萨：西藏人民出版社，1987，第357页。

③ 《娘氏教法源流·花蕊蜜汁》，拉萨：西藏人民出版社，1987，第442页。

④ 才让：《P. T. 996号第一部分〈禅师南喀宁波善知识传承略说〉之探讨》，《文本中的历史：藏传佛教在西域和中原的传播》，北京：中国藏学出版社，2012，第20页。

"shan"的误写，dan tig shan 就是指凉州天梯山，而非藏传佛教后弘期的重要寺院青海化隆县的丹底（dan tig）寺，dan tig shan 和 dan tig 发音不吻和。创建于北凉时期的凉州天梯山佛教石窟在 5 ~ 11 世纪一直是河陇地区的著名佛教圣地，"安史之乱"后吐蕃占领河陇西域地区，天梯山佛寺对吐蕃地区的佛教产生了重要影响，汉地五台山僧人经河陇地区赴天竺礼佛也必然要途经该地巡礼朝圣。

才让先生曾列举成书于 18 世纪的藏文史籍《如意宝树史》记载藏传佛教后弘期的重要领袖喇钦即格瓦饶赛（Ge wa rab sel）在丹底（dan tig）的活动：

> 他（喇钦）来到丹斗，这里有许多持和尚摩诃衍那顿入成佛之见的人，他为置这些人于善道并能往生喜足天界，遂设供养发愿道……①

这一记载表明在 10 世纪中后期，藏传佛教后弘期重要寺院青海地区的丹底寺原先也曾经受到汉传佛教禅宗的影响，但是并不能证明 dan tig 就是天梯山（dan tig shan）。

综上所述，藏文书信二记载的汉地朝圣僧人在吐蕃统治的河陇地区的经行路线应该是：嘉麟（ga lu）—天梯山（dan tig shan）—宗喀（tsongka）—凉州（liangzhou）—甘州（ganzhou）—沙州（shazhou）。

第三节　关于藏文书信的年代

第四封书信中出现了社稷王政（chab srid）、尚论（zhang lon）、赛巴千户部落（gser pa stong sde），这些内容都与吐蕃王朝有关，涉及吐蕃王朝的职官和军政制度。尚论为吐蕃王朝出身外戚家族的官员和吐蕃官员的统称，千户部落（stong sde）是吐蕃王朝的基本军事行政制度，吐蕃王朝将辖境人口划分为若干千户部落进行统治。托马斯和荣新江先生都认为书信

---

① 《如意宝树史》，蒲文成、才让汉译本，第 303 页。

年代可能是在吐蕃统治河西时期[①]。而 Sam van Schaick 和 Imre Calambos 认为吐蕃赞普（btsan po）称号被五代北宋时期的凉州地区的统治者使用，当地统治者的姓氏“折逋”即“赞普”的异称，所以在书信中出现了这些内容。此五封书信的年代应该是在吐蕃王朝崩溃后的五代北宋时期，这组信件中的朝圣僧人应该与 966 年大批北宋僧人经过凉州地区赴天竺朝圣有关。[②] 对此观点笔者不能赞同。

这里有必要对晚唐五代北宋时期凉州的历史进行回顾。吐蕃王朝末期发生内乱，其在河陇地区的统治开始崩溃。861 年凉州地区为归义军节度使张议潮收复，随后唐朝政府致力于经营该地，并派遣郓州天平军二千五百人镇守该地。但随着唐朝灭亡，凉州地区也逐渐脱离了中原王朝的控制。

《新五代史》卷七四《吐蕃传》记载：

> 自梁太祖时，尝以灵武节度使兼领河西节度，而观察甘、肃、威等州。然虽有其名，而凉州自立守将。[③]

第一个见于史料记载的凉州守将为留后孙超，长兴四年（933）遣使入朝，被唐明宗拜为河西节度。《新五代史》卷七四《吐蕃传》记载：

> 唐长兴四年，凉州留后孙超遣大将拓拔承谦及僧、道士、耆老杨通信等至京师求旌节，明宗问孙超等世家，承谦曰：“吐蕃陷凉州，张掖人张义朝募兵击走吐蕃，唐因以义朝为节度使，发郓州兵二千五百人戍之。唐亡，天下乱，凉州以东为突厥、党项所隔，郓兵遂留不得返。今凉州汉人皆其戍人子孙也。”明宗乃拜孙超节度使。[④]

在 10 世纪前期，凉州地区的有关情况敦煌文书也有一些记载。P. 2945

---

① F. W. Thomas. A chinese buddhist pilgrm's letters of introdution, pp. 548 – 549.

② Sam van Schaick, Imre Calambos, *Manuscripts and Travellers: The Sino-Tibetan Documents of a Tenth-Century Buddhist Pilgrim*, pp. 169 – 170.

③ 《新五代史》，北京：中华书局，1971，第 914 页。

④ 《新五代史》，第 914 页。

(8)《[与]凉州书》云:

> 专使西上，奉受荣缄，戴悚周旋，诚难荷负。蒙恩星使降临，不任感惧。伏惟仆射文武全材，业优三略；智深韩白，七纵在怀。抚镇而羌龙畏威，权谋而戎夷自廓。

此书状年代系曹议金(曹仁贵)时期，在10世纪前期，据有关学者考证，具体是在后唐时期[①]。归义军使者经过凉州前往中原，故归义军节度使致书凉州仆射请求关照。“龙”即龙家，“羌”为党项，为当时分布在凉州地区的民族。凉州仆射当系统治凉州地区的长官。仆射为其自称，属于中原王朝官职。唐代尚书仆射相当于宰相，唐后期常以仆射作为地方节度使、观察使等的加官，用以表明其等级的高下，而独立性较强的地方节度使也有自称仆射的情况。

在此之后，凉州土豪折逋氏开始执掌凉州政权。《宋史》卷四九二《吐蕃传》记载:“(孙)超卒，州人推其土人折逋嘉施权知留后。”[②] 时间在后汉乾祐元年(948)。其后折逋氏“四世受朝命为酋”，他们曾两次向中原朝廷请帅，一是后周广顺二年(952)，周派申师厚为河西节度使；一是宋太祖至道二年(996)，宋委丁渭清为西凉知州[③]。凉州土豪折逋氏统领凉州地区，其称号也只是河西节度使，而非赞普。《新五代史》卷七四《吐蕃传》记载:“至汉隐帝时，凉州留后折逋嘉施来请命，汉即以为节度使。”[④]

10世纪后期至11世纪前期，凉州地区的统治者有折逋嘉施、折逋阿喻丹、折逋葛支、折逋逾龙波。《五代会要》卷三〇《吐番》记载：后周广顺二年，“以吐蕃左厢押蕃副使折逋支、右厢崔虎心并授银青光禄大夫、

① 参见李正宇《曹仁贵名实论——曹氏归义军创始及归奉后梁史探》,《敦煌史地新论》，台北：新文丰出版公司，1996，第320~321页；杨宝玉、吴丽娱《P.2945书状与曹氏归义军政权首次成功的朝贡活动》,《敦煌吐鲁番研究》第11卷，第273~296页，该文认为此件书状具体时间在923年。

② 《宋史》，第14152页。

③ 汤开建:《公元861~1015年凉州地方政权历史考释》，氏著《宋金时期安多吐蕃部落史研究》，上海：上海古籍出版社，2007，第133页。

④ 《新五代史》，第914页。

检校工部尚书”。[①] 折逋支即折逋葛支，崔虎心应该是凉州地区的吐蕃部族首领，时间为后周广顺二年。虽然折逋氏是名义上的凉州统治者，但是他的实力有限，对凉州地区的其他吐蕃部族实际上没有约束力和管辖权，和其他吐蕃部族首领同时接受中原王朝的册封，分领当地左、右两厢蕃部。

《宋会要辑稿·方域二一·十四西凉府》记载：

> 乾德四年（966），知西凉州折逋嘴支上言，有回鹘二百余人，汉僧六十余人，自朔方来，为部落劫掠。僧云欲往天竺取经，并送达甘州迄。[②]

这个折逋嘴支的官号即为西凉知州。

《宋史》卷四九二《吐蕃传》称：

> 淳化二年，权知西凉州，左厢押蕃落副使折逋阿喻丹来贡。……七月，西凉府押蕃落副使折逋逾龙波上言，蕃部频为继迁侵略，乃与吐蕃都部署没暇拽于会六谷蕃众来朝。[③]

北宋淳化二年为991年，至道二年为996年，北宋朝廷给折逋氏的称号只是左厢押蕃落副使，当时应该还有右厢押蕃落副使，吐蕃都部署没暇拽于则是六谷吐蕃部族的首领。

《宋会要辑稿·方域二一·西凉府》记载：“时西凉使又言六谷分左右厢，（折逋）游龙钵为左厢副使，崔悉波为右厢副使。”[④] 时间为北宋咸平四年（1001），此时折逋氏仍然与其他凉州吐蕃六谷部首领同时接受中原王朝的册封，分领当地左右两厢蕃部。

此外，凉州嗢末首领也有折逋氏。《册府元龟》卷九七六《外臣部·褒异第三》记载：

---

① 《五代会要》，上海：上海古籍出版社，1978，第469页。

② 《宋会要辑稿》，第7654页。

③ 《宋史》，第14151页。

④ 《宋会要辑稿》，第7655页。

（乾化二年闰五月）庚申，嗢末首领热逋钵督、崔延没相等并授银青光禄大夫、检校太子宾客。①

这里“热”应为“折”之异写，“热逋”当即折逋。嗢末为河陇地区吐蕃化唐人后裔，可见凉州土豪折逋氏和崔氏祖先原本都应当出自唐人。后梁乾化二年为912年，时间在折逋氏正式统领凉州之前。这些凉州地区的折逋氏首领被中原政权授予的官号为检校工部尚书、银青光禄大夫、检校太子宾客、左厢押蕃落副使等，与吐蕃赞普称号毫无关系，而且他们与凉州地区的其他吐蕃六谷部族首领地位相等，一同接受中原王朝封号，分别以左、右两厢押蕃落副使的身份统领当地吐蕃部族。如果折逋氏自称赞普，其地位就与吐蕃王朝的赞普相等，他们也不至于两次遣使中原王朝请求朝廷派官员来凉州为帅，担任凉州节度使、知州，统领当地吐蕃等部族。其他凉州地区六谷吐蕃部族同样也不会容忍折逋氏自称赞普，这些部族首领实际地位基本上与折逋氏相当，也并未见有称赞普者。如果只有折逋氏自称赞普，则折逋氏四世担任凉州统治者的局面也不会出现。

杨铭等学者认为，“折逋”为藏文“ched po”或“chen po”的音译，含义为“大”，而非“btsan po”（赞普）音译，这种可能性当然存在。另外，藏文史料记载吐蕃本部氏族有许布（zhud pu）和徐布（zhu pu）氏②，二者发音也与“折逋”相近，所以“折逋”也可能是这两个吐蕃姓氏的音译。凉州土豪折逋氏可能是吐蕃化的汉人，并采用了吐蕃姓氏。而在有关晚唐五代北宋时期凉州地区吐蕃化的唐人后裔嗢末部族和吐蕃六谷部族的史料记载中也没有见到有“尚论”（zhang lon）称谓的部族首领③。故此IOL Tib J 754号中的五封藏文书信的时间不可能是五代北宋时期，而应该是在吐蕃统治河陇的中唐时期。

第四封书信出现的尚论（zhang lon）应该是凉州、甘州等地的吐蕃官员，赛巴千户部落（gser pa stong sde）正是当地的吐蕃千户部落。第五封书信中出现有东君汉人君王（tong kun rgya rje），Sam van Schaick和Imre

① 《册府元龟》，第11467页。

② 林冠群：《唐代吐蕃的氏族》，《中国藏学》2010年第2期，第6～26页。

③ 杨铭：《唐代吐蕃与西北民族关系史研究》，兰州：兰州大学出版社，2012，第202～211页。

Calambos 认为应该是指宋太祖，tong kun 与 stong khun 发音接近，这两个词在 11～15 世纪的藏文文献中含义相同，被指为东方汉地君王或地名东京。[①]

张怡荪主编的《藏汉大辞典》记载，stong khun rgyal po 含义为东方君主、中国皇帝。[②] 笔者曾据托马斯（Thomas）的译解，认为 tong kun rgya rje 是指吐蕃统治下的河陇地区汉人首领，现在看来 tong kun rgya rje 应该和 stong khun rgyal po 含义相同，即东方汉人君主，具体应该是指唐朝皇帝，汉地朝圣僧人正是他的子民，来自唐朝境内的五台山。

关于这五封书信的具体年代，本人曾经指出是在 822 年唐、蕃会盟和好之后，现在仍然坚持这一观点。唐、蕃长庆会盟后，吐蕃遣使至灵州向唐朝求《五台山图》。《旧唐书》卷一七《敬宗本纪》记载，长庆四年（824）九月吐蕃遣使者向唐朝求取《五台山图》。[③] 而《册府元龟》卷九九九《外臣部·请求》则称长庆四年九月灵武节度使李进诚奏报唐廷，吐蕃遣使至灵州求《五台山图》，因为吐蕃崇奉释教，“山在代州，多浮图之迹，西戎尚此教，故来求之”。[④]

在敦煌壁画中有相当数量的《五台山图》，最早出现即在吐蕃统治时期，分别保存于第 159、第 222、第 237、第 361 窟。四幅画在风格上大致相同，都是在窟内对称的《文殊经变图》下方出现的小型屏风画，构图上也大致相同。[⑤] 唐朝僧人会赜于高宗龙朔年间（661～663）绘成的《五台山图》曾经流行三辅地区[⑥]，据考证也是一种屏风画，当与吐蕃统治时期敦煌壁画中的《五台山图》有某种渊源。

中土佛教徒将五台山比附为文殊化宇清凉山，将五台圣地与文殊信仰联系起来。唐代皇室顶礼资助五台山佛教，五台山文殊信仰十分兴盛。在

---

① Sam van Schaick, Imre Calambos, *Manuscripts and Travellers*: *The Sino-Tibetan Documents of a Tenth-Century Buddhist Pilgrim*, pp. 170－174.

② 张怡荪主编《藏汉大辞典》上，第 1107 页。

③ 《旧唐书》，第 512 页。

④ 《册府元龟》，第 11724 页。

⑤ 《敦煌莫高窟内容总录》，北京：文物出版社，1982，第 54、77、83、132 页；杜斗城：《敦煌五台山文献校录研究》，太原：山西人民出版社，1991，第 114 页。

⑥ （唐）慧祥：《古清凉传》卷下，《大正新修大藏经》卷五一《史传部三》，台北：新文丰出版公司，1985，第 1098 页。

吐蕃与唐朝通使交往的过程中，五台山文殊信仰也随汉地佛教传入吐蕃，产生了深远影响。吐蕃僧人拔·塞囊所著、成书于赤松德赞时期的史籍《巴协》，记载了吐蕃赞普赤德祖赞的使臣在汉地德乌山（rde'u shan）求取寺院图样的经过，此山即著名的五台山。记述赞普赤松德赞时期历史的伏藏文献《莲花遗教》，记载了五台山文殊信仰。成书于赤松德赞时期的医书《月王药诊》，也将其渊源与圣文殊菩萨及五台山联系起来①。正是由于五台山文殊信仰在吐蕃得到广泛传播，影响巨大，长庆会盟、唐蕃和好后吐蕃遂向唐朝求取《五台山图》。

窃以为吐蕃凉州节度使与唐朝灵武节度使接境，吐蕃遣使灵州求取《五台山图》应该是凉州节度使所为，而吐蕃王庭派往唐朝的使者通常是从秦州清水县境内进入唐朝，并不取道灵州。吐蕃以佛教为国教，凉州境内有天梯山等著名佛教圣地，同时也有吐蕃王朝境内重要的佛教寺院。IOL Tib J 754 号文书背面的有关唐朝五台山僧人经过吐蕃统治下的河陇西域前往天竺求法的五封信件记载，该名五台山僧人在吐蕃河陇各地受到官方和佛教教团的隆重接待，沿路被护送。并且在信件中被称为佛法精深、无出其右的高僧，当是具有特殊背景。此僧人经过河陇地区到天竺取经的时间与吐蕃求《五台山图》的时间都在吐蕃统治时期。所以，吐蕃遣使灵州求取《五台山图》与 IOL Tib J 754（Foll. 74－76）号文书背面的五封信件记载的唐朝五台山僧人经过吐蕃统治下的河陇西域前往天竺求法应该具有某种因果关系。该名僧人也可能肩负了代表唐朝向吐蕃凉州节度使赠送《五台山图》的使命，他与吐蕃时期敦煌壁画中的《五台山图》自然也当存在某种关系。

该名五台山僧人当时应该是从唐朝的灵州出发，穿越腾格里沙漠，进入吐蕃统治下的凉州地区，首先到达凉州西部的嘉麟（ga lu），然后到达凉州东南部的天梯山（dan tig shan），再向东南行至青海地区的宗喀（tsong ka），再北上向西返回分别到达凉州（le {ng} cu）城（mkhab）、甘州城（kam cu mkhar）、沙州（sha cu），经行之处都是当时河陇地区佛教兴盛之地，其目的也是礼佛朝圣，巡礼当地重要寺院。在离开敦煌后，又向西经过吐蕃统治的西域地区赴天竺朝圣。

① 扎洛：《吐蕃求五台山图史事杂考》，《民族研究》1998 年第 1 期，第 95～101 页。

第四节　与藏文书信相关的其他几个问题

1. 吐蕃统治时期河陇地区的佛教

该名僧人西行求法经过吐蕃统治的河陇地区，在各地朝圣礼佛，天梯山、宗喀、凉州、甘州、沙州都是当时的佛教兴盛地区。凉州地区佛教从魏晋南北朝至隋唐时期一直都很兴盛，除了前面提到的传世藏文史籍和敦煌藏文文献中关于吐蕃时期天梯山佛寺、凉州僧官系统的记载，汉文史料同样对吐蕃统治时期的凉州佛教有所记载。《宋高僧传》卷六《唐京师西明寺乘恩传》称：

> 释乘恩，不知何许人也。……恩乐人为学，不忘讲导。及天宝末，关中版荡，因避地姑臧，旅泊之间，嗟彼密迩羌虏之封，极尚经论之学。恩化其内众，勉其成功，深染华风，悉登义府。自是重撰百法论疏并钞，行于西土。其疏祖慈恩而宗潞府，大抵同而少闻异。终后弟子传布。迨咸通四年三月中，西凉僧法信精研此道，禀本道节度张义潮，表进恩之著述，敕令两街三学大德等详定，实堪行用，敕依，其僧赐紫衣，充本道大德焉。[①]

《资治通鉴》则记载咸通四年（863）三月，“归义军节度使张义潮奏自将蕃汉兵七千克复凉州”。[②] 张议潮收复凉州是在861年，但其遣使到达长安报告收复凉州的消息则是在863年。

长安西明寺僧人乘恩在“安史之乱”爆发后来到凉州，吐蕃统治时期在当地教授佛法，传播唯识学《百法论》，有相关著作行世，为僧俗人士推重，影响深远。到了863年，张议潮收复凉州遣使长安，则将乘恩佛学的传人西凉僧法信举荐给朝廷，并将乘恩在凉州的著作一并进献，得到唐廷的嘉奖勖勉。

蕃占初期在敦煌十分活跃的僧人昙旷，也来自长安西明寺，撰有《大

① 赞宁：《宋高僧传》，北京：中华书局，1987，第128页。

② 《资治通鉴》，第8104页。

乘百法明门论开宗义记》《大乘百法明门论开宗义决》，赞普赤松德赞曾经遣使向他请教佛法，他的弟子索允曾经担任吐蕃沙州都督[①]，而且后来在河西活动的吐蕃高僧法成也深受唯识学《百法论》的影响[②]。中唐时期僧人昙旷和乘恩都对唯识学《百法论》在河西地区的传播起到重要作用。藏文史籍记载，天梯山为吐蕃王朝十二所著名佛教寺院之一，嘉麟（ga lu）佛寺 gser khang g · yu khang（金庙和绿松石庙）则为汉地五台山朝圣僧人巡礼之地，这些都可能与乘恩在凉州地区的传法活动有一定关系。

宗喀（tsong ka）笔者曾考证为唐朝鄯州龙支县，在今青海省平安县，属吐蕃鄯州节度使管辖，宗喀（tsong ka）是“安史之乱”爆发吐蕃占领河陇西域之后对该地的称呼。[③] 在敦煌吐蕃文文书中 tsong ka 数次出现。法藏敦煌藏文文书 P. T. 1217 号称：

> 龙年孟春一月上旬，诸大尚论将军衙署，收到从宗喀紫疆帐（tsong ka rtsis skyang dkur）发来的告示。

关于文书中出现的“宗喀紫疆帐”（tsong ka rtsis skyang dkur），rtsis 为“计算、检查”之意，所以 tsong ka rtsis skyang dkur 也可译为“宗喀军需供给、核检疆帐”，为吐蕃设立在当地的军政机构。文书记载，吐蕃官员达日札夏（ta rig bra shas）并在此供职，因功被吐蕃东道节度使衙署（由大尚论统领）授予小银告身和虎皮鞍鞯。[④]

P. 4646《大乘顿悟正理决》记载，汉地禅师摩诃衍于 793 年左右在吐蕃国都逻娑传布禅宗失败后曾一度赴讼割，后来又被赞普招到逻些再次传法。[⑤] 这里的“讼割”即为吐蕃统治下的陇右地名 tsong ka 的音译。法藏 P. T. 996 号《大乘无分别修习义》记载，汉僧禅师曼（man）和尚到 tsong

---

① 参见陆离《敦煌文书 S. 1438v〈书仪〉残卷与吐蕃统治敦煌的几个问题》，《中国史研究》2010 年第 1 期，第 99 ~ 103 页。

② 姜伯勤：《敦煌本乘恩帖考证》，载氏著《敦煌宗教艺术与礼乐文明》，北京：中国社会科学出版社，1998，第 386 ~ 387 页。

③ 参见陆离《Tsong ka（宗喀）、khri ka（赤卡）、临蕃城考》，《魏晋南北朝隋唐史资料》第 23 辑，武汉：武汉大学文科学报编辑部，2006，第 217 ~ 224 页。

④ 王尧、陈践：《敦煌古藏文文献探索集》，第 227、296 页。

⑤ 《法藏敦煌西域文献》第 32 卷，第 335 ~ 350 页。

ka 地方传教三十年，传授给弟子南喀宁波（mkhan po Nam kai snying po，即虚空藏禅师）教义，然后决定返回内地故乡。当地吐蕃官员询问大师走后该向谁请教佛理，曼和尚回答其弟子次泽南喀可以担当此任。① 日本学者认为，在 800 年前后一批禅师居住在 tsong ka（宗喀），在当地传播汉地禅宗，并得到了当地吐蕃官员的支持。由上引汉藏文书可知，tsong ka 为吐蕃统治下陇右地区的一个政治、佛教中心，宗喀 Gser khang G · yu khang（金庙和绿松石庙）应该也是当地的著名寺院。

宋人李远《青唐录》记载北宋时期安多地区吐蕃唃厮啰政权国都青唐城的建筑风貌：

> 又二十里至青唐城，……复设仪门，……过仪门北二百余步为大殿，楹栋皆绘黄，殿朝基高八九尺，去座丈余矣，碧琉璃砖环之，……傍设金冶佛像，高数十尺，饰以真珠，覆以羽盖。国相厅事处其西，国王亲属厅事处其东。直南大衢之西有坛三级。……城之西有青唐水注宗河。东西平远建佛祠，广五六里，缭以周垣，屋至千余楹。为大象，以黄金涂其身，又为浮屠十二级以护之。……城中之屋，佛舍居半，维国主殿及佛舍以瓦。②

当时吐蕃青唐城主崇奉佛教，城中有很多黄金铸造或镀金的大佛像，敦煌藏文书信中记载吐蕃统治的 tsong ka（宗喀）和 ga lu（嘉麟）的佛寺都取名 Gserkhang G · yukhang（金庙和绿松石庙），应该是其中有含有黄金和绿松石质地的珍贵佛像。吐蕃佛教的这一风习从吐蕃王朝一直延续下来，影响后世。

---

① 冲木克己：《大乘无分别修习义 · 序文——关于 Pelloit996 的研究》，《花园大学研究纪要》第 25 号，1993，第 1 ~ 23 页；张亚莎：《吐蕃时期的禅宗传承》，《西藏民族学院学报》2004 年第 1 期，第 19 ~ 27 页；木村隆德著，李德龙译《敦煌出土藏文禅宗文献的性质》，《国外藏学研究译文集》第 12 辑，拉萨：西藏人民出版社，1995，第 89 ~ 112 页；才让：《P. T. 996 号第一部分〈禅师南喀宁波善知识传承略说〉之探讨》，《文本中的历史：藏传佛教在西域和中原的传播》，北京：中国藏学出版社，2012，第 20 页。冲木克己、张亚莎等人认为曼（man）和尚即摩诃衍，但二者姓名不能完全吻合，对此问题的研究还有待深入研究。

② 《说郛》卷三五，北京：中国书店影印本，1986。

千佛洞 0021 号（670 年，卷三一，叶号 116b）文书记载了吐蕃本部和朵甘思（mdo gams）、甘州（kan-bcu）、河州（go cu）的寺院高僧，其中关于甘州地区记载如下：

> ……甘州（kan-bcu）经院的规范师（slob dpon）们：韦·江曲仁钦、安格朗、朗若·当措、瑜珈·白希乃友、觉·珠玛类。上述人等是北方地区的传承者。①

这表明甘州是当时吐蕃北部疆域河西走廊地区的佛教传播中心，驻有相当多的从本部来的吐蕃高僧，他们担任规范师（slob dpon），即当地高级僧官教授，这与当时敦煌多是汉人高僧的情况有所不同。而敦煌汉文文书 P. 2073《萨婆多宗五事论译记》也记载来自吐蕃本部的高僧管法成曾于 846 年在甘州修多寺译经②，故而唐朝五台山僧人要在此地停居礼佛。

P. 5579 号汉文文书是一篇记录和尚姓名、剃度或受戒时间以及到沙州日期的沙州某寺名册，其中记载了蕃占时期河陇地区僧官的情况：

> （前缺）
>
> 1 □□，俗名阴荣子，上乞心儿印。己年□/□酉年六月至沙州。
>
> 2□彻，俗名宋盈金，上佐结罗印。未年十二月廿一日对，□僧统佐□赞度，□年二月廿□日上。
>
> 3□已，俗名索文奴，宰相论纥颊藏给印。申年正月对，□州都僧统仓孙罗度，酉年六月至沙州上。
>
> 4 法惠，俗名□佛奴，宰相尚乞心儿印。酉年二月廿五日对，甘州僧统遍执度，酉年七月至沙州上。
>
> 5 智秀，俗名樊和和，上乞心儿印。廓州僧统度行。化□，俗名董彦奴，尚乞心儿印。未年十月对，□州僧统度行，申年正月一日至次。

① ［英］F. W. 托马斯著，刘忠、杨铭译《敦煌西域古藏文社会历史文献》，第 73 ~ 74 页。F. W. Thomas, *Tibetan literary texts and documents concerning Chinese Turkestan*, Ⅱ, Luzac & copany, ltd, London, 1951, pp. 85 – 87.

② 杨富学、李吉和：《敦煌汉文吐蕃史料辑校》第 1 辑，第 281 页。

6□□，俗名侯苟子，宰相论勃颊藏印。未年十一月对，肃州僧统□，申年正月一日至次。

7 法高，俗名张太平，上乞心儿印。未年十一月对，肃州教授度下，申年正月一日至沙州。

（后缺）[1]

由文书可知吐蕃在沙州、甘州、肃州、廓州都设置了僧统、教授，负责管理当地僧团，办理剃度僧人等事务。吐蕃河陇地区的凉州、嘉麟、宗喀等地也应该设有僧统、教授等僧官来管理当地僧务，而僧统和教授其实是同一种僧官称号，他们即吐蕃文文书中的 slobdpon（亲教师）或 ring lugs、mkhan po、sing tung，sing tung 是“僧统”的音译。托马斯先生认为 IOL Tib J 754（Foll. 74－76）号文书被朝圣者自己保存的档案，每到一地在文书上面都增加一封信件的抄文，此信件会被送到朝圣者将要受到招待的下一个地方。窃以为不一定就是每到一地在文书上面都增加一封信件的抄文，也有可能是到了某一地在文书上抄写了一封或几封将要投出的信件，而到了另一地则可能并未抄写信件。五封藏文书信之后注记中出现的 mkhan po、slob dpon、sing tung、gnas stan 等应该是这名五台山僧人沿途经过各地时，负责沿路护送他的僧官。gnas stan 为寺院上座，职位要低于僧统、教授。

另外，IOL Tib J 754 号文书分为三部分：一是吐蕃文书信，其中插入一些汉字；二是汉文《报恩经》，背面为吐蕃密教仪轨；三是汉文凉州感通寺的愿文，其中有明确标明时间的题记：“乾德六年（968）六月廿二日僧道昭记之耳。”[2] Sam van Schaick 和 Imre Calambos 认为，汉文凉州感通寺的愿文和吐蕃文书信中插入的汉字系僧人道昭所书，写于乾德六年。笔者以为五件吐蕃文书信与其他两部分内容并非抄写于同一时间，其他两部分抄写年代靠后，当是在五代时期，后来这三部分又被粘贴在一起。

---

① 唐耕耦、陆宏基：《敦煌社会经济文献真迹释录》第 4 辑，第 207 页。

② *Manuscripts and Travellers: The Sino-Tibetan Documents of a Tenth-Century Buddhist Pilgrim*, pp. 78－79.

信件三中出现了大云（'sprin chen）寺。唐代敦煌寺院中有大云寺，莫高窟第220窟主室东壁门上方发愿文云："贞观十有六年敬造奉。"同窟西壁龛下初唐供养人像第一身题名："大云寺僧道□一心供养俗姓翟氏。"[①]《唐会要》卷四八《寺》记载武周天授元年（690）令两京及天下诸州各置大云寺一所[②]，为唐朝官寺。吐蕃统治敦煌初期辰年（788）大云寺有僧16名（S. 2729），戌年（794）大云寺有寺户22户（S. 542）[③]，也是当地重要寺院。所以信件三中的大云（'sprin-chen）寺有可能是在敦煌。但是由于武周天授元年令两京及天下诸州各置大云寺一所，故而该寺也可能是在甘州等地。唐朝在河陇诸州所立官寺大云寺地位崇高，规模宏大，在吐蕃统治时期应该仍然是当地的重要寺院。

在五封藏文书信中杂写着一些汉字，在第一封信件后面写有"龙兴寺"三字[④]。信件四出现了［龙（lung）］兴寺（song lha gang）大上座（gnas brtan chen po）大和尚（ban de chen po），信件五中也出现了关于该寺僧舍的记载（lung song gi lha sde'I stsam）。[⑤] 龙兴寺原本也是唐朝官寺，唐中宗神龙元年（705）诏令天下诸州各立中兴寺、观一所，后改为龙兴寺、观。[⑥] 吐蕃时期敦煌也有龙兴寺，辰年（788）有僧27人（S. 2729）[⑦]，同样为当地重要寺院。据研究，系敦煌第一大寺，为僧团办事机构都僧统司所在地。[⑧]

信件四出现的［龙（lung）］兴寺（song lha gang）大上座（gnas brtan chen po）大和尚（ban de chen po）有可能是在凉州，凉州龙兴寺自然也是原来的唐朝官寺。而吐蕃敦煌龙兴寺有可能是该名唐朝五台山僧人在敦煌

---

① 《莫高窟供养人题记》，第102～103页。

② 《唐会要》上，第996页。

③ 《英藏敦煌文献》第4卷，第217页；《英藏敦煌文献》第2卷，成都：四川人民出版社，1990，第29～30页。

④ *Manuscripts and Travellers: The Sino-Tibetan Documents of a Tenth-Century Buddhist Pilgrim*, p. 159.

⑤ 托马斯（F. W. Thomas）将"lung song"录作"lung bong"，笔者查看文书原件认为应录为"lung song"。

⑥ 《唐会要》上，第992页。

⑦ 《英藏敦煌文献》第4卷，第217页。

⑧ 参见陈大为《敦煌龙兴寺与其它寺院关系》，《敦煌学辑刊》2009年第1期，第52～64页。

的停居寺院，由于其身份特殊，所以被送到龙兴寺去面见当地僧团领袖。至于他后来离开河陇地区向西域进发，最后是否到达天竺，目前尚不得而知。

2. 晚唐五代灵州道与北宋僧人西行求法

吐蕃占领河陇之后，中原内地通过河西走廊经过西域通往中亚、西亚、天竺的道路被阻绝，来往使节商旅只得取道途经漠北蒙古高原的回鹘路。唐朝僧人悟空自天竺归来，大约在贞元二年（786）由天竺回到唐境。《悟空入竺记》记载此时安西四镇和北庭尚为唐朝属地，由于吐蕃已占领河西，所以他在安西、北庭各地逗留多时，于贞元六年（790）二月与唐朝安西、北庭官员一起取道漠北回鹘道回到长安①。

《新唐书》卷二二一上《西域传》“于阗”条中记载吐蕃占领河陇，唐德宗即位之初遣内给事朱如玉到安西，求玉于于阗。其人回到长安后诈称玉石在回程途中被沿路的回鹘抢掠，私自贪污在于阗取得的宝物②。朱如玉往返无疑也是取道漠北回鹘路。在吐蕃占领西域（于阗、萨毗、龟兹、西州、伊州等地区）后，唐朝经过西域通往中亚、西亚、天竺的道路也进一步被阻断，中原地区通过陆路与这些地区的交流也被迫中断。在唐、蕃长庆会盟后，唐朝五台山僧人经过吐蕃统治下的河陇西域前往天竺求法，这应该是吐蕃占领河陇西域后中原内地僧俗人众首次穿越河西走廊经过西域前往天竺③。这表明唐、蕃双方和平相处，彼此间的经济文化交流得以较为充分地开展，无疑具有重要意义。

在晚唐五代宋初，西北地区被称为灵州道的交通路线十分繁忙，为中原与河西、西域之间的重要通道。赵贞先生认为大中年间沙州使者循回鹘旧路，北趋居延海并假借天德军进入灵州，灵州道由此开通。咸通年间凉州光复后，灵州—凉州道空前活跃，并成为维系中原和西域交通的必由之路。其大致走向是在从灵州出发横越腾格里沙漠后，溯古白亭河（今石羊

---

① 《悟空入竺记》，《大正新修大藏经》第 51 册，台北：新文丰出版公司，1983，第 980 ~ 981 页。

② 《新唐书》，第 6236 页。

③ P. T. 996 号《大乘无分别修习义》则记载汉僧禅师曼（man）和尚由吐蕃统治下的陇右地区回到唐朝故乡。曼和尚回到中原地区的时间可能是在 822 年唐、蕃长庆会盟之前，具体时间应该是 9 世纪初期两国关系得到一定缓和，双方进行通使的时期，当时两国通使路线是：长安—清水—兰州—河州—逻些。

河）南下而行走的[①]。前引 S. 2589《中和四年（884）肃州防戍都营田索汉君、县丞张胜君等状》等文书就记载了归义军使节经过凉州、灵州前往长安的情况。除过归义军外，于阗、甘州回鹘等西域、河西地区各地方政权也利用这条路线前往长安与中原王朝通使。

另外，当时各国僧侣也经过灵州前往长安或河西、西域、天竺求法礼佛。S. 529《定州开元寺僧归文启》则记载后唐同光二年（924），定州开元寺僧人归文奉朝廷诏敕，“往诣西天取经”，四月二十三日达到灵州，归文变卖随身衣物，购得两头骆驼，“准备西登碛路”，[②] 继续前往凉州、甘州。P. 3973《往五台山行记》首尾俱残，现存七行，记载了五代时期某僧人戊寅岁从沙州出发至五台山，又于辛卯岁返回沙州之事，揭示了由沙州经瓜、肃、甘、凉、灵州，然后北折，经丰、胜、朔、代、忻到五台山的路线。[③] 到了北宋初年，更是形成了一个经过河西走廊西行求法的高潮。前引《宋会要辑稿·方域二一·西凉府》记载乾德四年（966），知西凉州折逋喝皮上奏北宋朝廷有来自朔方地区的回鹘僧 200 余人、汉僧 60 余人，声称欲往天竺取经，折逋喝皮负责将之送到甘州。关于此事的记载也见于《宋史》卷四九二《吐蕃传》和《宋史》卷四九〇《天竺传》[④]。

而南宋范成大的《吴船录》也记载了北宋初年僧人继业由阶州出塞，经过灵武及河西走廊凉、甘、瓜、沙各州赴天竺巡礼圣迹后回国的经历。继业也应该属于 966 年这批西行求法僧人之一，其求法经历与《宋会要辑稿》《宋史》的有关记载可以相互印证[⑤]。

而敦煌汉文文书 P. 3931《后唐灵武节度使表状集·印度普化大师游五台山启文》[⑥]、于阗文梵文双语文书 Pelliot chinois. 5538 号中还记载了五代北宋时期天竺僧人经西域、河西、灵州前往中原佛教圣地五台山礼佛的情况[⑦]。

---

① 赵贞：《敦煌文书所见晚唐五代宋初的灵州道》，《中国历史地理论丛》2001 年第 4 期，第 82～91 页。

② 《英藏敦煌文献》第 2 卷，第 9 页。

③ 《法藏敦煌西域文献》第 30 卷，上海：上海古籍出版社，2005，第 306 页；参阅杜斗城《敦煌五台山文献校录研究》，太原：山西人民出版社，1991，第 220～221 页。

④ 《宋史》，第 14104、14153 页。

⑤ 范成大：《范成大笔记六种·吴船录》，北京：中华书局，2002，第 204～206 页。

⑥ 赵和平：《敦煌表状笺启书仪辑校》，南京：江苏古籍出版社，1997，第 228～231 页。

⑦ *Manuscripts and Travellers: The Sino-Tibetan Documents of a Tenth-Century Buddhist Pilgrim*, pp. 140 – 141.

近年出土的山东兖州《兴隆塔地宫碑铭》记载于阗僧人法藏于北宋开宝三年（970）离开于阗赴西天求法，后来又带着从西天取得的佛像、世尊金顶骨和舍利等宝物以及于阗国贡玉、马匹到达宋都开封，受到北宋天子的赐封，并巡游峨眉山、五台山、泗州等中土佛教圣地[①]。于阗僧人法藏赴西天求法当受到乾德四年（966）大批北宋僧人经河西走廊西行，再经过于阗等地赴天竺求法事件的影响。他到北宋觐见皇帝并在北宋国境内朝圣礼佛也当是从于阗出发，经过河西走廊，取道灵州进入中原。

日本学者长泽和俊通过研究认为，唐末的灵州集中了来自中原、漠北、河西的使节，宛然一个国际都市，到了五代宋初，灵州作为通往河西去的唯一关口，存在活跃的中继贸易[②]，除了中继贸易，中原和西域的求法僧人也频繁往来于灵州。实际上，这个国际交往的灵州道在 822 年唐、蕃会盟后不久就已经开通，而非 848 年张议潮起义遣使归唐才开通，其时间要提早二十余年。正是唐、蕃长庆会盟后五台山僧人由灵州经河陇地区向天竺求取佛法，使得灵州道开通，中原内地与河西、西域地区的交往得以开展，才导致晚唐五代宋初时这条路线成为当时中西交通的重要通道，极大地促进了中原地区与中亚、西亚、南亚各国之间的政治、经济、宗教、文化交流。

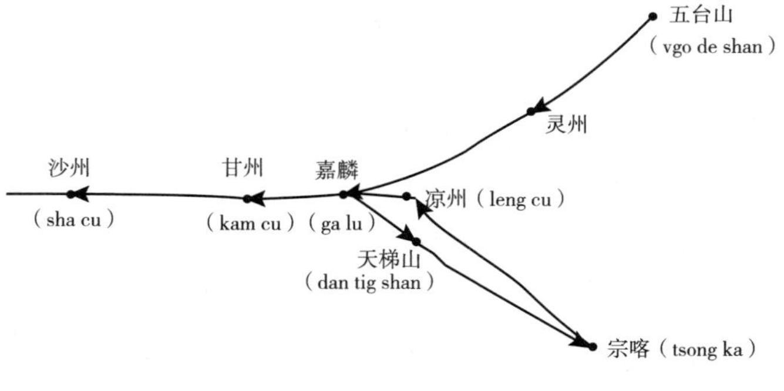

唐朝五台山僧人礼佛路线示意图

① 温玉成：《于阗僧人法藏与兖州宋代金棺刍议》，《世界宗教研究》2010 年第 2 期，第 40～44 页。

② 长泽和俊：《丝绸之路史研究》，天津：天津古籍出版社，1991，第 283、300 页。

第十一章　吐蕃统治下敦煌社会与唐朝中央政权的关系

公元786年，吐蕃军队攻占了敦煌，开始了对该地区长达62年之久的统治①。对于吐蕃统治下的敦煌社会与唐朝中央政权间的关系，以往论者大都从民族矛盾的对抗一面出发，强调吐蕃统治时期沦陷区域各族人民的痛苦遭遇与反抗斗争，这固然是对的。然而，事情往往是多面的、复杂的，从另一视角看，吐蕃统治下的敦煌社会与唐朝中央政权间又保持着一定程度的联系和交流。历史地观察这种联系和交流尤为重要。这方面目前尚无专文论及，本章掇拾相关史料，拟对之略作一些探讨。

第一节　敦煌佛教对吐蕃的影响及吐蕃在敦煌释放唐朝战俘、与唐朝交好的举措

敦煌在唐朝是河陇地区的佛教圣地，丝绸之路上的经济文化重镇。吐蕃对该地也十分重视，在吐蕃军队围攻敦煌时，吐蕃赞普也曾亲临其地，加以指挥。

> 始，沙州刺史周鼎为唐固守，赞普徙帐南山，使尚绮心儿攻之。鼎请救回鹘，逾年不至，议焚城郭，引众东奔，皆以为不可。……城

① 关于敦煌陷蕃的时间，学界有多种说法，此取贞元二年（786）说。关于张议潮驱逐吐蕃官兵，收复敦煌，遣使奉表归唐的时间，据敦煌文书S.3329号《张淮深碑》等记载当在大中二年（848）。故吐蕃统治敦煌的时间应为62年。

> 守者八年，出绫一端募麦一斗，应者甚众。朝喜曰：“民且有食，可以死守也。”又二岁，粮械皆竭，登城而呼曰：“苟毋徙佗境，请以城降。”绮心儿许诺，于是出降。自攻城至是凡十一年。赞普以绮心儿代守。后疑朝谋变，置毒靴中而死。州人皆胡服臣虏，每岁时祀父祖，衣中国之服，号恸而藏之。①

敦煌军民顽强抵抗吐蕃军队 11 年，最后械尽粮绝，被迫降蕃。但是经过谈判，当地居民没有被大批迁移到其他地区，该地区仍然保留了不少唐朝的文化礼俗，落蕃唐人及其后裔不忘故国，渴望归唐。而在敦煌归属吐蕃后，源自中原内地的佛教对吐蕃本部也产生了重要影响。

S. 1438 背《书仪》残卷是蕃占初期敦煌汉人都督索允的书状汇编②，其中写给赞普请求出家的表文云：

> 状请出家，右厶年在襁褓，不食薰羶，及乎佩隽（觿），每颂经论，持斋持戒，积有岁年……近日相公不以庸鄙，令介沙州，将登耳顺之年，渐及悬车之日，老夫耄矣，诚无供于国用，佛法兴流，庶裨益于圣祚，厶使事昙和尚廿年，经论之门，久承训习。缅推生死之事，迅若驰流，昨缘愚子，枉被某害，一身单独，举目无依，今请舍官出家，伏惟相公无障圣道，则小人与身报贺，万死酬恩，解脱之因，伏望衷察。厶舍官出家，并施宅充寺，资财驼马、田园等充为常住……孤单一身，年过六十……回宅充寺，誓报国恩……伏乞圣慈，允臣所请。③

文中提到的昙和尚即昙旷，为唐代河西著名大乘高僧，生于河西建康。出家后先在家乡学习大乘佛学，后到长安在西明寺专攻《大乘起信论》和《金刚般若经》，学成后回到河西，从事传教和著述。先后在朔方、凉州、甘州停居，在宝应二载（763）之前到达敦煌，留居当地 20 余年，撰有

---

① 《新唐书》卷二一六下《吐蕃传下》，第 6101 页。

② 参见本书第四章“敦煌写本 S. 1438 背《书仪》残卷与吐蕃沙州都督制度”。

③ 唐耕耦、陆宏基：《敦煌社会经济文献真迹释录》第 5 辑，第 315 ~ 316 页。

《大乘起信论广释》《大乘起信论略述》《大乘百法明门论开宗义记》等多种著作。吐蕃占领敦煌后，赞普慕名召其入藏，但是昙旷因年老患病未往，赞普遂将其疑难整理为二十二问端，遣使求解于昙旷。昙旷抱病口述《大乘二十二问》作答，约于公元788年病逝[①]。索允师事昙旷，精通佛理，因此背景而得以被吐蕃当局任命为沙州都督，成为当时敦煌汉人最高官员。另外，敦煌高僧摩诃衍在吐蕃占领敦煌后曾应召赴逻些（拉萨）转播汉地禅宗，并与天竺僧人噶玛拉希拉（莲花戒）展开辩论。S.1438背《书仪》残卷中还记载他回到敦煌后也被授予“国德”称号，并曾参与当地政务，和索都督一起审理驿户叛乱，向吐蕃瓜州节度使奏报[②]。

在吐蕃占领河陇时期，吐蕃与唐朝虽然不断交兵，但是双方仍然一直努力通过谈判来缔结盟约，止战息兵。作为河陇地区佛教圣地、经济文化重镇的敦煌，在唐、蕃交好会盟的过程中也发挥了重要作用。吐蕃朝野素来对唐朝国力及文化典制充满景仰，所以对兵尽矢穷被俘或械尽粮绝最后被迫投降的敦煌军民采取了较为宽容的政策，除了答应他们不迁移他处外，还容许他们回归唐朝。《金石萃编》卷九七《颜鲁公宋广平碑》侧记文字云：

> 公第八子衡，因谪居沙州，参佐戎幕，河陇失守，介于吐蕃，以功累拜工部郎中兼□御史、河西节度行军司马。与节度周鼎保守敦煌仅十余岁，遂有中丞常侍之拜，恩命未达而吐蕃围城，兵尽矢穷，为贼所陷。吐蕃素闻太尉名德……遂赠以驼马送还，大历十二年十一月以二百骑尽室护归。[③]

可知唐玄宗朝著名宰相宋璟之子宋衡协同周鼎据守敦煌十余年，最后在战斗中被吐蕃俘获，受到吐蕃的优待礼遇，吐蕃专派军队将其全家护送回唐朝，时间在公元777年。

另据《唐会要》记载，建中四年（783）唐、蕃清水会盟之后，“吐蕃

---

① 杨富学、李吉和：《敦煌汉文吐蕃史料辑校》，第3~37页。

② 《敦煌社会经济文献真迹释录》第5辑，第319页。

③ 转引自陈国灿《敦煌学史事新证》，第474页。

将先没蕃将士僧尼等至自沙州，凡八百人，报元年之德”①。当时吐蕃正在对敦煌（沙州）进行围攻，所释放的没蕃将士、僧尼应当来自敦煌等地。而敦煌文书 S. 5812 号《丑年八月女令狐大娘牒》② 记载，公元 786 年敦煌降蕃时百姓吴铨向东归唐。P. 2259 背《龙勒乡部落管见在及向东人户田亩历》残卷则记载：“龙勒乡部落，合当部落管见在及向东人户总二百十（？）五户。九十二全家向东，□廿八有田。”③ 可知当时敦煌普通居民也被容许东归唐朝。

P. 2807《斋文》是一篇吐蕃太子在敦煌礼佛的祈愿文，该文云：

……惟我圣神赞普，祚承大叶（业），圣备无疆；克修永固，诞应天命；威加四海，恩侠八维；流演一乘，以安百姓。故得皇储赞翼，忠谏纳于元规；正理明朝，匡弼齐于辅佐。惟我皇太子殿下，睿德钦明，遑风远扇；龙舟少海，天朗前星；继好息人，交质蕃城。遂得一国忻喜，三危康复。伏惟十一朗等千秋高纤，万古王孙；忠孝两人，信义双互。更能连贺来诣，星宫探赜；胜因□兹福事。伏惟节儿部落使等或奇才出众，或武艺超伦，俱怀恤物之能，共助明王之道。伏惟□来二那□□□要标当仁；明断则无不推先，监察则众皆叹美；近感务工，远□边州；勘算算余，光挥（辉）法席。伏惟国夫人则母仪天发，妇行神资，雍雍含撤推之容，赫赫蕴逶迤之貌；雅居尊而不乐奢侈，然处贵能益和柔；万善从此皆臻，五福以之云集。伏愿诸娘子等芳兰洁性玉成，姿实继于闾闺，淑德传于帝里。伏惟都督公帝乡雄望，书擗灵枝；□类冰霜，心同水镜；澄波倾不足比其清，□□寻安可逾其操；实谓邦家之宝，栋梁之才。伏惟部落使判官等僚并鉴明时务，清乡肃人；或识量弘深，聊扬金（今）古；或推穷审查，妙尽否臧；嘉誉遍于寰中，善积盈于宇内。伏惟瓜沙两州都番（蕃）僧统大德，听辩不群，戒行孤立，威仪被于七众，导化柄于三乘，八户畏其严，僧俗钦其望。伏惟翟教授阇梨原望寻扬（浔阳），派分龙勒；家承虹冕，代袭

① 《唐会要》卷九七《吐蕃》，第 2055 页。

② 《敦煌社会经济文献真迹释录》第 2 辑，第 287 页。

③ 《法藏敦煌西域文献》第 10 卷，第 215 页。

弓裘，性资天实，才不亏学；其净慎也混而不浊，其刚志也□而不同；言无爱憎，行有忠信。所以名高五郡，位冠千僧者欤？前翟教授，□八硕德，柰苑名僧；柄推操以年深，胯僧律而岁久。所以恐亏自行，疲頊八地；频诉务繁，特蒙退净；法叶三味（昧），因此圆明。①

文书中出现了吐蕃皇太子、十一郎、太子夫人、公主、都督、瓜沙两州都番（蕃）僧统、翟教授等人，与之内容相似的还有 P. 2255 和 P. 2326《祈福发愿文》、S. 2146《行城文》、P. 3256《愿文》、P. 2770V0《释门文范》等。笔者考证这五件文书的写作时间为 798 ~ 815 年。P. 3256《愿文》的发愿者为皇太子、十郎、十一郎、太子夫人、公主、节儿上（尚）论、都督等人，P. 2255、P. 2326《祈福发愿文》的发愿者为皇太子、都督杜公、蕃汉部落使、教授等人，S. 2146《行城文》的发愿者则为赞普、皇太子、太子夫人、妃宾（嫔）、都督杜公，P. 2770V0《释门文范》出现了吐蕃赞普、皇太子殿下、十郎、十一郎、节儿监军尚论、良牧杜公与安公、灵图寺教授、乾元寺教授、报恩寺教授等人。这五件斋文中的吐蕃皇太子就是臧玛，赞普为赤德松赞，都督就是籍贯京兆的沙州杜都督，另外 P. 3256《愿文》还提到太子诸王，这里的诸王系指朗达玛、热巴坚等人②。

吐蕃皇太子臧玛于 798 ~ 815 年来到敦煌，关于他来此地的目的，斋文中也有所透露。P. 2807《斋文》、P. 2770V0《释门文范》云："惟我皇太子殿下，睿德钦明，遑风远扇；龙舟少海，天朗前星；继好息人，交质蕃城。遂得一国忻喜，三危康复。" P. 2255 和 P. 2326《祈福发愿文》载："亦使烽飙不举，万里尘（澄）清；四邻绝交净之仇，两国结舅生（甥）之好。我圣君之良愿，其在兹焉！" 可见这位吐蕃皇太子是为了吐蕃与唐朝两国和好息兵、重结甥舅之好而来到敦煌的。所谓"继好息人，交质蕃城。遂得一国忻喜，三危康复"，应该是指释放唐朝俘虏和人质一事。据《册府元龟》记载："宪宗元和二年八月，以没蕃人僧良阐等四百五十人自

① 《敦煌汉文吐蕃史料辑校》第 1 辑，第 235 ~ 236 页。

② 参见陆离《有关吐蕃太子的文书研究》，《敦煌学辑刊》2003 年第 1 期；《关于吐蕃统治时期敦煌僧官的几个问题》，《敦煌研究》2005 年第 3 期。

吐蕃复还中国，命京兆府勘责先身亡及送在神策军，余三百九十人，诏良阐等：‘顷因沦陷，久在殊方，或有平日遣人，或是衣冠旧族，万里归国，尤所哀矜，应归及分配并侍亲等人，委所在特加优恤。’”[①]《册府元龟》还记载同年十二月，吐蕃与南诏都遣使朝贡唐朝[②]。元和二年即807年，吐蕃太子臧玛“继好息人，交质蕃城”应该就是元和二年的这次释放唐人的行动。

从797年开始，吐蕃政权内部矛盾增多，对外则与唐、南诏、大食为敌，防线日蹙；在嶲州、盐州、维州数次为唐军击败。此时，赤德松赞推行崇佛政策，任用僧人掌政，力图摆脱唐、蕃之间的严重对峙和人财物日益枯竭的局面，一再主张唐、蕃息战言和，改善关系。据《旧唐书》《册府元龟》记载，803年，吐蕃首先派遣论颊热等人赴唐请和，并报牟尼赞普之丧；唐朝则分别派遣薛伾往报和好之意，张荐吊赞普之丧。804年4月，吐蕃又派遣臧河南观察使论乞冉及僧南拨特计波为首的54人使团来唐[③]，近年来发现的吐蕃时期的摩崖石刻对此也有所记载。西藏昌都地区察雅县香堆区仁达乡丹玛山崖上的摩崖刻文云：

> 猴年，夏，赞普墀德松赞之时，宣布比丘参加大盟会，赐给金告身以下的告身……唐蕃和谈始□，参与和谈者为堪布廓尔·益希央、比丘达洛塔德、甘·南喀娘波；为了赞普之功德与众生之福泽，造此佛像，祈愿。

据恰白·次旦平措先生考证，猴年是指藏历阳木猴年，即公元804年，这一年赤德松赞与唐德宗开始相互遣使进行和谈[④]。公元805年，唐德宗去世，唐顺宗李诵即位，进一步改善唐蕃关系：一方面给予原来俘获并发配各地的吐蕃“生口”（俘虏）衣物，放还吐蕃；另一方面又将平凉劫盟中

---

① 《册府元龟》卷一四七《帝王部·恤下二》，第1782页。

② 《册府元龟》卷九七二《外臣部·朝贡五》，第11417页。

③ 《旧唐书》卷一九六下《吐蕃传下》，第5261页。

④ 恰白·次旦平措、诺章·吴坚、平措次仁著，陈庆英、格桑益西、何宗英、许德存译《西藏通史——松石宝串》，拉萨：西藏古籍出版社，1996，第168~169页；参见恰白·次旦平措著，郑堆、丹增译《简析新发现的吐蕃摩崖石文》，《中国藏学》1988年第1期，第76~81页。

被吐蕃扣压后又逃回，被唐德宗以“习蕃中事，不欲令出外”为由而囚禁的严怀志、吕温等16人释放，并封授官职①。唐宪宗李纯即位后，遂即派侯幼平为使前往吐蕃行告丧和册立之事。吐蕃立即派遣论乞缕贡向唐顺宗陵墓奉献金银财宝，并向唐宪宗贡献方物。806年，唐宪宗命将发配福建道的吐蕃“生口”70人放还吐蕃②。由于唐朝的这些举措，所以才有了吐蕃皇太子807年这次“继好息人，交质蕃城”的回报。此后双方继续通使修好，821年唐、蕃双方举行了著名的长庆会盟，写下了唐、蕃关系史上重要的一笔，基本上结束了唐、蕃之间长期对峙和战争的局面。此事从长远来看，为西藏地方最终纳入祖国版图创造了条件，提供了重要的历史依据。

上引祈愿文中“蕃城”具体指何处，尚不明了。文中称“继好息人，交质蕃城。遂得一国忻喜，三危康复”，“三危”为敦煌三危山，所以“蕃城”有可能就是指吐蕃占领和统治的城池敦煌，即吐蕃在敦煌释放唐人俘囚归国，然后臧玛一行又在佛教圣地敦煌莫高窟礼佛祈福，祈愿两国和好息兵，永结甥舅之好。这也有先例可循。前面已经提到唐、蕃清水会盟后，吐蕃曾在沙州释放没蕃将士、僧尼800人，而且吐蕃在围攻敦煌过程中也对兵尽矢穷被俘或粮绝炊断最后被迫投降的敦煌军民采取了较为宽容的政策，允许甚至护送他们归唐。信奉佛教并以之为国教的吐蕃王国派皇太子在河陇佛教圣地、经济文化重镇敦煌释放唐人，然后于莫高窟礼佛，也体现了佛教的好生之德。臧玛到敦煌礼佛则由当地僧俗官员陪同，汉文礼佛发愿文也由沙州都督、教授等执笔，臧玛及其妻儿作为发愿者名列其中，位置靠前，表明吐蕃太子臧玛本人可能对汉文并不熟悉，但是他笃信释教，也认可这种由当地汉人僧俗官员代写汉文发愿文礼佛祈福的做法。

另据史书记载，在公元821年唐、蕃长庆会盟后，吐蕃曾经遣使向唐朝求《五台山图》。“穆宗长庆四年（824）九月甲子，灵武节度使李进诚奏，吐蕃遣使求《五台山图》。山在代州，多浮图之迹，西戎尚此教，故来求之。”③ 而在敦煌莫高窟第159、222、237、361窟的壁画中保存有四

① 《旧唐书》卷一四《顺宗本纪》，第406页。

② 参见安应民《吐蕃史》，银川：宁夏人民出版社，1989，第250页。

③ 《册府元龟》卷九九九《外臣部·请求》，第11724页。

幅吐蕃统治时期绘制的《五台山图》，这也是敦煌壁画中出现的年代最早的《五台山图》，其形式为小型屏风画，源自中原地区①，它们应当与长庆四年吐蕃遣使向唐朝求《五台山图》之事有一定关系。这表明，吐蕃占领河陇时期唐、蕃之间曾以佛教为媒介进行政治与文化交往，当时中原汉地佛教对吐蕃统治下敦煌等地的佛教曾经产生了重要影响。

第二节　敦煌地区的蕃汉官员与唐朝中央政权的联系

吐蕃统治时期敦煌地区的蕃汉官员也曾经与唐朝中央政权发生过联系和接触。敦煌文书 Дх. 1462 + P. 3829 号《吐蕃论董勃藏修伽蓝功德记》是分藏于法、俄两国的两件文书残卷，李正宇先生将它们拼接缀合为一件文书。此文书记载吐蕃监军论董勃藏之祖、父及本人的经历和任职情况，是关于吐蕃统治敦煌时期历史的珍贵史料，其中载有如下内容：

> 大蕃古沙州行人三部落兼防御兵马及行营留□/□……其监军论，宗源本吐蕃国人。……既监军论字号董勃藏，名金刚，敕充沙州三部落兼防御兵马行营留后大监军使，授大鍮石告身。为政也，助其国，优其民，称其材，委其任。孳成畜聚，业畜基深；果倘临军，殷勤边守。悬泉路次，长承偃草之风；右地阳关，不假前茅之侯。驱鸡驯俗，先为竹马之期；伏豹同弦，德最严凝之重。五邻劝附，三部坚亲。执虎契而论兵，案铜鱼而格俗；为仁义依依古礼，更号令赫赫军容。控制万人，常居便地；科驰百姓，使殖膏腴。藉田肆意于春光，断狱不违于秋令。城中吏庶，更沐来苏；路上行人，皆传颂德。②

此功德记的写作年代李正宇先生考证为公元 824 年以后，《唐会要》卷

---

① 参见敦煌研究院编《敦煌莫高窟内容总录》，第 54、77、83、132 页；杜斗城《敦煌五台山文献校录研究》，太原：山西人民出版社，1991，第 114 页；扎洛《吐蕃求〈五台山图〉史事杂考》，《民族研究》1998 年第 1 期，第 100 页。

② 《俄藏敦煌文献》第 8 卷，第 192 页；《敦煌宝藏》第 131 册，第 190 页；李正宇：《吐蕃论董勃藏修伽蓝功德记两残卷的发现、缀合及考证》，《敦煌吐鲁番研究》第 2 卷，第 250 页。

九七“吐蕃门”记载吐蕃官员论董勃藏（“论”是吐蕃官员大臣之意）在太和六年（832）曾作为友好使者奉使唐朝。《册府元龟》对此事也有记载：“二月丙辰，麟德殿对入朝吐蕃论董渤藏等一十九人，……宴赐有差。”①

河西吐蕃写经315号《大般若经》第11页背面书信也出现有“董勃藏”（ldong bzang），书信云：

> 内主论殉思却逻及论摩叵热、董勃藏（ldong bzang）：董摩敬呈书信问候如天神幻化之内主陛下，时来心体安康与否？此方本应敬书奏闻，请勿诧异。卑职不得亲谒（陛下）真容，故（只得）将此语以烦听闻。若蒙垂询，请复至卑职之行辕，沙州二汉部。②

此时沙州汉人只成立了两个部落，董勃藏（ldong bzang）尚未任职为沙州三部落兼防御兵马行营留后大监军使，即吐蕃统治下敦煌第二军政长官节儿监军（rtse rje spyan），但是他当时已经在吐蕃统治下河西地区的瓜州或肃州、甘州等地任职。他担任大监军使的时间当在该书信书写年代之后，这一职务简称监军论。其中的“三部落”是指成立于公元820年的阿骨萨、悉董萨部落和成立于824年以后的悉宁宗部落。这三个部落都是军事部落，即平时从事生产，战时编队出征。由该书信和Дx. 1462 + P. 3829号《吐蕃论董勃藏修伽蓝功德记》可知，董勃藏曾经在820~824年前后在敦煌、瓜州等地担任重要军政职务。在此后不久，于832年率领使团出使唐朝，晋见唐朝文宗皇帝。这当与他在保存唐朝文化典制较多的河陇地区的经济文化重镇敦煌、瓜州等地任职多年，较为熟悉唐朝文化典制有关。

另据敦煌文书P. 3726《释门都法律杜和尚写真赞》，其作者僧人智照曾担任“大蕃瓜沙境大行军衙知两国密遣判官”③。他在瓜州节度使衙府中应当是负责吐蕃与唐朝外交联络事务的官员，职掌具有保密性质。P. 2991

---

① 《册府元龟》卷九七六《外臣部·褒异三》，第11465页。

② 黄文焕：《河西吐蕃式写经目录并后记》，《世界宗教研究》1982年第1期。转载于《中国敦煌学百年文库》之《民族卷（二）》，兰州：甘肃文化出版社，1999，第185页。

③ 郑炳林：《敦煌碑铭赞辑释》，第221页。

号为智照所撰《莫高窟素画功德赞文》，其中云：

> 莫高窟素画功德赞文。瓜沙境大行军都节度衙幕府判［官］智照述。窃闻诸行无常，众生有着，溺情五欲，流道忌归……则有敦煌官品社厶公等厶人集崇建矣。上为赞普（未抄完）。①

“瓜沙境大行军都节度衙幕府判［官］”应该就是大蕃瓜沙境大行军衙知两国密遣判官。智照本为敦煌龙兴寺僧。敦煌写经多见其署名，如 S. 1167《四分律比丘尼戒本》题记曰：“龙兴寺僧智照写。”② P. 2285《佛说父母恩重经》题曰：“丁卯年十一月廿九日，奉为亡妣写毕，孤子比丘智照。”③丁卯年，即大中元年（847）。吐蕃以佛教为国教，僧侣受到礼遇优待，佛教又主张和平息争，故而智照等僧人曾充当唐、蕃交往的使者。敦煌僧人智照之所以担任负责吐蕃与唐朝外交联络机密事务的官员，还应当与他本人为落蕃唐人后裔、精通汉语、具有很高的汉文化修养有一定关系，而智照正是在敦煌受到了较为系统的汉文化教育，另外智照也应该熟悉藏文，这也是担任这一官职的必备条件。

前面揭示的 S. 1438 背《书仪》中还记载在吐蕃统治下担任最高官员的敦煌汉人索都督，他曾托付归朝僧人向唐朝皇帝进献绣像一件，以示不忘故国：

> 右臣居极边，素无物产，虽心效藜藿，愿欲献芹，徒怀万里之诚，难达九重之圣，前件功德等，皆自远而来，非当土所有。观其制造，颇谓绝伦。皆五彩相鲜，上映霓虹之色。……或刻木成形，苞含万象；方圆咫尺，备写百灵。……辄烦天听，用表愚诚。谨因僧归朝，奉进以闻，谨进。④

① 《敦煌宝藏》第 125 册，台北：新文丰出版公司，1985，第 539 页。

② 《敦煌宝藏》第 9 册，台北：新文丰出版公司，1985，第 87 页。

③ 《敦煌宝藏》第 118 册，台北：新文丰出版公司，1985，第 466 页。

④ 这件信函赵和平先生认为是写给吐蕃赞普的（赵和平：《敦煌写本书仪研究》，第 473 ~ 474 页），但是根据信中内容来看，也有可能是作者写给唐朝皇帝的。敦煌都督与乞利本等都为当地高级官员，他们通过吐蕃驿传系统与吐蕃王庭保持固定的通使联系，不大可能托归朝僧人向吐蕃赞普进献绣像。

由以上论述也可知，在吐蕃统治敦煌时期，当地官员与唐朝长安等地区的联系并未中断，仍然保持着一定的通使关系和人员往来。

第三节　吐蕃统治下敦煌官方和民间对唐朝典制礼俗的保存与吸收

吐蕃统治敦煌时期，为了适应当地的具体情况，吸收模仿了不少唐制来维护巩固统治。我们在吐蕃于敦煌等地实施的职官、法律、军事、经济、宗教制度中都可见到唐制的影响，如职官中的税务官、营田官、水官、文书官、仓曹、十将、将头的设置，司法诉讼程序及法律形式，还有驿传制度、赋役制度、市券制度、僧官制度的制定等[①]。当时汉语依然是敦煌等地的官方通用语言，吐蕃官府牒状公文有相当部分采用汉文，吐蕃官员在上面用汉文加以批示[②]，甚至沿用唐人的一些行文规矩。如前引Дх. 1462 + P. 3829 号《吐蕃论董勃藏修伽蓝功德记》中“民”字就缺笔，表明吐蕃政权仍然为唐朝皇帝李世民等人避讳。

此外，吐蕃政权还保留了唐朝的一些官方礼仪。众所周知，吐蕃以十二生肖纪年，这种纪年法较之中原汉地的干支纪年法显得简单，实则是学习、吸收后者而加以改造的产物。吐蕃积极学习汉地历法，唐朝历法对吐蕃产生了一定影响[③]。由于目前并没有发现吐蕃统治敦煌时期的藏文具注历日，故推测汉文具注历日应为当时官方和民间共同使用。吐蕃时期的汉文具注历日中记载了当时在正月实行始耕之礼，P. 2765《甲寅岁（834）具注历日》记载正月十二日癸亥“始耕”[④]，当是对唐朝藉田之礼之模仿。藉田为古时帝王在正月亲耕农田，以奉祀宗庙，且寓劝农之意的一种礼制。干宝《周礼注》曰：“古之王者，贵为天子，富有四海，而必私置藉田。盖其义有三焉：一曰，以奉宗庙，亲致其孝也；二曰，以训于百姓在

① 参见陆离《吐蕃统治河陇西域时期制度研究》。

② 参见陆离《吐蕃敦煌乞利本考》，《中国边疆史地研究》2007 年第 4 期。

③ 参见孙林《唐九宫算、藏族九宫历以及纳西族巴格图的比较研究》，《中国藏学》2007 年第 2 期。

④ 邓文宽：《敦煌天文历法文献辑校》，南京：江苏古籍出版社，1996，第 143 页。

勤，勤则不匮也；三曰，闻之子孙，躬知稼穑之艰难，无（违）［禁］也。”① 武德、贞观之时曾经重申藉田之礼：“孟春吉亥，祭帝社于藉田，天子亲耕。”贞观三年（629）年正月，太宗亲祭先农，御耒耜藉于千亩之甸②。《大唐开元礼》规定正月亥日皇帝及有司祭享先农（神农、后稷）亲耕农田③。

敦煌文书 P. 2481《亲藉田 · 祠祭第六》也记载了藉田的祠祭之礼：

> 至若青阳纪律，玄鸟司辰，渚叶抽蒲，方展绀（轩）辕之礼；林花发杏，爰修载耜之仪。是以翠幕烟舒，效躬耕于千亩；青坛岳峙，乃藉于三推，岂唯下劝地人，上供七庙。④

吐蕃政权仿照唐朝藉田之礼举行始耕仪式，同样含有劝农之意，其祭祀对象当为神农、后稷二神。

另据 P. 2765《甲寅岁（834）具注历日》记载，吐蕃统治时期还保存有释奠之礼。该历日称甲寅岁（834）二月六日丁亥（上丁）“奠”⑤，奠即释奠，指在州县学校的孔庙举行的祭祀礼仪，乃官学四时之祭。《礼记》云：“凡学，春官释奠于其先师。”⑥ 汉代开始在学校祭祀孔子，后世又以颜回配享。唐朝规定其礼属于小祀，开元以后又将祭祀的时间定在每年的二月、八月上丁日。吐蕃官府同唐朝一样举行释奠之礼，说明他们对于中土儒家文化同样推崇。吐蕃自文成公主入藏后就开始派遣子弟入唐朝国学习业⑦，学习汉文、儒家经典以及唐朝的典章制度，故吐蕃派驻河陇等地的官员多通汉文，深受儒家文化的熏陶，他们保留释奠之礼是理所当然的。吐蕃时期敦煌汉文文书记载，当时有太学与国子监。P. 4660 号文书中记载：“故沙州缁门三学法主李和尚写真赞　宰相判官兼太学博士从兄李颛撰”，“沙州释门都法律大德氾和尚写真赞　宰相判官兼太学博士陇西李

---

① 《后汉书 · 志第四 · 礼仪上》，北京：中华书局，1965，第 3106 页。
② 《旧唐书》卷二四《礼仪四》，第 910、912 页。
③ 萧嵩：《大唐开元礼》卷四六、四七，北京：民族出版社，2000，第 268 ~ 274 页。
④ 《敦煌宝藏》第 121 册，第 42 页。
⑤ 《敦煌天文历法文献辑校》，第 146 页。
⑥ 《礼记》卷四《文王世子》，上海：上海古籍出版社，1987，第 113 页。
⑦ 《册府元龟》卷九七八《外臣部 · 和亲一》，第 11496 页。

颛撰"[①]。这个宰相判官兼太学博士陇西李颛为吐蕃沙州都教授僧人李氏的从兄，应该是敦煌一带人。宰相当是指驻节河州的吐蕃东道节度使，由吐蕃宰相兼任。太学源自唐朝，唐朝太学为国子监三学之一，实施儒学教育。吐蕃的太学同样传习儒家经典，应该设在原属唐朝的河陇地区，有可能就设在河陇诸州中最后被吐蕃占领，保存中原汉地文化较多的敦煌，而李颛也可能担任了吐蕃沙州州学博士。S.797 号背习书有"大蕃释门教授和尚洪辩修功德［记］大蕃国子监博士窦良骥撰"[②]，窦良骥为蕃占时期敦煌文士，敦煌文书中保存有该人撰写的多件诗文。大蕃国子监博士为其任职，他同样可能担任了吐蕃沙州州学博士，吐蕃国子监是传习儒家经典的官方机构，也有可能设在河陇地区。

吐蕃在敦煌还专门设有抄写儒家经典《孝经》的判官。S.5818《请处分写孝经判官安和子状》记载了写孝经判官安和子与别人的冲突[③]。安和子又见于 S.5824《经坊供菜关系牒》丝绵部落供应蔬菜人名单，该人作为判官与其他蕃汉判官一起为官方抄写佛经和《孝经》。沙州抄经活动有可能由沙州万户长书记（khri dpon yi ge pa）负责，这些抄写儒释经文的蕃汉判官也有可能就是吐蕃沙州万户长书记的下属或受其管辖者。[④]

在吐蕃统治时期，敦煌甚至还保留有唐朝玄宗皇帝的塑像。P.3451《张淮深变文》就记载了归义军节度使张淮深执政时期，唐朝中央政权使节到达敦煌后参拜开元寺玄宗塑像的情景[⑤]。开元寺，当修于开元年间，但在敦煌遗留的文献中，吐蕃统治初期始见其名，是一所具有相当规模的寺院[⑥]。该寺中一直保存有唐朝玄宗皇帝的塑像，表明吐蕃政权借此以安抚当地原唐朝居民的用心，同时也反映出其与唐朝重结甥舅之好的意愿。

值得注意的是，S.2729 吐蕃《辰年（788）勘牌子历》还记载敦煌潘

① 郑炳林：《敦煌碑铭赞辑释》，第 209、212 页。
② 郑炳林：《敦煌碑铭赞辑释》，第 65 页。
③ 《敦煌社会经济文献真迹释录》第 5 辑，第 1~2 页。
④ 参见陆离《吐蕃统治河陇西域时期职官四题》，《西北民族研究》2006 年第 2 期。
⑤ 张鸿勋：《敦煌讲唱文学作品选注》，兰州：甘肃人民出版社，1987，第 224 页。
⑥ 参见李正宇《敦煌地区古代祠庙寺观简志》，《敦煌学辑刊》1988 年 1、2 期合刊，第 77 页；《敦煌社会经济文献真迹释录》第 2 辑，第 482 页。

原堡寺有尼13名①。此寺也仅见于吐蕃统治时期。潘原为当时唐、蕃边界战略要地，吐蕃与唐朝通使口岸。《资治通鉴》记载大历二年（767）“九月，吐蕃众数万围灵州，游骑至潘原、宜禄”。

《资治通鉴》称大历八年（773）“初，元载尝为西州刺史，知河西、陇右山川形势。是时，吐蕃数为寇，载言于上曰：‘四镇、北庭既治泾州，无险要可守。陇山高峻，南连秦岭，北抵大河。今国家西境尽潘原，而吐蕃戍催沙堡……”

《资治通鉴》还记载，贞元三年（787）“［八月］吐蕃尚结赞遣五骑送崔汉衡归，且上表求和；至潘原，李观语之以‘有诏不纳吐蕃使者’，受其表而却其人”。②

吐蕃政权在敦煌建潘原堡寺应是为在潘原一带进出的军队和往来使者祈福，超度亡灵，表达了与唐朝和好息兵的愿望。

综上所述，吐蕃统治河西陇右时期，为适应当地的形势需要，曾经在职官、法律、军事、经济、宗教、文化等方面仿效、吸收唐朝的典章制度；在敦煌地区，落蕃唐人及其后裔仍然有意识地学习和保留唐朝的礼仪习俗，与汉地文化有着千丝万缕的联系。

第四节　张议潮起义与唐朝中央政权的关系

敦煌文书P.3620号共有四件，其中P.3620a为《封常清谢死表闻》；P.3620b为《讽谏今上破鲜于叔明令狐峘等请试僧尼及不许交易书》；P.3620c为文字五行，敕批一行，邓县尉判四行；P.3620d为《无名歌》，题记云：“未年三月廿五日学生张议潮写。”这几件文书笔迹相同，当都为归义军政权创立者张议潮所抄写。此时张议潮尚为学生，书写时间应该是在吐蕃占领敦煌时期。据考证，《讽谏今上破鲜于叔明令狐峘等请试僧尼及不许交易书》作于大历十四年（779）的五六月间，是僧人无名上奏给唐德宗的表文③。《封常清谢

① 《敦煌社会经济文献真迹释录》第4辑，全国图书馆文献缩微复制中心，1990，第201页。

② 《资治通鉴》卷二二四“大历二年九月”条“大历八年十月”条，卷二三三“贞元三年八月”条，北京：中华书局，1956，第7197、7224、7496页。

③ 陈英英：《敦煌写本讽谏今上破鲜于叔明令狐峘等请试僧尼及不许交易书考释》，《敦煌吐鲁番文献研究论集》，第526页。

死表闻》作于封常清讨安史叛军，兵败潼关，遭朝廷枉杀之时，系封氏上奏于唐玄宗的表文[①]。这几件状表诗文应该是在吐蕃占领敦煌前后流传到敦煌的。吐蕃在755年“安史之乱”爆发后乘唐军东调平叛之机逐步侵占河陇西域之地，在786年占领敦煌之前早已占领了瓜、肃、甘、凉等地，当时河西地区与唐朝长安等地的文化经济交流却并未因吐蕃对该地区的占领而中断。青少年时期的张议潮抄写这些来自唐朝的中原内地诗文，无疑受其内容的熏陶，这对他驱逐吐蕃、回归唐朝的思想的形成也产生了一定的作用。这表明，当时唐朝中央政权在当地仍然有很大的影响与感召力，不但敦煌居民对唐朝中央政权有很强的向心力，河陇其他地区同样如此。822年唐使刘元鼎赴逻些会盟，路过兰州、龙支城等地，见到大量落蕃唐人，仍然热切盼望唐朝能够出兵收复失地：

> 兰州地皆粳稻，桃李榆柳岑蔚。户皆唐人，见使者麾盖，夹道观。至龙支城，耋老千人拜且泣，问天子安否？言：“顷从军没于此，今子孙未忍忘唐服，朝廷尚念之乎？兵何日来？”言已皆呜咽。密问之，丰州人也。[②]

公元842年，吐蕃本部发生内乱，赞普朗达玛被杀，二子争立，河陇地区边将落门川讨击使论恐热击杀吐蕃东道节度使，自称国相，与吐蕃鄯州节度使尚婢婢争权夺利，展开混战；唐朝开始议收河湟，并作相应部署。会昌五年（845）十二月，尚婢婢部将又一次大败论恐热来犯之敌。婢婢向河湟地区各地发出檄文，与唐朝遥相呼应，号召这一地区的落蕃唐人后裔投归唐朝，摆脱论恐热的奴役。

> 婢婢传檄河、湟，数恐热残虐之罪曰：“汝辈本唐人，吐蕃无主，则相与归唐，毋为恐热所猎如狐兔也！”于是诸部从恐热者稍稍引去。[③]

① 《旧唐书》卷一〇四《封常清传》，第3211页。

② 《新唐书》卷二一六下《吐蕃传下》，第6102页。

③ 《资治通鉴》卷二四八“会昌五年十二月”条，第8021页。

这同样也表明，河陇地区落蕃唐人后裔一直都是人心思唐。连吐蕃边将都深知这一点，到了吐蕃统治崩溃之际，甚至鼓励他们投唐。后来论恐热因孤立无援也被迫入唐，试图请求唐朝册封其为河渭节度使，从而东山再起：

其众或散归部落，或降于怀光。恐热势孤，乃扬言于众曰："吾今入朝于唐，借兵五十万来诛不服者，然后以渭州为国城，请唐册我为赞普，谁敢不从！"五月，恐热入朝，上遣左丞李景让就礼宾院问所欲。恐热气色骄倨，语言荒诞，求为河渭节度使；上不许，召对三殿，如常日胡客，劳赐遣还。恐热怏怏而去，复归落门川，聚其旧众，欲为边患。会久雨，乏食，众稍散，才有三百余人，奔于廓州。①

论恐热众叛亲离，他与吐蕃本部势力的联系也基本断绝，其篡国野心无法实现，所以不得不于大中五年（851）五月入朝长安，企图取得唐朝的支持来获得对河、渭等州的统治，却并未达到目的，只得龟缩于廓州。

848 年，敦煌大族张议潮乘尚婢婢与论恐热混战之机，联络当地豪族势力，率领民众起义，与支持唐人后裔归唐的尚婢婢联合，推翻论恐热势力的残暴统治，遣使入唐，建立起了归义军政权②。归义军政权依靠的主要力量正是敦煌等地的落蕃唐人后裔，他们终于实现了几代人数十年期盼回归故国的愿望。《新唐书》记载道：

明年（大中四年），沙州首领张义潮奉瓜、沙、伊、肃、甘等十一州地图以献。……（张义潮）以部校十辈皆操挺，内表其中，东北走天德城，防御使李丕以闻。帝嘉其忠，命使者赍诏收慰，擢义潮沙州防御使，俄号归义军，遂为节度使。③

《资治通鉴》则云：

壬戌，天德军奏摄沙州刺史张义潮遣使来降。义潮，沙州人也，

① 《资治通鉴》卷二四九"大中五年五月"条，第 8047 页。

② 参见陆离、陆庆夫《张议潮史迹新探》，《中国边疆史地研究》2011 年第 1 期。

③ 《新唐书》卷二一六下《吐蕃传下》，第 6107～6108 页。

时吐蕃大乱，义潮阴结豪杰，谋自拔归唐；一旦，帅众被甲噪于州门，唐人皆应之，吐蕃守将惊走，义潮遂摄州事，奉表来降。以义潮为沙州防御使。①

由于得到了河陇地区落蕃唐人后裔和唐朝中央政权的支持帮助，归义军政权迅速成长壮大，在顺利收复瓜、沙、伊、肃、甘等州后，861 年张议潮又率兵收复凉州，此时归义军势力臻于极盛。

综上，吐蕃贵族是在与敦煌军民经历了长期争战，最后才达成妥协进入敦煌的。吐蕃建国之后即不断与唐朝通使，向唐朝学习典章礼仪，中原汉地佛教通过敦煌等地向吐蕃本部传播，对吐蕃的国教佛教产生了重要影响。吐蕃朝野上下对唐朝的发达文明一直非常仰慕，吐蕃派驻河陇地区的官员也对唐朝有一种倾慕之意。即使在唐、蕃交战时期，吐蕃内部与唐朝重结旧好的呼声也从未停息。吐蕃曾经在敦煌等地举行释放唐朝战俘、与唐朝和好息兵、礼佛祈愿等活动。敦煌蕃汉官员与唐朝中央政权曾经在一定范围里发生过一些联系与接触。为了维护和巩固在敦煌以及河陇其他地区的统治，吐蕃统治者曾经采取一系列相应措施并大量模仿唐制，文明程度很高的唐朝文化礼俗在敦煌地区一直被官方和民间一定程度上加以保留和吸收。当地落蕃居民一直保持着很强的对唐朝中央政权的向心力。要之，在长达半个多世纪的历史时期里，唐朝国家与敦煌社会无时无刻不维系着一定程度的政治、文化与经济交流，促进了当地各民族之间的融合。正因如此，所以才会有 848 年敦煌世族张议潮联络当地各族民众起事、顺利驱逐吐蕃统治、建立归义军政权、遣使归唐的壮举。而在此后瓜沙归义军政权存在的一百多年时间里，虽然归义军节度使由张氏转换为曹氏，但是他们都一直奉中原王朝正朔，依靠中原王朝的支持来发展壮大自己，从而得以在“四面六蕃围”的艰难境况中顽强生存和延续下来。归义军政权不断遣使到当时中原王朝的国都长安、洛阳、汴梁等地朝贡，与中原王朝展开各方面的深入交流，加强了敦煌以及河西地区与祖国内地的联系，谱写了9～11 世纪该地区与中原内地之间政治、经济、文化交融互动的动人乐章。

---

① 《资治通鉴》卷二四九“大中五年正月”条，第 8044 页。

第十二章　龙家、蛮貊与嗢末

第一节　关于唐宋时期龙家部族的几个问题

唐五代时期，西域河西地区曾经存在着龙家部族。这一部族原居西域焉耆，后有一部分迁入河西走廊，在归义军时期非常活跃，是当时河西地区的重要民族，学界对其族源、迁移演变过程、与其他民族的关系等已有深入探讨①。这里拟在前人的基础上对龙家部族在敦煌藏文文书中的记载、吐蕃在河陇地区统治崩溃后龙家部族的活动再作一些考索，略述管见。

一　关于龙家进入河西的经过

敦煌吐蕃文书 P. T. 1089 号《吐蕃官吏申请状》是一份官方牒状，记载公元 830 年敦煌汉蕃官员因为官位排序问题发生纠纷，向德伦会议申诉，要求重新进行位序排列。其中列出了当时吐蕃姑臧（凉州）节度使衙署的官员位序排列情况作为参考，文书记载吐蕃姑臧（凉州）节度使衙署中有 lung dor dmag pon 一职，位列吐蕃、孙波之小千户长，汉、突厥语通译之后，在通颊和吐谷浑小千户长、边鄙部族之将校之上。对于这一职务，有

① 主要论著有荣新江《龙家考》，《中亚学刊》第 4 辑，北京：北京大学出版社，1995，第 144～161 页；黄盛璋《敦煌汉文与于阗文书中之龙家及其相关问题》，《西域研究》1996 年第 1 期，第 26～39 页；陆庆夫《从焉耆龙王到河西龙家》，《略论粟特人与龙家的关系》，载兰州大学敦煌学研究所编《敦煌归义军史专题研究》，兰州：兰州大学出版社，1997，第 486～513 页；黄盛璋《再论汉（龙家）、于阗（Dum）、吐蕃文书（lung dor）皆为“龙家”互证落实为三重证据》，《丝绸之路民族古文字与文化学术讨论会论文集》，兰州：兰州大学敦煌学研究所，2005，第 194～214 页。

关各家译解并不相同：日本学者山口瑞凤先生译为“小部族国的将军”①，王尧、陈践先生译为“陇道将军”②，杨铭先生则译为“遗弃地区之将军”③。

对于 lung dor dmag pon 一词的具体含义，诸家译解互有分歧，值得继续探讨。dmag pon 即武官、将军之意，殆无疑义，关键是 lung dor 的含义究竟是什么？dor 在敦煌汉文文献中对译为“突”，即十亩土地之意④，在藏语中 dor 为“偶、对、双”之意，另外还有“舍弃、抛出、戒除”之意⑤。lung 音龙，此词在张怡荪主编的《藏汉大辞典》和安世兴编的《古藏文词典》⑥ 中并无解释。

值得注意的是，P. 2762V《藏汉词汇对照表》中有如下内容：“va zha rje 退浑王，lung rje 龙王”⑦。法国学者石泰安首先指出“lung rje 龙王”即河西部族龙家的首领，据考证，此文书是归义军时期的文书⑧。由 P. 2762V《藏汉词汇对照表》内容可知，lung 即指河西地区的龙家，lung 为“龙”的藏语音译，而 P. T. 1089 号《吐蕃官吏申请状》中 lung dor dmag pon 一词的 dor 又有“舍弃、抛出”之意，可引申为“迁移”，那么 lung dor dmag pon 当可译为“迁出（本土）的龙族之将军”。最近日本学者岩尾一史撰文认为 dor 为羌，则 lung dor 可译为“龙、羌部族将军”。黄盛璋先生也曾注意到 P. T. 1089 号文书中的这条记载，认为 lung 即“龙”，而藏文 dor 为汉文“家”的对应词，Dum 为于阗文“龙家”之意。又认为龙部落本焉耆人，所用为“吐火罗语甲”，dor 可能为吐火罗语自称之名⑨。但是，此观点只是臆测，没有实际根据。

由上面论述可知，在公元 830 年之前焉耆龙家已进入河西，在吐蕃姑

---

① 山口瑞凤：《吐蕃统治的敦煌》，高然译，《国外藏学研究译文集》第 1 辑，第 43 页。

② 王尧、陈践：《吐蕃职官考信录》，《中国藏学》1989 年第 1 期，第 110 页。

③ 杨铭：《吐蕃统治敦煌研究》，第 121 页。

④ 参见姜伯勤《突地考》，《敦煌学辑刊》1984 年第 1 期，第 10～18 页。

⑤ 张怡荪主编《藏汉大辞典》，第 1309、1423 页。

⑥ 安世兴编《古藏文词典》，北京：中国藏学出版社，2001。

⑦《法藏敦煌西域文献》第 18 卷，第 151 页。

⑧ 荣新江：《龙家考》，《中亚学刊》第 4 辑，第 147～148 页。

⑨ 黄盛璋：《再论汉（龙家）、于阗（Dum）、吐蕃文书（lung dor）皆为“龙家”互证落实为三重证据》，《丝绸之路民族古文字与文化学术讨论会论文集》，第 208、210、212～213 页。

臧（凉州）节度使辖境内定居，其首领被吐蕃授予将军（dmag pon）之职。但从 P. T. 1089 号《吐蕃官吏申请状》所列出的当时吐蕃姑臧（凉州）节度使衙署的官员排位情况看，这些官员很可能都是吐蕃人，如文书只记载了管理当地汉、回鹘等边鄙部族的吐蕃人将军，对凉州等地汉、回鹘等边鄙部族本族人担任的首领万户长、千户长就没有列出①，所以此职（lung dor dmag pon）也可能是由吐蕃人担任，专门管理迁移至吐蕃统治下河西走廊地区的龙族，即河西走廊地区的龙族有龙王作为其首领，但是吐蕃专门派遣吐蕃人官员进行监控。这种管理被吐蕃征服部族的方法，吐蕃王朝曾在河陇西域广泛使用。如在于阗保留有于阗王，但派由吐蕃人担任的将军管理该地区②；在敦煌地区设有节儿论、节儿监军、部落使等吐蕃人官员来管理，当地汉人则担任都督、副部落使等职务，作为吐蕃人官员的副手③。

焉耆地区从西晋时期开始就由龙姓国王统治，《晋书》卷九七《四夷传》“焉耆”条记载：“武帝太康中（280～290 年），其王龙安遣世子入侍。”④ 此后焉耆龙姓国王一直与中原王朝保持友好关系，历南北朝以迄隋唐，不断遣使入朝，唐朝在其地设置都督府，后又将焉耆设为安西四镇之一，在唐朝“安史之乱”爆发后，唐朝僧人悟空由天竺经西域回国。他在焉耆曾停留三个月，此时焉耆统治者仍为龙姓国王，其名龙如林，其时间在公元 788 年前后：

渐届疏勒（一名沙勒），时王裴冷冷、镇守使鲁阳，留住五月。次至于阗……王尉迟曜、镇守使郑据，延住六月。次威戎城，亦名钵浣国，正曰怖汗国，镇守使苏岑。次据瑟得城使卖诠。次至安西，四镇节度使、开府仪同三司、检校右散骑常侍、安西付大都护兼御史大夫郭昕，龟兹国王白环……，于此城住一年有余。次至乌耆国。王龙如林，镇守使杨日祐，延留三月。从此又发至北庭州，本道节度使、

① 参见本书第十二章第二节“关于敦煌文书中的蛮貊与‘南波’‘南山’”。

② 参见杨铭《吐蕃统治敦煌研究》，第 89～94 页。

③ 参见陆离《吐蕃敦煌乞利本考》，《中国边疆史地研究》2007 年第 4 期，第 74～80 页；陆离：《吐蕃统治敦煌的监军、监使》，《中国藏学》2010 年第 2 期，第 27～34 页。

④ 《晋书》，第 2542 页。

御史大夫杨袭古……时逢圣朝四镇、北庭宣慰使、中使段明秀来至北庭。洎贞元五年（789）己巳之岁九月十三日，与本道奏事官、节度押牙牛昕，安西道奏事官程锷等，随使入朝。当为沙河不通，取回鹘路。……六年二月来到上京。[①]

其时西域焉耆、龟兹、北庭、于阗等地仍由唐廷管辖，驻有唐朝官员。此后回鹘与吐蕃爆发了对北庭等城镇的争夺战，《九姓回鹘毗伽可汗碑》第13～14行追记回鹘怀信可汗（795～808年在位）功绩："北庭半收半围之次，天可汗亲统大军，讨灭元凶，复却城邑，……吐蕃大军，围攻龟兹，天可汗领兵救援。吐蕃落荒，奔入于术。四面合围，一时扑灭。尸骸臭秽，非人所堪，遂筑京观。"[②] 于术即《新唐书》卷四三《地理志》"安西入西域道"条所记焉耆西七十里处的"于术守捉城"。由此碑可以推知，从大约794年开始，焉耆进入回鹘的势力范围。经过8世纪末9世纪初的这场战争，焉耆的龙姓王朝似乎仍然存在，并且成为回鹘汗国的属国。吐鲁番出土的中古波斯文所写摩尼教赞美诗集（Mahrnāmag）写于回鹘保义或昭礼可汗时期，其中列举了回鹘可汗以下各级回鹘官僚以及别失八里（北庭）、中国城（高昌、西州）、焉耆和龟兹等地高官显贵的官职或姓名，第88行提到了"焉耆王"，其下属官吏中有两位贯以"回鹘"一词以表示出身高贵。这一方面说明焉耆的龙姓王统此时还未断绝，另一方面也透露出回鹘人已经在焉耆王国中占有重要地位[③]。

笔者以为，在吐蕃与回鹘之间爆发的北庭争夺战中，吐蕃必曾占领焉耆，对当地的龙族进行过短暂统治，一部分龙族归附吐蕃，在吐蕃与回鹘北庭争夺之战中支持吐蕃，在吐蕃失利后同原定居于北庭地区后归附吐蕃并同回鹘作战的沙陀部族一样，被吐蕃迁至河西地区姑臧（凉州）节度使所辖的甘、凉一带，时间在公元794年以后。而另一部分依附回鹘的龙族人则在北庭争夺战结束之后，仍留在焉耆，成为回鹘的附庸，而且回鹘人还对之进行渗透，已经在其中占有了举足轻重的地位。

---

① 《悟空入竺记》，《大正新修大藏经》第51册，第980～981页。

② 录文据程溯洛《从〈九姓回鹘毗伽可汗碑〉看唐代回鹘民族和祖国的关系》，《中央民族学院学报》1978年第2期，第22页。

③ 荣新江：《龙家考》，《中亚学刊》第4辑，第148页。

敦煌吐蕃历史文书《赞普传记·赤松德赞时代的扩张》记载“安史之乱”爆发后，吐蕃将领率军攻陷河陇西域地区，获得赞普封赏，其中有如下内容：

> 章·结扎勒息领兵至北方之牟庸御敌，龙之国王依廓辖地以下被收为属民。/Sbrang rgyal sgra leg zigs kyis /stod phyogs su drangste/mu yungsu gyul bzlog nas/ lung gi rgyal po nung kog man chad vbangs su bsdus/①

这个龙之国王依廓（lung gi rgyal po nung kog）无疑就是当时焉耆龙（lung）姓国王，依廓（nung kog）系其名，当为唐朝僧人悟空所记788年前后焉耆龙王龙如林的继任者。他被吐蕃将领章·结扎勒息（Sbrang rgyal sgra leg zigs）带兵征服，时间当在788~794年。牟庸（mu yungsu）地理位置不详，应该在焉耆一带，另外它也有可能是龙王的一个称号，因为新近公布的吐鲁番所出北宋（或五代）西州回鹘时期汉文《造佛塔记》中记载鄢耆镇长史龙公的称号是牟虞蜜伽，有观点认为此称号是回鹘语美称bögü bilgā 的音译，即“贤明”之意②。西域地区的焉耆语与回鹘语可能也有一些词发音及含义相同，牟庸（mu yungsu）和牟虞音近，二者有可能含义相同。Sbrang rgyal sgra leg zigs kyis /stod phyogs su drangste/mu yungsu gyul bzlog nas 也可以译为“章·结扎勒息领兵至北方制服牟庸之地”，即章·结扎勒息领兵征服焉耆龙王。敦煌吐蕃历史文书中的记载表明“安史之乱”爆发后吐蕃曾攻陷焉耆，迫使当地首领龙王归附。这则记载可以补其他史料之缺，非常珍贵。归附吐蕃的龙之国王依廓后来又率众迁徙到河西走廊甘州、凉州一带。而焉耆则又被回鹘占领，成了回鹘的势力范围，留在当地的龙族就成了回鹘部属。

定居于甘、凉一带的龙家部族，为吐蕃王朝属部，其首领仍为龙王，

① 参见黄布凡、马德《敦煌藏文吐蕃史文献译注》，第291、294、298页，该书将lung gi rgyal po译为“陇之国王”，认为陇泛指陇右，陇之国王疑指党项羌首领。笔者不同意此观点，理由如上。王尧、陈践：《敦煌本吐蕃历史文书》，第56、167页，附录二原文影印件，p1571，该书将“lung”录为“vung”，笔者对照文书原件图版，认为应录为“lung”。

② 陈国灿、伊斯拉菲尔·玉苏甫：《西州回鹘时期汉文〈造佛塔记〉研究》，《历史研究》2009年第1期，第178页。

当局专门委派吐蕃人将军（dmag pon）对之进行管理，职位在吐蕃姑臧（凉州）节度使下属的通颊和吐谷浑小千户长、边鄙部族之将校之上，可见其地位不低。同样，被吐蕃迁移到甘州的沙陀部族，其首领朱邪尽忠被授予大论，“吐蕃寇边，常以沙陀为前锋”①。定居于甘、凉地区的龙族，可能在吐蕃进攻唐境时也充当了这一角色。后来，沙陀部族因不堪吐蕃压迫，又辗转离开甘州，投奔唐朝，而龙家仍然留在甘、凉一带，与吐蕃、吐谷浑、汉、羌（党项）等民族一起成为当时河西地区的重要民族。

P. 3328 号文书载有一首武涉所作《上焉祇王诗》，该诗由陆庆夫先生首先加以完整释录，后来徐俊先生又作了进一步校录，该诗云：

> 天生殊异焉祇王，壮志年过四十强。威名已振三边外，忠孝双全四海扬。威灵磊落谁不羡，意气峰传未曾见。神凝□雪寒远风，心对江胡（湖）净如练。堂堂美皃（貌）备三端，盈路行人注目看。家中日夕笙歌满，沥上怨耶巡出兰。神圣赞普见相次，宝輩（贝）金帛每年赐。福禄诤（争）高北斗齐，前贤后哲难相似。有时出腊（猎）骋（骋）荒郊，骢马金安（鞍）西转豪。教土豺狼箭下运，苍鹰比下不曾抛。芬芳桃李纵横种，能令将相情怀重。理事和平惬异乡，吐言成玉人皆诵。延（筵）开绿钗对红炉，烂漫欢娱伴酒徒。东阁不扃常待客，黄金用尽为□（樗）蒲。谁怜没落离家子，怨苦愁容今若此。傥谁方便出沉沉，他时赐节门兰事。②

此焉祇王无疑就是龙王，应当是龙之国王侬廓或其后人，诗中描写他当时已经率众离开焉耆，迁徙到了异乡，而且受到吐蕃赞普的接见（吐蕃赞普号称其祖先为天神下凡，故称“神圣赞普”），被赏赐了很多财物，而且此后每年都有赏赐，过得很惬意，时常驰猎宴饮，部属也都安居乐业，听从调遣。他应当是迁徙到了河西走廊地区，并且曾前往逻些，朝见吐蕃赞普。此位焉祇王有可能就是 P. T. 1089 号《吐蕃官吏申请状》中记载的 830 年前后由姑臧（凉州）节度使衙署吐蕃人担任的 lung dor dmag pon（龙家

① 《新唐书》卷二一八《沙陀传》，第 6154 页。

② 徐俊：《敦煌诗集残卷辑考》，北京：中华书局，2000，第 796 ~ 797 页。

羌部族将军）监管的龙王。

在吐蕃统治时期的敦煌也有一些龙姓人，如 S. 542 背《敦煌诸寺丁壮车牛役簿》中有龙勃论，被置于普光寺充作洒扫户。在同一编号的《敦煌诸寺丁壮眷属名簿》载有龙真英，其妻被配在乾元寺，也属于寺户之类。在另一件 S. 1475《马其邻便麦契》则有被编入部落、在寺院里参与借粮的龙齐荣[①]。笔者以为，这些龙姓居民也有可能是公元 794 年吐蕃、回鹘北庭之战结束后零散迁入河西的龙族部分成员，他们被吐蕃当局安置在敦煌，充当供养僧侣和寺院的附属民户寺户，或成为普通部落居民。

二　归义军时期龙家的分布情况

公元 848 年，张议潮率领各族民众起义，驱逐吐蕃统治，建立了归义军政权。到了 861 年，张议潮又率军收复了凉州。吐蕃统治结束后，河西地区的龙家十分活跃，S. 5697 号记载：

> 1□□□奉前后文□/□
> 2 阎使君等同行，安置瓜州，所有利害
> 3 事由，并与阎使君状谘申同。缘河西
> 4 诸州，蕃、浑、嗢末、羌、龙狡杂，极难调伏。[②]

此文书中的“阎使君”即归义军瓜州刺史阎英达，文书写于咸通十三年（872）以前[③]。此文书有关内容与写于张淮深执政时期的敦煌文书 S. 6161 + S. 3329 + S. 6973 + P. 2672《张淮深碑》、P. 3720《张淮深造窟记》所记相同。S. 6161 + S. 3329 + S. 6973 + P. 2672《张淮深碑》云：“河西创复，犹杂羌浑，言音不同，羌、龙、嗢末，雷威慑伏，训以华风，咸会驯良，规俗一变。”而 P. 3720《张淮深造窟记》则称：“河西异族狡杂，羌、龙、嗢末、退浑数十万众，弛诚奉质，愿效军锋。”[④]

① 唐耕耦、陆宏基：《敦煌社会经济文献真迹释录》第 2 辑，第 91、390、399 页。
② 唐耕耦、陆宏基：《敦煌社会经济文献真迹释录》第 4 辑，第 361 页。
③ 郑炳林：《敦煌碑铭赞辑释》，第 165 页。
④ 唐耕耦、陆宏基：《敦煌社会经济文献真迹释录》第 5 辑，第 189、204 页。

以上三件文书都表明，在吐蕃统治结束之后的张氏归义军时期，龙家是与羌（党项）、嗢末（原吐蕃奴部）、退浑（吐谷浑）、蕃（吐蕃）并称的河西雄蕃。这也和吐蕃统治时期的河西民族状况基本相符。在张氏归义军据有甘、凉的强盛时期，龙家与羌、退浑、嗢末等河西蕃族都归附了归义军政权。

由于归义军政权得不到唐朝的支持，势力遽衰，中和元年（881）以后，甘州也被蕃、浑及龙家占领。而在840年，漠北回鹘汗国被黠戛斯击破，“有回鹘相馺职者，拥外甥庞特勤及男鹿并遏粉等兄弟五人、一十五部西奔葛逻禄，一支投吐蕃，一只投安西”[①]。“投吐蕃”的一支回鹘人到达了河西及北边的额济纳河一带，但是并未进入河西走廊的中心地区，到归义军政权失去甘、凉二州，此时回鹘才真正进入河西走廊中心地带甘州，从事劫掠[②]。

S. 389《肃州防戍都状》记载：

> 又今月七日，甘州人杨略奴等五人充使到肃州称：其甘州吐蕃三百，细小相兼伍佰余众，及退浑王拔乞狸等十一月一日并往归入本国。其退浑王拔乞狸妻则牵驮，夫则遮驱，眷属细小等廿已来随往，极甚苦切。余者百余奴客并不听去。先送崔大夫、回鹘九人，内七人便随后寻吐蕃踪迹往向南；二人牵栊嘉麟，报去甘州共回鹘和断事由。其回鹘王称：“须得龙王弟及十五家只（质），便和为定。”其龙王弟不听充只（质）：“若发遣我回鹘内入只（质），奈何自死！”缘弟不听，龙王更发使一件：其弟推患风疾，不堪充只（质）。更有迤次弟一人及儿二人，内堪者，发遣一人及十五家只（质）。得不得，取可汗处分。其使今即未回。其龙王衷私发遣僧一人，于凉州嗢末首领充边使。将文书称：“我龙家共回鹘和定已后，恐被回鹘侵凌，甘州事须发遣嗢末三百家以来同住，甘州似将牢古（固）。如若不来，我甘州便共回鹘为一家，讨你嗢末，莫道不报。”其吐蕃入国去后，龙家三日众衙商量，城内绝无粮用者。拣得龙家丁壮及细小壹佰玖人，退浑达票拱榆昔、达票阿吴等细小共柒拾贰人，旧通颊肆拾人，

① 《旧唐书》卷一九五，第5213页。

② 参见荣新江《甘州回鹘成立史》，《历史研究》1993年第5期，第32～39页。

羌大小叁拾柒人，共计贰佰伍什柒人，今月九日并入肃州，且令逐粮（后缺）。[①]

此件接在S.2589《唐中和四年（884）十一月一日肃州防戍都营田康使君县丞张胜君等状》之后，时间相接，内容一致。文书表明，唐中和四年年底以前，驻扎在甘州城的吐蕃和退浑部族迁回青海地区后，龙王率领的龙家曾是甘州城的主人，由于受到西迁回鹘的攻击，逐渐力不能支。虽然还向凉州嗢末发号施令，要求对方派兵救援，但因回鹘不断进逼，城中粮草断绝，最后还是率领属下龙家、退浑、通颊、羌等部众共257人进入肃州，甘州遂由回鹘占据。这支由龙王率领的龙家部族实际就是吐蕃、回鹘北庭之战后迁入甘、凉一带的龙族后裔。这个龙王应该就是P.3328号文书所载武涉所作《上焉祇王诗》中的龙王之后。由此可知，龙家部族在吐蕃统治时期迁徙到了河西后，一直定居在甘州地区，而且首领一直称龙王，但在甘州回鹘的进攻下，最后被迫退出甘州，进入肃州。

S.367光启元年（885）十二月二十五日张大庆写本《沙州、伊州地志》残卷云："龙部落本焉耆人，今甘、肃、伊州各有首领，其人轻锐，健战斗，皆禀皇化。"在"伊州"条下记该州人口时说："羌、龙杂处，约一千三百人。"[②] 以上内容表明，甘州地区在龙王率龙家部族200余人进入肃州后仍然有龙家部众存在，他们自然也是吐蕃、回鹘北庭之战后迁入甘、凉一带的龙族后裔。至于伊州龙家，笔者认为其来源与甘、肃两州有所不同。《新唐书》卷二一五下《突厥传》记载公元840年回鹘西迁后，"庞特勤居焉耆城，称叶护，余部保金莎岭，众至二十万"[③]。庞特勤所率回鹘占据焉耆并以之为都城。前已论及当地的龙族早已成为回鹘的附庸，受到回鹘的同化，此时则有一部分部众迁入伊州等邻近地区，S.367《沙州、伊州地志》所记在伊州与羌（党项）杂居的龙家就是这部分龙族部众。新近公布的吐鲁番所出北宋西州回鹘时期汉文《造佛塔记》中记载："清信士，佛弟子鄢耆镇牟虞蜜伽、长史龙公及娘子温氏，……山门胜地，

① 唐耕耦、陆宏基：《敦煌社会经济文献真迹释录》第4辑，第488~489页。
② 唐耕耦、陆宏基：《敦煌社会经济文献真迹释录》第1辑，第40~41页。
③ 《新唐书》，第6069页。

敬造佛塔。”[①] 该文书年代，据陈国灿、伊斯拉菲尔·玉苏甫先生考证在11世纪中叶，“长史龙公”当为焉耆龙王后裔，那么当时龙家部族在焉耆等地仍然有相当的势力，所以回鹘汗国仍然任命龙姓王族后裔来统治焉耆一带，但是他已经没有龙王的称号。荣新江先生则认为该文书年代在9世纪末10世纪初，当时庞特勤所率回鹘占据焉耆，龙家部族被迫移居西州，长史龙公为西州的地方首领[②]。总之，该件文书记载表明，9世纪末以后龙家部族在西域西州、焉耆等地仍然具有相当势力。

除甘、肃、伊等州外，凉州也有龙家分布，P.2945（8）《[与]凉州书》载：

> 专使西上，奉受荣缄，戴悚周旋，诚难荷负。蒙恩星使降临，不任感惧。伏惟仆射文武全材，业优三略；智深韩白，七纵在怀。抚镇而羌龙畏威，权谋而戎夷自廓。

此书状年代系曹义金（曹仁贵）时期。李正宇先生将“龙”录为“就”，但注明应为“龙”字，实际此字应为龙的俗体字[③]。凉州仆射当系五代时期中原王朝委任的凉州地区官员，其管下就有羌龙部众，这部分龙家自然也是794年北庭之战后迁入凉州的部分龙族后裔。《五代会要》卷三〇《吐番（蕃）》记载：

> 周广顺二年（952）九月，河西节度使申师厚奏：“吐番（蕃）首领折逋支等请加恩命。”其月敕：“以吐番（蕃）左厢押番副使折逋支、右厢崔虎心并授银青光禄大夫、检校工部尚书。……沈念般粃与龙温光积并为怀化大将军……”[④]

---

① 陈国灿、伊斯拉菲尔·玉苏甫：《西州回鹘时期汉文〈造佛塔记〉研究》，《历史研究》2009年第1期，第174页。

② 荣新江：《西州回鹘某年造佛塔功德记小考》，《突厥语文学研究——耿世民教授八十华诞纪念文集》，北京：中央民族大学出版社，2009，第182~190页。

③ 李正宇：《曹仁贵名实论——曹氏归义军创始及其归奉后梁史探》，《敦煌史地新论》，台北：新文丰出版公司，1996，320~321页；杨宝玉、吴丽娱：《P.2945书状与曹氏归义军政权首次成功的朝贡活动》，《敦煌吐鲁番研究》第11卷，上海：上海古籍出版社，2008，第273页。

④ 《五代会要》，第496页。需要指出的是，该书点校者在“龙”字之后断句，将人名“龙温光积”从中断开，显然有误。

被后周授予怀化大将军的龙温光积当是凉州地区龙家的首领，此时已依附于吐蕃，为吐蕃同化，成为凉州吐蕃部族中的一部。

此后，河西地区的龙家一部分归附归义军政权，在瓜沙地区为归义军政权放牧官马；还有些龙姓人成为归义军政权的官吏，担任押衙、将、队头等职务，并出使邻邦，服纳兵役[①]；而甘、肃地区的龙家则为回鹘所吞并，成为甘州回鹘别部。《新五代史》卷七四《四夷附录第三·回鹘》记载："又有别族号龙家，其俗与回鹘小异。"[②] 另外，活动在凉州地区的那一部分龙家就成了凉州地区吐蕃、嗢末（是吐蕃统治下河陇地区汉、回鹘等民族吐蕃化后形成的部族）等族部属。在西夏占据河西后，当地的吐蕃、回鹘、嗢末等一部分留居河西，一部分则迁入别处，龙家最终同化于河陇等地的吐蕃、回鹘、汉等民族。史料记载，宋代陇右等地的吐蕃部族中有陇波、陇逋、龙族。《宋史》卷四九二《吐蕃传》云："（秦州）永宁寨陇波、他厮麻二族召纳质不从命。"[③]《宋会要辑稿·蕃夷六》记载："瞎养吼儿自西海率吐蕃、回鹘人马去青唐城一二百里驻兵，有洗纳、心牟、陇逋三族归之。"[④]《续资治通鉴长编》卷二五五称，北宋熙宁七年（1074），"赏讨阶州峰贴硖陇逋族蕃部之劳"[⑤]。《续资治通鉴长编》卷二五二称，熙宁七年，"贼乘景思立踏白之败，围岷州，蕃僧温遵率容、李、龙族应之"，"龙族实破和尔川寨"。后岷州地区龙族被北宋岷州刺史高遵裕大量诛杀[⑥]。《宋会要辑稿·职官六二》则记载南宋淳熙十六年（1189）洮州一带有熟户蕃龙家族[⑦]。"龙族""龙家族"无疑是龙家部族，而"陇波""陇逋"系音译，笔者以为它们有可能是吐蕃语 lung po 或 lung bo 的音译，po 和 bo 的含义都是"男性"，lung po 或 lung bo 系"龙族男子"之意。这些宋代陇右、河湟地区吐蕃中的龙、陇波、陇逋等

① 参见陆离《俄、法所藏敦煌文献中一件归义军时期土地纠纷案卷残卷浅识——对Дх. 02264、Дх. 08786 与 P. 4974 号文书的缀合研究》，《敦煌学辑刊》2000 年第 2 期，第 61～62 页。

② 《新五代史》，北京：中华书局，1974，第 916 页。

③ 《宋史》，第 14159 页。

④ 《宋会要辑稿》，第 7831 页。

⑤ 《续资治通鉴长编》，第 6231 页。

⑥ 《续资治通鉴长编》，第 6156 页。

⑦ 《宋会要辑稿》，第 3788 页。参见汤开建《宋金时期安多吐蕃部落史研究》，第 89 页。

部族当系原居西域焉耆，又辗转迁移，最后融合到活动在该地区的吐蕃民族中的龙家后裔。

第二节　关于敦煌文书中的“蛮貊”与“南波”“南山”

一　P. T. 1089 号《吐蕃官吏呈请状》中的 Lho bal

关于藏文传世文献和敦煌吐蕃文书中记载的 Lho bal，国内外学者先后进行了探讨。F. W. 托马斯首先将之译为“南国泥婆罗”。拉露（Marelle Lalou）将 Lho bal 译为“泥婆罗”。山口瑞凤认为 Lho bal 有“边鄙蛮夷和南方泥婆罗”之意。H. 理查德逊（H. Richardson）认为 Lho bal 系“蛮邦”，P. T. 1089 号卷子中 Lho bal 与泥婆罗无关，其在此最好被看作边鄙之民，即非汉人。武内绍人认为该词系“治外（非吐蕃人）蛮夷”。王尧、陈践认为 Lho bal 系“边鄙蛮夷”之意。杨铭先生则认为：“Lho bal 一词的广义用法，即用来称呼吐蕃统治下的所有民族，所谓‘治外蛮夷’，是 Lho bal 一词的后起之义，那是公元八世纪中叶以后的事情。当然，其狭义的用法依然存在，因为在写成于公元九世纪上半叶的 P. T. 1089 号卷子中，Lho bal 仍然是一个具体的民族，实际上就是指稍稍晚一些的‘南山’或‘南山部落’。”①

笔者以为，对于 P. T. 1089 号卷子《吐蕃官吏呈请状》中 Lho bal 的具体含义还值得继续加以探讨，而弄清 Lho bal 的具体含义，对研究吐蕃统治时期河陇地区的民族状况和吐蕃当局的统治政策具有重要价值。P. T. 1089

---

① F. W. Thomath. Tibetan Literary Texts and Documents concerning Chinese Turkestan Ⅰ, Lendon, 1935, pp. 82 – 83；Marelle Lalou：*Tournal Asiatique*（《亚洲杂志》），CCXLII，1955，1 – 4（2），pp. 181，220；H. Richardson. Notes and Communications Bal-po and Lho-bal，*Bulletin of the School of Oriental and African Studies* Vol. XXXXVI，partI，1983，pp. 136 – 138；王尧、陈践：《敦煌吐蕃文书论文集》，第 45 页；《敦煌吐蕃文献选》，第 23 ~ 25 页；Tsuguhito TAKEUCHI（武内绍人）：On the Old Tibetan Word Lho-bal，Preceedings of the Sixth International Congress of Human Sciences in Asia and North Africa Ⅱ. Tokyo，1984，pp. 986 – 987；山口瑞凤：《沙州漢人による吐蕃二軍團の位置》，《東京大學文學部文化交流研究施設研究紀要》第 4 號（1980 年度）14 – 21 頁；杨铭：《敦煌藏文卷子中的“蛮貊”研究》，《南山（Lho bal）》，《吐蕃统治敦煌研究》，第 183 ~ 187、191、249 ~ 258 页。

《吐蕃官吏呈请状》是关于公元9世纪前期吐蕃沙州蕃汉官员因位次排列分歧向上级机构，即吐蕃管辖河陇、西域地区的德伦会议申诉，德伦会议最后对沙州蕃汉官员位次排列进行裁定的公文案卷，其中保存了当时沙州和吐蕃姑臧节度使等官府机构中的职官、管辖的民族等方面的详细资料。为了便于讨论，先将文书中关于 Lho bal 的内容节录如下：

（第21～22行）根据沙州汉人官吏之奏请，沙州的都督（to dog）们奏请居我等千户长和小千户长（stong pon stong cung）之上位。但被任命为 Lho bal 的都督和副千户长（sdong zla）的官吏们，位居［吐蕃方面任命的］正式官员之上一事，还不曾有过这种作法和相应的实例……

（第24～28行）统率 Lho bal 的万户长、千户长和小千户长（khri dpon dang stong pon stong cung）虽持有玉石告身及金告身之位阶，但据说还不及持大藏之位的［吐蕃方面的］大将校（dmag pon ched po），而在持藏之位的小将校（dmag pon chungu）之下。……任命的沙州都督与副千户长等，与奏文提到的 Lho bal 大集团（sde chen）相比，自然贡献不大，故位阶亦不高，所以序列与位阶应遵循从前所定的相应实例……

（第42行）Lho bal 之小将校（dmag pon chungu）……

（第67～72行）根据以前的制度，吐蕃方面任命的小将校等处于 Lho bal 内之万户长和小千户长之上。然而，［其后］支恩本（tse nge pong）被任命为札喀布约人（bra skyes pu yog pa）的副千户长，故 Lho bal 的副千户长位居 Lho bal 的吐蕃方面任命的小千户长之上。对于王庭下达的这种序列与位阶曾实行一段时间之后，Lho bal 的千户长们［用］相同之实例向王庭奏请。其后，决定［他们也］位居小将校之上。然而，尽管御印已盖封，可是在猴年夏季，小将校们反过来向王庭上奏。之后，呈请事务吏和秘书吏（rtsis pa dang gsang pa）撤销审议。［翻过来之后，］小将校的位阶在从 Lho bal 人中任命的玉石告身及金告身的万户长等人之上。尚·赞桑、尚·墀赞、尚·结赞、尚·墀都杰议定之后，［为通告］各个万户，奏请赐予各自御印文书。

（第73～76行）猴年，吐蕃人担任的 Lho bal 千户的官吏与 Lho

bal方面任命担任的官吏对品位意见分歧，德伦（bde blon）和都护（spyan）［关于序列与位阶］的决定又未获圣上［准许］，……上奏之后，好容易才从［秘书吏等］得到呈请的撤销审议，决定沙州官员品位，今后依此而行。给节儿论和悉编（rje blon dang spyan）去函。①

二　吐蕃统治下河陇地区的部族 Lho bal 之含义

对于 P. T. 1089 号文书中的 Lho bal，王尧、陈践先生译为"边鄙蛮貊"，山口瑞凤先生认为具体含义暂不可解②，而杨铭先生一律译为"南山"部族，笔者则以为实际该词是指以吐蕃统治下河西地区的陷蕃唐人及其后裔为主的民族。下面对此具体加以阐述。

其一，在敦煌文书中沙州汉人（他们是落蕃唐人及其后裔，其中也包括了当地一些粟特等族居民）就自称为"边鄙蛮貊"（Lho bal）。如 P. T. 1085《大尚论令下沙州节儿之告牒》云：

据沙州唐人二部落之民庶禀称："沙州每年定期向宫廷及大行军衙交纳年贡礼品'冬梨'一次，王廷虽已拥有果园多处，但仍要增加（年贡）。以往，蒙圣神王臣之恩典，我等蛮貊边鄙之民户（Lho bal），每户修筑一座果园，且从未交纳年贡礼品及岁赋。（如今）节儿长官等经常不断欺压掠夺乃至霸占（果园）。为今后不再发生掠夺、侵占民庶果园事，恳求颁布一严诏令，并赐以钤印告牒"云云等情。③

文书中的沙州唐人二部落即公元 820 年成立的阿骨萨和悉董萨军事部落，文书年代在公元 820 年以后。由该文书可知，沙州唐人二部落的民众自称为 Lho bal，这一称呼也为吐蕃统治者所认可。

在 P. T. 1077 号《都督为女奴事诉状》中，沙州地区的当事人都督某

---

① 王尧、陈践：《吐蕃职官考信录》，《中国藏学》1989 年第 1 期，第 104 ~ 107、112 ~ 114 页；杨铭：《吐蕃统治敦煌研究》，第 119 ~ 125 页。

② 山口瑞凤：《汉人及び通颊人による沙州吐蕃军团编成の时期》，《東京大學文學部文化交流設施研究紀要》第 5 號，1981，第 11 頁。

③ 王尧、陈践：《敦煌吐蕃文书论文集》，第 45、70 ~ 71 页。

在诉状中称："本人一介蛮貊鄙夫（Lho bal），不通吐蕃律令，肯定会有出语无状及理法欠妥之词，请依盖印之律令慎重审判处理。"① 此都督（do tog）为沙州汉人，吐蕃时期沙州都督有正副二职，担任者皆为汉人。由于文书中出现了丝绵部落（dar pavi sde），所以文书年代在公元790～820年，王尧、陈践先生将其定在公元799年或811年。以上两件文书说明，在吐蕃统治敦煌的前期和中后期，沙州当地汉人也自称为Lho bal。

其二，P. T. 1089号文书第21～22行和第73～76行记载的Lho bal是沙州汉人。从文书第21～22行上下文来看，这里的Lho bal正是指沙州汉人，沙州汉人官员都督和副千户长要求位居由吐蕃人担任的沙州千户长和小千户长之上，而这一做法在吐蕃统治下的河陇地区以前并无先例。

前引P. T. 1089号文书第73～76行出现的Lho bal同样是指沙州汉人，文书记载猴年（828）以沙州都督、副千户长为首的汉人（Lho bal）官吏同以节儿论、悉编为首的吐蕃人担任的管辖沙州汉人（Lho bal）的官员对品位排列发生纠纷，最后由德伦会议官员议定了沙州蕃汉官员品位排列的次序，并将其下发给了沙州最高军政长官节儿论（乞利本，即万户长）和悉编（节儿监军）。

其三，P. T. 1089号文书第24～28、42、67～72行记载的Lho bal实际为公元830年前后吐蕃姑臧节度使所辖凉州、甘州等地以陷蕃唐人及其后代为主体的民族，其中包括汉族和突厥、回鹘等铁勒部族。在P. T. 1089号文书中记载吐蕃凉州节度使衙署中设有汉语、突厥语通译（rgya drugi lo tsa pa）一职，也在一定程度上表明当时在凉州、甘州等地有铁勒部族存在②。这些民族在隋及唐前期陆续迁入河西地区定居，接受唐朝管辖，成为唐朝属民，人数曾达数万，但是在此期间他们又曾数次迁移至漠北等处，并被唐朝征调赴关中等地作战，还遭受到周边其他部族攻袭，最后留下来的人口数量与当地汉族居民相比应当较少，另外还有不少已同化到汉族之中。所以，该地区人口仍以汉族居民占多数。他们主要是凉州、甘州等地原来由唐朝管辖的居民的后代，组成了大的部族集团（sde chen），亦可译为"大部落"。可见他们人数很多，绝不在沙州落蕃唐人及其后裔之

① 《敦煌吐蕃文书论文集》，第62页，藏文第92页。

② 杨铭：《P. T. 1089〈吐蕃官吏呈请状〉研究》，《吐蕃统治敦煌研究》，第121页。

下，应该还要多于后者，吐蕃设由吐蕃人担任的大将校（dmag pon ched po）、小将校（dmag pon chungu）对之进行管辖。此外，西域地区属于突厥系统的沙陀部族在8世纪末投降吐蕃并迁居甘州，但是由于受到吐蕃猜忌，于公元808年叛离吐蕃，东奔投唐，也有少数部众仍留居甘州南部祁连山中，这些沙陀余族也可能属于此Lho bal集团①。

唐人沈下贤《对贤良方正直言极谏策》记载：

> 自瀚海已东，神乌、敦煌、张掖、酒泉，东至于金城、会宁，东南至于上邽、清水，凡五十郡、六镇十五军，皆唐人子孙，生为戎奴婢，田牧种作，或聚居城落之间，或散处野泽之中。②

吐蕃占领时期，河陇地区以汉族、回鹘、突厥部族为主体的陷蕃唐人及其子孙是当地的主要居民，是吐蕃统治者征收赋税、派遣差役的主要对象，他们同沙州唐人一样被称为Lho bal。甘、凉地区陷蕃唐人及其后代作为吐蕃姑臧节度使管辖的重要民族出现在P. T. 1089号文书《吐蕃官吏呈请状》之中。这里还需要指出的是，在P. T. 1089号文书中除了Lho bal大集团以外，目前再找不到其他部族可以被推断为是吐蕃姑臧节度使管辖的人数众多的辖境内重要民族——甘、凉地区陷蕃唐人及其子孙为主体的部族，这些部族属于汉、回鹘等族，所以该文书中吐蕃姑臧节度使管辖的Lho bal大集团，应当就是这一部族。

P. T. 1089号文书第42行记载，吐蕃姑臧节度使衙署有Lho bal之小将校，其在姑臧节度使衙署官员中排位靠后，在吐蕃、孙波、吐谷浑、通颊等部落的千户长、小千户长之下，表明这一部族的地位较低，为被征服民族。凉州、甘州等地以汉族、回鹘部族为主体，原来由唐朝管辖的民众及其后裔人数众多，远多于沙州汉人，所以吐蕃在其中设立了若干万户长、千户长，并给各万户长、千户长赐予玉石告身及金告身，告身级别也高于沙州汉人最高官员都督的颇罗弥（金间银）告身。而且吐蕃人将他们称为Lho bal大集团（Lho bal sde chen），称其贡献高于沙州汉人部落。另外，

① 《新五代史》卷七四《四夷附录第三》，北京：中华书局，1974，第917页。
② 《全唐文》卷七三四，第7581页。

又委任吐蕃人担任小将校来对他们进行管理。虽然这些小将校的告身只是藏（gtsang），但是级别却高于汉人或回鹘人担任的万户长、千户长。吐蕃当局对敦煌吐蕃、汉人官员也同样采取这一做法，即授予汉人官员告身级别较高，但是汉人官员实际地位却低于告身级别较低的吐蕃人官员。

根据前引 P. T. 1089 号文书第 67～72 行记载可知，凉州、甘州等地以汉、回鹘部族为主的 Lho bal 大集团中的各个万户长和小千户长曾经为提高自身地位向王庭申诉，要求位居吐蕃人担任的管理该部族集团的小将校之上，但最终没有被批准。文书记载支恩本（tse nge pong）被任命为札喀布约人（bra skyes pu yog pa）的副千户长，所以造成出身于 Lho bal 部族的副千户长位居吐蕃方面任命的吐蕃人小千户长之上的事实。杨铭先生认为支恩本是月氏人血统的南山部族人，“支”为月氏人之姓①，实际 tse 也可音译作“季”或“契”，季为汉姓，契则为回鹘部族“契苾”之省译。据《新唐书·回鹘传》《资治通鉴》《开元天宝遗事》等传世史籍记载，契苾是唐前期迁居河西的一个重要回鹘部族，其首领即姓契苾，唐太宗时期著名蕃将契苾何力即出自此族。“安史之乱”爆发后，河西地区的契苾、思结等回鹘部族军队曾与汉族军队一起赴潼关平叛②。所以，窃以为此 tse nge pong 应是吐蕃统治下的河西甘、凉州地区的汉人或回鹘人（此人可能出身回鹘，为契苾部族首领）。他担任的札喀布约人的副千户长，应该是该地区某一由汉人、突厥人、回鹘人等（即 Lho bal）组成的部落之副千户长，具体位置不详。由于 tse nge pong 担任这一部落的副千户长后，直接位居该部落的吐蕃人小千户长之上，所以引发了凉州、甘州等地以汉人、回鹘人为主体的 Lho bal 大集团中的各个万户长和小千户长向王庭申诉，要求自身品级也相应地位居管理本部族集团的吐蕃人小将校之上。

其四，归义军时期的南山部族不可能完全代表敦煌藏文文书 P. T. 1089 号中的 Lho bal 部族。根据目前已有史料记载，出现于 10 世纪归义军时期的南山部族有可能是汉朝时期活动于河西地区的小月氏、羌人后裔，后来隋及唐前期该部族中可能又混合了一些当时活动于河西地区西南部祁连山

① 杨铭：《吐蕃统治敦煌研究》，第 256 页。

② 荣新江：《唐代河西地区铁勒部落的入居及其消亡》，费孝通主编《中华民族研究新探索》，北京：中国社会科学出版社，1991，第 283～295 页。

地带的吐谷浑、回鹘等部族的成分，他们是归义军时期活动在河西走廊敦煌、酒泉南部祁连山中和西域鄯善、伊州等地的民族，在归义军时期其中又吸收了一些吐蕃王朝灭亡后活动在当地的吐蕃、吐谷浑等民族成分。在吐蕃统治时期和归义军时期，他们的人数也远少于河西地区的汉、突厥、回鹘、吐谷浑等民族。荣新江先生认为，这些小月氏遗种是月氏民族最终消亡前的回光返照，在历史长河中只是昙花一现，11 世纪以后便告消失[①]，故而他们不可能完全等同于吐蕃统治时期活动在甘、凉地区人数众多的各 Lho bal 万户、千户部落。

在吐蕃统治结束后的归义军时期，有一些关于南山（仲云、仲熨）的记载，但这些记载的时间一般都在 10 世纪。这一部族活动于当时西域东部和河西走廊敦煌、酒泉南部，与归义军政权相邻。于阗文书 P. 2741、P. 2790、ch. 00296《于阗使臣奏稿》记载仲云（南山）在鄯善、沙州之南山，王延德《高昌行记》记载高昌回鹘所统之大、小仲熨活动在西州、伊州地区。《宋会要辑稿》记元丰四年，佛菻使者行程路经之种榅在鄯善地区，P. T. 1189《肃州司徒向河西节度使天大王呈牒》中记载的仲云在肃州地区[②]。公元 947 年前后的 P. 2482 背《常乐副使田员宗启》则云：

> （南山）述丹宰相，阿患兰禄都督，二人称说：发遣龙家二人为使，因甚不遣使来？沙（州）打将羊数多少分足得，则欠南山驼马；其官马群在甚处？南山寻来，龙家言说，马七月上旬，遮取沙州去。[③]

P. 3257《开运二年（945）寡妇阿龙案卷》称，某南山人“见沙州辛苦难活，却投南山部族”。“其叔久居□□，不乐苦地，却向南山为活”[④]。可知这里的南山部族活动在瓜、沙南部的祁连山中，设有宰相、都督之

---

① 荣新江：《小月氏考》，《中亚学刊》第 3 辑，北京：中华书局，1990，第 47 ~ 62 页。

② 参见黄盛璋《敦煌文书中的南山与仲云》，《西北民族研究》1989 年第 1 期；《论王祭微与仲云》，《新疆社会科学》1988 年第 6 期，转载于人大报刊复印资料《魏晋南北朝隋唐史》1989 年第 7 期。

③ 唐耕耦、陆宏基：《敦煌社会经济文献真迹释录》第 5 辑，全国图书馆缩微文献复制中心，1990，第 502 页。参见郑炳林《唐五代金山国伐楼兰史事考》，兰州：兰州大学出版社，1997，第 22、24 页。

④ 唐耕耦、陆宏基：《敦煌社会经济文献真迹释录》第 2 辑，第 295 ~ 296 页。

职。但是南山（仲云、仲熨）人数有限，并非当时河西地区的主要民族。归义军初期文书 S. 5697 号记载：

> □□□奉前后文□/□阎使君等同行，安置瓜州，所有利害事由，并与阎使君状谘申同。缘河西诸州，蕃、浑、嗢末、羌、龙狡杂，极难调伏。①

S. 6161 + S. 3329 + S. 6973 + P. 2672《张淮深碑》则云："河西创复，犹杂羌浑，言音不同，羌、龙、嗢末，雷威慑伏，训以华风，咸会驯良，规俗一变。"而 P. 3720《张淮深造窟记》称："河西异族狡杂，羌、龙、嗢末、退浑数十万众，弛诚奉质，愿效军锋。"②

由上面三件文书可知，在吐蕃统治末期和归义军初期，河西地区汉族之外的蕃族主要有吐蕃、吐谷浑、嗢末、羌（党项）、龙家，其中并无南山（仲云、仲熨）。这一时期距离 P. T. 1089 号《吐蕃官吏呈请状》的年代公元 830 年只有一二十年。所以，公元 830 年前后河西地区分布的主要民族基本上与之相同，吐蕃（bod）、吐谷浑（a zha）、龙家（lung）都在P. T. 1089 号《吐蕃官吏呈请状》中出现，与 Lho bal 一样，他们都是吐蕃凉州节度使管辖下的部族。笔者认为，嗢末即主要由 P. T. 1089 号中出现的 Lho bal 演化而成（详见后文），羌即指党项，与 P. T. 1089 号等文书中出现的吐蕃统治时期驻扎于河西甘、凉、瓜、沙等地区的吐蕃、苏毗、通颊（mthong khyab）部族有密切关系。吐蕃、苏毗与党项族源相近，当时已经在一定程度上融合，河西吐蕃、苏毗部落中应当有一部分党项人存在，通颊则是由吐蕃、党项、吐谷浑等民族组成的③。故此，笔者以为归义军时期的南山不可能完全代表 P. T. 1089 号文书所记载的吐蕃统治下河西地区人数众多的重要部族 Lho bal，这一部族是以落蕃汉人及其后裔占多数，其中还包括了一些隋及唐前期定居于河西走廊地区的突厥、回鹘等民族成分，主要是原来归属唐朝管辖的当地居民后代。

---

① 唐耕耦、陆宏基：《敦煌社会经济文献真迹释录》第 4 辑，第 361 页。

② 唐耕耦、陆宏基：《敦煌社会经济文献真迹释录》第 5 辑，第 189、204 页。

③ 参见荣新江《通颊考》，《文史》第 30 辑，北京：中华书局，1990，第 119 ~ 144 页。

至于10世纪时期出现的南山部族，他们有可能是汉朝时期活动于河西走廊地区的小月氏人、羌人的后裔，在唐前期也应该活动在河西走廊敦煌、酒泉南部祁连山等地区，当时还可能吸收了一些隋及唐前期曾经活动于河西走廊南部祁连山中的吐谷浑、回鹘、突厥等民族成分①。他们也有一部分人口可能成为唐朝属民，“安史之乱”爆发后则被吐蕃征服统治，也属于Lho bal，但其人数与河西地区的突厥、回鹘部族相比更为有限，隋及唐前期甚至并不见于史籍记载，而吐蕃统治时期南山部族也未出现。这一时期只在敦煌文书S.542背（8）《吐蕃戌年（818）六月沙州诸寺丁壮车牛役簿》中出现了两次“南波”。南波有可能就是后来的南山部族（详见后文），但文书记载表明其只活动在敦煌附近，活动范围及影响很有限。所以，蕃占时期河西地区被吐蕃所征服的原唐朝居民及其后裔仍以汉族、回鹘部族人口占多数。

三 吐蕃统治下河陇地区Lho bal的地位

吐蕃统治下的河陇地区的汉人等原住民族被称为“边鄙蛮貊”（Lho bal），其地位低下。根据敦煌吐蕃法律文书P.T.1071《狩猎伤人赔偿律》记载②，吐蕃统治下的蛮貊（Lho bal）与吐蕃低等属民庸（g.yung）和尚论、百姓之耕奴及囚徒的地位相同，赔偿命价相等，其地位和赔偿命价低于大藏（gtsang chen）和高等属民武士（rgod，桂）。大藏即授予大藏告身的吐蕃官吏③。而在河西甘、凉地区汉人、回鹘人占多数的Lho bal部落中，由汉人或回鹘人担任的被授予玉石告身和金告身的万户长、千户长实际地位在吐蕃人担任的Lho bal部落的小将校之下，而小将校的告身只是藏（gtsang），还低于大藏。这与P.T.1071《狩猎伤人赔偿律》的记载相符，说明吐蕃《狩猎伤人赔偿律》等法律确曾在河陇西域地区实施过。P.T.1089号文书记载虽然甘、凉地区汉人、回鹘人占多数的Lho bal大部落集团中的本族官员曾向上申诉要求提高自身地位，位居本部落集团的吐蕃人小将校之上，但并未如愿。

① 参见周伟洲《滷茹考》，《中国历史地理论丛》1993年第2期。

② 王尧、陈践：《敦煌本藏文文献》，第35~38页；《敦煌吐蕃文献选》，第23~25页。

③ 参见陆离《关于吐蕃告身制度的几个问题》，《民族研究》2006年第3期。

据P. T. 1089号文书记载，公元820年以前，在敦煌地区，当地汉人部落中吐蕃人担任的千户长只有一人有大藏告身，这些吐蕃人担任的千户长、小千户长地位在汉人担任的副千户长、副小千户长之上，这同样与P. T. 1071《狩猎伤人赔偿律》的记载相符。公元820年沙州汉人二军事部落成立，汉人地位提高，都督、小都督、副千户长等官员陆续被授予颇罗弥告身（金间银告身）、银告身、大黄铜告身，吐蕃人担任的千户长陆续被授予红铜告身、小黄铜告身，吐蕃人担任的小千户长则陆续被授予小红铜告身、大红铜告身。但吐蕃人担任的千户长、小千户长地位在汉人担任的小都督、副千户长之上。直到公元830年以后，汉人担任的小都督、副千户长的地位仍在被授予小黄铜告身的吐蕃人担任的千户长之下，虽然他们的告身等级一直要高于吐蕃人担任的千户长和小千户长的告身①。这表明，在吐蕃统治时期，河西沙州等地的汉、回鹘等原为唐朝属民后为吐蕃征服的民族，地位虽经其抗争有所提高，但是仍然属于被歧视对待的边鄙蛮族，始终不能与吐蕃、孙波、吐谷浑、通颊等族处于同等地位。吐蕃当局虽然将他们编成部落，委任其中的上层人士担任万户长、都督、副千户长等职，授予较高级别的告身，但是他们的实际地位都低于吐蕃当局派来管辖河陇汉人、回鹘人部落的吐蕃人官员，主要权力仍掌握在吐蕃人手中。

前引唐人沈下贤《对贤良方正直言极谏策》的有关记载表明：吐蕃占领下河陇地区的居民主要为原来陷蕃唐人的后代，其中汉族占多数，即吐蕃文书中记载的边鄙蛮族（Lho bal）。他们在这一地区从事农牧业，给吐蕃当局交纳赋税，并应征服役，所谓“生为戎奴婢”，实际上就是指他们受到吐蕃统治者的歧视，地位低下，仅与吐蕃下等属民庸和尚论、百姓之耕奴及囚徒的地位相同这一事实。同样，贞元二十年（804）唐人吕温随侍御史张焉出使吐蕃，归途中见鄯城（今西宁）“城外千家作汉村”，“耕耘犹就破羌屯”②。而长庆二年（822）唐使刘元鼎赴吐蕃会盟，“逾成纪、武川，抵河广武梁”，见“故时城郭未隳，兰州地皆粳稻，桃李榆柳岑蔚，

① 参见《吐蕃统治敦煌研究》，第118、120、123~124、126页。

② 《全唐诗》卷三七一，吕温：《经河源军汉村作》，北京：中华书局，1979，第4166页．。

户皆唐人，见使者麾盖，夹道观”[①]。这些地区的落蕃唐人及其后裔应是被吐蕃编成部落，同沙州、甘州、凉州汉人部落一样，由当局委派吐蕃人担任主要官职，次要官职则任命一些汉族上层人士担任，他们也被称为边鄙蛮族（Lho bal）。在吐蕃统治下的河陇地区，原唐朝“五十郡、六镇十五军”的广大区域内，边鄙蛮族（即落蕃唐人及其后裔）部落人数众多，是当地的主要居民，吐蕃当局在该地区设置有若干 Lho bal 万户部落和千户部落。吐蕃对这些部落的统治政策与在敦煌、甘、凉等地的汉人、回鹘人部落中实行的政策基本上相同。他们都要为吐蕃政权交纳赋税，服各种劳役，并在战时被编入军队参战，实际地位都与吐蕃下等属民庸和尚论、百姓之耕奴以及囚犯相同。

四　南波、南山与嗢末

蕃占时期的敦煌文书中还出现有“南波”一词。S. 542 背（8）《吐蕃戌年（818）六月沙州诸寺丁壮车牛役簿》云：“李加兴：六月修仓两日。南波厅子四日。送节度粳米。子年十二月差舂稻两驮，落回纥。”“成善友：南波厅子四日。子年十二月差舂稻两驮。”“宜奴：厅子。”[②]

由文书可知，南波在敦煌附近，是族名或地名。吐蕃政权对其进行管辖，敦煌寺户在管理南波的机构中充当厅子，服官府杂役。杨铭先生认为：“P. T. 1089 号卷子中的 Lho bal 与 S. 542 号卷子中的‘南波’可以勘同，它们实际上均指稍晚一些的‘南山’或‘南山部族’。”杨先生还认为，“南波”原为“南蕃”，唐人将河西肃州等地以南、青海地区的吐蕃称为南蕃，后来吐蕃占领河西，“南蕃”就被替换为“南波”，用来称呼活动在河西走廊南部祁连山中的南山部族[③]。周伟洲先生则认为，所谓南山、南波部落，可以说是 8 ~ 9 世纪仍居于南山（祁连山）中的各族部落按地域形成的一个集团，其中包括吐蕃的“南（nam）”部族（此部族亦即活动于青藏高原的多弥羌人，又称为“难磨”），故汉人称之为“南山”或“南波”，吐蕃人称之为 Lho bal 或 nam 部。“南山”或“南波”之得名，

---

① 《新唐书》卷一九七《吐蕃传》，第 6102 页。

② 《敦煌社会经济真迹文献释录》第 2 辑，第 384、390 页。

③ 杨铭：《南山（Lho bal）》，《吐蕃统治敦煌研究》，第 253 ~ 254、256 页。

与其民族构成中有“南”部族也有一定关系[①]。

笔者以为，前面已经论证了 Lho bal 是吐蕃统治下原河陇地区以汉人、回鹘人占多数的落蕃唐人及其后代为主体的部族，所以 P. T. 1089 号卷子《吐蕃官吏呈请状》中的 Lho bal 不可能完全为南山部族所代表，也不可能完全等同于南波。吐蕃统治时期的南波在敦煌附近，仅在 S. 542 背（8）《吐蕃戌年（818）六月沙州诸寺丁壮车牛役簿》中出现两次，有可能就是 10 世纪归义军时期崛起的南山部族的前身，他们活动于敦煌、瓜州南部祁连山中。南波可能即南人之意，“波”当为吐蕃文“ba”的音译，意为“人”。南人就是活动于敦煌、瓜州、酒泉南部祁连山中的部族，他们是原秦汉时期活动于河西地区的月氏、羌人血统的部族，也应当混合了隋及唐前期曾经在祁连山中活动的一些其他民族成分。

而周先生认为，南山、南波部落可以说是 8 ~9 世纪仍居于南山（祁连山）中的各族部落按地域形成的一个集团。但这一观点目前尚未有史料能够加以证明，目前已知史料只记载南山、南波的活动地域是河西走廊西部敦煌、瓜州、酒泉以南的祁连山中，而不是与河西走廊平行的整个祁连山地区，所以居于南山（祁连山）中的各族部落并不都是南山、南波部落。周先生又论述多弥部族亦即出现于新疆、敦煌出土吐蕃文献中的 nam（南）部，此部族在吐蕃统治河陇西域时期早已为吐蕃所同化，成为吐蕃人的一部分，地位很高。周先生认为吐蕃著名贵族与赞普通婚和结盟的那囊（sna nam）氏即为 nam 部族首领或大家族，而他们是不可能被称为地位低下的边鄙蛮夷 Lho bal 的。吐蕃统治河陇西域时期出现的南波部族如果也被称为 Lho bal，就应该与 nam（南）部族没有关系。换句话说，如果南波部族与 nam（南）部族有关，其中有 nam（南）部族成分，则南波部族就不应被称为 Lho bal。至于晚唐五代时期的南山部族吸收一些原来的 nam（南）部族后裔的可能性倒是不能被排除，但是此 nam（南）部族早在吐蕃统治河陇西域时期已经融入吐蕃民族，所以在晚唐五代时期他们基本上还是属于吐蕃部族。

杨铭先生认为，藏语 Lho 即南之意，bal 即“波”的音译，bal 为羊毛之意，Lho bal 即南波，意为南部山中的牧羊人，即属于游牧民族的南

① 周伟洲：《多弥史钩沉》，《民族研究》2002 年第 5 期。

山部族[①]。但是，吐蕃统治时期在河西走廊广大地区从事农牧业生产的众多汉人、回鹘人、突厥人居民是不可能都被称为南部山中的牧羊人的，即使他们当中有些部众在河西走廊南部祁连山中放牧，在河西走廊地区居民中也只是占少部分而已，不能代表大多数。窃以为当时的南波部族也可能由于原先为唐朝管辖，后来“安史之乱”爆发后被吐蕃征服，从而也被称为 Lho bal（边鄙蛮夷）。但是，他们人数很有限，影响也很小，并不能表明 P. T. 1089 号卷子中的 Lho bal 就可以完全被活动于河西走廊瓜沙地区南部祁连山中的南波部族（有可能是后来归义军时期南山部族的前身）所代表，这一部族的主体是河西地区的汉族、回鹘、突厥部族居民。

前面提到，吐蕃统治结束后的归义军文书记载：在归义军初期河西地区的主要民族（除过瓜沙地区的汉族以外）有蕃、浑、羌、龙、嗢末。蕃是吐蕃的简称，浑即吐谷浑，羌为党项，龙系从西域焉耆迁移到河西地区的龙族，又称为龙家。汉文传世史籍记载嗢末为河陇地区的吐蕃奴部，吐蕃统治崩溃后以嗢末自号。《新唐书·吐蕃传》云：“浑末，亦曰嗢末，吐蕃奴部也，虏法，出师必发豪室，皆以奴从，平居散处耕牧。及恐热乱，无所归，共相啸合数千人，以嗢末自号，居甘、肃、瓜、沙、河、渭、岷、廓、迭、宕间，其近蕃牙者最勇，而马尤良云。”[②]

河陇地区的嗢末在晚唐五代曾经称雄一时，其中汉族占相当数量，并吸收了一些回鹘、突厥、吐蕃、孙波、吐谷浑、党项等民族成分。一部分投降了唐朝，还有一部分占据凉州地区，以凉州嗢末著称[③]。敦煌文书 S. 6342 号《张议潮咸通二年（861）收复凉州奏表并批答》记载道：

> 张议潮奏。咸通二年收凉州，今不知却□，又杂蕃浑。近传嗢末隔勒往来，累询状人，皆云不谬。伏以凉州是国家边界，嗢末百姓，本是河西陇右陷没子将。国家弃置不收，变成部落。[④]

---

① 杨铭：《吐蕃统治敦煌研究》，第 255 ~ 256 页。

② 《新唐书》，第 6108 页；参见《资治通鉴》卷二五〇，第 8101 ~ 8102 页。

③ 参见陆庆夫《唐宋之际的凉州嗢末》，《敦煌归义军史专题研究续编》，兰州：兰州大学出版社，2003，第 505 ~ 516 页。

④ 唐耕耦、陆宏基：《敦煌社会经济文献真迹释录》第 4 辑，第 363 页。

张议潮为亲自率军与吐蕃统治者进行战斗，驱逐吐蕃统治的民族英雄，他对嗢末的记述最为真实可靠。可见河陇地区的嗢末确系陷蕃唐人的后裔，他们原为吐蕃统治，在吐蕃统治结束后，聚集成部落，以嗢末自号。另外，吐蕃洛门讨击使论恐热与鄯州节度使尚婢婢混战，尚婢婢曾传檄河湟训示论恐热残部云："汝辈本唐人，吐蕃无主，则相与归唐，毋为恐热所猎如狐兔也。""于是诸部从恐热者稍稍引去。"[①] 这也表明论恐热部众——河渭地区的嗢末也是陷蕃唐人后裔[②]。

笔者考证"嗢末"为吐蕃文 vbang myi 的音译，即属民、奴户、奴隶之意[③]。这不禁让人联想到 P. T. 1089 号文书记载的吐蕃姑臧节度使所管辖的边鄙部族集团 Lho bal，该部族和瓜、沙、鄯、兰等地的汉人都被称为 Lho bal，是以原河西陷蕃唐人的后代为主体的部族，与吐蕃下等属民庸和尚论、百姓之耕奴及囚徒的地位相同，为吐蕃社会最低等级，即为吐蕃奴部。所以笔者以为，吐蕃统治下河陇地区以陷蕃唐人后代为主的部族 Lho bal 应该就是晚唐五代时期嗢末的主要来源，当然他们中也有一部分后来可能被河西地区别的部族如甘州回鹘等同化吸收，还有的像《新五代史·四夷附录第三》所记载的公元 808 年沙陀东奔投唐后残留下的沙陀余族，在五代时期仍然活动在甘州南部祁连山中自成一部[④]，但其中相当一部分形成了嗢末。《新唐书》《资治通鉴》等汉文史籍将嗢末称为吐蕃富室之奴，这一记载应该是部分与实际情况相符，实际上吐蕃河陇地区的 Lho bal 就属于吐蕃奴部。嗢末中当然也包括一部分河陇地区原吐蕃、汉、吐谷浑、回鹘等大族富室的奴婢和吐蕃本部迁来的下等属民庸，但其主要组成部分则是被称为 Lho bal 的陷蕃唐人后裔，他们政治地位低下，属于最低阶层。不过，他们仍然保持着小生产者的地位，拥有自己的土地、财产，向吐蕃政权服役纳税，被单独编为部落，受到了吐蕃的同化，所以在吐蕃统治崩溃后以嗢末（vbang myi）自号。所谓属于吐蕃奴部，即他们在政治上遭受了吐蕃政权的奴役，但并非一般意义上的奴婢。造成这一情况的原因是唐人对吐蕃统治的河陇地区具体情况缺乏充分的了解，存在一定隔阂。

---

① 《资治通鉴》卷二四八"武宗会昌五年"，第 8021 页。

② 参见陆庆夫《唐宋之际的凉州嗢末》，《敦煌归义军史专题研究续编》，第 507 页。

③ 参见本章第三节"嗢末音义考"。

④ 《新五代史》，第 917 页。

第三节 “嗢末”音义考

一 学界对“嗢末”一词含义的研究情况

嗢末是晚唐五代时期吐蕃河陇奴部的自称。《资治通鉴》卷二五〇云：“是岁（862），嗢末始入贡，嗢末，吐蕃之奴号也。吐蕃每发兵，其富室多以奴从，往往一家至数十人，由是吐蕃之众多。及论恐热作乱，奴多无主，遂相纠合为部落，散在甘、肃、瓜、沙、河、渭、岷、廓、迭、宕之间，吐蕃微弱者反依附之。”①

关于嗢末部族，国内外学者先后撰文进行探讨，已经基本搞清嗢末的组成、出现时间、迁移及消失的历史②。但是，关于“嗢末”名号的由来，目前仍然存在很大争议，尚未形成统一看法。王忠先生称：

> 嗢末或即“gyog”，仆役之意，就其军中职务而言，吐蕃最小战斗单位为四人组成，一人为组长，称祖本（chug-pon），一人为副组长，称俄本（’og-dpon），一人为炊事兵，称贞普（byan-po），另一人即为仆役，称贞嗢（byan-gyog），炊事兵以下似即嗢末，所谓“奴号”是。③

王先生提到的“gyog”实应为“g · yog”④，吐蕃文“g · yog”虽然系仆役之意，但是其发音近似为“悠乎”，与“嗢末”相去甚远，所以笔者不能同意此观点。后来王忠先生对“嗢末”名号之含义又发表了看法：

---

① 《资治通鉴》，第8101～8102页。

② 王忠：《新唐书吐蕃传笺证》，第165～166页；王忠：《论西夏的兴起》，《历史研究》1962年第5期；P. A. 石泰安著，耿昇译，王尧校《川甘青藏走廊古部落》，成都：四川民族出版社，1992，第115～118页；乌瑞（Géza uray）：《吐蕃统治结束后甘州和于阗官府中使用藏语的情况》，该文原载《亚细亚学报》第269卷第1～2期（1981年），耿昇汉译文载《敦煌译丛》，兰州：甘肃人民出版社，1985，第213页；周伟洲：《嗢末考》，《西北历史资料》1980年第2期；陆庆夫：《唐宋之际的凉州嗢末》，《敦煌学辑刊》1998年第2期；李文实：《霍尔与土族》，载《西陲古地与羌藏文化》，西宁：青海人民出版社，2001，第411页。

③ 王忠：《新唐书吐蕃传笺证》，第166页。

④ 参见王尧、陈践《吐蕃简牍综录》第186号简牍译文、原文及转写，第53页。

> 公元868年秦州防御使高骈曾招诱唱末，875年，高骈升任西川节度使，更积极引唱末为助，咸通末"窃据宥州，称刺史"，后来参与镇压黄巢农民起义军立功，"封夏国公，赐姓李"（《新唐书·党项传》）的西夏始祖拓跋思恭，疑即唱末首领。元昊自号嵬名氏，"属族悉改嵬名"（《宋史》卷四八五《夏国传》）。吴澄《李世安（散术角得）墓志》又译嵬名为"于弥"（戴锡章：《西夏记》卷首），Nam语文书称西夏王为吴玛（Hu-mar），藏文典籍中亦作"吴玛"，疑吴玛、嵬名、于弥与浑末、唱末皆一声之转，西夏即由唱末部落发展而来。[①]

唱末为吐蕃王朝在河陇地区统治崩溃后河陇地区吐蕃奴部的自称，而西夏的主要建立者是早在唐代宗时期（762～779）就迁居到夏州地区的党项平夏部落[②]，西夏王族拓跋氏即出自该部落。这一部落与公元842年论恐热作乱导致吐蕃王朝在河陇地区的统治崩溃后在该地区活动的吐蕃奴部应有区别。至于敦煌Nam语文书称西夏王为"吴玛"（Hu-mar），而且藏文典籍中也称西夏王为"吴玛"（Hu-mar），王忠先生没有列出出处，也没有见到其他学者进行讨论[③]。只有英国学者F. W. Thomas曾经提到在藏文《于阗国授记》中记载有一个名叫尉迟难陀（vijaya nanda）的于阗王与一个叫吴玛（vu mar）的"南国王"（nam gyi rgyal po）通婚之事[④]。但是，"南国王"并不是西夏国王，nam有学者认为是隋唐时期活动于青藏高原的多弥羌人[⑤]。而"嵬名""于弥"系西夏皇族之姓，为西夏语音译，含义为"近亲的番人"，即西夏皇族，而"番"指西夏主体民族党项[⑥]。即使吴玛与嵬名、于弥同义，属于一音之转，也只是西夏皇族之意，与吐蕃奴部之义没有直接联系。而据《新唐书》《资治通鉴》等记载，唱末曾经数次通使中原王朝，并有部分部众

---

① 王忠：《论西夏的兴起》，《历史研究》1962年第5期，第23页。

② 《新五代史·党项传》，第912页。

③ 参见卢梅、聂鸿音《藏文史籍中的木雅诸王考》，《民族研究》1996年第5期，该文较为全面地探讨了藏文史籍中出现的木雅（西夏）诸王，但是并没有列出"吴玛"（Hu-mar）一词作为西夏王的称号。

④ F. W. Thomas, *Tibetan literary texts and documents concerning Chinese Turkiestan*. Ⅱ. London, 1935, p. 130; R. E. Emmerick, *Tibetan texts concerning Khotan*, London, Oxford University Press, 1967, pp. 66－67.

⑤ 周伟洲：《多弥史钩沉》，《民族研究》2002年第5期。

⑥ 史金波：《西夏社会》上册，上海：上海人民出版社，2007，第32～34页。

投归唐朝秦州官员高骈，加入其军队，后进驻西川，防御南诏[①]。中原王朝史官对其情况较为了解，所以唐宋史籍记载嗢末为吐蕃奴部称号是真实可信的。故而吴玛、嵬名、于弥与嗢末皆为一音之转，西夏即由嗢末部落发展而来的看法亦不能成立。

法国学者石泰安（P. A. Stein）提出“温（嗢）”为 vbon 或 dbon 的对音，dbon 为吐谷浑王称号，为“侄”“甥”之意，而“末”为 dbav 的对音，dbav 族人是西藏北部游牧部落，于吐蕃占领河陇时期来到了该地[②]。即嗢末是吐谷浑和吐蕃本部韦（dbav）族组成的吐谷浑人，在吐蕃国内地位仅次于吐蕃人，吐谷浑王与吐蕃王室联姻，曾担任吐蕃大相，dbav 族则系吐蕃本部古老氏族，族中成员曾经多次担任吐蕃大相等高级官员。这与汉文史籍记载嗢末为吐蕃河陇地区奴部，成员应当来自多个部族的情况不相符。

匈牙利学者乌瑞（Géza uray）先生在《吐蕃统治结束后甘州和于阗官府中使用藏语的情况》一文中提到：法藏敦煌藏文文书 P. T. 1082《回鹘可汗诏书》中出现 'od'bar 一词，亦即 vod vbar，有可能是嗢末[③]。日本学者石川巌也同意乌瑞的观点。但是该词具体含义为发光、放光[④]，与嗢末为吐蕃奴部的含义没有直接关系。根据文书上下文来看，vod vbar 可能是部族，也可能是地名，而且与“嗢末”发音也不尽符合[⑤]。称 vod vbar 即嗢末也只是一种推测，缺乏直接证据。

李文实先生则认为：“吐谷浑族后期或称吐浑、退浑，也简称浑，‘浑末’、‘嗢末’只是汉文记载的另一译名而已（‘末’意为人）。”[⑥] 即“嗢末”为吐谷浑人之意。这一观点笔者也不赞同，敦煌文书 S. 6342 号《张议潮咸通二年（861）收复凉州奏表并批答》明确指出嗢末百姓是河陇地区陷没于吐蕃的唐人。张议潮是领导各族人民起义推翻吐蕃统治的民族英雄，他

① 参见陆庆夫《唐宋之际的凉州嗢末》，《敦煌学辑刊》1998 年第 2 期。

② P. A. 石泰安著，耿昇译，王尧校《川甘青藏走廊古部落》，成都：四川民族出版社，1992，第 115 ~ 118 页。

③ 《敦煌译丛》，第 213 页。

④ 张怡荪主编《藏汉大辞典》，第 2533 页。

⑤ 参见王尧、陈践《敦煌吐蕃文献选》，第 50 页；《敦煌藏文文献选》，第 99 页，但是王尧、陈践将 vod vbar 录为 vod vcar。〔日〕石川巌：《歸義軍チベット語外交文書 P. T. 1082について》，《内陸アジア史研究》第 18 号，第 24 ~ 29 页，

⑥ 《霍尔与土族》，《西陲古地与羌藏文化》，第 411 页。

在上奏唐朝皇帝的表文中对嗢末（主要指凉州嗢末）的描述是其直观见闻，最具权威性。在唐前期诚然有吐谷浑部落移居凉州等地，但是吐谷浑绝非构成嗢末的唯一民族。在历史上还有吐蕃、苏毗、党项等民族移居河陇，如敦煌吐蕃文文书 P. T. 1089《吐蕃官吏呈请状》记载吐蕃凉州节度使就辖有吐蕃、孙波（苏毗）、吐谷浑、通颊等部落[①]，其中通颊部落由羌（党项）、汉、吐谷浑等民族组成[②]。河陇地区的吐谷浑、羌（党项）、汉等都是被吐蕃征服的民族，他们的地位都低于吐蕃人，其中汉族地位最低，属于吐蕃奴部，所以嗢末应是以河陇地区吐蕃化的汉族为主体，同时也含有苏毗、羊同、白兰、党项、吐谷浑以及吐蕃等成分的民族混合体[③]。另外，法藏敦煌文书 P. 3197 号背记载，公元 940 年（或在此之前）正月十五日甘州回鹘宰相及都督领军征讨竹卢温（嗢）末[④]，竹卢温（嗢）末在甘州附近，为温（嗢）末部族的一支，“竹卢”应为人名或地名，有可能是吐蕃本部世族属卢氏（cog-ro）。此家族为吐蕃显贵，历代赞普执政，都任命出自属卢氏的高级官员，赤德松赞与赤祖德赞两代赞普曾与之联姻[⑤]，所以这个竹卢温（嗢）末有可能是卢氏（cog-ro）者领导的温（嗢）末部族。

杨士宏先生则认为“嗢末”即 bod dmag 的对音，为“吐蕃军”之意[⑥]。但是吐蕃军队由吐蕃人及其他被吐蕃征服的民族组成，这与唐宋史籍明确记载“嗢末”为吐蕃奴部的情况同样不符，所以笔者也不同意这一观点。

近见金雷女士撰文，称“嗢末”为 dbon po，即“侄”“甥”之意，认为吐蕃占领河陇后，与当地部族豪酋通婚，这些部族就被称为 dbon po，即吐蕃之侄、甥。唐宋传世史籍撰者不了解吐蕃内部情况，故而将嗢末称为吐蕃奴部[⑦]。但是 dbon po 与嗢末发音并不完全相合，尤其是“bo”与“末”并非同音。而且前面已经提到嗢末活动于晚唐五代河陇地区，多次与中原王

① 杨铭：《吐蕃统治敦煌研究》，第 121 页。

② 荣新江：《通颊考》，《文史》第 33 辑，第 119 ~ 144 页。

③ 《唐宋之际的凉州嗢末》，《敦煌学辑刊》1997 年第 2 期，第 40 页。

④ 吴丽娱、杨宝玉：《P. 3197v〈曹氏归义军时期甘州使人书状〉考释》，《敦煌学辑刊》2005 年第 4 期。

⑤ 陈楠：《藏史丛考》，第 165 ~ 166 页。

⑥ 杨士宏：《白马藏族族源辨析》，《西北民族学院学报》1985 年第 4 期；参见黄颢《论吐蕃奴隶及其演变》，《西北民族研究》1988 年第 1 期，第 47 页。

⑦ 金雷：《嗢末新考》，《西藏研究》2007 年第 4 期，第 17 ~ 22 页。

朝相互通使，有部分部众投归唐朝，还与河西归义军等以汉人为主组成的政权接触频繁，唐宋时期中原王朝史官对其情况也有一定程度的了解。尽管传世史籍对嗢末为吐蕃富室之奴的表述不是非常准确（实际嗢末主要是被吐蕃王朝奴役的河陇地区汉族等被征服民族），但是以嗢末为吐蕃奴部称号是没有问题的。吐蕃对河陇地区落蕃唐人及其后裔施行民族压迫政策，并未发现史料记载当地汉、粟特（当时该族地位与汉族相等，二者经过了充分融合）等族首领与吐蕃王室有通婚之事。所以，“嗢末”为 dbon po 的看法笔者同样不赞同。

二 “嗢末”的含义

那么，“嗢末”一词究竟源自何处呢？《新唐书·吐蕃传》和《资治通鉴》已明确记载嗢末系河陇地区的吐蕃奴部。关于吐蕃王朝的奴部，王尧先生认为：“农田奴隶（khol-po）、家庭奴隶（g·yog）、‘庸’（随军后勤人员，g·yung）、武士（rgod）、兵丁（dmag-myi）组成被统治阶级，总名之谓“肯”（kheng），就是奴隶，奴之子谓之“羊肯”（yang-kheng），那就是“三等娃子”了……平日，奴隶要从事农、牧、手工业生产，或者从事家庭服务性劳动。一旦爆发战争，奴隶们或充当武士、兵士，到前线去送死；或为随军的后勤人员，解决军队的衣食之需。而整个奴隶主阶级则大都是军队的各级指挥官，维持着奴隶主的军事机器运转。”这就是说吐蕃奴部由农田奴隶（khol-po）、家庭奴隶（g·yog）、庸（随军后勤人员，g·yung）、武士（rgod）、兵丁（dmag-myi）组成。

王先生接下来又说道：“此外，还有一个不太稳定的‘自由民’阶层（Vbangs），这部分人中有失去了地位的贵族（他们往往是因犯罪受谴从而破产下降的），还有一部分是上升了的军功人员，或家庭奴隶中的受宠者。这个阶层经常流动，有时可能成为与奴隶站在一起的‘百姓’（mgo-nag，即黔首）。吐蕃历史上发生过的‘大起义’，习惯上称之为‘邦京洛’（Vbangs-gyen-log），意思就是‘平民（自由民）的起义’，实际上就是平民加上奴隶的起义。”[①] 即 Vbangs 系自由民阶层，介于吐蕃奴隶主和奴隶之间，为吐蕃的第三阶级，并且有时也与奴隶并列。

① 王尧：《吐蕃金石录》，第 7 ~ 8 页。

但是藏族史籍《贤者喜宴》的有关记载与王先生的论述却有所不同。《贤者喜宴》记载吐蕃王朝在松赞干布时期将吐蕃领土划分为五茹、十八个势力范围、六十一个桂东岱（军事部落）。“桂”（rgod）即武士：“所谓桂者，即高等属民（vbangs rab tshan）从事军务者之名称。这些桂，据谓有六十一个东本。”“东本”即部落长官千户长。“再者，所划分的‘雍之人部’(g·yung gi mi sde)，此即称之为‘雍’或者‘更’，这些是做属民事务(vbangs las byed）的人员名称。此亦即所谓‘扬更’、‘扬阐’及‘宁悠’之名称是也。”“雍”即“庸”，亦即“更”。“更”是奴隶，“扬更”则是奴隶的奴隶。“供养王者、献纳赋税，‘桂’行使镇压职能、使‘扬更’有所依恃，‘更’不被派作‘桂’（意为‘奴隶不被派作武士’——译者注)。”①

“桂”身份较高，是军队作战的主力，“庸”则从事农牧业生产，交纳赋税，其身份较低，属于下等属民和奴仆。在敦煌出土的《吐蕃王朝编年史》也有如下记载：“及至虎年（高宗永徽五年，甲寅，公元654年），赞普驻于美尔盖。大论东赞于蒙布赛拉集会。区分‘桂’‘庸’。”②

由上可知，吐蕃王朝的“桂”与“庸”都是属民（vbangs)，他们实际上都属于vbangs。其中“桂”为高级属民，从事征战，“庸”为低级属民，从事属民事务。并且二者身份有别，“庸”不可成为“桂”。“庸”即属于吐蕃奴部。

在吐蕃占领河陇西域后，这一地区也出现了“桂”（rgod）与“庸”(g·yung)。如新疆出土的73RMF26：16号木简云“zhing pon lhas gra nod pav gco rgod gi zhing la dor gcig（农田使官拉罗领受属桂之田一突)”③。英藏敦煌文书千佛洞，86，ii号文书的背面记载：“鸡年春，行人（Rgod)（部落）令狐林六之妻宋三娘，在受雇于白乌香时，向令狐什德之女佣借得四只杯子。”④ 行人即军士。在吐蕃统治下的敦煌，汉族等被征服民族被编成部落，虽也被区分为桂、庸，实际他们的划分根据只是身体强壮与否以及职业

① 黄颢：《〈贤者喜宴〉摘译（二)》，《西藏民族学院学报》1981年第1期，第9~11、21~22页。《贤者喜宴》节录及佟锦华译文，黄布凡、马德：《敦煌藏文吐蕃史文献译注》之《附录四》，第368~369、371、381~383页。

② 王尧、陈践：《敦煌本吐蕃历史文书》，第145页。

③ 王尧、陈践：《吐蕃简牍综录》，第28页。

④ 〔英〕F. W. 托马斯编著，刘忠、杨铭译注《敦煌西域古藏文社会历史文献》，第35页。

特点，身份并无高低贵贱之分。吐蕃在敦煌实行突田制，他们平时都要从事生产，交纳赋税，在经济上受到较重剥削。这些民族成员的地位都在吐蕃人之下，虽然敦煌一地也有汉族（包括当地粟特裔居民）上层人士担任吐蕃政权的官员，但是所担任职位都较为次要低微，最重要的官职都由吐蕃人把持[①]。吐蕃还在汉人中推行同化政策，《新唐书·吐蕃传》记载敦煌被吐蕃占领后，“州人皆胡服臣虏”。敦煌文书 S. 6161 + S. 3329 + S. 6973 + P. 2762《张淮深碑》则记载吐蕃统治时期敦煌汉人被“赐部落之名，占行军之额，由是形遵辫发，体美织皮，左衽束身，垂肱跪膝”[②]。在西域与河陇其他地区的汉族等被征服民族所处境况当与之类似。河陇西域等地的汉族等被吐蕃征服民族仍然是下等属民，属于吐蕃之奴部，政治地位低下，遭受歧视，经济上则被掠夺，与吐蕃本部的“庸”地位相近。唐人称吐蕃统治下的河陇汉人“生为戎奴婢，田牧种作，或从居城落之间，或散处野泽之中”[③]，也反映了吐蕃在该地区统治有一定程度的压迫性。吐蕃文也将吐蕃统治下的河陇西域地区汉族等被征服民族的普通百姓称为 vbangs。

这一观点也可得到敦煌西域出土的吐蕃文简牍文书的证明。米兰出土的 vii，32 号木简云：

> 论董桑心中不安，速遣巴夏（Spa zhar）将陇俄玛布鲁（Slung Vo ma bu lung）和悉宁宗（Snying tsom）的属民（Vbangs）三人，即孙·仁钦、巴哲贝努和杂达阿隆，送至大罗布（Nob ched por）。曾多次邮传（询问此事），但毫无音讯回复。[④]

此件简牍中的属民都是吐蕃统治下西域地区的部落民众，可能是桂，也可能是庸。悉宁宗（Snying-tsoms）部落还曾见于敦煌，是吐蕃统治后期的沙州汉人三部落之一。米兰距敦煌较近，这一带地区在唐朝前期曾由沙州管辖，所以米兰出土的 vii，32 号木简中的悉宁宗部落也有可能是指沙州的汉

① 参见陆离《吐蕃统治敦煌基层兵制新考》，《中国史研究》2003 年第 4 期。

② 唐耕耦、陆宏基：《敦煌社会经济文献真迹释录》第 5 辑，第 198 页。

③ 沈亚文：《对贤良方正直言极谏策》，《全唐文》卷七三四，第 7581 页。

④ F. W. 托马斯编著，刘忠、杨铭译注《敦煌西域古藏文社会历史文献》，第 50、418 页；王尧、陈践：《吐蕃简牍综录》，第 66 页。

人部落。

另外，吐蕃统治下敦煌寺院中的寺院属民——寺户，在吐蕃文中也写作 lha vbangs。如敦煌文书 Ch. 73. xv，10 号《阿骨萨部落军籍表》记载：“普光寺寺户（lha-vbangs），杨葵子，射手。”① 这也表明吐蕃统治下河陇西域地区寺院中的附属人口寺户同样属于 vbangs，寺户自然也是吐蕃奴部的组成部分。

上已论证吐蕃统治下河陇西域地区的汉族等被征服民族被吐蕃政权编成部落，他们的地位都低于吐蕃人，这些民族的普通民众在吐蕃文中被称作 vbangs。值得注意的是关于 vbangs 的发音，如按拉萨音，藏文字母 ba 发“巴”音，则 vbangs 发音为“邦”；如按安多音，藏文字母 ba 发“哇”音，则 vbangs 正发“汪”音，与“嗢”音相近。“嗢”字中古音，《广韵》记为“乌八切”和“乌没切”②。由于嗢末是吐蕃河陇奴部的称号，河陇与安多藏区地域相接，而安多藏语发音保留着许多吐蕃时期的古音，所以笔者以为“嗢末”之“嗢”正是安多藏语 vbangs 之音译。敦煌文书 S. 2736/2《蕃汉对译语汇》第 40 组有如下记载：“khri dpon 乞利本/'i ban zhin dzyan 一万人将”③，表明当时河陇地区汉语“万”的吐蕃文拼写为 ban，“万”字中古音为“无贩切”④，则吐蕃文字母 ba 正发“哇”音，由此可知吐蕃文 vbangs 音为“汪”，即是“嗢末”之“嗢”，这正可以证明笔者的观点。杨铭先生同样认为 vbangs 与“嗢末”有关。他认为“嗢末”藏语应为 vbangs vog ma，意为下层庶民，简称为 vog mar，发音为“嗢末”⑤。但是 vog mar 意为“下面，以下”，与嗢末为吐蕃奴部的含义又不能吻合。

至于“嗢末”之“末”，前面已提到李文实先生认为即人之意。现代藏语 mi 意为人，发音正是“末”，则“嗢末”之“末”就是藏语 mi 之音

---

① 《敦煌西域古藏文社会历史文献》，第 52、419 页。

② 《汉语大词典》上卷，北京：汉语大词典出版社，1997，第 1618 页。

③ 笔者曾亲自查看了文书原件缩微胶卷，参见黄永武主编《敦煌宝藏》第 22 册，台北：新文丰出版公司，1985，第 703 页；王尧、陈践《敦煌吐蕃文书论文集》，第 47 页；陈庆英《〈斯坦因劫经录〉、〈伯希和劫经录〉所收汉文写卷中夹存藏文写卷情况调查》，兰州大学敦煌学研究组编《敦煌学辑刊》第 2 集，第 112 页。

④ 丁声树编录，李荣参订《古今字音对照手册》，北京：中华书局，1981，第 153 页。

⑤ 杨铭：《“嗢末”古藏文对音考》，《敦煌吐蕃文化学术研讨会论文集》，兰州：甘肃民族出版社，2009，第 290 页。

译似可顺理成章了。尤其值得注意的是，在张怡荪主编的《藏汉大辞典》中对 vbangs-mi 的释义为：“庶人，属民，奴隶。”[①] 如此一来，“嗢末”即 vbangs-mi 的音译也殆无疑义。

但是情况并非如此简单。在唐五代时期的吐蕃文中，mi 并无“人”之意，其时吐蕃文 myi 才是“人”之意，该字频繁出现于唐、蕃长庆会盟碑等金石碑刻和敦煌西域出土简牍文书之中[②]。《贤者喜宴》记载赤祖德赞（即日巴坚，khri gtsug lde btsan）时期曾进行文字改革：

> 上述那些译师班哲达及具有特殊恩德的三位译师班哲达孜那米扎、塔那西拉及祥益西德，对以前所译之全部（佛经）做了校正，并且厘订文字，对古代诸难懂之词予以舍弃，使之合于地区及时代，即易懂又适宜诵读，为了精简文字，取消了“ma”的下加字形“mya”，重后加字“da”及后加单体字“va”等。

据黄颢先生考证：

> 关于取消“mya”、重后加字“da”及后加单体字“va”的记载，在《语合二章》中没有这种规定，现在看来，这种规定可能是在墀祖德赞日巴坚时才提出的，但是据建于墀祖德赞时的江浦寺碑文看，这种规定虽提出但并未真正实行，如“mye”、“stsald”及“bkavs”等类型的字体依然存在（见杜齐《藏王墓》，87～90 页）。上述三种字型，直到宋代碑文中“mye”的型体仍存，“stsald”及“bkavs”型体始无。在元代碑文中才不见“mye”的型体。（分见《西夏黑水建桥碑》及《山东长清大灵岩寺大元国师法旨碑》）[③]

由上可知，吐蕃文 myi 可能直到元代才消失，而被 mi 取代，所以晚唐五代时期的吐蕃河陇奴部嗢末之“末”字不大可能是 mi，mi 在安世兴先生编著之

---

① 张怡荪主编《藏汉大辞典》，第 1963 页。

② 王尧：《吐蕃金石录》，第 9 页。

③ 巴卧·祖拉陈哇著，黄颢译《〈贤者喜宴〉摘译（十三）》，《西藏民族学院学报》1984 年第 1 期，第 97 页及第 108 页注 24。

《古藏文辞典》中的释义也并没有“人”之意①。

笔者以为嗢末之“末”字当为古藏文 myi 的译音，理由如下：①myi 正为“人”之意。②myi 在唐五代时期的发音与“末”相近，在吐蕃时期（7~9 世纪），藏语声母中辅音和后置辅音还没有合并或融合成一个音素，不像现在多数方言已合二为一了，这一点国内外藏语研究者已达成共识。据研究，藏文 phya 带下加字 ya，在吐蕃时期其后置辅音 ya 可能就读成 j 或接近汉语的介音 i。在《唐蕃长庆会盟碑》中，phyi 音译为“纰”（phji）②。如此则吐蕃文 myi 在唐五代时期的读音当是先发 ma 音，再发 ya 音（该音读成 j 或接近汉语的介音 i），最后发 I 音，读音即为“咩”。“咩”字中古读音为“迷尔反”③，与现代的发音很相近，与“末”的中古发音“莫拔切”也很相近④。

而且 vbangs myi 一词在吐蕃王朝时期简牍、文书中确实出现了。新疆麻扎塔格出土的 M. Tāgh. 0574 号简牍记载：

> 甲尔根之属民（Vbangs myi）罗汁野，私下去僧伽孜，夏季六月份的口粮三升青稞，三升面粉不要发给。⑤

这个属民罗汁野是吐蕃统治下于阗地区的居民。

法藏敦煌藏文文书 P. T. 997《榆林寺庙产牒》记载：“属榆林寺之属民总计，//yu lim gtsug lag khang gi vbangs myi sdom lav/”⑥。这个榆林寺之属民即为吐蕃瓜州榆林寺的寺户，亦即 lha Vbangs。

这些记载也有力地证明了晚唐五代时期吐蕃河陇奴部称号“嗢末”，即吐蕃文 vbangs myi 的音译。安世兴先生编著的《古藏文辞典》中也收有“vbangs myi”一词，释义为“庶民、属民百姓”⑦。庶民、属民百姓中也应

---

① 安世兴：《古藏文辞典》，北京：中国藏学出版社，2001，第 397~392 页。

② 华侃：《吐蕃时期 phya 和 bra 的读音考》，《西北民族学院学报》1986 年第 4 期，第 38~39 页；王尧：《吐蕃金石录》，第 18 页。

③ 《汉语大字典》，第 262、2088 页。

④ 丁声树编录，李荣参订《古今字音对照手册》，第 20 页。

⑤ 王尧、陈践：《吐蕃简牍综录》，第 35 页。

⑥ 王尧、陈践：《敦煌古藏文文献探索集》，第 176、251 页。

⑦ 安世兴：《古藏文辞典》，第 377 页。

当包括属于吐蕃王朝下等属民的河陇地区奴部，他们实际是当地的汉族等被吐蕃征服民族的普通百姓。当然，嗢末中也包含一部分从吐蕃本部随主人迁至河陇地区的奴隶。

综上所述，“嗢末”即为吐蕃文 vbangs myi 的音译，“嗢”对应 vbangs，发音与安多藏语 vbangs 的发音相同，其意为“奴部、庶民”；“末”对应 myi，其意为“人”。后来吐蕃文 myi 为 mi 所取代，“vbangs myi”一词就演变成为现代藏语中的“vbangs mi”了。

第十三章　色通、宗喀与临蕃城

第一节　色通

在英藏敦煌吐蕃文文献中出现有地名 se tong 一词，对于其具体地理位置，学界曾有所研究①。笔者拟运用敦煌汉藏文献和传世史籍的有关记载对该词的含义、地理方位再作一些探讨，提出一点儿自己的意见。

一　se tong 与西同

首先将有关 se tong 的史料记载列出如下：

（1）Vol. 69，fol. 84《吐谷浑王国编年史》第 16～20 行记鸡年（709～710）夏，莫贺吐浑可汗定居于色通（se tong）。②

（2）P. T. 1094 是一件《博牛契》，买卖双方分别是 stong sar gyi sde lig yul rje gol（悉董萨部落李玉来主仆）和 mthong kyab se tong phavi stong pon lho blon klu sgra bran an pevu tig（通颊色通巴之千户长洛·论矩立扎之奴安保德）③。

（3）S. 2228 号吐蕃文合种田地契约文书中有：通颊色通巴部落（mthong kyab se tong phavi sde）成员卡甲桑笃笃（vkal vgrav bzang tevu

① F. W. 托马斯编著《敦煌西域古藏文社会历史文献》，第 13、28、144～146、399 页；荣新江：《通颊考》，《文史》第 33 辑，1990；吕建福：《土族史》，北京：中国社会科学出版社，2002。

② 参见杨铭《关于〈吐谷浑纪年〉残卷的研究》，《吐蕃统治敦煌研究》，第 141 页。

③ 王尧、陈践：《敦煌吐蕃文书论文集》，第 29 页。Tsuguhito Takeuchi. *Old Tibetan Contracts from Central Asia*，Daizo Shuppan，Tokyo，1995，pp. 134－144，plates，3.

tevu）与僧人张兰永（dge slong cang lang nyan）合种田地立契，他出土地，僧人出农具、耕牛，种子、人工二人平摊，收成二人平分①。

（4）甘肃敦煌、兰州等地收藏的《无量寿宗要经》写本 Nos. 21，22 有：mthong khyab se tong pavi sde gu rib lha btsas（通颊色通巴部落谷日·拉匝）②。

（5）P. T. 1174：mthong khyab se tong（通颊色通）③。

（6）P. T. 1297（5）号借马契约中出现的借马者为 se tong pavi sde（色通巴部落）的 skyo yang legs④。

（7）苏联科学院东方研究所列宁格勒分所藏敦煌藏文《无量寿宗要经》写本 Nos. 186，193，195，196，197，198，209，210，211：se tong pa（色通巴）⑤。

（8）P. T. 3501，3754，4002，4039《无量寿宗要经》写本题记：se tong/ se tong pavI（色通巴）⑥。

最先注意到 se tong 一词并对之进行探讨的是英国学者托马斯。他把 S. 2228 中的 se tong 看成地名，并且和英藏藏文文书 Vol. 69，fol. 84《吐谷浑王国编年史》所记吐谷浑可汗夏宫所在地 se tong 联系起来，将其比定为《新唐书》卷四三下《地理志》贾耽所记罗布泊地区的“七屯城”⑦。荣新江先生认为，从贞观到开元罗布泊地区包括七屯城在内的诸城镇，一直是中亚昭武九姓的移民聚落⑧。而且这里后来还是沙州直接管辖的范围，不

---

① F. W. 托马斯编著《敦煌西域古藏文社会历史文献》，第 145、447 页。

② 黄文焕：《河西吐蕃式写经目录并后记》，《世界宗教研究》1982 年第 1 期，第 85 页。

③ M. Ialou（拉露）. *Inventaire des manuscrits tibétains de Tun-huang conserves a la Bibliothéque Nationale*（《巴黎国家图书馆藏敦煌藏文写本编目》），Ⅱ，Paris，1950，p. 75.

④ T. Takeuchi，*Old Tibetan Contracts from Central Asia*，pp. 62 – 63.

⑤ L. S. Savitsky，*Dunhuang Tibetan Manuscripts in the Collection of the Lenigrad Institution of the Birth of Alexanda Csoma de Körös*，ed by L. Legeti. Budapest，1984，Vol. Ⅱ，p. 289. 转引自荣新江《通颊考》，《文史》第 33 辑，1990，第 130 页。引文中的藏语拉丁文转写“’”按我国通行的藏文转写方案一律转写为“v”。

⑥ 西岡祖秀：《ペリオ蒐集チベット文〈無量壽宗要經〉の寫經生·校勘者一覽》，《印度學佛教學研究》第 33 卷第一號（1984 年），315 頁。转引自《通颊考》，《文史》第 33 辑，第 130 页。

⑦ F. W. 托马斯编著《敦煌西域古藏文社会历史文献》，第 13、28、144 ~ 146、399 页。

⑧ 张广达：《唐代六胡州等地的昭武九姓》，《西域史地丛稿初编》，上海：上海古籍出版社，1995，第 265 ~ 266 页。

可能是吐谷浑的领地，当时的吐蕃、吐谷浑只能在萨毗泽南面一带活动。另外，把在地处炎热的塔克拉玛干沙漠南沿的七屯城当作吐谷浑可汗夏宫，不合常理。而且七屯城在吐蕃时代的文献中一般称作 nob chung（小罗布）。所以，《吐谷浑王国编年史》中的色通应当位于吐谷浑的大本营——青海湖与河源一带。荣先生进而认为，沙州的通颊色通巴部落，或许就来自黄河河源地区的下勇部所包含的九通颊部落千户当中。色通巴原为九部落之一，而沙州的色通巴部落可能是驻扎下来的原色通巴部落，也可能是由一部分原色通巴部落成员为骨干并组织沙州通颊人而形成的新部落①。此后，吕建福先生又发表意见认为："色通（se tong）或指森部落所处鄯善萨大慕兰一带，鄯善、且末仍有大量的土浑部落。"即谓色通（se tong）在西域鄯善地区。后又称："西同之名，《张淮深变文》中作西桐，在甘州与酒泉之间，并说西桐海畔。吐谷浑国的西同之地，疑即藏文文书中的 se tong，均为土族语［sur k'un］一词的音译，意指沼泽低洼之地，而苏干湖东北部正是沼泽之地，现名'苏干'，亦与土族语［sur k'un］之音相似，应即古地名遗留。由西同向西南到吐浑国内，其地也正是墨离海畔的汗庭所在。"② 即 se tong 为西同，在今苏干湖附近地区。不难看出，其看法前后相互抵触。

由以上史料记载和诸家研究观点可知，se tong 为一地名，同样也为沙州地区的通颊部落名，实际上 se tong pha 即"色通人"之意。但其具体地理方位，诸家观点尚有分歧。笔者同意荣新江先生的意见，吐谷浑可汗夏宫所在地 se tong 不可能为地处炎热的塔克拉玛干沙漠南沿的七屯城。七屯城在新疆出土古藏文文书简牍中一般写作 nob cung，另外新疆出土古藏文文书简牍中还出现有 rtse thon，也可能是指七屯城③。在 7～8 世纪，七屯城也并非吐蕃统治的吐谷浑汗国疆域。而吕先生提到的"西同"，在敦煌文书中屡有出现，时间从吐蕃统治时期到归义军时期不等。西同又称西桐，还有西桐海、西同山。"西同"与吐蕃文 se tong 发音实际相同，它们之间的关系确有值得探讨之处。为了方便研究，现将敦煌文书中有关西同

① 荣新江：《通颊考》，《文史》第 33 辑，第 131 页。

② 《土族史》，第 123、190 页。

③ F. W. 托马斯编著《敦煌西域古藏文社会历史文献》，第 144～145、399 页；杨铭：《唐代吐蕃与西域诸族关系研究》，哈尔滨：黑龙江教育出版社，2005，第 173 页。

的史料录出。

S. 542《戌年（818）六月十八日诸寺丁口车牛役簿》记载："龙兴［寺］……朱进兴差入西同山廿日，取羊，亥年役。""莲台寺……骨论，持韦，西桐请傺羊一日。""灵修寺……白天养，差西桐请羊廿日。"① 可知西桐、西同山一带可以牧羊，敦煌都僧统司经常差遣寺户去该地区收取羊只。

S. 2692《张议潮变文》云：

> 诸川吐蕃兵马还来劫掠沙州，奸人探得事宜，星夜来报仆射："吐谷浑王集诸川蕃贼欲来侵凌抄略，其吐蕃至今尚未齐集。"仆射闻吐浑王反乱，即乃点兵，斩凶门而出，取西南上把疾路进军。才经信宿，即至西同侧近，便拟交锋，其贼不敢拒敌，即乃奔走，仆射遂号令三军，便须追逐。行经一千里以来，直到退浑国内，方始趁迭，仆射即令……分兵两道，裹合四边，人持白刃，突骑争先，须臾阵合，昏雾涨天……
>
> 忽闻西戎起狼心，叛逆西同把险林（临），星夜排兵奔疾道，此时用命总须擒。②

张议潮率兵征讨进犯的吐谷浑军队至西同，"才经信宿"即时跨三日。文书记载表明西同在敦煌西南，其距离，从敦煌抄近道三日即抵西同侧近。

P. 3451《张淮深变文》称张淮深率兵在西桐与回鹘交战：

> 天使才过酒泉，回鹘王子领兵西来，犯我疆场，潜于西桐海畔，蚁聚云屯，远侦风烟，即拟为寇，先锋游弈市使白通吉探知有贼，当即申上，尚书即闻回鹘□□，□诸将点锐精兵，将讨匈奴。参谋张大庆越班启曰："金□□□，并不可妄动，季秋而行，兵家所忌。"尚书谓诸将曰："□□（回鹘）失信，此来窥窬，……此时必须剪除"……当即胤（引）兵，凿凶门而出。风驰雾卷，不逾信宿，已近

① 唐耕耦、陆宏基：《敦煌社会经济文献释录》第2辑，第381、385、390页。

② 项楚：《敦煌变文选注》上，北京：中华书局，2006，第310页。

> 西桐，贼且依海而住。控险为势，已（以）拒官军，尚书乃处分诸将，尽令卧鼓倒戈，人马衔枚。东风猎□，微动尘埃，六龙才过，誓不空回，先锋远探，后骑相催。铁□（骑）千队，战马云飞，分兵十道，齐突穹庐。鞞鼓大振，白刃交麾……回鹘大败。
>
> 尚书闻贼犯西桐，便点偏师过六龙。……恰到平明兵里（裹）合，始排精锐拒先冲。……血染平原秋草上，满川流水变长红。南风助我□威急，西海横尸几十重。①

由此件变文可知西同（西桐、西桐海）在敦煌以西，准确地说在敦煌西南。“不逾信宿，已近西桐”表明，不过两天三夜便到西同附近。

P. 2570《毛诗卷第九》：“咸通拾陆年正月十五日，官吏待西同打却回鹘至。”②

由以上四件文书记载可知：“西同”系地名，在沙州西南，距沙州大约三天路程。西同地区的自然环境，有山（西同山）、有湖（西桐海）、有羊，适宜放牧，也是进入沙州的门户，故为吐谷浑、吐蕃、回鹘等游牧民族所觊觎，在归义军张议潮、张淮深时期他们屡次进犯该地。

据李正宇、李并成先生研究，敦煌文书中的“西同”正是今甘肃阿克塞县苏干湖地区。在敦煌市西南 290 里，折合唐里 259 里，与文书记载的西同与敦煌之间的路程相吻合。唐代马日行 70 里，三天行 210 里，即所谓“已近西同”。③

苏干湖盆地总面积约 7000 平方公里。有大、小二湖，今统名“海子”，即《张淮深变文》所谓“西桐海”，其水来自盆地东南部的大哈尔腾河和小哈尔腾河的潜流。小苏干湖居东北，为淡水湖，面积 11.6 平方公里；大苏干湖居西南，为咸水湖，面积 108 平方公里。小苏干湖有水道西南流，今名苏干河，长 20 公里，入于大苏干湖。盆地周围皆山，北有当金山，海拔 3000 米；东有党河南山，海拔 4000 米，又有土尔根达坂山，海拔 5000 米；西有拖腊依格大坂山，平均海拔 4200 米；南有塞斯腾

---

① 《敦煌变文选注》下，第 1773 ~ 1774 页。

② 《敦煌遗书总目索引新编》，第 243 页。

③ 参见李正宇《西同地望考——附论六龙地望》，《敦煌研究》1997 年第 4 期；李并成《西同地望考——附论明安定卫城》，《西北民族研究》1998 年第 1 期。

山，海拔4000米。塞斯腾山即“西同山”的今音今名，在大苏干湖南岸[①]。苏干湖盆地中还有片状流沙地和新月形沙丘存在，沙漠面积约占整个盆地面积的1/5，沙丘的相对高度2~10米，尤以山坡的下风地带多见[②]。

湖区周围牧草丰美，候鸟群飞，土壤大部分属盐土。虽然牧草繁茂，但不宜粮菜瓜果、林业种植，粮食、瓜果、蔬菜皆仰给于敦煌，正与敦煌文书记载西同宜于放牧的情况相合。

西同在明代被称为“昔尔丁”，清代被称为“色尔腾”，都与“西同”谐音，苏干湖之名起于近年，1950年代以前犹称“色尔腾海子”。明叶向高《苍霞草》记载：永乐四年（1406）“并徙安定卫治所于昔尔丁”。《嘉庆重修一统志》卷二九“安西州古迹门曲先卫”条云：“并徙安定卫于色尔腾。”原注：“旧做昔尔汀。”乾隆二年成书的《重修肃州新志·沙州卫册》“山川门”则称：“色尔腾海子，在沙州西南，大泽四周有山围绕，水不长流。按《旧图》虽云其地有色尔腾河，然流亦不远。”[③]

笔者以为，“西同”与吐蕃文 se tong 二者应为同一词，发音相同，都在敦煌附近，系指同一地名，即今天的甘肃阿克塞县苏干湖地区，“苏干”与“西同”、se tong 古音相通，实为同名异译。Vol. 69，fol. 84《吐谷浑王国编年史》记载的莫贺吐浑可汗的夏宫所在地色通（se tong）也正是指今苏干湖地区，这里水草丰茂，适宜畜牧，海拔较高，夏季气候凉爽，宜于居住避暑。

二　吐蕃敦煌通颊色通巴部落

至于蕃占时期出现的敦煌通颊色通巴（mthong kyab se tong phavI）部落，笔者以为是由驻扎在西同（se tong，今苏干湖盆地）地区的吐谷浑、党项、汉等民族组成的通颊军事部落，主要负责征战防御之事。

P. T. 1113 号文书记载：“……王（rje）与论冲热（blon khrom bzher）

① 李正宇：《西同地望考——附论六龙地望》，《敦煌研究》1997年第4期，第115页。

② 李并成：《西同地望考——附论明安定卫城》，《西北民族研究》1998年第4期，第49页。

③ 转引自李正宇《西同地望考——附论六龙地望》，《敦煌研究》1997年第4期，第116页。

辰年春于陇州（long cu）会议，交与德伦盖有通达敕印（的文书），决定于沙州置一新通颊军千户。”[①] 此辰年经考证为公元824年[②]，该年在敦煌设置的新通颊军千户就是敦煌通颊色通巴部落，部落人员驻扎在西同地区。在吐蕃统治下通颊人地位与吐谷浑人相当，而高于吐蕃统治下河陇地区原来的唐朝居民及其后代。如P. T. 1089《大蕃官吏申请状》中记载姑臧节度使衙署中吐蕃、孙波之千户长（bod sum gyi stong pon）之后为通颊与吐谷浑之千户长（mthong khyab dang va zha stong pon），下面又有吐蕃、孙波之小千户长（bod sum gyi stong cung）、通颊与吐谷浑之小千户长（mthong khyab dang va zha stong cung），最后才是边鄙部族之小将校（lho bal gyi dmag pon chung），边鄙部族（lho bal）主要为吐蕃统治下凉州、甘州地区陷蕃唐人后代[③]。所以，沙州通颊色通巴（mthong kyab se tong pha）部落中应该没有沙州汉人等落蕃唐人及其后裔加入，此部落成员则可能来自较早为吐蕃控制的河源、青海湖、西同等地区，有吐蕃、吐谷浑、党项、汉等多种民族成分。

英藏敦煌吐蕃文文书《吐谷浑王国编年史》记载西同在8世纪初即为附庸于吐蕃的吐谷浑可汗夏宫，此后应当一直为其所控制。通颊色通巴部落地位也高于沙州汉人部落，应该由吐蕃瓜州节度使直接管辖，而不是归属于沙州。P. T. 1113号文书中发出沙州通颊色通巴部落成立命令的王（rje）可能是当时的吐谷浑可汗（a zha rje），而论冲热（blon khrom bzher）则为总制河陇的吐蕃东道节度使。

在吐蕃统治结束后的归义军时期，瓜沙地区有通颊、退浑十部落。归义军时期的敦煌文书S. 1485号《己亥年六月五日通颊安定昌雇工契》等中则出现通颊乡[④]，属于沙州管辖。此通颊乡应该就在今苏干湖盆地地区，是由吐蕃的沙州通颊色通巴部落演变而来。

由于英藏吐蕃文文书《吐谷浑王国编年史》记载se tong最早出现时

---

① 《敦煌古藏文手卷选集》第2辑，第449页；参见山口瑞凤《漢人及び通頬人による沙州吐蕃軍團の编成时期》，东京，《东京大学文学部文化交流设施研究纪要》第5號，1981，第7页；王尧、陈践《敦煌吐蕃文书论文集》，汉文第186页，藏文第378页。

② 杨铭：《吐蕃统治敦煌研究》，第26页。

③ 参见本书第十二章第二节“关于敦煌文书中的‘蛮貊’与‘南波’‘南山’”。

④ 沙知：《敦煌契约文书辑校》，南京：江苏古籍出版社，1998，第267页。

间在8世纪初期，比“西同”最早出现时间9世纪初期（在S.542号文书中出现）要早，所以笔者认为se tong这一地名可能是由吐蕃人最先命名。李正宇先生认为，清王初桐《西域尔雅·释器》载：“金，谓之色尔，……或谓之谢儿，又谓之塞，西藏语。”同书《释诂》又载：“通，西番语，藏语同。见也。”即出现金子之意，苏干湖盆地四周山谷出产黄金，所以得名，现在还有大量淘金人员在此地活动[①]。按之吐蕃文，se ru为“黄色、黄颜色”之意[②]，tong意为“放”[③]，se tong即“出现黄色”；而藏语gser意为“黄金”，se与gser发音很接近，含义也有相通之处。黄色正是黄金的颜色，故清代《西域尔雅·释器》将“色尔腾”意译为“出现金子”。宋元时期在苏干湖地区和柴达木地区居住的畏兀儿人被称为“黄头回鹘”和“撒里畏兀儿”，“黄头”和“撒里”正是得名自se tong，分别是其意译和音译的节译。

法藏文书P.T.1002记载：“亥年仲春九日，康地僧统（khams yul gyi ring lugs）那囊洛卓旺布（sna nam blo gros dbang po）与芒达扎多杰（myang stag dgra rdog rje）与主持沙门土丹（gzhi vdzin ban de thub brtan）将公务办完后，于20日在色通（se tong）忏悔，而写在此记录中。”[④]这里的色通（se tong）即西同，系指敦煌西南的西同地区。可知吐蕃占领时期的某一时段，西同地区的佛教事务也由康地（khams yul）僧统那囊洛卓旺布（sna nam blo gros dbang po）、芒达扎多杰（myang stag dgra rdog rje）与主持沙门土丹（gzhi vdzin ban de thub brtan）一起来管理。康地应该是指朵甘思（mdo gams），即今青海西南部、西藏东部、四川西部及云南迪庆州一带。[⑤]僧人土丹（thub brtan）还在英藏Ch，80，v1、Ch，77，xv，10及Ch，79，xvi，7号三件文书中出现，被称为堪布（mkhan po），即寺庙主持。瓜州节度使（dmag dpon）命令沙州仓曹（stsang mngan）将沙州民

① 参见李正宇《西同地望考——附论六龙地望》，《敦煌研究》1997年第4期，第118页。

② 安世兴：《古藏文词典》，第573页。

③ 安世兴，《古藏文词典》，第201页。

④ 高田时雄：《吐蕃时期敦煌有关受戒的藏文资料》，日著《敦煌·民族·语言》，钟翀等译，北京：中华书局，2005，第144～145页。

⑤ 黄维忠：《关于P.T.16、IOL TIB 751I的初步研究》，《贤者新宴》5，上海：上海古籍出版社，2007，第87页。

户上交官府的一部分粮食转交给他[1]，此人应该是当时吐蕃僧团中的一个重要人物，可能是一名较高级别的僧官，负责管辖西同等地区的佛教事务。

三　se tong 与墨离海、墨离川

20 世纪 70 年代在新疆吐鲁番阿斯塔那 225 号墓中，发现了一批来自敦煌的文书，其中有近三十件武周时期的军事文书，有些还钤有“豆卢军经略使”的印文，当是豆卢军军府文书，涉及武周时期的吐谷浑归朝史实。其中出现了“墨离川”“墨离”。

如文书《武周豆卢军牒为吐谷浑归朝事一》，分为两段，共存 18 行。第一段 72TAM225：25 号，本件有“豆卢军经略使之印”多处：

1□/□拔禍□/□落蕃人瓜州百姓贺□/□

2□/□六岁，一疋父五□/□草九岁，一疋赤草七岁，一疋白□/□

3□/□胡禄一□/□鞍三□/□

4□/□究拾□/□刀壹口，蕃书壹□/□

5□/□十日牒称：得押领人吴□/□

6□/□接得前件浑及马，谨将□/□

7□/□蕃人贺弘德款称：弘德□/□

8□/□德常在吐浑可汗处，可汗□/□

9□/□州陈都督处，可汗语弘德□/□

10□/□众，今□墨离川，总欲投汉来，请□/□

11□/□接者。郭知□大配山南□/□令，便往应□/□

12□/□差兵马速即□□应接，仍共总管□/□

13□计会，勿失机便者。此日□知运便领兵马往□/□

① F. W. 托马斯编著《敦煌西域古藏文社会历史文献》，第 33～35 页。

14□/□至准状□/□满，其所领兵□/□

15□/□令端等处降浑消息，兵粮如少□/□

16□/□差子总官张令端□/□

第二段 72TAM225：38 号：

（前缺）

1□/□以状牒上墨离

2□/□报并牒郭知[①]

该文书表明当时吐谷浑可汗驻在墨离川，派瓜州落蕃人贺弘德去联络唐朝瓜州陈都督，准备投归唐朝。吐谷浑归朝文书中记载可汗驻营的墨离川在沙州以南，唐朝军队也向南调动准备接应归降吐谷浑部众。

敦煌文书 P. 2555《唐人诗集残卷》中的佚名氏诗五十九首，系张承奉金山国时期的作品。其中第一首为《冬出敦煌郡入退浑国朝发马圈之作》："西行过马圈，北望近阳关。回首见城郭，黯然林树间。"敦煌文书 S. 2593《沙州图经》记载马圈在敦煌西南廿五里[②]，退浑国在敦煌马圈、阳关以南不甚远。嗣圣元年（684）崔融在《拔四镇议》里说："碛南有沙、瓜、甘、肃四州，并以南山为限，山南即吐蕃及退浑部落。"[③] 当时从马圈向南经过当金山口即进入祁连山以南的退浑部落地区。佚名氏诗第二首为《至墨离海奉怀敦煌知己》："朝行傍海涯，暮宿幕为家。千山空皓雪，万里尽黄沙。戎俗途将近，知音道已赊。回瞻云岭外，挥涕独咨嗟。"墨离海附近环境为千山皓雪、万里黄沙，此时离吐谷浑部落居住地已很近。第三首《冬日书情》："殊乡寂寞使人悲，异域流连不暇归。万里山河非旧国，一川戎俗是新知。"陈国灿先生认为诗人由当金山口南下即进入苏干湖地区，苏干湖即墨离海；若是循甘泉水而南，过紫亭东南行，墨离海当为哈拉湖，墨离川当是墨离海所在平川。高嵩、

① 《吐鲁番出土文书》三，北京：文物出版社，1996，第 412 页。
② 唐耕耦、陆宏基：《敦煌社会经济文献真迹释录》第 1 辑，第 6 页。
③ 《全唐文》卷二一九，崔融：《拔四镇议》，第 227 页。

荒川正晴则倾向于认为墨离海在苏干湖，认为由东向西流入此湖的哈尔腾河（即“哈勒腾河”），即是墨离川①。王素先生认为“‘墨离川’应在‘墨离军’附近，军名因于川名”，而唐朝在瓜州设有墨离军②。吕建福先生则称：“墨离川，今之哈尔腾河，墨离海，今日苏干湖。”Vol. 69，fol. 84号《吐谷浑王国编年史》中记载的鲜卑山之羊山堡“即在墨离川一带”③。钱伯泉等先生则认为墨离海大约是今哈拉湖一带，青海西北约150公里、哈拉湖东100公里仍有小镇木里，“木里”即“墨离”的异译，应是唐地名“墨离”的异译④。

笔者以为P. 2555《唐人诗集残卷》中佚名氏诗五十九首的作者应是在冬季翻越当金山口进入墨离海地区，墨离海当系苏干湖，离瓜州墨离军尚有相当距离。由其中第二首诗《至墨离海奉怀敦煌知己》可知，此时作者正沿墨离海向东进发。第三首《冬日书情》称“一川戎俗是新知”，即作者离开墨离海后又沿自东向西注入墨离海（苏干湖）的哈尔腾河向东行进。沿河两岸平川地带居住着吐谷浑部落，即所谓“一川戎俗”。墨离川可指哈尔腾河，亦可指墨离海、哈尔腾河附近的平川地区。墨离海一带即Vol. 69，fol. 84号《吐谷浑王国编年史》中记载的“色通（se tong）”，亦即西同，西同又称西桐海，即今苏干湖，在明清时期称为昔尔丁、色尔腾湖；而且，前面提到苏干湖附近确实分布着众多山岭，还存有一定面积的沙漠，这也与《至墨离海奉怀敦煌知己》所云墨离海附近千山皓雪、万里黄沙的环境相吻合。

苏干湖附近地带墨离川是附属于吐蕃的吐谷浑可汗夏季行宫所在地，吐鲁番出土的武周时期吐谷浑归朝文书记载吐谷浑可汗久视元年（700）七月前后停驻此地⑤，也正可证明墨离川就是《吐谷浑王国编年史》中记载

---

① 陈国灿：《武周瓜沙地区吐谷浑归朝案卷研究》，《敦煌学史事新证》，第181～182、196页。

② 王素：《吐鲁番所出武周时期吐谷浑归朝文书史实考证》，《文史》第29辑，北京：中华书局，第163页。

③ 吕建福：《土族史》，第121页注4。

④ 钱伯泉：《墨离军及其相关问题》，《敦煌研究》2003年第1期，第64页。“墨离”的具体含义，钱伯泉先生认为是吐谷浑语“狼”之意，吕建福先生认为是土族语“河流”之意，目前尚无定论，有待继续探讨。

⑤ 参见拙文待刊稿《吐鲁番所出武周时期吐谷浑归朝文书史实辨析》。

的夏季行宫所在地色通（se tong）。由敦煌出发向西南翻越当金山口进入苏干湖地区自古以来就是交通要道，今天仍然有公路通行，为连接西藏、青海、甘肃三省的重要国道，交通繁忙。若沿甘泉水（党河）上行至海拔四五千米的祁连山中甘泉水源头，再翻越山岭向东进抵哈拉湖，则地势非常艰险，至今仍然没有道路通行。所以，墨离海当系苏干湖，墨离川为哈尔腾河或墨离海、哈尔腾河附近的平川地区，殆无疑义。至于青海湖西北约150公里、哈拉湖东100公里仍有小镇木里，则“木里”应是唐地名“墨离”的异译的观点，笔者以为，唐代瓜州有墨离军，青海赤岭（日月山）以南有莫离驿[①]，唐代“墨离”一词无定字，也并非一地所专有，况且木里离哈拉湖尚有相当一段距离，离瓜沙地区更远，与瓜沙间的交通极为不便，木里是否是唐代沿用至今的地名亦不得而知，所以同样不能以此认为墨离海即哈拉湖。

综上所述，“西同”为吐蕃语 se tong 的音译，意为出产黄金，系指该地区的山谷中蕴藏金矿。西同（se tong）亦即敦煌、吐鲁番文书中记载的墨离川、墨离海地区，现在则改称甘肃省阿克塞哈萨克族自治县苏干湖地区。这一地区在唐前期为吐蕃统治下的吐谷浑汗国辖地，为吐谷浑可汗夏宫所在地。吐蕃统治河陇时期，在敦煌成立了一个由驻扎于 se tong 地区的吐蕃、吐谷浑、党项、汉等民族成员（这些民族成员则可能来自较早为吐蕃控制的河源、青海湖、西同等地区）组成的通颊军事部落。由敦煌文书 S. 2692《张议潮变文》、P. 3451《张淮深变文》的记载可知，西同地区在归义军张议潮、张淮深时期属于归义军政权管辖，由于适宜畜牧，故屡遭吐谷浑、吐蕃、回鹘的侵袭。在吐谷浑王与吐蕃残部进犯西同时，归义军军队曾行军一千里，痛击并追逐进犯来敌，“直到退浑国内”。而到了张承奉金山国时期，归义军势力大为削弱，西同地区相当部分已非归义军所有，为吐谷浑所占据，所以 P. 2555《唐人诗集残卷》中佚名氏诗五十九首中记载作者离开敦煌西南二十五里的马圈，翻越当金山口，经过墨离海，随后直接进入退浑国的疆域了。

第二节　宗喀、赤卡与临蕃城

吐蕃统治河陇西域时期在陇右地区设置了鄯州节度使、河州节度使等

---

① 《新唐书》卷四〇《地理志》，第1041页。

军政机构，在它们之下又设立了州一级的军政建制，如廓州、鄯州、河州等，此外 tsong ka（宗喀）、khri ka（赤卡）、临蕃城等地也是吐蕃在陇右地区设置重要军政机构之处。吐蕃王国灭亡后，从晚唐五代一直到北宋时期，这些地区仍是河湟吐蕃部落的重要活动据点。这里拟在前人研究基础上对唐宋间陇右地区的 tsong ka（宗喀）、khri ka（赤卡）、临蕃城的方位和演变进行一些探讨。

一　宗喀

宗喀（tsong ka）这一地名在敦煌吐蕃历史文书《大事纪年》中几次出现：

（1）"khyi lo la bab ste / btsan po dbyard byang roldu gshegs/ dhun blon chen pho khri vbring gyis / tsong ka che chung du drangste/rgyavi dmag pon chen po thug pu shi bzung/ 及至狗年（中宗嗣圣十五年，太后圣历元年，戊戌，公元 698 年）夏，赞普巡临北方。冬，大论钦陵引兵赴大小宗喀，执唐军元帅都护使。"①

对于这里出现的"大小宗喀"（tsong ka che chung），文书译者王尧、陈践先生并未指出是在什么地方。黄布凡、马德先生则认为："藏语 tsong chu 为'湟水'。大宗喀指湟水下游，即今青海乐都一带，小宗喀指湟水上游，即今湟源一带。"②

（2）"［至鸡年］（肃宗至德二年，公元 757 年）……大论囊热尔等攻陷唐之大宗喀和制胜军（？）二城。是为一年。［bya gagi lo la babste］……blon chen po snang bzher las stsogs pas rgyavi mkhar tsong ka/ chen po dang seg shing kun gnyis phab par lo cig/"③

关于此处的 tsong ka chen po（大宗喀），黄布凡、马德先生又认为："地名。《通鉴》卷 230 记至德二载（757）十月'吐蕃陷西平'，此条下

① 王尧、陈践：《敦煌本吐蕃历史文书》（增订本），北京：民族出版社，1992，第 99、149 页。

② 黄布凡、马德：《敦煌藏文吐蕃史文献译注》，第 97 页。

③ 黄布凡、马德：《敦煌藏文吐蕃史文献译注》，第 34 ~ 35、56 页；王尧、陈践：《敦煌本吐蕃历史文书》（增订本），第 155 页。

注：‘西平郡，鄯州。’鄯州即今青海乐都。大宗喀即指此地。”[①]

（3）“［至猪年］（肃宗乾元二年，公元759年）……论泣藏与尚息东赞、尚赞摩三人攻陷小宗喀。一年。［Phagi lo la babsde/］……blon…khri bzang dang zhang stong rtsan dang zha［ng］/btsan ba gsum gyis tsong ka chu ngu phab phar lo cig/”[②]

在吐蕃《大事记年》中出现有大、小宗喀（tsong ka che chung），对于吐蕃于“安史之乱”爆发后的至德二年（757）攻陷的tsong ka chen po（大宗喀），黄布凡、马德先生根据《资治通鉴》卷二三〇的记载认为是唐朝西平郡，即鄯州，今湟水河下游的青海乐都，笔者同意这一观点。

在敦煌吐蕃文文书中实际上还出现有tsong ka（宗喀）一词。法藏敦煌藏文文书P. T. 1217号载：

> 龙年孟春一月上旬，诸大尚论将军衙署，收到从宗喀紫疆帐（tsong ka rtsis skyang dkur）发来的告示，系由达日札夏（ta rig bra shas）禀呈：卑职先后为政事效劳，忠心耿耿，曾褒以告身和虎皮马垫。今请求颁一封文副本。大尚论和大尚论逾寒波掣逋议决：“若与册上所载各项相符，谓可以给一告示。达日札夏于赞普政躬幼年时，臣下麦啜叛离，从北方高地以下，他大做有益王事之功德，可赏给小银告身和虎皮马垫。”如此吩咐。大尚论和大尚论逾寒波掣逋议决，论赞扎多贝、论来心儿贝加盖印章。议定要点封文副本，交付达日札夏收执。[③]

宗喀紫疆帐（tsong ka rtsis skyang dgur）一词中，rtsis为“计算、检查”之意，rtsis pa据考证可能是吐蕃负责军队后勤供应、筹措军饷的军需官[④]，所以tsong ka rtsis skyang dgur也可译为“宗喀军需供给、核检疆帐”。吐蕃官员达日札夏（ta rig bra shas）在此供职，因功被授予小银告身和虎皮马垫。

---

① 《敦煌藏文吐蕃史文献译注》，第119页。

② 《敦煌藏文吐蕃史文献译注》，第35、56页；《敦煌本吐蕃历史文书》（增订本），第155页。

③ 王尧、陈践：《敦煌吐蕃文献选》，第58～59页；《敦煌藏文文献选》，第108～109页。

④ 陈楠：《藏史丛考》，第49页。

印度事务部图书馆 Ch，83. xi 文书背面抄有五封藏文信札，这五封信札的主要内容都是介绍一位中国（rgyal yul）的和尚（hwa shang）前往印度（rgyal gar yul）取经，发信者分别是 To le'u Stag gsum、Nogs lu zhi Nam ka、Smir kham Rin chen rdo rje、Dmag 'bu cang（两封）等吐蕃官人，收信者是和尚所经之地的官人或拟住之寺的高僧，前者请求后者关照这位西行的僧人。信中提到和尚是从五台山（vgo de shan）出发的，所经之地有 leng chu（凉州）、ga lu（嘉麟）、dan tig shan（天梯山）、tsong ka（宗哥城）、kam chu（甘州）、sha cu（沙州），目的是到天竺那烂陀寺（Nalanta）寻访高僧，去灵鹫山（bya rgod）礼释迦圣迹。从五封信连写在同一卷上看，这些信显然是保存在和尚手边的书信副本，而正本已寄给各位收信者。文书提到和尚经行的最后一个地名是沙州，在藏文书信间杂写的汉字中有“龙兴寺”字样，应是和尚在沙州寄住的寺院名称。这些信在此已无用途，故留在了敦煌[①]。从发信者多为吐蕃官人来看，这位和尚从五台山出发往印度求经的时间，应当是在吐蕃统治河西地区的 8 世纪末到 9 世纪中期。824 年，吐蕃曾遣使求《五台山图》[②]。在唐、蕃对峙的年代里，这批使者却特往唐朝求《五台山图》，或许与上述从五台山出发的和尚经过吐蕃占领区前往印度有某种因果关系。tsong ka，荣新江先生认为即宗哥城，而瓦雷·普散（Vãllee Poussin）则认为是黄教创始人宗喀巴的出生地，即今青海湟中[③]。

文书记载这位穿越河西走廊赴天竺的中土取经僧人，经过 leng chu（灵州）、ga lu（应指凉州嘉麟县）、dan tig shan（即位于凉州东南部的天梯山石窟）到达 tsong ka，再由此地到达 kam chu（甘州）和 sha cu（沙州）。在僧人经行路线中，tsong ka 介于凉州东南部的 dan tig shan（天梯山石窟）和甘州之间，应该在陇右地区今青海境内湟水流域。由取经僧人专门绕道

① L. de la Vãllee Poussin , Catalogue of the Tibetan Manuscripts from Tun-huang in the India Office Liberary, Oxford 1962, pp. 236, 245, 259, 265; Nos. 754, C1, C98, C121; F. W. Thomas, "*A Chinese Buddhist Pilgram's Letters of Introduction*", Journal of the Royal Asiatic Society, 1927, pp. 546 - 558;《スタイン蒐集チベット语文献解题目录》第 12 分册，东京，1988，第 85 ~ 89 页。

② 《旧唐书》卷一七上《敬宗纪》、卷一九六下《吐蕃传》，第 512、5266 页。

③ 荣新江：《敦煌文献所见晚唐五代宋初的中印文化交往》，《季羡林教授八十华诞纪念论文集》，南昌：江西人民出版社，1991，第 956 页。L. de la Vãllee Poussin , Catalogue of the Tibetan Manuscripts from Tun-huang in the India Office Liberary , p. 259. 参见本书第十章“一组关于唐朝五台山僧人经吐蕃统治的河陇西域地区赴天竺取经的藏文书信研究”。

经过 tsong ka 一事可知，tsong ka（宗喀）在吐蕃统治河陇西域时期为河陇地区重镇，当地佛教活动也比较兴盛。

P. 4646、S. 2672《顿悟大乘正理决》记载：

> 当沙州降下之日，奉赞普恩命，远追令开示禅门。及至逻娑，众人共问禅法。为未奉进止，罔敢即说。后追到讼割，屡蒙圣主诘迄，却发遣赴逻娑，教令说禅。复于章蹉，及特便逻娑，数月盘诘。又于勃岩漫寻究其源。非是一度。……方遣与达摩摩低，同开禅教，然始赦令颁下诸处，令百姓官僚尽知。①

该文书记载汉地禅师摩诃衍于公元 793 年左右在吐蕃国都逻娑传布禅宗失败后曾一度赴讼割，后来又被赞普招到逻娑再次传法。这里的“讼割”即为吐蕃统治下陇右地名 tsong ka 的音译。法藏 P. T. 996 号文书《大乘无分别修习义》记载汉僧禅师曼（man）和尚到 Tsong ka 地方传教三十年，传授给弟子南喀宁波（mkhan po Nam kai snying po，即虚空藏禅师）大乘顿悟理乘决教义，然后决定返回内地故乡。当地吐蕃官员询问大师走后该向谁请教佛理，曼和尚回答其弟子：“次泽南喀已悟得法义，能够说法讲经，修行者们可以向他请教。”有学者认为曼和尚当系指摩诃衍②。在公元 800 年前后以曼和尚为首的一批禅师居住在 tsong ka（宗喀），在当地传播汉地禅宗，并得到了当地吐蕃官员的支持。

由上可知，吐蕃陇右地区的 tsong ka 一地为该地区的政治、宗教中心之一，具有重要地位。tsong ka 与吐蕃《大事纪年》中出现的 tsong ka che chung（大、小宗喀）必然有密切关系，它们应该都是因地处湟水（tsong chu）流域而得名。tsong ka chen po（大宗喀）即唐朝西平郡，即鄯州，今湟水河下游的青海乐都。吐蕃鄯州节度使所在地为宋代吐蕃邈川城，北宋收复后改名为湟州，后改名为乐州，即今青海乐都，亦即唐代的鄯州。而

① 杨富学、李吉和：《敦煌汉文吐蕃史料辑校》，第 56 页。

② 冲木克己：《大乘无分别修习义・序文——关于 Pelloit996 的研究》，《花园大学研究纪要》第 25 期，1993；张亚莎：《吐蕃时期的禅宗传承》，《西藏民族学院学报》2004 年第 1 期，第 19 ~ 27 页；木村德隆著，李德龙译《敦煌出土藏文禅宗文献的性质》，《国外藏学研究译文集》第 12 辑，拉萨：西藏人民出版社，1995，第 89 ~ 112 页。

敦煌文书 P. T. 1217、Ch，83. xi、P. T. 996 号中的 tsong ka 根据有关情况来看并非吐蕃鄯州节度使，有可能是小宗喀（tsong ka chu ngu）。

《宋史》卷八七《志第四十·地理志三》记载有宗哥（喀）城：

> 西宁州，旧青唐城。元符元年，陇拶降，建为鄯州，仍为陇右节度，三年弃之。崇宁三年收复，建陇右都护府，改鄯州为西宁州，又置倚郭县。赐郡名曰西平，升中都督府。三年，加宾德军节度。……龙支城，旧宗哥城，元符二年改今名，寻弃之。崇宁三年收复，东至德固砦界一十八里，西至保塞砦药邦硖二十二里，南至廓州界分水岭四十里，北至刁令波族分界八十五里。①

宋朝西宁州（鄯州）辖有宗哥城，“宗哥”亦即 tsong ka 的音译，所以 P. T. 1217、Ch，83. xi、P. T. 996 号中的 tsong ka（宗喀）应该就是宋代西宁州（鄯州）所辖的宗哥城，也就是吐蕃《大事纪年》中出现的小宗喀（tsong ka chu ngu）。宋代河湟吐蕃豪强李立遵占据宗哥城，后来赞普后裔唃厮啰也曾徙居宗哥城，以李立遵为论逋进行辅佐②。值得注意的是，宋元符二年（1099）将宗哥城改为龙支城，地点为今青海平安，在当时湟州（今乐都）西边。而唐代鄯州就有龙支县，《旧唐书》卷四〇《地理志》记载：

> 鄯州下都督府隋西平郡。武德二年，平薛举，置鄯州，治故乐都城。贞观中，置都督府。天宝元年，改为西平郡。乾元元年，复为鄯州。上元二年九月，州为吐蕃所陷，遂废。所管鄯城三县，今河州收管。
>
> 龙支，汉允吾县，属金城郡。后汉改为龙耆县。后魏改为金城县，又改为龙支。③

撰写于河西张氏归义军初期的 P. 4660《宋志贞律伯彩真赞》称：“鄯

① 《宋史》，北京：中华书局，第 2168 页。

② 《宋史》卷四九二《吐蕃传》，第 14160 页。

③ 《旧唐书》，第 1633 页。

州龙支县圣明福德寺前令公门徒释惠苑述。"[①] 年代与之相同的 P.4660《都毗尼藏主阴律伯真仪赞》则云："龙支县圣明福德寺僧惠苑述"。[②] 可知张议潮驱逐吐蕃统治后，曾恢复了唐朝鄯州龙支县的称谓。《元和郡县图志》卷三九《陇右道上》记载：

> 鄯州……龙支县，中，北至州一百三十五里……后魏初于此置金城县，废帝二年改名龙支县，西南有龙支谷，因取为名。[③]

可知鄯州龙支县得名于其西南有龙支谷，该地区位于鄯州东南方向，与宋龙支城并非同一地域，但相距较近，都在今乐都附近[④]。宋朝之所以将河湟吐蕃的重要据点宗哥城改为龙支城，是因为该地与唐朝鄯州龙支县距离很近。宗哥城（tsong ka）是"安史之乱"爆发、吐蕃占领河陇西域之后在该地新建的城池。德国学者 Blanka Horlmann 则推测 tsong ka 即敦煌吐蕃历史文书《大事纪年》中出现的 tsong ka che，是唐朝鄯州地区，而《大事纪年》中出现的 tsong ka chung 具体方位是鄯州州治所在地（今青海乐都）或鄯城（今青海西宁）[⑤]。

笔者以为，tsong ka chen po（大宗喀）即鄯州，是今湟水河下游的青海乐都；敦煌吐蕃历史文书《大事纪年》中出现于 698 年、759 年的小宗喀（tsong ka chu ngu）当是湟水流域的城镇，即宋朝宗哥城，当然也有可能是唐朝鄯城（今青海西宁），而湟水上游今天湟源一带唐朝前期还没有城镇存在，所以小宗喀当不是此地。

现代藏族学者才旦夏茸先生认为："发源于安多青海流经宗卡积石山腹地的黄河、湟水、绿（碌）曲河三条河流汇合于白塔山，其上部包括列

① 郑炳林：《敦煌碑铭赞辑释》，第 185 页。

② 郑炳林：《敦煌碑铭赞辑释》，第 219 页。

③ 《元和郡县图志》下，第 993 页。

④ 参见《中国历史地图集》，北京：中国地图出版社，1982，第 5 册第 61 ~ 62 页、第 6 册第 20 ~ 21 页。

⑤ Blanka Horlmann. Buddhist sites in A mdo and former Longyou from the 8th to the 13th Century. In Cristina Scherrer-Schaub（ed.）*Old Tibetan Studies: dedicated to the memory of R. E. Emmerick*, Brill, 2013, pp. 129 – 130.

罗等地的广大地区，称为宗卡。”[①] 即宗卡（喀）指传统上的河湟地区。这实际上是指更广义范围的宗卡（喀）地区，与敦煌吐蕃文文书中的 Tsong ka、tsong ka chu ngu、tsong ka chen po 尚有所区别。

二　赤卡与临蕃城

法藏敦煌藏文 P. T. 996 号文书记载，汉僧禅师曼（man）和尚的高足虚空藏禅师及其弟子布·益西央（spug Ye she dbyang）都活动在赤卡（khri ka）一带。赤卡佛教兴盛，附近还有安琼山（An cung）。安琼山又称安琼南宗（或阿琼南宗），为坎布拉十八宗之中著名的一宗（“宗”在此意为山峰，即坎布拉地区的十八座山峰之意，安琼南宗为其中之一峰）。这个地区作为吐蕃“三贤士”在安多藏区最先选择的修行地，亦即后弘期佛教文化复兴的发祥地，多次出现于藏文史料，它就坐落在青海省黄南藏族自治州的尖扎县黄河边[②]。至于 P. T. 996 号文书记载的赤卡，冲木克己、张亚莎等研究者并未指出其方位。实际上，赤卡今天仍是青海贵德的藏语称谓，据说其来自于古代在当地活动的一个最大部落的名称，而且安琼山也确实离贵德很近。所以，P. T. 996 号文书中的赤卡应当就是今天的贵德。

《宋史》卷八七《志第四十·地理志三》记载：

> 积石军。本溪哥城。元符间，为吐蕃溪巴温所据。大观二年，臧征扑哥以城降，即其地建军。东至廓州界八十里，西至青海一百余里，南至盖龙巇八十里，北至西宁州界八十里。[③]

可知北宋大观二年（1108）将溪哥城改名为积石军，溪哥城在廓州界以东80里处。该城在宋代也是河湟吐蕃的一个重要据点。《宋史》卷四九二《吐蕃传》记载溪哥城在唃厮啰政权阿里骨执政时期为唃厮啰之子董毡疏

---

① 才旦夏茸著，尼玛太译《喇勤·贡巴饶赛传略》，《西藏研究》1987 年第 1 期，第 113 页。

② 冲木克己：《大乘无分别修习义·序文——关于 Pelloit996 的研究》，《花园大学研究纪要》第 25 期，1993，第 1 ~ 23 页；张亚莎：《吐蕃时期的禅宗传承》，《西藏民族学院学报》2004 年第 1 期，第 19 ~ 27 页；木村德隆著，李德龙译《敦煌出土藏文禅宗文献的性质》，《国外藏学研究译文集》第 12 辑，第 89 ~ 112 页。

③ 《宋史》，第 2169 页。

族溪巴温占据：

> 溪巴温者，董毡疏族也，自阿里骨之立，去依陇逋部，河南诸羌多归之。钱罗结奉溪巴温长子杓拶据溪哥城。瞎征讨杀杓拶，钱罗结奔河州，说王赡以取青唐之策。已而温入溪哥城，自称王子。[①]

溪哥与 khri ka 发音相近，溪哥即为 khri ka 的异译，所以溪哥城应该就是 P. T. 996 号文书记载的赤卡（khri ka），即今青海贵德。中国历史地图集编辑组编辑的宋、辽、金时期地图也将积石军（溪哥城）位置标在今青海贵德旁边[②]。北宋将溪哥城改名为积石军，这实际也是恢复唐朝对该地域的称谓，《元和郡县图志》卷三九《陇右道上》记载：

> 廓州……乾元元年陷于西蕃。……积石军，在州西南一百五十里。仪凤二年置。西临大涧，北枕黄河，即隋浇河郡所理。[③]

同书又载：

> 鄯州……积石军，廓州西一百八十里，仪凤二年置。管兵七千人，马一百匹。[④]

《新唐书》卷四〇《地理志》云：“廓州宁塞郡，下。本浇河郡，天宝元年更名。……县三。……达化，下，西有积石军，本靖边镇，仪凤三年为军。”[⑤]

唐朝廓州积石军在廓州西南 150 里或 180 里，屯有重兵，与宋代溪哥城（积石军，位于廓州界以东 80 里处）位置相距不远，而且唐朝积石军“西临大涧，北枕黄河”，与今青海贵德的地理环境也相同，所以宋朝将溪

① 《宋史》，第 14166 页。
② 《中国历史地图集》第 6 册，第 20～21 页。
③ 《元和郡县图志》下，第 993～994 页。
④ 《元和郡县图志》下，第 991 页。
⑤ 《新唐书》，第 1041、1043 页。

哥城（今青海贵德）直接改名为积石军。

宋代河湟吐蕃地区还有一个林金城，也是吐蕃的重要据点。《宋史》卷八七《志第四十·地理志三》记载：

> 西宁州，旧青唐城。……西至宁西城四十里……宁西城，旧名林金城，今改名。东至汤厮甘二十里，西至厮哥罗川一百里，南至京雕岭二十里，北至金谷峗四十里。①

林金城也作“林擒城”“历精城”，位于青唐城（唐朝鄯城县，今青海西宁）以西40里，为唃厮啰三妻乔氏所居，部属众多，乔氏子董毡后来接替唃厮啰成为青唐吐蕃政权的首领。《宋史》卷四九二《吐蕃传》云：“董毡母曰乔氏，斯啰三妻。乔氏有色，居历精城，所部可六七万人，号令明，人惮服之。”②

林金城为北宋时期连接中原和西域的要道——青海路上的重要城市。《宋会要辑稿·蕃夷四之十九佛菻国》载佛菻国使者由西域赴中原的经行路线就路过林金城、青唐城：

> 神宗元丰四年十月六日，佛菻国贡方物。大首领你厮都令厮孟判言……次至旧于阗，次至约昌城，乃于阗界，次东至黄头回纥，又东至达靼，次至种榅，又至董毡所居，次至林擒城，又东至青唐，乃至中国界。③

《宋史》卷四九二《吐蕃传》记载：“斯啰居鄯州，西有临谷城通青海，高昌诸国商人皆趋鄯州贸卖，以故富强。”④ 此临谷城位于鄯州（宋朝曾将青唐城改名为鄯州）以西，系通青海、西域要道所经，与林金城实为一城。据研究，《宋史》《宋会要辑稿》记载的临谷城在《续资治通鉴长

---

① 《宋史》，第2168页。
② 《宋史》，第14163页。
③ 《宋会要辑稿》第8册，第7723页。
④ 《宋史》，第14161～14162页。

编》等史籍中就被记为“林金城”[①]。“谷”和“金”古音相通，“临谷”为“林金”的异写。

《新唐书》卷四十《地理志》记载鄯城附近有临蕃城：

> 鄯州西平郡，下都督府。……县三。……龙支，中。肃宗上元二年，州没吐蕃，以龙支、鄯城隶河州。鄯城。中，仪凤三年置。有土楼山。有河源军，西六十里有临蕃城……[②]

唐朝临蕃城位于河源军（鄯城）西60里，河源军（鄯城）即宋代河湟吐蕃青唐城，临蕃城位置同林金城基本一致。据敦煌文书P.2555中佚名氏诗五十九首记载，张承奉西汉金山国使者在911~912年向南蕃（河湟吐蕃）求援，经墨离海、青海、赤岭、白水古戍到达南蕃戎庭临蕃城，最后被拘禁于此，临蕃城为当时河湟吐蕃的重镇[③]。所以，宋代河湟吐蕃的林金城（临谷城）应当是在唐朝临蕃城的基础上发展而来，“蕃”与“谷”“金”实际上古音也可以相通（声母b、m、w、y、h、g、j在中古可以互换），临蕃城即临谷城、林金城。这应该是北宋时期当地吐蕃部族对唐代临蕃城本身得名含义（临近吐蕃之意）忽略，只沿用其发音，口耳相传发音产生变异而致。

《宋史》卷四九二《吐蕃传》记载了唃厮啰建立青唐吐蕃政权的经过：

> 唃厮啰者，绪出赞普之后，……既十二岁，河州羌何郎业贤客高昌，见唃厮啰貌奇伟，挈以归，置劗心城，而大姓耸厮昌均又以厮啰居移公城，欲于河州立文法。……于是宗哥僧李立遵、邈川大酋温逋奇略取厮啰如廓州，尊立之。部族浸强，乃徙居宗哥城，立遵为论逋佐之。……厮啰遂与立遵不协，更徙邈川，以温逋奇为论逋，有胜兵六七万……已而逋奇为乱，囚厮啰阱中，出收不附己者，守阱人间出之。厮啰集兵杀逋奇，徙居青唐。[④]

① 刘建丽：《宋代西北吐蕃研究》，兰州：甘肃文化出版社，1998，第428页。
② 《新唐书》，第1041、1043页。
③ 陈国灿：《敦煌五十九首佚名氏诗历史背景初探》，《敦煌学史事新证》，第509页。
④ 《宋史》，第14160页。

唐朝在陇右地区设置陇右节度使，派遣职官，驻守军队，移民屯田，对当地进行了充分开发，为该地区经济文化的发展奠定了基础。吐蕃统治河陇时期和宋代河湟吐蕃在陇右的政治、经济、文化中心正是唐朝设在陇右地区的重镇河州、廓州、鄯州、龙支县、鄯城县、临蕃城等地，唃厮啰政权也正是在此基础上完成了对河湟吐蕃的统一。唃厮啰先后辗转于河州、廓州、宗哥、邈川（唐鄯州）、青唐（唐鄯城县）各地，最终削平各部，建立起青唐吐蕃政权。它交好宋朝，又以上述城镇为中心开通国际贸易通道青海路，使得当时中原、西域之间的交往不至于因西夏占领河西走廊而中断，对维护中西交通做出了重要贡献，也使河湟地区的经济、文化得到了长足的发展。清楚认识唐宋间河湟地区的城镇建制沿革，对研究当地的政治、经济、文化、宗教发展历史也具有重要意义。

结 语

本书对唐前期吐蕃在河陇地区的进出及汉藏文化交流，吐蕃占领河陇西域后在该地区推行的一些职官、行政、军事、经济制度，吐蕃制度与突厥的关系，吐蕃统治下的敦煌官府对儒家经籍的抄写和传播，吐蕃王朝汉译佛经在河陇等地的传播，一组关于唐朝五台山僧人经过吐蕃统治的河陇西域地区前往天竺求法巡礼的藏文书信，吐蕃统治下的敦煌社会与唐朝中央政权的关系，吐蕃统治河陇西域后龙家部族的迁徙及最终融入吐蕃等民族的过程，龙家部族在藏文中的记载，lho bal 与嗢末（vbangs myi）部族名称的确切含义，se tong、tsong ka、khri ka 与临蕃城等地名的含义和确切位置以及在唐宋以后这些地名的演变等问题，进行了一些考察。随着吐蕃王朝成立后向河陇西域、云南、四川等地的不断扩张，吐蕃与唐朝之间产生了密切联系，双方之间频繁通使、两次通婚，也发生了多次战争，最后在“安史之乱”爆发后吐蕃占领了河陇西域地区，开始了对这一地区的长期统治，在这一过程中汉、藏两个民族之间也有了政治、经济、宗教、文化等方面的广泛交流。

由于唐朝为当时世界最强盛之国，灿烂辉煌的唐朝文明自然也深深吸引了新兴的吐蕃王朝，吐蕃不断派遣贵族子弟入长安学习儒家经籍，并延请中原儒士负责起草与唐朝往来的公文书信，在赞普赤德祖赞率军进攻河陇时仍然有精通汉文的文士随军，当地唐朝守军将领直接用汉文致书赞普而派使者前去投递。唐朝、天竺等地的佛教在唐前期也传入吐蕃，产生一定影响，赞普赤德祖赞等人开始信仰佛教，在河西走廊南部祁连山吐蕃占领区出现了佛教寺庙。同时，来自唐朝的一些工艺技术（如铸钟技术）也传入吐蕃。而唐人对吐蕃的族源也有了一定了解，在墓志等文献中将吐蕃称为“西羌”“青羌”，表明吐蕃与羌人有密切关系。

在吐蕃占领原属唐朝的河陇西域地区后，为了适应当地具体情况（这一地区有大量汉、回鹘、突厥等族居民，政治、经济、文化发展程度较高），维护和巩固其在该地区的统治，一方面推行已经行之于吐蕃本土的各项政治、军事、法律、经济、宗教制度（这些制度有的源自突厥等政权，有的则是吐蕃民族自身传统习惯的产物），一方面又大量模仿和借鉴唐朝的相关典章制度，如节度使、都督、部落、部落使、十将、将、户籍、官田、营田等制度都是如此。它们是汉藏文化交流的产物，对吐蕃维护其在河陇西域的统治产生了很好的效果，使得吐蕃王朝能够保持该地区政治、经济、文化方面的统一与稳定，并以此为基地与唐朝、回鹘汗国争衡，且抵御大食帝国的东侵。

这一时期除了吸收唐制，吐蕃敦煌等地官府还抄写、传播《孝经》等儒家典籍，推广吐蕃王朝汉译的佛经。来自中原的一些占卜文献则被翻译、改编为藏文占卜书籍，其中还将唐玄宗、孔子等人视为汉地占卜大师。唐朝五台山僧人则在822年唐、蕃长庆会盟后首次由灵州出发，经过河陇西域前往天竺求法礼佛，可见当时唐蕃之间的宗教文化交流得到加强。在佛教圣地、丝路重镇敦煌，吐蕃太子臧玛、僧相钵阐布、王妃等人纷纷前来礼佛和抄经祈福，留下了相关汉藏文祈愿文、佛经等文献。当地社会同时使用藏、汉两种文字，来自中原地区的藉田、释奠等礼仪仍在当地行用，唐朝的一些官方奏疏、诗文也在社会上流传，抄写的文字中对于唐朝皇帝名同样也实行避讳。吐蕃占领西域、河陇后，在该地区活动的民族龙家（lung）、lho bal与嗢末（vbangs myi）等，其名称或来自汉文，在藏文中按照汉文发音来拼写，或来自藏文，在汉文中对藏文进行音译或意译；而该地区的地名磨环、jag rong（者龙）、se tong（西同、大同）、tsong ka（讼割、宗喀）、khri ka（溪哥）、临蕃城、临谷城、林金城等，也同样是或源自藏文，汉文对其音译，或是源自汉文，藏文对其音译。这些情况都反映了当时汉藏之间文化交流进行得非常广泛与深入，加深了汉、藏等民族之间的了解与融合，并对后世汉、藏民族文化产生了深远影响，其内容成为汉藏文化中的重要组成部分，也为元代西藏最终正式纳入祖国版图奠定了坚实基础。

主要参考文献

一　基本史料

《敦煌宝藏》第9、14、32、118、121册，台北：新文丰出版公司，1985。

《敦煌宝藏》第122、125、127、128、131册，台北：新文丰出版公司，1986。

《俄藏敦煌文献》第1卷，上海：上海古籍出版社、俄罗斯科学出版社东方文学部，1992。

《俄藏敦煌文献》第8卷，上海：上海古籍出版社、俄罗斯科学出版社东方文学部，1997。

《俄藏敦煌文献》第10卷，上海：上海古籍出版社、俄罗斯科学出版社东方文学部，1998。

《俄藏敦煌文献》第11卷，上海：上海古籍出版社、俄罗斯科学出版社东方文学部，1999。

《法藏敦煌西域文献》第6卷，上海：上海古籍出版社，1998。

《法藏敦煌西域文献》第10卷，上海：上海古籍出版社，1999。

《法藏敦煌西域文献》第11卷，上海：上海古籍出版社，2000。

《法藏敦煌西域文献》第14、16～19卷，上海：上海古籍出版社，2001。

《法藏敦煌西域文献》第22～27卷，上海：上海古籍出版社，2002。

《法藏敦煌西域文献》第28卷，上海：上海古籍出版社，2004。

《法藏敦煌西域文献》第29卷，上海：上海古籍出版社，2003。

《法藏敦煌西域文献》第30、32卷，上海：上海古籍出版社，2005。

《英藏敦煌文献》第1～3卷，成都：四川人民出版社，1990。

《英藏敦煌文献》第4卷，成都：四川人民出版社，1991。

《英藏敦煌文献》第5卷，成都：四川人民出版社，1992。

《英藏敦煌文献》第9～11卷，成都：四川人民出版社，1994。

《英藏敦煌文献》第12～13卷，成都：四川人民出版社，1995。

《浙藏敦煌文献》，杭州：浙江教育出版社，2000。

沙知、吴芳思（F. wood）编《斯坦因第三次中亚考古所获汉文文献（非佛经部分）》，上海：上海辞书出版社，2005。

唐耕耦、陆宏基：《敦煌社会经济文献真迹释录》第1辑，北京：书目文献出版社，1982。

唐耕耦、陆宏基：《敦煌社会经济文献真迹释录》第2～5辑，北京：全国图书馆文献缩微复制中心，1990。

邓文宽：《敦煌天文历法文献辑校》，南京：江苏古籍出版社，1996。

赵和平：《敦煌表状笺启书仪辑校》，南京：江苏古籍出版社，1997。

沙知：《敦煌契约文书辑校》，南京：江苏古籍出版社，1998。

敦煌研究院编《莫高窟供养人题记》，北京：文物出版社，1986。

《吐鲁番出土文书》三，北京：文物出版社，1996。

（汉）班固：《汉书》，北京：中华书局，1962。

（清）仇鳌：《杜诗详注》，北京：中华书局，1979。

戴望：《管子校正》，《诸子集成》第5册，北京：中华书局，1954。

《大正藏》第4、23、40、51、53～55卷，台北：新文丰出版公司，1983。

（唐）杜佑：《通典》，北京：中华书局，2007。

（宋）范成大：《范成大笔记六种·吴船录》，北京：中华书局，2002。

（刘宋）范晔：《后汉书》，北京：中华书局点校本，1964。

（唐）房玄龄等：《晋书》，北京：中华书局点校本，1974。

（明）顾祖禹：《读史方舆纪要》，北京：中华书局，2004。

（唐）李德裕：《李卫公别集》，影印文渊阁《四库全书·集部·别集类》，上海：上海古籍出版社，2003。

（北宋）李昉等：《太平广记》，北京：中华书局，1961。

（北宋）李昉等：《文苑英华》，北京：中华书局影印本，1982。

（唐）李吉甫：《元和郡县图志》，北京，中华书局，1983。

（唐）李筌：《神机制敌太白阴经》，盛冬铃译注，石家庄：河北人民出版社，1991。

（南宋）李焘：《续资治通鉴长编》，北京：中华书局，2004。

（唐）李延寿：《北史》，北京：中华书局点校本，1974。

（唐）李肇：《唐国史补》，上海：上海古籍出版社，1979。

（唐）令狐德棻：《周书》，北京：中华书局点校本，1971。

（唐）刘倲：《隋唐嘉话》，北京：中华书局点校本，1979。

（后晋）刘昫等：《旧唐书》，北京：中华书局点校本，1975。

刘建丽、汤开建：《宋代吐蕃史料集》（二），四川民族出版社，1989。

（北宋）欧阳修等：《新唐书》，北京：中华书局点校本，1975。

（北宋）欧阳修：《新五代史》，北京：中华书局点校本，1974。

（北宋）司马光：《资治通鉴》，北京：中华书局点校本，1956。

（汉）司马迁：《史记》，北京：中华书局点校本，1959。

（明）宋濂等：《元史》，北京：中华书局点校本，1976。

（北宋）宋敏求：《唐大诏令集》，北京：商务印书馆，1959。

苏晋仁、萧炼子：《〈册府元龟〉吐蕃史料校证》，成都：四川民族出版社，1981。

苏晋仁：《〈通鉴〉吐蕃史料》，拉萨：西藏人民出版社，1982。

（北宋）孙光宪：《北梦琐言》，上海：上海古籍出版社点校本，1981。

（唐）唐玄宗等：《唐六典》，北京：中华书局点校本，1992。

（元）脱脱等：《宋史》，北京：中华书局点校本，1976。

（元）脱脱等：《辽史》，北京：中华书局点校本，1974。

（北宋）王溥：《唐会要》，上海：上海古籍出版社，2006。

（北宋）王溥：《五代会要》，上海：上海古籍出版社，1978。

（北宋）王钦若等：《册府元龟》，北京：中华书局影印本，1982；影印文渊阁《四库全书·子部·类书类》，上海：上海古籍出版社，2003；周勋初等点校本，南京：凤凰出版传媒集团、凤凰出版社，2006。

宋本《册府元龟》，北京：中华书局影印本，1989。

（清）王昶编《金石萃编》第2册，西安：陕西人民美术出版社，1990。

（清）王昶编《金石萃编》一六〇卷（二），南京：江苏古籍出版社。

（魏）魏收：《魏书》，北京：中华书局点校本，1974。

（唐）魏徵等：《隋书》，北京：中华书局点校本，1973。

（唐）吴兢：《贞观政要》，上海：上海古籍出版社点校本，1978。

（清）吴廷燮：《唐方镇年表》，北京：中华书局，2003。

（唐）萧嵩：《大唐开元礼》，北京：民族出版社，2000。

（梁）萧子显：《南齐书》，北京：中华书局点校本，1972。

（唐）义净原著，王邦维校注《南海寄归内法传校注》，北京：中华书局，1995。

（唐）元稹：《元氏长庆集》，影印文渊阁《四库全书·集部·别集类》，上海：上海古籍出版社，2003。

（北宋）乐史：《太平寰宇记》，北京：中华书局，2007。

（宋）赞宁：《宋高僧传》，北京：中华书局点校本，1987。

（宋）曾公亮：《武经总要前集》卷二《制度二·教骑兵》，影印文渊阁《四库全书·子部·兵家类》第726册，上海：上海古籍出版社，2003。

（唐）长孙无忌：《唐律疏议》，北京：中华书局点校本，1983。

《高僧传合集》，上海：上海古籍出版社影印本，1995。

《全唐诗》，北京：中华书局，1979。

《全唐文》，北京：中华书局影印本，1982。

《宋会要辑稿》，北京：中华书局，2004。

《宋会要辑稿》，台北：新文丰出版公司，1975。

《礼记》，上海：上海古籍出版社，1987。

阿底峡发掘，卢亚军译《柱间史——松赞干布遗训》，兰州：甘肃人民出版社，1997。

（明）巴卧·祖拉陈哇著，黄颢译《〈贤者喜宴〉摘译（二）》，《西藏民族学院学报》1981年第1期；《〈贤者喜宴〉摘译（三）》，《西藏民族学院学报》1981年第2期；《〈贤者喜宴〉摘译（六）》，《西藏民族学院学报》1982年第1期；《〈贤者喜宴〉摘译（七）》，《西藏民族学院学报》

1982年第2期；《〈贤者喜宴〉摘译（八）》，《西藏民族学院学报》1982年第3期；《〈贤者喜宴〉摘译（九）》，《西藏民族学院学报》1982年第4期；《〈贤者喜宴〉摘译（十）》，《西藏民族学院学报》1983年第1期；《〈贤者喜宴〉摘译（十一）》，《西藏民族学院学报》1983年第2期；《〈贤者喜宴〉摘译（十二）》，《西藏民族学院学报》1983年第3期；《〈贤者喜宴〉摘译（十三）》，《西藏民族学院学报》1983年第4期。

《贤者喜宴》藏文本，北京：民族出版社，1986。

（明）巴卧·祖拉陈瓦著，黄颢、周润年译注《贤者喜宴》，北京：中央民族大学出版社，2010。

（元）布顿：《佛教史大宝藏论》（又名《布顿佛教史》），郭和卿译，北京：民族出版社，1986。

（元）达仓巴·班觉桑布（rgya-bod-yig-thang）著，陈庆英译《汉藏史集》，拉萨：西藏人民出版社，1986。

第吴贤者：《第吴宗教源流》（藏文版），拉萨：西藏古籍出版社，1987。

（元）廓诺·熏奴贝著，郭和卿译《青史》，拉萨：西藏人民出版社，1985。

娘·尼玛韦色：《娘氏教法源流·花蕊蜜汁（tshos ‘byung me tog snying po’i sbrang rci’I btsud，mnga dag nyang gyi tshos ‘byung）》（藏文版），拉萨：西藏人民出版社，1987。

（明）萨迦·索南坚赞著，王沂暖译《西藏王统记》，北京：商务印书馆，1953。

（清）松巴堪布·益西班觉：《如意宝树史》，蒲文成、才让译，兰州：甘肃民族出版社，1994。

（明）索南坚赞著，刘立千译注《西藏王统记》，北京：民族出版社，2000。

（清）善慧法日著，刘立千译，王沂暖校订《宗教流派镜史》，兰州：西北民族学院油印本。

（明）陶宗仪：《说郛》，北京：中国书店影印本，1986。

智观巴·贡却乎丹巴饶吉著，吴均等译《安多政教史》，兰州：甘肃民族出版社，1989。

黄布凡、马德：《敦煌藏文吐蕃史文献译注》，兰州：甘肃教育出版社，2000。

李方桂、柯蔚南著，王启龙译《古代西藏碑文研究》，北京：清华大学出版社，2007。

王尧：《吐蕃金石录》，北京：文物出版社 1982。

王尧辑《敦煌古藏文历史文书》，西宁：青海民族学院铅印本，1979。

王尧、陈践：《敦煌吐蕃文献选》，成都：四川民族出版社，1983。

王尧、陈践：《敦煌藏文文献选》，成都：四川民族出版社，1985。

王尧、陈践：《吐蕃简牍综录》，北京：文物出版社，1986。

王尧、陈践：《敦煌本吐蕃历史文书》（增订本），北京：民族出版社，1990。

王尧、陈践：《敦煌古藏文文献探索集》，上海：上海古籍出版社，2008。

（清）五世达赖喇嘛著，郭和卿译《西藏王臣记》，北京：民族出版社，1982。

（清）五世达赖喇嘛著，刘立千译《西藏王臣记》，北京：民族出版社，2000。

Spanien（斯巴宁），A. et Yoshiro Imaeda（今枝由郎）. *Choix de documents tibétains conservés à la Bibliothéque Nationale complété par guelques Manuscrits de l'India Office et du British Museum*（《敦煌古藏文手卷选集》），Tome，Ⅰ，Ⅱ，paris，1978，1979.

Fang Kuei Li（李方桂） and W. South Coblin. *A study of the old Tibetan inscriptions*（《古藏文碑铭》）. Institute of history and phylology academia sinica special publications No. 91. Nankang，Taipei（台北），Taiwan（台湾），ROC，1987.

F. W. Thomas（托马斯）：*Tibetan Literary Text and Documents concerning Chinese Turkestan*，（《新疆发现之吐蕃文书》），volumeⅠ，Ⅱ，Ⅲ，London，1935，1951，1955.

T. Takeuchi（武内绍人）：*Old Tibetan Contracts from Central Asia*（《中亚发现的古藏文契约文书》），Tokyo（东京），Daizo Shuppan（大藏出版社），1995.

T. Takeuchi（武内绍人），*Old Tibetan Manuscripts from East Turkestan in the Stein Collection of the British Liberary*（《英国图书馆所藏斯坦因收集品中的新疆出土古藏文文书》），volume Ⅰ，Ⅱ，Ⅲ，The Toyo Bunko，The British Liberary（东京东洋文库，伦敦英国图书馆），1997，1998.

池田温：《中国古代写本识语集录》，东京：东京大学东洋文化研究所报告，1990。

二　论文

〔瑞士〕艾米·赫勒著，杨莉译《公元 8～10 世纪东藏的佛教造像及摩崖刻石》（节录），王尧、王启龙主编《国外藏学译文集》第十五集，拉萨：西藏人民出版社，2001。

昞麟：《张谦逸在吐蕃时期的任职》，《敦煌学辑刊》1993 年第 1 期。

才旦夏茸著，尼玛太译《喇勤·贡巴饶赛传略》，《西藏研究》1987 年第 1 期。

才让：《法藏敦煌藏文文献 P. T. 992 号〈分别讲说人的行止〉之研究》，《中国藏学》2012 年第 1 期。

才让：《P. T. 996 号第一部分〈禅师南喀宁波善知识传承略说〉之探讨》，《文本中的历史：藏传佛教在西域和中原的传播》，北京：中国藏学出版社，2012。

陈炳应：《从敦煌资料看儒学对吐蕃影响》，《敦煌研究》2004 年第 4 期。

陈大为：《敦煌龙兴寺与其它寺院关系》，《敦煌学辑刊》2009 年第 1 期。

陈国灿：《唐朝吐蕃陷落沙州城的时间问题》，《敦煌学辑刊》1985 年第 1 期。

陈国灿、伊斯拉菲尔·玉苏甫：《西州回鹘时期汉文〈造佛塔记〉研究》，《历史研究》2009 年第 1 期。

陈践：《笼与笼官初探》，《藏学研究》，北京：中央民院出版社，1993。

陈践：《敦煌藏文 ch. 9 Ⅱ. 68 号“金钱神课”判词解读》，《兰州大学学报》2007 年第 3 期。

陈庆英：《〈斯坦因劫经录〉〈伯希和劫经录〉所收汉文写卷中夹存藏

文写卷情况调查》，兰州大学敦煌学研究组编《敦煌学辑刊》第2期。

陈庆英：《敦煌藏文写卷P. T. 999号译注》，《敦煌研究》1987年第2期。

F. W. 托马斯：《有关沙州地区的藏文文书》，刘忠、杨铭编译，董越校，《敦煌研究》1997年第3期。

陈英英：《敦煌写本讽谏今上破鲜于叔明令狐峘等请试僧尼及不许交易书考释》，《敦煌吐鲁番文献研究论集》，北京：中华书局，1982。

程溯洛：《从〈九姓回鹘毗伽可汗碑〉看唐代回鹘民族和祖国的关系》，《中央民族学院学报》1978年第2期。

邓文宽：《三篇敦煌邈真赞研究——兼论吐蕃统治末期敦煌的僧官》，《出土文献研究》第4辑，北京：中华书局，1998。

冻国栋：《〈唐崔暟墓志〉跋》，《魏晋南北朝隋唐史资料》第18辑，武汉大学文科学报编辑部，2001。

冻国栋：《跋武昌阅马场五代吴墓所出之“买地券”》，《魏晋南北朝隋唐史资料》第21辑，武汉大学文科学报编辑部，2004。

杜斗城：《敦煌五台山文献校录研究》，太原：山西人民出版社，1991。

冯培红：《S. 3249背〈军籍残卷〉与归义军初期的僧兵武装》，《敦煌研究》1998年第2期。

高田时雄：《有关敦煌吐蕃期写经事业的藏文资料》，《敦煌文献论集》，沈阳：辽宁人民出版社，2001。

郭声波：《唐代河西九曲羁縻州府及相关问题研究》，《历史地理》第21辑，上海：上海人民出版社，2006。

〔德〕海尔伽·于伯赫著，张云译《〈第吾教法史〉法律和政府部分注释》，《国外藏学研究译文集》第15辑，拉萨：西藏人民出版社，2001。

郝春文：《中国国家图书馆藏未刊敦煌文献研读札记》，《敦煌研究》2004年第4期。

和建华：《藏文史籍中的“格萨尔”与史诗〈格萨尔〉》，《中国藏学》1997年第3期。

华侃：《吐蕃时期phya和bra的读音考》，《西北民族学院学报》1986年第4期。

黄颢：《论吐蕃奴隶及其演变》，《西北民族研究》1988年第1期。

黄盛璋：《敦煌文书中的南山与仲云》，《西北民族研究》1989 年第 1 期。

黄盛璋：《论王祭微与仲云》，《新疆社会科学》1988 年第 6 期。

黄盛璋：《敦煌汉文与于阗文书中之龙家及其相关问题》，《西域研究》1996 年第 1 期。

黄盛璋：《再论汉（龙家）、于阗（Dum）、吐蕃文书（lung dor）皆为“龙家”互证落实为三重证据》，《丝绸之路民族古文字与文化学术讨论会论文集》，兰州大学敦煌学研究所，2005。

黄文焕：《河西吐蕃文书简述》，《文物》1978 年第 12 期。

黄文焕：《河西吐蕃经卷目录跋》，《世界宗教研究》1981 年第 2 集。

黄文焕：《河西吐蕃卷式写经目录并后记》，《世界宗教研究》1982 年第 1 期。

黄文焕：《河西吐蕃文书中的“钵阐布”》，《中国民族古文字研究》，北京：中国社会科学出版社，1984。

黄维忠：《关于 P. T. 16、IOL TIB J 751 I 的初步研究》，《贤者新宴》5，上海：上海古籍出版社，2007。

黄振华：《略述吐蕃文化对西夏的影响》，载《藏族学术讨论会论文集》，拉萨：西藏人民出版社，1984。

贾志刚：《从唐代墓志再析十将》，《’98 法门寺唐文化国际学术讨论会论文集》，西安：陕西人民出版社，2000。

姜伯勤：《敦煌文书中的唐五代“行人”》，《中国史研究》1979 年第 2 期。

姜伯勤：《唐敦煌“书仪”写本所见的沙州玉关驿户起义》，《中华文史论丛》1981 年第 1 辑，上海：上海古籍出版社。

姜伯勤：《上海藏本敦煌所出河西支度营田使文书研究》，《敦煌吐鲁番文献研究论集》第 2 辑，北京：北京大学出版社，1983。

姜伯勤：《突地考》，《敦煌学辑刊》1986 年第 1 期。

姜伯勤：《敦煌本乘恩帖考证》，载《敦煌艺术宗教与礼乐文明》，北京：中国社会科学出版社，1996。

金雷：《嗢末新考》，《西藏研究》2007 年第 4 期。

金滢坤：《吐蕃沙州都督考》，《敦煌研究》1999 年第 3 期。

金滢坤：《吐蕃统治敦煌时期的部落使考》，《民族研究》1999 年第 2 期。

金滢坤：《吐蕃节度使考述》，《厦门大学学报》2001 年第 1 期。

金滢坤：《吐蕃瓜州节度使考》，《敦煌研究》2002 年第 2 期。

金滢坤：《吐蕃统治敦煌的户籍制度初探》，《中国经济史研究》2003 年第 1 期。

〔法〕拉露（Marelle Lalou）著，岳岩译《〈八世纪吐蕃官员呈状〉解析》（*Revendications des fonctionnaires du Grand Tibet au VIIIe siece*），《国外敦煌吐蕃文书研究译文集》，兰州：甘肃人民出版社，1992。

李并成：《西同地望考——附论明安定卫城》，《西北民族研究》1998 年第 1 期。

李方：《后突厥汗国复兴》，《中国边疆史地研究》2004 年第 3 期。

李慧、曹发展：《陕西杨陵区文管所四方唐墓志初探》，《考古与文物》2004 年第 1 期。

李宗俊：《读李无亏墓志》，《西域研究》2006 年第 2 期。

李宗俊：《唐代河西走廊南通吐蕃道考》，《敦煌研究》2007 年第 3 期。

李正宇：《吐蕃子年（公元 808 年）沙州百姓泛履倩等户籍手实残卷研究》，《1983 年全国敦煌学术研讨会文集·文史、遗书编》，兰州：甘肃人民出版社，1987。

李正宇：《敦煌地区古代祠庙寺观简志》，《敦煌学辑刊》1988 年 1、2 期合刊。

李正宇：《曹仁贵名实论——曹氏归义军创始及归奉后梁史探》，氏著《敦煌史地新论》，台北：新文丰出版公司，1996。

李正宇：《吐蕃论董勃藏修伽蓝功德记两残卷的发现、缀合及考证》，《敦煌吐鲁番研究》第 2 卷，北京：北京大学出版社，1997。

李正宇：《西同地望考——附论六龙地望》，《敦煌研究》1997 年第 4 期。

林冠群：《唐代吐蕃史史料研究》，《大陆杂志》1985 年第 70 卷第 4 期，转载于《中国敦煌学百年文库·民族卷》第 1 册，兰州：甘肃文化出版社，1999。

林冠群：《唐代吐蕃军事占领区建制之研究》，《中国藏学》2007年第4期。

林冠群：《唐代吐蕃的氏族》，《中国藏学》2010年第2期。

刘安志：《唐朝吐蕃占领沙州时期的敦煌大族》，《中国史研究》1997年第3期。

刘安志：《〈太公家教〉成书年代新探》，《中国史研究》2009年第3期。

刘进宝：《归义军时期敦煌的营田及其管理系统》，《西北师范大学学报》（社会科学版）2004年第2期。

刘忠：《敦煌阿骨萨部落一区编员表藏文文书译考——兼向藤枝晃、姜伯勤等先生译文质疑》，《中国史研究》1999年第1期。

陆离：《俄、法所藏敦煌文献中一件归义军时期土地纠纷案卷残卷浅识——对Дх. 02264、Дх. 08786与P. 4974号文书的缀合研究》，《敦煌学辑刊》2000年第2期。

陆离：《唐五代敦煌寺户制度源流辨析》，《敦煌吐鲁番研究》第6卷，北京：北京大学出版社，2002。

陆离：《吐蕃统治敦煌基层兵制新考》，《中国史研究》2003年第4期。

陆离：《唐五代敦煌的司仓参军、仓曹、仓司——兼论唐五代敦煌地区的仓廪制度》，《兰州大学学报》2003年第4期。

陆离：《有关吐蕃太子的文书研究》，《敦煌学辑刊》2003年第1期。

陆离：《吐蕃僧官制度试探》，《华林》第3卷，北京：中华书局，2004。

陆离：《大虫皮考——兼论吐蕃南诏虎崇拜及其影响》，《敦煌研究》2004年第1期。

陆离：《吐蕃统治时期敦煌酿酒业述论》，《青海民族学院学报》2004年第1期。

陆离：《吐蕃三法考——兼论〈贤愚经〉传入吐蕃的时间》，《西藏研究》2004年第3期。

陆离：《吐蕃统治时期敦煌僧官的几个问题》，《敦煌研究》2005年第3期。

陆离：《敦煌新疆石窟中吐蕃时期着虎皮衣饰武士图像、雕塑研究》，

《敦煌学辑刊》2006年第3期。

陆离：《吐蕃统治河陇地区司法制度初探》，《中国藏学》2006年第1期。

陆离：《吐蕃统治敦煌的基层组织》，《西藏研究》2006年第1期。

陆离、陆庆夫：《关于吐蕃告身制度的几个问题》，《民族研究》2006年第3期。

陆离：《也谈敦煌文书中的唐五代“地子、地税”》，《历史研究》2006年第4期。

陆离：《吐蕃统治河陇西域时期军事、畜牧业职官二题》，《敦煌研究》2006年第4期。

陆离：《吐蕃统治河陇西域时期职官四题》，《西北民族研究》2006年第2期。

陆离：《吐蕃统治河陇西域的市券研究》，《敦煌吐鲁番研究》第9卷，北京：中华书局，2006。

陆离：《吐蕃统治敦煌的官府劳役》，《魏晋南北朝隋唐史资料》第22辑，武汉大学学报编辑部，2006年。

陆离：《吐蕃统治敦煌时期的官府牧人》，《西藏研究》2006年第4期。

陆离：《敦煌文书P. T. 1089号〈吐蕃官吏申请状〉中的“zar can、zar cung”词义考》，《兰州学刊》2006年第11期。

陆离：《吐蕃敦煌乞利本考》，《中国边疆史地研究》2007年第4期。

陆离：《吐蕃驿传制度新探》，《中国藏学》2009年第1期。

卢梅、聂鸿音：《藏文史籍中的木雅诸王考》，《民族研究》1996年第5期。

罗炤：《藏汉合璧〈圣胜慧到彼岸功德宝集偈〉考略》，《世界宗教研究》1983年第4期。

马德：《敦煌绢画题记辑录》，载《敦煌学辑刊》1996年第1期。

马明达：《P. T. 1291号敦煌藏文文书译解订误》，《敦煌学辑刊》1984年第6期。

木村隆德著，李德龙译《敦煌出土藏文禅宗文献的性质》，《国外藏学研究译文集》第12辑，拉萨：西藏人民出版社，1995。

聂鸿音：《P. T. 988号藏文写卷考补》，《民族研究》2005年第3期。

彭金章、沙武田：《试论敦煌莫高窟北区出土的波斯银币和西夏钱币》，《文物》1998年第10期。

恰白·次旦平措著，郑堆、丹增译《简析新发现的吐蕃摩崖石文》，《中国藏学》1988年第1期。

钱伯泉：《墨离军及其相关问题》，《敦煌研究》2003年第1期。

荣新江：《通颊考》，《文史》1990年第33辑，北京：中华书局，1991。

荣新江：《小月氏考》，《中亚学刊》第3辑，北京：中华书局，1991。

荣新江：《敦煌文献所见晚唐五代宋初的中印文化交往》，《季羡林教授八十华诞纪念文集》，南昌：江西人民出版社，1991。

荣新江：《唐代河西地区铁勒部落的入居及其消亡》，费孝通主编《中华民族研究新探索》，北京：中国社会科学出版社，1991。

荣新江：《甘州回鹘成立史》，《历史研究》1993年第5期。

荣新江：《龙家考》，《中亚学刊》第4辑，北京：北京大学出版社，1995。

荣新江：《西州回鹘某年造佛塔功德记小考》，《突厥语文学研究——耿世民教授八十华诞纪念文集》，北京：中央民族大学出版社，2009。

苏航：《试析吐蕃统治敦煌时期的基层组织tshar——以Ch. 73. xv. frag. 12和P. T. 2218为中心》，《中国藏学》2003年第2期。

孙林：《唐九宫算、藏族九宫历以及纳西族巴格图的比较研究》，《中国藏学》2007年第2期。

山口瑞凤著，朴宽哲译《吐蕃在敦煌统治形态的变迁》，《甘肃民族研究》1985年第1期。

沙武田：《关于榆林窟第25窟营建年代的几个问题》，《藏学学刊》第5辑，成都：四川大学出版社，2009。

邵文实：《开元后期唐蕃关系探谜》，《西北史地》1996年第3期。

史金波：《西夏户籍初探》，《民族研究》2004年第5期。

史苇湘：《吐蕃管辖沙州前后——敦煌遗书S. 1438背〈书仪〉残卷的研究》，《敦煌研究》创刊号。

藤枝晃著，徐秀灵译，陈国灿校《敦煌发现的藏文文书试释》，《敦煌学辑刊》1987年第2期。

土呷：《吐蕃时期昌都社会历史初探》，《西藏研究》2002年第3期。

王尧：《吐蕃佛教述略》，《世界宗教研究》1981年第2期。

王尧、陈践：《吐蕃兵制考略——军事部落联盟剖析》，《中国史研究》1986年第1期。

王尧、陈践：《吐蕃职官考信录》，《中国藏学》1989年第1期。

王惠民：《〈沙州刺史李无亏墓志〉跋》，《敦煌研究》2004年第5期。

王素：《吐鲁番所出武周时期吐谷浑归朝文书史实考证》，《文史》第29辑，北京：中华书局，1991。

王团战：《大周沙州刺史李无亏墓及征集到的三方唐代墓志》，《考古与文物》2004年第1期。

王忠：《论西夏的兴起》，《历史研究》1962年第5期。

温玉成：《于阗僧人法藏与兖州宋代金棺刍议》，《世界宗教研究》2010年第2期。

吴均：《论安木多藏区的政教合一制统治》，《西藏封建农奴制研究论文选》，北京：中国藏学出版社，1991。

〔匈〕乌瑞（Géza uray）著，王青山译《〈贤者喜宴〉关于法规和组织的纪事》，《藏族研究译文集》第一集，中央民族学院藏族研究所编，1983。

〔匈〕乌瑞（Géza uray）著，耿昇译《吐蕃统治结束后甘州和于阗官府中使用藏语的情况》，《敦煌译丛》第一辑，兰州：甘肃人民出版社，1985。

〔匈〕乌瑞著，吴玉贵译《公元九世纪前半叶吐蕃王朝之“千户”考释》，《国外藏学研究译文集》第2辑，拉萨：西藏人民出版社，1987。

〔匈〕乌瑞著，肖更译《吐蕃编年史辨析》，《国外藏学研究译文集》第2辑，拉萨：西藏人民出版社，1987。

〔匈〕乌瑞（G. Uray）著，赵晓意译《关于敦煌的一份军事文书的注释》（*Notes on a Tibetan M-ilitary Document from Tun-Huang*）《国外藏学动态》第2期，四川民族研究所、四川外国语学院主编，1987年。

〔匈〕乌瑞（G. Uray）著，荣新江译《KHROM（军镇）：公元八至九世纪吐蕃帝国的行政单位》，《西北史地》1986年第4期。

谢重光：《吐蕃占领时期与归义军时期的敦煌僧官制度》，《敦煌研究》1991年第3期。

谢继胜、黄维忠：《榆林窟第25窟壁画藏文题记释读》，《文物》2007年第4期。

熊文彬：《吐蕃本部地方行政机构和职官考》，《中国藏学》1994年第2期。

吴丽娱、杨宝玉：《P. 3197v〈曹氏归义军时期甘州使人书状〉考释》，《敦煌学辑刊》2005年第4期。

杨宝玉、吴丽娱：《P. 2945书状与曹氏归义军政权首次成功的朝贡活动》，《敦煌吐鲁番研究》第11卷，上海：上海古籍出版社，2008。

杨际平：《吐蕃子年左二将户状与所谓"擘三部落"》，《敦煌学辑刊》1986年第2期。

杨际平：《吐蕃时期沙州社会经济研究》，载《敦煌吐鲁番出土经济文书研究》，厦门：厦门大学出版社，1986。

杨际平：《上海藏本敦煌所出河西支度营田使文书研究——兼论唐代屯营田的几种方式》，《中国社会经济史研究》1988年第2期。

杨铭：《吐蕃时期敦煌部落设置考——兼及部落的内部组织》，《西北史地》1987年第2期。

杨铭：《吐蕃经略西北的历史作用》，《民族研究》1997年第1期。

杨铭：《"嗢末"古藏文对音考》，《敦煌吐蕃文化学术研讨会论文集》，兰州：甘肃民族出版社，2009。

杨士宏：《白马藏族族源辨析》，《西北民族学院学报》1985年第4期。

殷晴：《古代于阗和吐蕃的交通及其友邻关系》，《民族研究》1994年第5期。

尹伟先：《回鹘与吐蕃对北庭、西州、凉州的争夺》，《西北民族研究》1992年第2期。

〔日〕原田觉：《吐蕃译经史》，李德龙译，《国外藏学研究译文集》第11辑，拉萨：西藏人民出版社，1994。

扎洛：《吐蕃求五台山图史事杂考》，《民族研究》1998年第1期。

〔日〕佐藤长：《再论河西九曲之地》，张铁纲译，《国外藏学研究译文集》第13辑，拉萨：西藏人民出版社，1997。

赵贞：《敦煌文书所见晚唐五代宋初的灵州道》，《中国历史地理论丛》2001年第4期。

张广达：《吐蕃飞鸟使与吐蕃驿传制度——兼论敦煌行人部落》，北京大学中国古代史研究中心编《敦煌吐鲁番文献研究论集》，北京：中华书局，1982。

张广达：《九世纪初吐蕃的〈敕颁翻译名义集三种〉》，《周一良先生八十生日纪念论文集》，北京：中国社会科学出版社，1993。

张亚莎：《吐蕃时期的禅宗传承》，《西藏民族学院学报》2004年第1期。

张延清：《吐蕃钵阐布考》，《历史研究》2011年第5期。

郑炳林、王继光：《敦煌汉文吐蕃史料综述——兼论吐蕃控制河西时期的职官与统治政策》，《中国藏学》1994年第3期。

周伟洲：《嗢末考》，《西北历史资料》1980年第2期。

周伟洲：《滷茹考》，《中国历史地理论丛》1993年第2期。

周伟洲：《多弥史钩沉》，《民族研究》2002年第5期。

竺沙雅章：《敦煌吐蕃期的僧官制度》，《第二届敦煌学国际讨论会论文集》，台北汉学研究中心编印，1991。

朱海：《唐玄宗御注〈孝经〉发微》，《魏晋南北朝隋唐史资料》第19辑，武汉大学文科学报编辑部，2002。

朱海：《唐玄宗御注〈孝经〉考》，《魏晋南北朝隋唐史资料》第20辑，武汉大学文科学报编辑部，2003。

朱丽双：《唐代于阗的羁縻州与地理区划研究》，《中国史研究》2012年第2期。

朱丽双：《敦煌藏文文书P. T. 960所记于阗的佛像、伽蓝与僧伽——〈于阗教法史〉译注之五》，《语言背后的历史：西域古典语言学高峰论坛论文集》，上海：上海古籍出版社，2012。

三　著作

A. 麦克唐纳著，耿昇译，王尧校《敦煌吐蕃历史文书考释》，西宁：青海人民出版社，1991。

安应民：《吐蕃史》，银川：宁夏人民出版社，1989。

〔法〕伯希和：《伯希和敦煌石窟笔记》，耿昇、唐健宾译，兰州：甘肃人民出版社，1993。

才让：《吐蕃史稿》，兰州：甘肃人民出版社，2010。

蔡鸿生：《唐代九姓胡与突厥文化》，北京：中华书局，1998。

长泽和俊：《丝绸之路史研究》，天津：天津古籍出版社，1991。

池田温著，龚泽铣译《中国古代籍帐研究》，北京：中华书局，2007。

陈光国：《青海藏族史》，西宁：青海民族出版社，1997。

陈国灿：《敦煌学史事新证》，兰州：甘肃教育出版社，2002。

陈楠：《藏史丛考》，北京：民族出版社，1998。

陈庆英、高淑芬主编《西藏通史》，郑州：中州古籍出版社，2003。

陈祚龙：《敦煌文物随笔》，台北：台湾商务印书馆，1978。

戴密微：《吐蕃僧诤记》，耿昇译，兰州：甘肃人民出版社，1984。

丁声树编录，李荣参订《古今字音对照手册》，北京：中华书局，1981。

多杰才旦主编《西藏封建农奴制社会形态》，北京：中国藏学出版社，1996。

东嘎·洛桑赤列著，陈庆英译《论西藏政教合一制度》，北京：民族出版社，1985。

冻国栋：《中国中古经济与社会史论稿》，武汉：湖北教育出版社，2005。

段文杰：《段文杰敦煌艺术论文集》，兰州：甘肃人民出版社，1994。

敦煌研究院编《敦煌石窟内容总录》，北京：文物出版社，1996。

敦煌研究院：《中国石窟·安西榆林窟》，北京：文物出版社，1997。

敦煌研究院、甘肃省博物馆编著《武威天梯山石窟》，北京：文物出版社，2000。

〔英〕F. W. 托马斯著，刘忠、杨铭译《敦煌西域古藏文社会历史文献》，北京：民族出版社，2003。

冯培红：《敦煌归义军职官制度——唐五代藩镇官制个案研究》，兰州：兰州大学敦煌学研究所博士学位论文，2004。

高田时雄：《敦煌·民族·语言》，钟翀等译，北京：中华书局，2005。

郭锡良：《汉字古音手册》，北京：北京大学出版社，1986。

郝春文：《唐后期五代宋初敦煌僧尼的社会生活》，北京：中国社会科学出版社，1998。

黄维忠：《9世纪藏文发愿文整理与研究——以敦煌藏文发愿文为中心》，北京：民族出版社，2007。

黄正建：《敦煌占卜文书与唐五代占卜研究》，北京：学苑出版社，2001。

霍巍：《西藏古代墓葬制度史》，成都：四川人民出版社，1995。

姜伯勤：《唐五代敦煌寺户制度》，北京：中华书局，1987。

姜伯勤：《敦煌吐鲁番文书与丝绸之路》，北京：文物出版社，1994。

姜伯勤：《敦煌艺术宗教与礼乐文明》，北京：中国社会科学出版社，1998。

金荣华主编《敦煌俗字索引》，中国西北文献丛书续编《敦煌文献卷》第3册，兰州：甘肃文化出版社，1999。

雷绍锋：《归义军赋役制度初探》，中华发展基金会管理委员会，台北：洪业文化事业有限公司，2000。

李昌宪：《中国行政区划通史·宋西夏卷》，上海：复旦大学出版社，2007。

李斌城等：《隋唐五代社会生活史》，北京：中国社会科学出版社，1998。

李蔚：《西夏简史》，北京：人民出版社，1997。

李文实：《西陲古地与羌藏文化》，西宁：青海人民出版社，2001。

林幹：《突厥史》，呼和浩特：内蒙古人民出版社，1988。

林冠群：《吐蕃赞普墀松德赞研究》，台北：台湾商务印书馆，1988。

刘建丽：《宋代西北吐蕃研究》，兰州：甘肃文化出版社，1998。

吕建福：《土族史》，北京：中国社会科学出版社，2002。

陆离：《吐蕃统治河陇西域时期制度研究——以敦煌新疆出土文献为中心》，北京：中华书局，2011。

陆离：《吐蕃统治河陇西域时期制度研究》，北京：民族出版社，2011。

罗福苌：《沙州文录补》，《中国西北文献丛书续编·敦煌学文献卷》

第18册，兰州：甘肃文化出版社，1999。

罗永生：《三省制新探——以隋和唐前期门下省职掌与地位为中心》，北京：中华书局，2002。

马志立：《归义军时期所见军将和使职差遣制度》，武汉：武汉大学博士学位论文，2008。

P. A. 石泰安著，耿升译，王尧校《川甘青藏走廊古部落》，成都：四川民族出版社，1992。

青海社会科学院藏学研究所编《中国藏族部落》，北京：中国藏学出版社，1991。

恰白·次旦平措、诺章·吴坚、平措次仁著，陈庆英、格桑益西、何宗英、许德存译《西藏通史——松石宝串》，拉萨：西藏社会科学院，《中国西藏》杂志社，西藏古籍出版社，1996。

荣新江：《归义军史研究》，上海：上海古籍出版社，1996。

宋家钰、刘忠主编《英国收藏敦煌汉藏文献研究》，北京：中国社会科学出版社，2000。

史金波：《西夏社会》，上海：上海人民出版社，2007。

石硕：《吐蕃政教关系史》，成都：四川人民出版社，2000。

石硕：《藏族族源与藏东古文明》，成都：四川人民出版社，2001。

舒焚：《辽史稿》，武汉：湖北人民出版社，1984。

史念海：《唐代历史地理研究》，北京：中国社会科学出版社，1998。

谭其骧主编《中国历史地图集》第5、6册，北京：地图出版社，1982。

汤开建：《宋金时期安多吐蕃部落史研究》，上海：上海古籍出版社，2006。

王北辰：《王北辰西北历史地理论文集》，北京：学苑出版社，2000。

王辅仁、索文清：《藏族史要》，成都：四川民族出版社，1982。

王天顺主编《西夏天盛律令研究》，兰州：甘肃文化出版社，1998。

王小甫：《唐、吐蕃、大食政治关系史》，北京：北京大学出版社，1995。

王尧、陈践：《敦煌吐蕃文书论文集》，成都：四川民族出版社，1988。

王尧主编《法藏敦煌藏文文书解题目录》，北京：民族出版社，1999。

王尧：《西藏文史探微集》，北京：中国藏学出版社，2005。

王忠：《新唐书吐蕃传笺证》，北京：科学出版社，1958。

王钟翰主编《中国民族史》，北京：中国社会科学出版社，1994。

王仲荦：《隋唐五代史》，上海：上海人民出版社，1988。

吴天墀：《西夏史稿》，成都，四川人民出版社，1980。

项楚：《敦煌变文选注》，北京：中华书局，2006。

向达：《唐代长安与西域文明》，北京：三联书店，1987。

谢佐、格桑杰、袁复堂编著《青海金石录》，西宁：青海人民出版社，1993。

谢重光、白文固：《中国僧官制度史》，西宁：青海人民出版社，1990。

许建平：《敦煌经籍叙录》，北京：中华书局，2006。

徐俊：《敦煌唐人诗集残卷辑考》，北京：中华书局，2000。

薛宗正：《安西与北庭——唐代西陲边政研究》，哈尔滨：黑龙江教育出版社，1998。

薛宗正：《吐蕃王国的兴衰》，北京：民族出版社，1998。

严耕望：《唐代交通图考》第2卷《河陇碛西区》，台北：中研院历史语言研究所专刊之83，1985。

严耕望：《严耕望史学论文选集》，北京：中华书局，2006。

杨富学、李吉和：《敦煌汉文吐蕃史料辑校》第一辑，兰州：甘肃人民出版社，1999。

杨铭：《吐蕃统治敦煌研究》，台北：新文丰出版公司，1997。

杨铭：《唐代吐蕃与西域诸族关系研究》，哈尔滨：黑龙江教育出版社，2005。

杨铭：《唐代吐蕃与西北民族关系史研究》，兰州：兰州大学出版社，2012。

张云：《唐代吐蕃史与西北民族关系史研究》，北京：中国藏学出版社，2002。

张广达、荣新江：《于阗史丛考》，上海：上海书店，1993。

张广达：《西域史地丛稿初编》，上海：上海古籍出版社，1995。

张鸿勋：《敦煌讲唱文学作品选注》，兰州：甘肃人民出版社，1987。

张泽咸编《唐五代农民战争史料汇编》，北京：中华书局，1979。

张泽咸：《唐五代赋役史草》，北京：中华书局，1985。

赵和平：《敦煌写本书仪研究》，台北：新文丰出版公司，1993。

郑阿财、朱凤玉：《敦煌蒙书研究》，兰州：甘肃教育出版社，2002。

郑炳林：《敦煌地理文书汇辑校注》，兰州：甘肃教育出版社，1989。

郑炳林：《敦煌碑铭赞辑释》，兰州：甘肃教育出版社，1992。

郑炳林主编《敦煌归义军史专题研究》，兰州：兰州大学出版社，1997。

郑炳林主编《敦煌归义军史专题研究续编》，兰州：兰州大学出版社，2003。

洲塔、乔高才让：《甘肃藏族通史》，西宁：青海人民出版社，2006。

周季文、谢后芳：《敦煌吐蕃汉藏对音字汇》，北京：中央民族大学出版社，2006。

周伟洲：《吐谷浑史》，银川：宁夏人民出版社，1984。

祝启源：《唃厮罗——宋代藏族政权》，西宁：青海人民出版社，1988。

朱雷：《敦煌吐鲁番文书论丛》，兰州：甘肃人民出版社，2000。

朱金城：《白居易年谱》，上海：上海古籍出版社，1982。

安世兴编著《古藏文词典》，北京：中国藏学出版社，2001。

丁福保：《佛学大辞典》，上海：上海书店，1991。

季羡林主编《敦煌学大辞典》，上海：上海辞书出版社，1998。

张怡荪主编《藏汉大辞典》（上、下册），北京：民族出版社，1993。

《汉语大词典》，北京：汉语大词典出版社，1997。

四　外文论著

Beckwith，Christopher I. *The Tibetan Empire in Central Asia：A History of the Struggle for Great power among Tibetans ，Turk，Arabs，and Chinese during the Early Middle Ages*，Princeton，Princeton University Press，1987.

Blanka Horlmann. "Buddhist sites in A mdo and former Longyou from the 8th to the 13th Century." In Cristina Scherrer-Schaub（ed.）*Old Tibetan Studies：dedicated to the memory of R. E. Emmerick*，Brill，2013.

Bradon Dotson. Divination and law in the Tibetan empire. *Contributions to the Cultural history of Early Tibet*. edited by Matthew T. Kapstien and Brandon

Dotson . Leidon. Boston, 2007.

F. W. Thomas. A chinese buddhist pilgrim's letters of introdution. *Journal of the Royal Asiatic Society*, 1927, pp. 546 –558.

G. Uray: *The narrative of legislation and Organization of the Mkhas-pai-dga-ston*, Acta Orient. Hung. Tomus XXVI, 1972, pp. 11 –68.

Gertraud Taenzer. The ' A zha Country under the Tibetans in the 8th and 9th century: A survey of Land registration and taxation based on a sequence of the three manuscripts of the stein collection from Dunhuang. Brandon Dotson, Kazushi Iwao and Tsuguhito Takeuchi (eds.) *Scribes, texts, and rituals in early Tibet and Dunhuang*. Weisbaden: Dr. Ludwig Reichert Verlag, 2013.

H. Kumamoto. *Khotanese official documents in the tenth AD*. Thesis (Ph. D.) . (University of Pennsilvania), 1982.

H. Richardson. Notes and Communications Bal-po and Lho-bal, *Bulletin of the School of Oriental and African Studies*Vol. XXXXVI, partI, 1983.

L. de la Vãllee Poussin , Catalogue of the Tibetan Manuscripts from Tun-huang in the India Office Liberary , Oxford 1962.

M. Ialou. *Inventaire des manuscrits tibétains de Tun-huang conserves a la Bibliothéque Nationale*, 3tomes, Paris, 1939, 1950, 1961.

P. O. Skærvö, *Khotanese Manuscripts from east Turkestan in the Stein Collection of the British Liberary*, London: British Liberary, 2002.

R. E. Emmerick, *Tibetan texts concerning Khotan*, London, Oxford University Press, 1967.

Tsuguhito Takeuchi, *TSHAN: Subordinate Administertive Units of the Thousand-Districts in the Tibetan Empire*, Tibetan Studies Proceedings of the 6th Seminar of the International Association for Tibetan Studies FAGERNES 1992, Volume2, edited by Per KVAERNE, Oslo, 1994.

T. Takeuchi. *Tshar , srang and Tshan*, Administrative Units in Tibetan-ruled Khotan, *Journal of Inner Asian Art and Archaeology* 3/2008, Brepols, 2009.

Sam van Schaick, Imre Calambos. *Manuscripts and Travellers: The Sino-Tibetan Documents of a Tenth-Century Buddhist Pilgrim*, Walter de Gruyer

GmbH& Co. KG，Berlin/Boston，2012.

北原熏：《晚唐五代的敦煌的寺院经济》，《敦煌讲座》第三卷，大东出版社，东京，1980。

池田温：《敦煌の流通经济》，载《讲座敦煌》第三卷《敦煌の社会》，大东出版社，1980。

池田温：《敦煌にわける土地税役制をめぐつ》，《东アジア古文书の史の研究》，日本唐代史研究会编，刀水书店，1990。

冲木克己：《大乘无分别修习义·序文——关于 Pelloit996 的研究》，《花园大学研究纪要》第25号，1993。

渡边孝：《唐藩镇十将考》，载《东方学》第87辑，1994。

东洋文库チベット语研究委员会：《スタイン蒐集チベット语文献解题目录》第2分册，东洋文库，1978。

那波利贞：《唐代行人考》，《东亚人文学报》，三卷四号，1944年。

山口瑞风：《吐蕃支配时代》，《讲座敦煌》2，《敦煌の历史》，大东出版社，1980。

山口瑞凤：《沙州汉人にょる吐蕃二军团の成立とmKhar-stan 军团の位置》，东京，《东京大学文学部文化交流设施研究纪要》第4号，1980。

山口瑞凤：《汉人及び通颊人にょる沙州吐蕃军团编成の时期》，东京，《东京大学文学部文化交流设施研究纪要》第5号，1981。

山口瑞凤：《吐蕃王国成立史研究》，岩波书店，1983。

山口瑞凤主编《讲座敦煌》6，《敦煌胡语文献》，大东出版社，1985。

上山大峻：《敦煌佛教の研究》，东京，法藏馆，1990。

石川巌：《吐蕃帝国のマトム（rma grom）について》，《日本西藏学会会報》，2003。

石川巌：《歸義軍チベット語外交文書 P. T. 1082について》，《内陸アジア史研究》第18号。

藤枝晃：《吐蕃支配期の敦煌》，京都，《东洋学报》第31期，1961。

藤枝晃：《沙州归义军节度使始末》，京都，《东方学报》第12册3、4分册，第13册1、2分册，1942~1943年。

岩尾一史：《吐蕃支配下敦煌の汉人部落——行人部落中心に——》，《史林》2003年第4期。

岩尾一史：《吐蕃の万户》，《日本西藏学会会报》第50号，2004。

岩尾一史：《Pelliot tibetan 1078bisよりみた吐蕃の土地区画》，《日本敦煌学论丛》，Vol. 1. 2007年。

Kazushi Iwao（岩尾一史）：*On To-dog in Tibetan-ruled Dunhuang*，（吐蕃统治敦煌时期的都督），2006年10月台北中国历代边臣疆吏国际学术讨论会论文。

岩尾一史：《チベット支配下敦煌の納入寄進用リスト—— IOL Tib J 1357（A）（B）绍介——》，《敦煌寫本研究年報》創刊號（2007年3月）。

岩尾一史：《古代チベト帝国の千户らの下部组织－百户、五十户、十户－》，《东方学报》，京都，第88册，2013。

竺沙雅章：《敦煌の僧官制度》，《东方学报》，京都，第31册，1961。

五　本人发表的相关论文

陆庆夫、陆离：《论吐蕃制度与突厥的关系》，《兰州大学学报》2005年第4期。

陆离：《Tsong ka（宗喀）、khri ka（赤卡）、临蕃城考》，《魏晋南北朝隋唐史资料》第23辑，武汉大学学报编辑部，2007。

陆离：《敦煌文书P. 3568号《普贤菩萨行愿王经》译者吐蕃沙门无分别考》，《敦煌研究》2008年第2期。

陆离、陆庆夫：《吐蕃统治下敦煌社会及其与唐朝中央政权的关系管窥》，《中国边疆史地研究》2009年第1期。

陆离：《吐蕃统治敦煌的行人、行人部落》，《民族研究》2009年第4期。

陆离：《唱末音义考》，《敦煌研究》2009年第3期。

陆离：《敦煌文书S. 1438v〈书仪〉残卷与吐蕃沙州的几个问题》，《中国史研究》2010年第1期。

陆离：《吐蕃统治敦煌时期的官田与营田》，《南京师范大学学报》2009年第2期。

陆离：《关于榆林窟第25窟壁画藏文题记释读的几个问题》，《西北民族大学学报》2010年第4期。

陆离：《关于敦煌文书中的“Lho bal”（蛮貊）与“南波”、“南山”》，《敦煌学辑刊》2010年第3期。

陆离、陆庆夫：《再论吐蕃制度与突厥的关系》，《藏学学刊》第5期，成都：四川人民出版社，2010。

陆庆夫、陆离：《从一组礼佛信件看唐朝与印度、吐蕃的文化交通》，《长安佛教学术研讨会论文集》四，西安：陕西师范大学出版社，2010。

陆离、陆庆夫：《张议潮史迹新探》，《中国边疆史地研究》2011年第1期。

陆离：《敦煌吐蕃文书中的“色通（se tong）”考》，《敦煌研究》2012年第2期。

陆离：《关于唐宋时期龙家部族的几个问题》，《西域研究》2012年第2期。

陆离：《敦煌文书P.3885所记载的唐朝与吐蕃战事研究》，《中国藏学》2012年第2期。

陆离：《关于吐蕃统治敦煌时期户籍制度的几个问题：兼论吐蕃统治敦煌的部落设置沿革》，《中国经济史研究》2013年第2期。

陆离：《吐蕃河西北道节度使考——兼论吐蕃王朝对河西北部地区的经略》，《中国藏学》2013年第S2期。

陆离：《关于吐蕃统治下于阗地区的tshan》，《西域研究》2015年第1期。

陆离：《关于吐蕃统治时期敦煌的基层组织：十将、将》，《中国边疆史地研究》2015年第2期。

陆离：《〈大周刺史李无亏墓志〉所记唐朝与吐蕃、突厥战事研究》，《西藏研究》2015年第4期。

陆离：《关于新发现的吐蕃赤德祖赞时期者龙噶丹兴庆寺发愿钟的几个问题》，《藏学学刊》2014年第1期。

图书在版编目(CIP)数据

吐蕃统治河陇西域与汉藏文化交流研究：以敦煌、新疆出土汉藏文献为中心 / 陆离著. --北京：社会科学文献出版社，2018.12
西藏历史与现状综合研究项目
ISBN 978-7-5201-2950-3

Ⅰ.①吐… Ⅱ.①陆… Ⅲ.①民族文化-文化交流-文化史-研究-汉族、藏族 Ⅳ.①K281.1②K281.4

中国版本图书馆 CIP 数据核字（2018）第 140165 号

·西藏历史与现状综合研究项目·
吐蕃统治河陇西域与汉藏文化交流研究
——以敦煌、新疆出土汉藏文献为中心

著　　者 / 陆　离

出 版 人 / 谢寿光
项目统筹 / 宋月华　周志静
责任编辑 / 赵晶华　李兴斌

出　　版 / 社会科学文献出版社·人文分社（010）59367215
　　　　　地址：北京市北三环中路甲 29 号院华龙大厦　邮编：100029
　　　　　网址：www.ssap.com.cn
发　　行 / 市场营销中心（010）59367081　59367083
印　　装 / 三河市尚艺印装有限公司

规　　格 / 开 本：787mm×1092mm　1/16
　　　　　印 张：24.5　字 数：401 千字
版　　次 / 2018 年 12 月第 1 版　2018 年 12 月第 1 次印刷
书　　号 / ISBN 978-7-5201-2950-3
定　　价 / 168.00 元